Ernst Werner / Martin Erbstößer

Kleriker, Mönche, Ketzer

HERDER / SPEKTRUM

Band 4284

Das Buch

Die christliche Kirche des europäischen Hochmittelalters schwankte zwischen Reform und Inquisition. Quer durch alle Bevölkerungsschichten suchten Reformer und Ketzer nach dem verborgenen Gott. Vor allem in Italien und Frankreich, wo das Stadtbürgertum aktiv in das politische Leben eingriff, brachen die Gegensätze auf. Ekstatische Laienbewegungen schossen aus dem Boden. Ein reißender Strom des Antiklerikalismus durchzog diese Länder. Armutsapostel, Laienprediger, mächtige Ketzerbewegungen wie die Katharer und Waldenser bevölkerten eine apokalyptische Szene verheerender Hungersnöte, barbarischer Kreuzzüge und grausamer Strafgerichte. Ernst Werner und Martin Erbstößer, zwei international renommierte Historiker und Mediavisten, zeichnen in diesem quellennah und fesselnd geschriebenen Buch über die vita religiosa im europäischen Hochmittelalter ein dichtes Bild jener dramatischen Abläufe, erhellend und bestürzend. Für alle Freunde des Mittelalters ein unbedingtes Muß.

Die Autoren

Ernst Werner, geb. 1920, ist Professor em. für Allgemeine Geschichte des Mittelalters an der Universität Leipzig und ordentliches Mitglied der Akademie der Wissenschaften in Berlin. Zahlreiche Publikationen.

Martin Erbstößer, geb. 1929, ist Professor für Allgemeine Geschichte des Mittelalters an der Universität Leipzig. Zahlreiche Publikationen.

Ernst Werner / Martin Erbstößer

Kleriker, Mönche, Ketzer

Das religiöse Leben im Hochmittelalter

Herder

Freiburg · Basel · Wien

Alle Rechte vorbehalten – Printed in Germany
Verlag Herder Freiburg im Breisgau 1994
© BVU Buchverlag Union GmbH Berlin 1992
(Titel der ersten Auflage: Ketzer und Heilige)
Herstellung: Freiburger Graphische Betriebe 1994
Umschlaggestaltung: Joseph Pölzelbauer
Umschlagmotiv: Juan Sánchez Lotán, Die englischen Kartäusermönche
vor ihrem Richter, 1612/14, Öl auf Leinwand
ISBN 3-451-04284-3

Inhaltsverzeichnis

Prolog

Das Mittelalterbild hat sich im Laufe der Zeiten wesentlich gewandelt. Sprachen einige Humanisten im 16. Jh. vom »finsteren Mittelalter«, von der Epoche der Dunkelmänner, Scholastiker und Inquisitoren, die sich weit von den lichten Höhen der Antike entfernt hatte und jetzt erst durch die Wiederentdeckung des klassischen Altertums überwunden war, so verehrte die europäische Romantik das christliche Mittelalter als Selbstverwirklichung des Abendlandes.

Drei deutsche Dichter, Novalis (Friedrich Leopold Freiherr von Hardenberg), Wackenroder und Tieck, veröffentlichten 1799 bzw. 1797 zwei programmatische Schriften. Ersterer den Fragment gebliebenen Aufsatz »Die Christenheit oder Europa«, die beiden letzteren »Herzensergüsse eines kunstliebenden Klosterbruders«. Sie feierten darin das Mittelalter als Goldenes Zeitalter Europas, in dem die Menschheit noch heil gewesen sei, weil das Christentum Seelenruhe und inneren Frieden vermittelt habe. Erst der Protestantismus habe diese Idylle zerstört, die Kirche an die Fürsten, die Religion an die Philosophie ausgeliefert. Nunmehr ermögliche aber die Romantik mit Hilfe der absoluten Monarchie eine christliche Wiedergeburt. Auf diese Weise nahmen sie die Legalisierung der »Heiligen Allianz« vorweg.

Frühromantische Ideen gewannen auf die Historiographie des 19. Jh. großen Einfluß. Sie eröffneten ihr neue Horizonte nationaler Vergangenheit. 1819 gründete Freiherr Karl vom Stein in Frankfurt die »Gesellschaft für ältere deutsche Geschichtskunde«, die sich zur Aufgabe machte, Quellen zur vaterländischen Geschichte zu edieren. Den ersten Band gab 1826 Georg Heinrich Pertz heraus. Er enthielt vorwiegend Annalen und Chroniken der Karolingerzeit. Diese »Monumenta Germaniae Historica« brachten es in mehr als 160 Jahren ihres Bestehens auf rund 300 Bände von Textausgaben unterschiedlichster Provenienz: Chroniken, Urkunden, Briefe, Rechtsbücher, Gesetze, Gedichte, Totenbücher, Streitschriften, Heiligenleben usw. Darin spiegelt sich die positive Wirkung der Romantik wider.

Die Romantik überlieferte aber der Geschichtsschreibung auch eine Reihe von Schlüsselbegriffen wie Volk, Genossenschaft, Gemeinschaft, Bruderschaft, die sie dazu verleitete, Traditionen zu konstruieren, welche gesellschaftliche Verwurzelungen und Schichtspezifik kaum oder gar nicht berücksichtigten. Das trifft z. B. für den germanischen Treuebegriff zu, von dem aus man eine germanische Kontinuität im Mittelalter zu begründen versuchte, die im Gegensatz zum römischen Erbe stand. Unberücksichtigt mußte dann bleiben, daß im Merowingerreich diese »Treue« im politischen Leben keine Rolle spielte.[1]

Das romantische Geschichtsbild liegt heute in Trümmern. »Dennoch wollen Reste dieser Vorstellungen nicht verschwinden«, werden oft als solche gar nicht erkannt und als Gelehrtenauffassungen weitergeschleppt.[2] Das gilt insonderheit für religiöse Ausdrucksformen, die vita religiosa schlechthin. So sah W. Durant noch 1952 im Mittelalter ein Zeitalter des Glaubens[3], und A. S. Atiya schrieb im Hinblick auf die Kreuzzüge: »Das Mittelalter war zuerst und vor allem ein Zeitalter des Glaubens und des Krieges ... Der vollkommenste Ausdruck dieser Tatsache ist der Kreuzzug, der ein Religionskrieg war.«[4] Der angesehene französische Mediävist P. Riché spricht unreflektiert von »tiefgläubigen Menschen, die in der Weltgeschichte eine Heilsgeschichte sahen«[5], ohne sich der Mühe einer Ideologieanalyse zu unterziehen. Gegen derartige Sichtweisen erhoben sich in letzter Zeit auch aus der Annales-Schule kritische Stimmen. L. Moulin definiert das Mittelalter keineswegs als Zeitalter des Glaubens, sondern als Epoche von Glaubensmeinungen, von Aberglauben, Bigotterie, von Pilgerzügen, Massenhysterie, Enderwartungen, Prophetien, aber auch von rationalem Denken und Handeln.[6]

In diesem Zusammenhang muß beachtet werden, daß Gegensätze zwischen Rationalismus und Glauben keineswegs nur zwischen Laien und Gottesmännern auftraten, sondern quer durch die Stände, die ordines, verliefen, wobei das Bildungsmonopol der Geistlichkeit schon im 12. Jh. durchbrochen wurde. Um die Wende vom 10. zum 11. Jh. verlachten Mönche Bauern wegen ihrer abergläubischen Praktiken, bei Mondfinsternis nicht zu reden, bei Vollmond nichts zu unternehmen oder sich vor dem Weltuntergang im Jahre 1000 zu fürchten. Die Mönche argumentierten demgegenüber mit dem gesunden Menschenverstand und organisierten ihre Wirtschaften nach rationalen Überlegungen. Dieses Beispiel führt uns automatisch auf die Frage nach dem Verhältnis von Hoch- und Volksreligion.

Der italienische Mediävist R. Manselli, dem wir eine Monographie über Volksreligion verdanken, betrachtet beide als divergierende, nicht gegensätzliche Rezeptionen des Evangeliums. Lokale Traditionen und Bräuche hätten die Volksreligion bestimmt. Sie sei durch den Klerus allezeit mit der Hochreligion verbunden gewesen, wodurch eine Ausbildung zweier Religionen verhindert worden wäre. Volksreligion habe praktisches Christentum im täglichen Leben realisiert, während die Hochreligion das Dogma, das den Laien eigentlich immer fremd geblieben sei, systematisierte und präzisierte.[7]

Die Hochreligion war an die herrschenden Klassen und Gruppen gebunden. Sie pochte auf fixierte Lehrsätze (Dogmen), die geglaubt und nach Möglichkeit auch verstanden werden mußten. Das Glaubensbekenntnis wies für sie den wahren Christen aus. Einen noch höheren Rang nahm das Kirchenverständnis ein, die bedingungslose Unterwerfung des Christen unter die römische Papstkirche, außerhalb derer es kein Heil geben sollte. Am Kirchenglauben schieden sich letztlich die Geister. In der religiösen Praxis gab es viele Brücken zwischen Hoch- und Volksreligion, sei es im Heiligenkult oder Brauchtum, welche die Hochreligion tolerierte und kultivierte. Niemals aber gab es Kompromisse im Kirchenverständnis. Hier stand für jeden einzelnen die Frage nach dem Entweder-Oder: Anerkennung oder Ablehnung des Glaubens- und Disziplinarprimats der römischen Kirche. Die Volksreligion hatte ein breites geistig-kulturelles Schwingungsfeld, in dem sich noch Relikte von heidnischem Animismus und Aberglauben, aber ebenso Rückfragen an urchristliche Ursprünge bis hin zu Frömmigkeitsäußerungen eines Franz von Assisi fanden. Für ihn war es typisch, daß er weder Mönch noch Priester werden wollte, sondern als einfacher Christ zu leben versuchte. Sein Gott gab sich ganz menschlich und repräsentierte sich nicht in Macht und Herrlichkeit, sondern in Demut und Leiden. Nur ein Gott mit einem menschlichen Antlitz ließ die Menschen hoffen, ihrerseits ein göttliches Antlitz gewinnen zu können. Hinter dieser Überzeugung steckte das gehorsame Hören auf die göttliche Selbsterschließung in Christo als dem menschgewordenen Gott (G. Wendelborn), das heißt einer Vermenschlichung der Lebensbedingungen. Hier konnte allerdings der Mensch schöpferische Kräfte an Gott abtreten und auf Selbsterkenntnis und Selbstbewußtsein verzichten, aber ebenso menschliche Aktivität reformerisch als Frucht göttlichen Tuns begreifen. Die breite Masse vertraute im Mittelalter hauptsächlich der Magie und Personen, in denen sie göttliche Kräfte vermutete. Das trifft für das Hochmittelalter genau noch so zu wie für das Frühmittelalter.

So galt *Askese* in den Augen der Gläubigen als eine Macht (virtus), die Gott zur Belohnung zwang. Der Asket gebot über einen Gnadenschatz, der ihm göttliche Kraft verlieh, die alle Leiden zu lindern vermochte. Daher suchte man ihn vorwiegend bei Krankheiten auf. Insonderheit der Einsiedler, der sich ohne Unterlaß Entbehrungen und Kasteiungen aussetzte, schien über Kräfte zu verfügen, die den Bauern Hochachtung und Furcht in einem abnötigten. Bis um 1200 verehrte man Heilige in der Regel auch nur wegen ihrer Wundertätigkeit, nicht wegen ihres Lebenswandels. Das änderte sich erst seit etwa 1230 unter dem Einfluß der Bettelmönche. Der Hang zur Magie spiegelt sich auch in der volkstümlichen Sakramentsauffassung wider. Dem konsekrierten (geweihten) Abendmahl (Brot und Wein) schrieb man göttliche Kräfte zu. Automatisch erhielt dadurch die Meßfeier einen anderen Sinn: Während der lateinische Kirchenvater Augustin (354–430) niemals an einen Genuß des wahren Leibes und Blutes Christi dachte und den geistig-symbolischen Empfang des Abendmahles hervorhob, verlangten die Laien schon in karolingischer Zeit (9. Jh.) heilkräftige Sakramente, reale Wandlungsvorgänge bei der Darbringung der Elemente Brot und Wein. Im Abendmahlsstreit des 11. Jh. zwischen Anhängern der mehr symbolischen Auffassung Augustins und Vertretern realistischer Ansichten entwickelte die Kirche eine Wandlungslehre (Transsubstantiation), welche die körperliche Gegenwart Christi im Altarsakrament nach der Weihe durch den Priester behauptet und sie 1215 auf dem Laterankonzil zum Dogma erklärte. Der Glaube an die Allmacht und Allgegenwart des Überirdischen bestimmte die mittelalterliche Sozialpsyche. Das erklärt die Koexistenz von magischer und evangelischer Religiosität.[8] Mangelnde Naturbeherrschung erzeugte Angst vor Unwetter und Himmelserscheinungen, allgemein aber vor Nacht und Finsternis. Daher stellte sich das Volk Gott als Lichtgestalt, die Heiligen von Aureolen umgeben, die Kirche von Kerzen erhellt vor. Heiligen- und Wundersucht waren unstillbar. Sie durchbrachen alle Dämme und ließen sich durch nichts von ihrer handgreiflichen Befriedigung abhalten. Befand sich kein approbierter Heiliger in der Nähe, dann schuf sich das Volk einen. Abt Guibert von Nogent (1104–1124) überliefert dafür eine typische Episode: »Ich sah mit eigenen Augen, und ich bedaure, es sagen zu müssen, wie ein junger Mann von niedriger Geburt, wie es heißt Knappe eines Ritters oder eines anderen, am Karfreitag in einem Dorfe nahe Beauvais' (Stadt an der Oise, Nebenfluß der Seine) starb. ... Wegen der Heiligkeit des Tages, an dem er verschied, begannen ihn die Bauern unverdienterweise als Heiligen zu verehren. Als die Landleute, die immer auf Neuigkeiten erpicht sind, das Ereignis feierten, da brachte man sogleich Opfergaben und Kerzen aus der ganzen Umgebung zu seiner Ruhestätte. Als nächstes errichtete man ein Grabmal, und bald bedeckte sich der Platz mit Behausungen, zu denen Pilgerscharen bis aus der fernen Bretagne herbeiströmten, wenn auch nur Bauern, keine Edelleute.« Wie rasch im übrigen die Kirche aus derart spontan aufblühenden Heiligenkulten Kapital zu schlagen wußte, erzählt unser Gewährsmann im gleichen Atemzuge: »Der gar weise Abt und seine Mönche beobachteten die Vorgänge sorgsam, wurden bald durch die nicht abreißende Spendefreudigkeit überzeugt und bestätigten Wunder, die in Wirklichkeit gar nicht stattgefunden hatten ...«[9]

Das einfache Volk verlangte aber nicht nur Heilige von der Kirche, sondern nicht weniger Priester, die durch ihr apostelgleiches Leben Kräfte bekamen, die ihren Herden Heil und Heilung für Seele und Leib spendeten. Dabei beriefen sich alle, Prälaten und Laien, Pfarrer und Mönche, Einsiedler und Kanoniker, Ketzer und Ketzerrichter, auf die Bibel, vor allem auf das Evangelium, die Frohe Botschaft. In der Heiligen Schrift glaubte man Aussagen zu finden über die Kirche als Versammlung der Gläubigen, einer Stadt und Diözese, schließlich aller Christen und der Seligen. Das Papsttum konkretisierte den Kirchenbegriff durch die Epitheta heilig, katholisch, apostolisch und römisch und schrieb ihn fest. Orthodoxen und heterodoxen Interpretationen waren damit Tür und Tor geöffnet, wenn man allein an die schillernde Bedeutung von heilig denkt, die eine individuelle und kollektive Herausforderung implizierte. Der Klerus empfand es im allgemeinen als Provokation, wenn die Laien seinen Lebenswandel an evangelischen Imperativen maßen. Diente er doch einer reichen, grundbesitzenden Kirche,

von deren Pfründen er sich nährte. Den mittelalterlichen Seelenhirten klangen die Ohren, wenn sie an Matth. 6,19 und 6,25
unsanft erinnert wurden, wo geschrieben stand: »Sammelt euch
nicht Schätze auf Erden, wo Motten und Rost sie fressen und
wo die Diebe einbrechen und stehlen! ... Sorget nicht um euer
Leben, was ihr essen und was ihr trinken sollt, noch um euren
Leib, was ihr anziehen sollt! ... Sorget nicht um den morgigen
Tag, denn der morgige Tag wird seine Sorge haben!« Die Jünger Jesu waren materiell ungesichert gewesen, und auch der
Dorfpriester besaß oft nicht mehr als ein kleiner Bauer, aber er
wußte doch, wo er sein Haupt hinlegen konnte und was er morgen essen würde.

Die wach werdenden Laien empfanden schon im 11. Jh. die
Kluft zwischen Jesusgemeinde und Papstkirche, eine Kluft, der
sich auch besorgte Geistliche durchaus bewußt wurden. Im
11. Jh. brachen angestaute Gegensätze in der christlichen Ökumene mit urwüchsiger Gewalt los: Die Eigenkirchen der Fürsten und Könige verfielen dem Verdikt der Reformer, die reiche Papstkirche sah sich mit der Armutsforderung des Laien-
volkes konfrontiert, die Geistkirche der Ketzer entmündigte
die Sakramentskirche der Priester. Kritik und Selbstkritik mündeten ein in den reißenden Strom des Antiklerikalismus, der bis
zum Ende des Mittelalters nicht mehr verebbte. Alle Klassen
und Schichten suchten die wahre Kirche, befragten die evangelischen Zeugnisse, die sie radikalisierten, modifizierten oder
harmonisierten. Am konsequentesten trennten sich die Ketzer
oder Häretiker von den Lehren und Traditionen der Machtkirche ihrer Zeit.

Das Wort *Häresie* hatte im klassischen Griechisch unter an-
derem die Bedeutung von Erwählung, Entschluß, Vorhaben.
Im Hellenismus gebrauchte man es zur Bezeichnung einer Lehre
oder Schule, deren man sich aus freiem Entschluß zugesellte.
Man nannte dementsprechend Anhänger einer philosophischen
Schule oder eines religiösen Zirkels Häretiker ohne pejorativen
Beiklang. Das änderte sich mit dem Aufstieg des Christentums.

Im Neuen Testament und in den Werken der Kirchenväter wurde es zum Synonym für falsche oder verfälschte Lehren, die im Endeffekt zur Leugnung Christi oder zu Glaubenssubjektivismus führten, der sich von den kirchlichen Dogmen entfernte und Sekten gebar. Für die alte Kirche entsprachen sich als Häresie und Ketzerei. Kirche und Häresie konstituierten sich konkurrierende Phänomene. Die katholische Kirche sah wie jede andere Kirche in einer Lehre, die unmittelbar, direkt und konträr von dem abwich, was sie als von Gott geoffenbarte Wahrheit verkündete, eine Häresie. Sprach sich jemand, der die Taufe empfangen hatte, gegen einen Glaubenssatz aus, lehnte er ihn ab oder bezweifelte ihn auch nur, dann legte er für die Kirche Zeugnis seiner Ketzerei ab. Kehrte er dem Christentum überhaupt den Rücken, dann galt er als Abtrünniger, als Apostat, gehorchte er nicht dem Papst und der römischen Kirche, dann wurde er zum »Spalter« (Schismatiker). Für die katholische Kirche war die Häresie dogmatisch ein Irrtum, moralisch eine Sünde und juristisch ein Verbrechen, das seit dem 12. Jh. durch ein geregeltes Gerichtsverfahren, die Inquisition, geahndet wurde.[10] Das Ideologiemonopol der Kirche duldete keine Alternativen und keinerlei Abweichungen.

Die Ketzer waren in der Spätantike als erbitterte Mitbewerber um den Alleinvertretungsanspruch des Christentums gegen die Großkirche aufgetreten. Sie ordneten sie der Sphäre des Satanischen zu, weil sie ihrer Meinung nach vom rechten Weg wahren Glaubens abgewichen sei. Sich selbst nannten sie wahre Christen, »gute Menschen« (boni homines), Zeugen des wahren Gottes, Wissende, *Gnostiker*. Der »Ruf« des unbekannten Gottes hatte ihnen Augen und Ohren geöffnet, damit sie die Schrift verstanden und sich ihnen der Sinn des Lebens enthüllte. Was waren das für Menschen, die so feste Gewißheit des Heils erlangten, daß sich ihnen alle Geheimnisse über Gott und die Welt enthüllten und ihnen Verfolgungen keine Furcht einzuflößen vermochten?

K. Rudolph gelangte nach Durchmusterung der spärlichen

Quellen zu dem Schluß, daß es sich um Kaufleute, Handwerker, Schreiber, Reeder und Philosophen handelte. Überraschend ist der große Prozentsatz an Frauen, die in führenden Positionen als Lehrerinnen, Prophetinnen und Missionarinnen auftraten. Das war kein Zufall, denn die gnostische Religiosität sah in der Zweigeschlechtlichkeit ein Übel, ein Zeichen für die Zerrissenheit der Welt durch satanische Mächte. Die Einheit sollte nach dem Vorbild des höchsten Gottes in der mannweiblichen Paargenossenschaft wiederhergestellt werden. Daher die Gleichheit der Geschlechter im Kult und in der Gemeinde. In praxi blieb dennoch die Nachordnung der Frau gegenüber dem Manne erhalten. In einer um 200 entstandenen gnostisierenden Schrift, dem sogenannten Thomasevangelium, lesen wir: »Simon Petrus sprach zu ihnen (den Jüngern): Mariham (Maria Magdalena) möge von uns gehen! Denn die Frauen sind des Lebens nicht würdig. Jesus sprach: Siehe, ich werde sie ziehen, daß ich sie zum Manne mache, damit auch sie ein lebendiger Geist werde, der euch Männern gleicht. Denn jede Frau, wenn sie sich zum Manne machen wird, wird in das Königreich der Himmel eingehen.«[11] Das heißt, daß erst die Verwandlung in die »Kron« der Schöpfung der Frau Gleichberechtigung verhieß. Die patriarchalische Grundhaltung ist demzufolge auch bei den Gnostikern nicht verlassen worden.

Die Gnosis repräsentiert sich als städtische Religionsform in den hellenistischen Metropolen, der Mittel- und Unterschichten anhingen. Sie suchten Halt und Stütze in einer politisch und geistig zusammengebrochenen Welt in der Sehnsucht nach einer neuen Identität. Gnosis bedeutete den Abschied vom griechischen Logos und Kosmos, welche der Verteufelung verfielen. Aktivitäten im Diesseits führten in die Irre, Ausharren im Leiden überwand die Welt.[12] Der griechische Logos strebte nach Entzauberung der Welt, die orientalische Gnosis nach ihrer Spiritualisierung (Vergeistigung) und Irrationalisierung. In diesem Sinne kann man von einer rückläufigen Bewegung vom Logos zum Mythos sprechen, an welcher auch das Christentum par-

tizipierte, ohne daß es sich des philosophischen Erbes entsagte.
Gnosis und Christentum wiesen deshalb eine Reihe von Gemeinsamkeiten bei einer sonst divergierenden Weltauffassung
auf.[13]

Will man beide historisieren, dann muß man den Gegensatz
von Land und Stadt, der schon bei Jesus und Paulus eine Rolle
spielte, berücksichtigen. Die Denkweise der bettelarmen Fischer am See Genezareth, der landlosen Bauern und der hungrigen Handwerker Galiläas fand sich wieder in der Jüngerge-
meinde. Sie empfand und fühlte jüdisch-regional, nicht kosmo-
politisch wie Paulus, der einer großen Hafenstadt, Tarsos, die
Hunderte Kilometer entfernt von Jerusalem lag, entstammte.
Paulus übertrug die Frohe Botschaft in die heidnische Welt der
Poleis, um das Reich Gottes im römischen Imperium verkünden
zu können. Hier begegneten sich nun die beiden feindlichen Brüder: Heidenchristentum und Gnosis. Das wird schon aus der
Polemik des Paulus in Korinth gegen bestimmte christliche
Gruppen deutlich. Kontakte und Konfrontationen mit der Gnosis blieben auf das Christentum nicht wirkungslos. Sehr bald
bediente sich dieses der Sprache und Symbolik seines gefährlichen Opponenten. R. Bultmann kommt das Verdienst zu, diese
Entwicklungsphase in helles Licht gerückt zu haben: »(Paulus
und der Evangelist Johannes) stehen im Raume des von der
gnostischen Strömung durchsetzten Hellenismus, so daß eine
gewisse Übereinstimmung in der dualistischen Terminologie
nicht verwunderlich ist. Beide gebrauchen den Begriff Kosmos
(Welt) in dem dualistisch abwertenden Sinn und stimmen auch
darin überein, daß sie unter Kosmos im wesentlichen die Men-
schenwelt verstehen.«[14]

Eine Reihe von Gnostikern, wie Valentin († um 160) und
Marcion († um 160), beriefen sich auf Paulus, was das Unbehagen der alten Kirchen gegenüber dem Apostel nährte und sie zu
Warnungen vor häretischen Interpretationen seiner Sendschreiben veranlaßte.

Das Johannesevangelium zeichnete nach Bultmann die Jesusgestalt in den Konturen eines gnostischen Erlösermythos, in welchem der Heiland als präexistenter (vor seinem Erscheinen schon existierender) Gottessohn auf die Erde entsandt wird. Wie in der Gnosis ist auch im Johannesevangelium das Wesen der Welt Finsternis, ihr Herr der Teufel, ihr Fluch Knechtschaft. Aber: Der Ursprung des Kosmos lag nicht in einem tragischen Fall der Engel in der Urzeit, sondern im Schöpfungsakt Gottes. In der Schöpfung offenbarte sich Gott, nicht der Satan! Der Mensch muß sich nun entscheiden, ob er zur Finsternis oder zum Licht gehören will. Im Glauben an Christus vollzieht er seine Entscheidung für einen gehorsamen Glauben an den Offenbarer. Er gewinnt damit die Freiheit von der Welt und der Sünde.[15]

Die neuere religionsgeschichtliche Forschung hat Johannes noch konsequenter als Bultmann aus der Gnosis interpretiert. Ihrzufolge bietet der Evangelist christliche Gnosis in Anpassung christlicher Verkündung an heidnische Gnosis. Das heißt, daß wir es mit einer »originellen Art christlicher Gnosis« zu tun haben, die Christologie und Erlösungslehre aus dem gnostischen Dualismus von Licht und Finsternis herleitet und sie in den Kanon einbringt.[16]

Es ist nicht unsere Aufgabe, tiefer in die Problematik einzudringen. Uns kam es allein auf das Sichtbarmachen von Ansatzpunkten für mittelalterliche Ketzer an, Zeugnis abzulegen, daß ihre vita religiosa rechtens sei, sich auf die Evangelien berufen könne. Dabei lieferte Johannes den Verächtern von Kirche und Hierarchie schlagende Argumente: Er mied nämlich das Wort Kirche (ecclesia) und zeigte weder an Kult noch Organisation Interesse. Johannes verstand unter Gemeinde die Schüler und Freunde Jesu, kurzum »die Seinen«. Sie sind nicht mehr Knechte, sondern Freie. Indem Jesus sie erwählte, wurden sie zu seinen Freunden (Joh. 15,16). Sie kehren der Welt den Rükken und lauschen den Worten des Offenbarers. Auf solche Weise bleiben sie rein. Das Wort, die Predigt, ist ihre Lebenszelle und ihr Auftrag zur Mission. Die Gemeinde sprach das

Wort des Offenbarers mit eigenen Zungen. Der Geist, der sie dazu befähigte, war die Kraft der Wortverkündung. Und so hat die Gemeinde ihre Kraft allein im Geist und im Glauben an das Außerweltliche, nicht an das Sichtbare, Materielle. Die sündenbeladene Welt vermag die Gottesgemeinde nicht zu erkennen, weil ihr der Glaube und der Geist fehlen.[17] Genau diese »Fremdheit« in der Welt artikulierten die mittelalterlichen Dualisten aller Schattierungen. Ihre Bewegungsmänner hatten die Wahl zwischen einer rein gnostischen oder johanneischen Erklärung: Sie konnten die Weltfremdheit aus der satanischen Weltentstehung und dem Fall der Engel mit nachfolgender Einkerkerung der Seelen in befleckte Leiber oder aber aus der Besinnung auf sich selbst durch das Wort Jesu erläutern, das die Menschen von der Welt zu sich selbst zurückrief. In diesem Falle degradierte dann der Körper nicht mehr zum Gefängnis der Seelen. Die Erlösung erfolgte nicht passiv durch die Himmelfahrt der Seele nach dem Tode, sondern im gläubigen Hören des Wortes, das den Menschen von der Welt abzog und dem Lichte zuführte.[18] Bei den einfachen »Hörern« überschichteten sich die Motive, die im übrigen auch bei den »Lehrern« oder »Vollkommenen« nicht sauber zu trennen sind. Dessenungeachtet wucherte im Mittelalter ein kräftiger Zweig christlich-gnostischer Religiosität, der in seinen Verästelungen bis in die Klöster hineinwuchs.

Soziologisch gesehen ist dieses Phänomen verständlich. Die Gnosis war die geistige Frucht der spätantiken Stadt. Im Mittelalter erstand seit ca. 1000 die *Stadt* der »freien« Bürger wieder. Mit ihr trat der Feudalismus in seine bis etwa 1300 reichende Blütezeit ein, der unsere Monographie gewidmet ist. Die Städte bildeten das dynamischste Fortschrittspotential im Feudalismus. In den »Verschwörungen« (conjurationes) konstituierten sich die städtischen Gemeinden unter Führung von kleinen Adeligen und Kaufleuten zu politischen Verbänden, die ihre Forderungen – Selbstverwaltung, Marktrecht, Militärhoheit, persönliche Freiheit – mit Gewalt oder durch Verhandlungen gegenüber den feudalen Stadtherren, oft Bischöfen, durchsetzten. Der Sieg der kommunalen Bewegung erleichterte die Arbeitsteilung zwischen Agrikultur, Handwerk und Handel sowie das Vordringen der einfachen Warenwirtschaft. Dennoch blieb das sich aus verschiedenen sozialen Schichten (Kaufleute, Handwerker, Plebejer) zusammensetzende und sich hart befehdende Stadtbürgertum in der Feudalgesellschaft verankert, bediente sich ihrer Herrschaftspraktiken und beutete das Land, d. h. die Bauern, aber auch den Adel, aus. In der Frühzeit, im 11. und 12. Jh., erlangte oft der kleine Adel, die Ministerialen, Führungspositionen, und zwar nicht nur in Italien und Südfrankreich, sondern auch in den Gebieten zwischen Seine und Rhein. Dennoch stellte die Kommune, die Stadtgemeinde in Aktion, die alte Herrschaftsstruktur des Frühmittelalters insgesamt in Frage, denn sie entkleidete die Amtsführung geistlicher (Bischöfe) oder weltlicher (Grafen, Fürsten) Stadtherren ihres charismatischen Anspruches. Sie versachlichte und verdinglichte die Herrschaftsordnung, indem sie die Rechtsverhältnisse zweckentsprechender und überschaubarer gestaltete und einen geschlossenen Rechtsbezirk konstituierte. Die Freiheit des Bürgers war an Verbände, Ordnungen, Zünfte, Gilden gebunden. Daher blieben auch nach außen hin alte Herrschaftsverhältnisse erhalten. Die städtische Ökonomie förderte das Interesse der Bauern an einer Produktionssteigerung über die Verbesserung von Arbeitsgeräten bis hin zu Spezialkulturen. So begann im 11. Jh. ein ökonomischer und sozialer Strukturwandel, der bis zum Ende des 13. Jh. alle Klassen und Schichten erfaßte. In diesem Prozeß war auch die römisch-katholische Kirche eingebunden. Sie verstärkte ihren ideologischen Einfluß auf die gesamte Gesellschaft und gelangte zum Gipfel ihrer Macht und ihres Ansehens.[19] Sie monopolisierte vor allem die Ideologie und wachte unerbittlich über die Orthodoxie. Jeder Angriff auf die Kirche war ein Angriff auf Dogma und Tradition und unbewußt auf die durch sie geheiligte Ordnung. Schon 1894 bemerkte Friedrich Engels, daß alle Massenbewegungen im

Mittelalter notwendig eine religiöse Maske trugen und als Wiederherstellung des Urchristentums aus eingerissener Entartung erschienen.[20] Im »Deutschen Bauernkrieg« von 1850 differenzierte er zwischen städtischer Ketzerei, die eine wohlfeile Kirche verlangte, und der bäuerlich-plebejischen, die die Klassengesellschaft in Frage stellte, aber erst im 14. und 15. Jh. eine eigenständige Fraktion bildete.[21]

Empirische Forschungen bestätigen grosso modo die Aphorismen von Engels. Der Dualismus mit seinen Stützpunkten in den Städten strahlte in Frankreich und Italien auch auf das Land aus und erfaßte Adelige und Bauern. In Bulgarien war das Bogomilentum im 10. Jh. eine rein bäuerliche Bewegung. Insgesamt spielten jedoch im Hochmittelalter Kaufleute und Handwerker die Hauptrolle. Das gilt auch für die *evangelischen Sekten*. Ihre Predigten kreisten vordergründig um Armut und Nachfolge Jesu. Sie beriefen sich auf das Matthäus- und Lukasevangelium, die sie mit ihren Augen lasen und interpretierten. Darin forderte Jesus von seinen Jüngern die Bereitschaft zur Nachfolge. Der Gerufene sollte sich zur Gemeinschaft mit dem Herrn bereit finden und dessen Lebensstil annehmen. Er wird dann zum Gehilfen des Erlösers und als solcher befähigt, den Ruf Gottes weiterzutragen und sein Reich zu verkünden. Lukas schildert ganz eindeutig die Jesus-Bewegung als Aufbruch der Armen. Es sind Bettelarme, ptochoi, die Jesus seligpreist und denen er das Evangelium verkündet (Luk. 6,20f.; 7,22). Viele Heilungswunder sind nur aus diesem Milieu zu verstehen. Jesus schildert den Besitzverzicht der Jünger als Beispiel für die Reichen, obwohl die ersten Gefährten des Messias die Not vieler ihrer Landsleute teilten und am Rande absoluter Armut existierten. Jesus wollte ihnen die Menschenwürde zurückgeben, welche ihnen die grausame Not geraubt hatte. Die Armen entdeckten sich damit als Subjekt göttlichen Willens.[22] Bei Matthäus waren Kirche und Jünger identisch. Jüngerschaft bedeutete Anteilhabe an der Niedrigkeit und Armut Jesu, Verzicht auf Ehre und Leidensteilhabe an der Niedrigkeit und Armut des Gottessohnes. Die Jünger waren nur Gerufene, keine Auserwählten. Das Heil mußten sie sich erst verdienen. Um ihre absolute Recht- und Machtlosigkeit zu demonstrieren, sollten sie wie die Kinder werden. Dann würden sie im Reich Gottes den höchsten Rang einnehmen (Matth. 18,1–5). Die soziale Pyramide auf Erden wurde in der erwarteten Königsherrschaft Gottes umgekehrt, der Messias versprach einen radikalen Wandel in Israel und die Beendigung des Elends der Armen.

Paulus, der Städter, betonte die evangelische Nachfolge nicht, denn er sah nur den Christusmythos, nicht das Leben Jesu. Er verehrte den Kyrios, den Herrn, nicht den erdenwandelnden Rabbi.

Im 2. Jh. dogmatisierte die Kirche den Nachfolgegedanken. Sie definierte die Teilhabe am Leben des Gottmenschen mit Taufe, Geistübermittlung und Altarsakrament (Eucharistie). Der Christ sollte dem Fleisch gewordenen Gott durch sein Wort und Mysterien, nicht durch Nachahmung ähnlich werden.[23]

Reformer und Sektierer des Mittelalters verstanden demgegenüber Nachfolge wieder ganz wörtlich und unreflektiert, einfach biblisch. Sie wollten aber nicht, wie Karl Barth, die Schrift nur reden lassen und hören, ohne vordergründig aus ihr Vorschriften für Lehre und Leben abzuleiten,[24] sondern sie nahmen sie umgekehrt als Weisung und Norm, wenn schon nicht für alle Christen, dann doch für die Geistlichkeit. Für die Hierarchie bedeutete dieses Ansinnen ein Skandalon, ja Häresie.

Italienische Waldenser erklärten 1218 auf ihrer Versammlung in Bergamo: »Gegen die Wahrheit der Schrift . . . vermögen wir nicht zu glauben . . . Man muß nämlich Gott mehr gehorchen als den Menschen.«[25] Ein Seelsorger, der sich nicht durch Schriftbeweise aus dem Alten und Neuen Testament auswies, galt ihnen als Lügenapostel. Wie sollte das aber ein Zuhörer feststellen können, der den lateinischen Text der Bibel weder lesen noch nachprüfen konnte? Durch Übersetzung in die

Volkssprache! Alle Waldenser besaßen solche Übersetzungen. Männer und Frauen lernten ganze Passagen daraus auswendig, um sie jederzeit parat zu haben. Für sie galt das Prinzip »allein durch die Schrift« den Glauben vermitteln und an ihr Welt und Kirche messen. Der Durchbruch der Laienbildung war erst mit dem Aufstieg des Bürgertums und der Gründung von Stadtschulen möglich, so daß hier die Verbindung von Stadt und Land bei allen ökonomischen und sozialen Antagonismen als Einheit der Gegensätze deutlich wird.

Die Kirche reagierte rasch und hart auf diese Entwicklung. In Südfrankreich verbot sie 1233 den Besitz der Heiligen Schrift in der Volkssprache genauso wie Disputationen über Glaubensfragen durch Laien. Sie argumentierte, daß theologische Sätze nur mit Lateinkenntnissen interpretiert werden könnten, welche den Laien abgingen. Übersetzungen aber würden nur die Gemüter verwirren und Ketzerei Vorschub leisten. Man denke nur an falsch ausgelegte Gebote Christi!

Ähnlich wie mit der Nachfolge verhielt es sich mit der *Armutsforderung*. Am radikalsten vertrat sie Lukas. Er überlieferte, daß die Jünger alles aufgegeben hätten, während Markus nur erwähnt, sie hätten ihre Boote oder ihre Väter verlassen. Lukas dagegen stellt Jesus als Heiland der Armen, als Vater der Sünder und Verlorenen dar.

Kirchenreformer, evangelische Sekten und Volksbewegungen wie die Waldenser, aber auch die Franziskaner stilisierten den Armutsgedanken zum Prinzip christlicher Lebensführung hoch, während die Katharer deutlich Distanz zu ihm wahrten. Ihre Lehrer verliehen Gelder und widmeten sich lukrativen Geschäften. Bürgerliches Gewinnstreben und bürgerliche Lebenshaltung sind unübersehbar.

Am Armutsbegriff schieden sich die Geister, prallten nicht nur evangelische Eiferer mit der Hierarchie zusammen, sondern standen sich auch Waldenser und Katharer als feindliche Brüder gegenüber.

Die Kirche erkannte als »wahre« Arme nur Mönche und

Kanoniker an, die sich freiwillig allen Besitzes entsagt, aber im Kollektiv an Land und Leuten Anteil hatten. Die landläufigen Armen, die nichts ihr eigen nannten und von einer Kirche der Armen träumten, waren ihr höchst suspekt. Sie nahmen die Berichte der Evangelien wörtlich und applaudierten Einsiedlern, Wanderpredigern und Bettelmönchen, die wie Jünger und Apostel auftraten. Für Franz von Assisi befreite zum Beispiel Armut das Herz des Menschen von Begierde und Haß und machte es willig für den Gottesdienst. Nur die Vermählung mit der »Frau Armut« garantiere Glückseligkeit und vermenschliche Gott, ziehe ihn auf die irdische Ebene herab, verleihe ihm ein menschliches Angesicht. Franz nahm jubelnd die Selbsterschließung Gottes in seinem Sohn als Wunder glaubend an. Er machte aus Armut eine Art Heilsnotwendigkeit und ein Mittel zur Erreichung himmlischer Freuden.

In diesen Armuts- und Nachfolgeforderungen ging es kaum um dogmatische Abweichungen, um Theologie, sondern weit mehr um eine Geisteshaltung breiter Kreise auf dem Lande und in den Städten, die ihre Unzufriedenheit mit den Lebensumständen in ihrer Gegenwart artikulierten. Sie sehnten sich nach einer schriftgerechten Kirche, die für sie nicht in der Zukunft, sondern in der Vergangenheit (Urkirche) lag.

Volksreligion, Hochreligion und Häresie steuerten ungewollt gemeinsam Elemente zu einer vita religiosa des Alltags bei, machten Zugeständnisse an die Wünsche und Sehnsüchte des »kleinen Mannes«, wie vor allem die Dorfpfarrer, mit deren theologischer Bildung es nicht zum besten bestellt war, weshalb oft häretische Ansichten unerkannt unter der orthodoxen Oberfläche verbreitet werden konnten. Dagegen gebärdeten sich Ketzermissionare nicht selten als erbitterte Feinde einer volkstümlichen Laienreligiosität. Sie bekämpften Wunderglauben, Heiligenkult und Reliquiensucht, welche die »Leutpriester« nicht nur duldeten, sondern sogar förderten. Aber auch die Ketzer mußten Kompromisse schließen, weil sie merkten, daß die Volksmentalität an einer materialisierten, magischen Religiosität hing. Die Katharer ergriffen die Flucht nach vorn und verehrten nun ihrerseits die Reste ihrer verbrannten Märtyrer und priesen ihre Wortführer selig. Die Vergeistigung religiöser Ausdrucksformen vermochte Dämonenglauben und Exorzismus (Geisterbeschwörung) unter Bauern, Adel und Bürgern weder auszurotten noch zu verdrängen. Trat nicht selbst Jesus in den Evangelien als Exorzist auf? Er trieb böse Geister aus, drohte ihnen und zwang sie zum Gehorsam. Er bediente sich exorzistischer Praktiken, wie unverständlicher Worte, Handauflegung, Berührungen mit Speichel, Anhauchen, Aufseufzen und so weiter. Jesu Namen dürfte wahrscheinlich schon von einigen Mitgliedern der Urgemeinde als Zauberformel benutzt worden sein, um sich vor bösen Geistern zu schützen. War das Herz bisher im Hause der Dämonen gefangen, so wurde es durch die Namensnennung zu einem Tempel Gottes.

Dämonenaustreibung und Geistempfang korrespondierten. Allein der Evangelist Thomas in seiner apokryphen Schrift verzichtete auf diese Erzählungen. Daher ist es verständlich, daß gerade ihn die mittelalterlichen Dualisten als Zeugen anführten und sich durch die Handauflegung ein für allemal von den bösen Weltmächten befreiten und sich zu Geistträgern, Pneumatikern, machten. Anders die Kirche, welche an dem neutestamentlichen Exorzismus festhielt und niedere Geistliche als Exorzisten (Dämonenaustreiber) bestallte und den Exorzismus theologisierte und ethisierte. Die Laien bewahrten ihre animistische Auffassung, sahen sich Tag und Nacht von bösen Mächten umringt, denen sie durch Riten und Spruchformeln zu entgehen hofften. Dahinter verbarg sich ein spontaner, unreflektierter Dualismus, d. h. eine von guten und bösen Mächten beherrschte Welt, dem die Kirche Rechnung tragen mußte, wollte sie ihre Schafe nicht den Katharern in die Arme treiben. Sie lehrte deshalb, daß auch die Dämonen Gott unterworfen seien und die Menschen aus diesem Grunde nicht gänzlich beherrschen könnten. Ursprünglich wären sie gute Geister gewesen, hätten sich aber dann aus freien Stücken von Gott losgesagt.

Das ganze Mittelalter hindurch gab es Glaubens- und Frömmigkeitsäußerungen, die nicht auf die einfache Formel Rechtgläubigkeit und Ketzerei gebracht werden können. Sie waren auch nicht geistige Reflexe bestimmter Lebensformen, das heißt von Lebensbedingungen und Lebenskreisen, von »eingeübten sozialen Verhaltensweisen, die weder von der Natur oder Gott noch von menschlichem Bewußtsein oder Willen geschaffen sind«[26]. Das bedeutet nun aber keineswegs, daß subjektiv unreflektierte Frömmigkeit nicht existierte, sondern sich nur als Schiboleth ökonomischer und sozialer Mißstimmungen artikulierte. Man muß vielmehr für das Mittelalter in Betracht ziehen, daß die gefühlsmäßige Begegnung mit fremden, überirdischen Gewalten ein gesellschaftliches Ereignis darstellte. Glieder einer Gemeinschaft, die gleiche ökonomische und soziale Lebensbedingungen prägte, sprachen auf gleiche Empfindungen an, blieben den gleichen Traditionen, die Lehre und Praxis ihrer Gemeinden, Sekten und Kirchen bestimmten, verhaftet.[27] Genossenschaften und Bruderschaften (fraternitates) beherrschten die Szene, in denen soziale Inhalte mit religiösen Formen verschmolzen und gleichsam ein weltliches Seitenstück zum Mönchtum bildeten. Mit der Durchsetzung feudaler Wirtschafts- und Ausbeutungsverhältnisse im 11. Jh. lief eine Art »innerer« Christianisierung aller Klassen parallel, das heißt eine Durchdringung der Lebensbereiche mit christlichen Wertvorstellungen, gleichgültig ob in orthodoxer oder heterodoxer Sehweise. Das wirkte sich fördernd auf das soziale Selbstbewußtsein der produzierenden Schichten aus, für die das neu erlebte, erfahrene und vermittelte Christentum die eigene Subjektivität bewußt machte, sie aus passiven zu aktiven Gestaltern des Geschichtsprozesses entwickelte. Das traf ganz besonders für das Stadtbürgertum zu, dessen Ideen auch das Land berührten und die Bauern religiös motivierten.[28]

»Religiöse Lebendigkeit der Laien innerhalb und außerhalb der Kirche, Bestreitung der Christlichkeit der herrschenden römischen Kirche, vertieftes Nachfolgechristentum in der Kirche (Franz von Assisi) und ein bis zum Zynismus gehender Antiklerikalismus innerhalb ihrer Grenzen, über denen die Inquisitionsrichter wachen – das alles wurzelt im Kirchenreformzeitalter.«[29] Reformatio – Reform beinhaltete für die Orthodoxie im 11. und 12. Jh. eine Besserung von Personen (Kleriker, Mönche, Kanoniker, Laien), nicht von Institutionen, wie das das Volk ersehnte, welches unter Reform die Wiedererrichtung der Urkirche verstand.

Der Pariser Theologieprofessor Petrus Cantor († 1197), der seit 1178 das Amt eines Vorsängers an der Kathedralkirche von Notre Dame bekleidete, scharte Theologen um sich, die sich der Laienbildung widmeten und vor allem den Predigern ihre Aufmerksamkeit schenkten. Sie bemühten sich um den Nachweis, daß die Gegenwart nicht mit den Maßstäben der Vergangenheit gemessen werden dürfe. Das heißt, daß dieses illustre Kollegium auf Distanz zur Urkirche ging, an die sich das Volk in seiner Kritik an bestehenden Einrichtungen klammerte. Petrus hielt ihm entgegen: »Anders ist es heute, anders war es zur Zeit des Paulus. Damals schien es richtig, keine Gewinne zu machen, wir aber finden es für richtig, auf Einkommen (lucrata) zu achten.«[31] Das Argument der Laien, daß in der Urkirche Armut geherrscht und alles allen gemeinsam gewesen sei, wurde entkräftet, relativiert und die Tradition den Erfordernissen der Machtkirche angepaßt.

In diesem Zusammenhang meint K.-V. Selge davor warnen zu müssen, Kirchengeschichte in Sozialgeschichte aufzulösen, die nicht wisse, was Kirche als Glaubensgemeinschaft sein wolle. Mit anderen Worten sei Kirchengeschichte als bloße Sozialgeschichte nicht ausreichend darstellbar, weshalb man »theologische Umsicht« im Umgang mit ihr benötige.[32] Da Selge ganz ohne Zweifel bürgerliche Sozialgeschichte im Auge hat, ist seine Mahnung zur Vorsicht berechtigt. Die Soziologisierung religiöser Bewußtseinsformen erklärt noch keine sozialen Phänomene. Das verspricht allein die Ideologieanalyse sozialer Erscheinungen und Prozesse. Unter diesen Umständen ist es wenig hilfreich, ja geradezu irreführend, wenn die amerikanische Soziologie der Religion innerhalb sozial-kultureller Komplexe eine unabhängige, funktionell bedeutsame Stellung beimißt und auf Widerspiegelungsmomente wie Klassenanalysen verzichtet.[33] De facto geht es um die Aufdeckung von Zusammenhängen zwischen religiösen Ideen und Basisfaktoren. Religion will die Welt erklären. Sie betrachtet dabei die Schranken, die menschlichem Erkenntnisdrang gesetzt sind, als absolut und unüberwindbar. Eine »Entzauberung der Welt« ist ihr immer suspekt, selbst in den Grenzen orthodoxer Denkschemata, wie die Schicksale vieler Philosophen und Theologen (Scholastiker) im Mittelalter bezeugen. Glaube der Christen wird sich selbst nie als religiöse Ideologie verstehen können, denn sonst würde er sich in das Lager des Atheismus begeben.

An und für sich sind religiöse Ideen in der damaligen Zeit noch kein Kriterium für Fortschritt und Reaktion, da alle Menschen in religiösen Kategorien dachten. Um Antworten in dieser oder jener Richtung zu geben, bedarf es eingehender Analysen der Gesamtphänomene, ihrer Totalität.[34] Dazu zählen auch sozialpsychologische Gegebenheiten. Die bürgerliche Mediävistik stilisierte in den letzten Jahren die Rolle der sogenannten *Mentalität* hoch. Sie versteht darunter kollektive Denk-, Verhaltens- und Lebensweisen im Rahmen einer Gesellschaft, einer Kultur oder Gemeinschaft. Die Denkweisen von Individuen und Gruppen in ihrer sozialen und geistigen Umwelt bilden den Gegenstand dieser Forschungen.

Die französische Mentalitätsforschung wendet sich sowohl gegen die deutsche Geistesgeschichte als auch die marxistisch-leninistische Widerspiegelungstheorie. Sie läßt es aber prinzipiell ungeklärt, ob die Stellung des Menschen im Produktionsprozeß entscheidend für seine Gesamtlage ist und ob die jeweilige Position einzelner Gruppen schon eine dominierende Rolle neben oder über Wirtschaftsmomenten spielte. Zwar akzeptiert sie Klassenmentalitäten neben allgemeinen Geisteshaltungen innerhalb einer Epoche oder Periode, aber ihre eigentliche

Aufmerksamkeit gilt Individuen und Gruppen, die über Gebühr aus dem Klassenkonnex herausgehoben und isoliert analysiert werden. Die Gesellschaft erscheint dann als eine Addition von Gruppen wie Familien, Geschlechtern, Gefolgschaften, Gilden und Mönchsgemeinschaften. Dieses Herangehen an die historischen Bewegungen höhlt den Klassenbegriff aus, degradiert ihn zu einer historischen Kategorie zweiter Ordnung und vermischt oder verwechselt ihn mit sozialpsychischen Erscheinungen.[35]

Gegen dieses Herangehen war schon 1965 A. J. Gurjevič mit dem Hinweis aufgetreten, daß es sich bei Mentalitäten um Stufen oder Schichten gesellschaftlichen Bewußtseins handelt. Während die Ideologie bereits systematisierte gesellschaftliche Gedanken und Vorstellungen beinhaltete und Grundinteressen von Klassen artikulierte, hatte es die sozialpsychische Schicht mit bewußten und unbewußten Äußerungen zu tun wie Bräuchen, Traditionen, Gewohnheiten, die sozialen Verbänden eigen waren. Die Stabilität dieser Elemente ist groß, ganz im Unterschied zu Emotionen und Gefühlen, die mit aktuellen Interessen und Gefühlen sozialer Schichten in ursächlichem Zusammenhang stehen. Im Verlaufe der Geschichte wuchs das Gewicht der Ideologie, während sich die Mentalität ihr mehr und mehr unterordnete, ohne an Bedeutung und Vitalität zu verlieren. Unser Gang durch das Hochmittelalter wird uns dafür Anschauungsmaterial liefern. Das erfordert die sorgsame Beachtung von Riten und Symbolen, welche Korporationen und Individuen zu bestimmten Verhaltensweisen und sozialen Normen verpflichteten. Rituale, Symbolik, Zeremonielle, Gestik, Zauberformeln und Schwüre beherrschten das soziale Handeln vom Bischof bis zum Dorfpriester, vom Fürsten bis zum Bauern.[36]

In unserem Zeitraum profilierten sich herrschende und oppositionelle Bewußtseinsformen zu Ideologie, etwa im Gregorianismus, in der scholastischen Theologie oder im häretischen Dualismus. Die Menschen empfanden zunehmend die Widersprüche in ihrem Leben als Widersprüche zwischen Ideal und Wirklichkeit. Die religiösen Ideologien spiegelten reale Verhältnisse unter dem Aspekt einer Dialektik von Realem und Möglichem, Gegenwärtigem und Künftigem im Gewande glorifizierter Vergangenheit wider. Reformer, Heilige, Ketzer, Propheten, Mystiker und Bettelmönche drängten in vielfältiger Weise nach der Aufhebung eines gegebenen Zustandes, signalisierten die Negation des Bestehenden.[37]

Die mittelalterlichen Menschen betrachteten die gegebenen Verhältnisse als »eine fremde, außer ihnen stehende Gewalt, von der sie nicht wußten woher und wohin, die sie also nicht beherrschen konnten, die im Gegenteil nun eine eigentümliche, vom Wollen und Laufen der Menschen unabhängige, ja dieses Wollen und Laufen erst dirigierende Reihenfolge von Phasen und Entwicklungsstufen durchläuft«[38].

Die Negation des Bestehenden äußerte sich bei den Bewegungsmännern oft als Weltverachtung (contemptus mundi), als Überzeugung, am Ende der Zeiten in einem vergreisten Diesseits zu leben, oder in der Hoffnung, durch Weltentsagung das Ende zu beschleunigen, um das neue Äon rascher heraufführen zu können. Dennoch darf man diese Bewußtseinsformen nicht mit einem Krisenbewußtsein wie im Spätmittelalter gleichsetzen.

Das Totentanzmotiv des 13. Jh. offenbarte eine ganz andere Geisteshaltung als das des 14. Jh.: Das Thema hatte nicht den Akzent des Schrecklichen, denn der Tod wurde nur zum Abschluß eines rein diesseitig erlebten Daseins, nach dem der Mensch wieder in den Schoß der göttlichen Natur zurückkehrte.[39] Im 14. Jh. tanzten verweste Leichen oder Sterbende mit dem Tode, der den Menschen Ruhm, Würde und Heiligkeit nahm und sie um Gnade und eine Galgenfrist winseln ließ.[40]

Im Hochmittelalter führte der Ruf »memento mori« (gedenke des Todes) zu aktiverem Handeln im Leben, nicht zur Resignation. Es war ein Aufruf zur »Arbeit« an eigener Vollkommenheit in Klöstern und Wäldern und für Kirche und Gemeinschaft. Die Dynamik der Stadtkultur drängte nach Anpassung von Ideen und Institutionen an die neuen Sozialstrukturen. Eine neue Religiosität und Frömmigkeit wollte die alte, »vergreiste« Welt hinter sich lassen. Man gewann sie durch eine Neuinterpretation der Evangelien, der Väter, der Psalmen, der Apokryphen. Rückbesinnung auf die »Urzeit« hieß Meisterung und Verstehen der Gegenwart. Die Philosophen des 12. Jh. verstanden sich im Verhältnis zur Antike als Zwerge auf den Schultern von Riesen, aber eben gerade dadurch weiter blickend als Griechen und Römer! Was hatten die koptischen Wüstenmönche schon den Cluniacensern und Zisterziensern an die Seite zu stellen! Wo fand man in der alten Kirche einen Franz von Assisi, einen Joachim von Fiore oder einen Papst vom Schlage eines Gregor VII., der Kaiser in die Knie zwang? Wo hörte man zuvor aber auch von so gefährlichen und kühnen Ketzern wie den Waldensern und Katharern?

Je weiter man sich in die Antike vertiefte, um so mehr produzierte man »Mittelalterliches« in Staat und Kirche, in Kultur und Religion. Gefragt waren Leistungsbewußtsein und Leistungsausweis in Kirche und Gesellschaft, in Askese und Binnenkolonisation, in der Rationalisierung des Glaubens und städtischer Existenzweise. Folgerichtig propagierte die Orthodoxie weltlichen Optimismus, der sich dem weltverneinenden Pessimismus der Katharer in den Weg stellte. Das Übel der Welt suchte sie nicht im Jenseits, sondern im Diesseits. Seelische und intellektuelle Kräfte, Tugend und Laster, Unvernunft und Vernunft bestimmten für sie den Kampf zwischen gut und böse. Die scholastische Philosophie tat ihr Bestes, um die Dämonie des Alltags zu entzaubern und den Menschen zur Selbsterkenntnis zu führen.

Das alles zeigt auf der einen Seite Vielfalt und Buntheit religiöser Bewußtseinsformen im Hochmittelalter, andererseits aber auch die eigentümliche Art und Weise, in der sich die damaligen Menschen ihrer praktischen Lebensprobleme bewußt wurden, indem sie in religiösen Kategorien ihre realen Interessen zur Geltung brachten. Sie setzten völlig unbeabsichtigt und unbewußt gesellschaftliche Prozesse in Gang, die im »Resultat der Tätigkeit vieler Generationen eine soziale Revolution ergaben«[41].

Ausschnitte aus der Zeit von 1000–1300 bieten die nachfolgenden Kapitel. Anhand quellennaher Einblicke in die vita religiosa soll dem Leser ein möglichst plastisches Bild geboten werden. Um den Anmerkungsapparat nicht zu überlasten, finden nur Quellenzitate Aufnahme. Jedem Kapitel ist eine Literaturauswahl beigegeben, die dem Benutzer ein tieferes Eindringen in die Problematik erleichtern soll. Vollständigkeit ist weder möglich noch erwünscht. Die Publikationsinflation drohte sonst alles zu überwuchern und den Nichtfachmann eher zu verwirren, denn zu informieren. Im wesentlichen fanden Werke und Studien Berücksichtigung, auf die sich die Darstellung entweder stützt oder sie kritisch referiert.

Auf eine chronologisch fortlaufende Geschichte religiöser Bewegungen wurde verzichtet. Gegenstand des Buches sind allein typische Formen der vita religiosa. Bei ihrer Auswahl ließen wir uns von der Überzeugung leiten, in erster Linie die Phänomene zu berücksichtigen, denen wir in den verflossenen 30 Jahren durch eigene Untersuchungen unsere Aufmerksamkeit schenkten. Aus diesem Prinzip resultiert auch die thematische Aufteilung: Ernst Werner schrieb den »Prolog«, das Kapitel »Anbruch einer neuen Zeit . . .«, vom zweiten Kapitel »Der Traum von der Kirche der Armen« die Unterkapitel 1–3; Prof. Erbstößer von diesem Kapitel das vierte Unterkapitel »Aufbruch der Laien – die Waldenser«, das Kapitel »Stadt und Land . . .« und den »Epilog«.

Anbruch einer neuen Zeit – Stadt und Land, Kirche und Welt, Mönche und Ketzer im 11. Jahrhundert

Religion und Gesellschaft
im 11. Jahrhundert

Die Jahrtausendwende und die tausendste Wiederkehr des Op-
fertodes Christi (1033) bewegten damals viele Menschen, er-
zeugten bei ihnen Furcht und Hoffnung und machten sie empfänglich für Zeichen und Wunder. So hörte der Abt Abbo von
Fleury (988–1004) zu Paris eine Predigt über das Weltende, in
der vom Kommen des Antichrists und dem letzten Gericht nach
dem Jahre 1000 die Rede war. König Rudolf III. von Burgund
(937–1033) schrieb zwei Jahre vor seinem Tode ahnungsvoll:
»Indem wir den Untergang dieser sinkenden Welt vor uns
sehen, erwarten wir mit Furcht das Ende allen Fleisches.«[1] Die
Wetterunbilden des Jahres 1032, die in Nordfrankreich Saaten
und Obstkulturen vernichteten, schienen ihm recht zu geben.
Drei Jahre lang herrschte ein katastrophaler Nahrungsmangel,
der Tausende von Menschen zwang, Haus und Hof zu verlassen. Hohlwangig und halb wahnsinnig vor Hunger schleppten
sich die Unglücklichen des Weges und stürzten sich »gleich von
Dämonen besessenen Bacchanten«, wie ein Augenzeuge, der
Mönch Andreas von Fleury, erzählt, auf alles Eßbare. Gierig
verschlangen sie Hunde, Ratten und Mäuse als Leckerbissen,
nahmen aber ebenso mit Rinderkot vorlieb, der mit Asche versetzt wurde. Blüten und Blätter von Bäumen und Sträuchern
weideten sie samt der Rinde wie Tiere ab und schreckten am
Ende auch nicht vor dem Verzehr von Menschenfleisch zurück.
Nachts umschlichen sie Gehöfte wie reißende Wölfe, um vielleicht einen Hund zu fangen und sich ein Festmahl zu bereiten.
Andere wieder brachen in Tierkoppeln ein, töteten Rinder und
Schafe, labten sich an ihrem Blut und verschlangen das Fleisch
roh. Die Geisterzüge der bleichen, vor Schmutz starrenden Gestalten boten ein apokalyptisches Bild des Todes. Als glücklich

galt, wer vor seinem Ende noch einen Bissen erhaschen konnte.
Jeden Morgen fand man auf Gassen und Feldwegen 40–50 ent-
seelte Leiber. Die Überlebenden sahen sich nicht mehr in der
Lage, alle Leichen zu bestatten.[2] Die Frage, woher denn dieses
entsetzliche Elend komme, bewegte die Gemüter. Die Mönchs-
chronisten erklärten es als Strafe Gottes wegen des Übermutes
der Menschen. Die Dämonen hätten das Übergewicht bekommen und die Menschen zu Frevel verführt. Die bösen Geister
tauchten in vielerlei Gestalten auf, schreckten und quälten ihre
Opfer und verschonten selbst fromme Klosterbrüder nicht.
Lockte doch schon die Lektüre heidnischer Schriftsteller Schlan-
gen herbei und provozierte Stürme. Demütigungen eines Klosters durch übermütige Laien führte zur Demütigung der Ge-
beine des Schutzpatrons, der in den Träumen der Mönche bit-
tere Klage erhob und teuflische Ungeheuer auf den Plan rief.

An den Kapitälen burgundischer Kirchen, wie in Vézelay,
fanden sich in Stein gehauene Visionen der Mönche wieder.

Allgemein war die Angst vor der Dunkelheit, weil man
meinte, daß dann die Macht des Unbekannten, Diabolischen
und Mysteriösen beginne. Die Bauern verehrten heimlich Quellen und Bäume, da sie in ihnen Geister vermuteten, die ihnen
nützen oder schaden konnten. In Südfrankreich flohen im
10. Jh. viele Bauern vor feudaler Willkür in die Berge, schlossen sich hier zu freien Gemeinden zusammen und kehrten zum
Heidentum zurück, das erst der heilige Bernhard von Menthon
(923–1008) 966 erfolgreich verdrängte.

Auch in Deutschland, in Niedersachsen und im Anhal-
tischen, bedrückten Seuchen und Unwetter zwischen 1017 und
1021 die Menschen. 1017 zu Weihnachten kam es dann in Köl-
bigk, westlich von Bernburg, zu einem wundersamen Ereignis.
Fünfzehn junge Männer und drei Mädchen, darunter die Tochter des Dorfpriesters, führten vor der Kirche einen Rundtanz
auf, bei welchem sich die Tänzer an den Händen hielten,
klatschten und mit den Füßen stampften. Dazu sangen sie ein
Lied, das von einem Ritter Bovo erzählte, der sich im Walde

die schöne Merswind holte und sie heimführte. Der Priester, der schon mit der Messe begonnen hatte, ermahnte die fröhliche Gesellschaft, mit ihrem gottlosen Treiben aufzuhören und dem Gottesdienst beizuwohnen. Als die Schelte nicht nutzte, rief er die Heiligen zu Hilfe und verurteilte die Unbotmäßigen zu einem Dauertanz von einem Jahr, den die Mädchen und der Sohn des Pfarrers nicht überlebten. Ein Teilnehmer des Spektakels, Otbert, behauptete, daß sie während eines Jahres weder gegessen, getrunken noch geschlafen, sondern nur monoton gesungen und getanzt hätten. Ihre Angehörigen erbauten ihnen lediglich ein Schilfdach auf vier Pfählen, damit sie nicht dem Wetter ausgesetzt waren. Nach Ablauf eines Jahres habe sie dann ein Gliederzittern überfallen, das sie nicht mehr verließ. Sie zogen nun von Ort zu Ort und berichteten allen, die es hören wollten, von dem Wunder ihrer Strafe.

Schon die Kirchenväter hatten bekanntlich gegen das Tanzvergnügen gewettert und behauptet, wo man tanze, da sei der Teufel anwesend. Aber das schreckte das Volk nicht. Im Tanz brach das zurückgedrängte heidnische Lebensgefühl durch und erzeugte eine Art Tanzkrankheit. Der Klerus wollte mit solchen Berichten, die Bettler und Pilger mit bischöflicher Legitimation verbreiteten, das Volk schrecken und den Teufel an die Wand malen.

Insgesamt überwältigte das Unheimliche, das Teuflische und die Furcht vor dem nahenden Weltende nur eine Minderheit, sie wurde keineswegs von der Masse geteilt. Abbo von Fleury bestritt ein Weltende mit Belegen aus den Evangelien und den Prophezeiungen Daniels. Der Abt Adso von Montiér-en-Der (967–992) widerlegte in einem Traktat über den Antichrist für die französische Königin Gerberga die Behauptung, daß die Zeit des Antichrist gekommen sei. Denn wenn sich auch das Römerreich als letztes Weltreich aufgelöst habe, so gehe doch sein Ruhm nicht zugrunde, weil er in den Königen weiterlebe.

Bei den pessimistischen Zeittönen handelte es sich vorwiegend um augenblickliche Verzweiflungsäußerungen über

lokale Unbilden, wie in Nordfrankreich, die im Süden und Westen fast ganz fehlten. Hier herrschte im Gegenteil Optimismus
vor.

Der Cluniacensermönch Rodulf Glaber († um 1045) sah im
Fündigwerden von Heiligengräbern ein Zeichen für die Versöhnung Gottes mit seinem Volke: »Dann, im achten Jahre
nach dem Jahrtausend der Fleischwerdung des Herrn, geschah
es, daß verschiedene Hinweise zur Entdeckung zahlreicher Hei-
ligenreliquien führten, die bis dahin verborgen geblieben waren.
Als ob sie lange auf eine glorreiche Auferstehung gewartet hätten und dann auf ein Zeichen Gottes der Betrachtung der Gläubigen zugänglich gemacht worden wären, um ihrem Geist so großen Trost zu spenden.«[3] Dieses göttliche Wohlwollen demonstrierte sich für Rodulf aber auch noch auf eine andere
Weise. »Als sich das Jahr 1003 näherte, da konnte man fast
über das ganze Antlitz der Erde wiedererneuerte Kirchengebäude bewundern, vor allem in Italien und Gallien. Obgleich
die meisten von ihnen keiner Erneuerung bedurft hätten, weil
sie von stabiler Konstruktion waren, so stachelte doch der Wett-
eifer jede christliche Gemeinde dazu an, mehr Pracht zu entfalten als ihre Nachbarn. Es schien, als hätte sich die ganze
Welt in Bewegung gesetzt und ihre Altersschwäche abgeschüt-
telt, um sich mit einem weißen Gewand von Kirchen zu beklei-
den. Damals wurden fast alle Gotteshäuser in Bischofsresiden-
zen, verschiedenen Heiligen geweihte Klosterkirchen und selbst
kleine dörfliche Bethäuser von den Gläubigen schön ausgestattet.«[4] So rekonstruierte man beispielsweise in Orléans nicht nur
das Domgebäude, sondern auch kleinere beschädigte Stadtkir-
chen. Der französische Mediävist G. Duby führt diese Bautätig-
keit auf die wachsenden ökonomischen Potenzen der mittelalterlichen Gesellschaft Westeuropas zurück, die sich in der Lage
sah, aus dem ländlichen Bereich Arbeitskräfte für Steinbrüche
und Materialtransporte abzuziehen. Fronbauern standen neben
freien Tagelöhnern, die nicht nur mit Naturalien, sondern auch
mit Geld entlohnt wurden. Die hohen Kosten der Sakralbauten

zwangen Bischöfe und Äbte, ihr Schatzgold einschmelzen und zu Münzen umprägen zu lassen. Schenkungen hoher Feudalherren und der Könige hatten ihnen reichlich Schatzgold zufließen lassen. So übereignete etwa König Robert II. von Frankreich (996–1031) beim Tode seiner Gemahlin Konstanze dem Altar des heiligen Petrus in der Kathedrale zu Orléans sieben Pfund Goldschmuck, oder Kaiser Heinrich II. (1002–1024) der Abtei Cluny zwei Zepter, einen Reichsapfel, ein goldenes, mit Edelsteinen besetztes Vortragskreuz und eine goldene Krone für den Hochaltar. Alfons VI., König von Kastilien-León (1072–1109), übersandte dem gleichen Kloster 1088 10 000 arabische Goldmünzen und verpflichtete sich zu einem Jahreszins von ca. 72 kg Gold. Dergleichen generöse Donationen waren »Gesten der Macht« (Duby), die zugleich den Beschenkten zu einer Gegengabe verpflichteten und Gott zwangen, dem Spender Wohltaten zu erweisen. Wer seine Reichtümer in sakrale Kunst investierte, glaubte, sich Gott im Leben und im Tode verpflichtet zu haben. Nirgendwo sonst schienen sie besser angelegt zu sein.

Aber bei alledem sollte man nicht übersehen, daß dergleichen Schenkungen oft nur kaschierte Verkäufe darstellten, besonders wenn es den kirchlichen Institutionen um Landbesitz zu tun war. Privaturkunden geben darüber Auskünfte. Wertgegenstände, insonderheit Gold- und Silberringe, dienten bei Tausch und Schenkungen als symbolische Äquivalente, die den Verträgen Rechtskraft verliehen. Die berühmte benediktinische Mutterabtei Monte Cassino setzte bedenkenlos Geld zum Gütererwerb ein und benutzte Kirchen und Klöster als reine Vermögensobjekte ohne Rücksicht auf deren Chrakter als Gotteshäuser.

Die Besitzpolitik der Klöster lief mit dem allgemeinen Trend einer agrarischen Umstrukturierung parallel, der in Frankreich etwa um 1020 begann.

Die großen Grundherrschaften mit ihrem Streubesitz, ihrem ausgedehnten Zinsland und den unproduktiven Eigenbetrieben

(Salländereien) hatten sich überlebt. Die einzelnen Fronhöfe lagen oft viele Meilen auseinander, und in manchen Dörfern waren zwölf und mehr Grundherren vertreten. Weit entfernt von einer organisatorischen Durchbildung, veröderten die Betriebe und warfen für die Herren kaum noch etwas ab. Viele Adelige verarmten. Der Abt des Klosters St. Symphorian zu Metz verzeichnete trocken zum Jahre 1000: ». . . auch viele Adelige sanken in Armut und großes Elend herab.«[5] Ein sozialer Wandlungsprozeß hatte eingesetzt, der Bauern und Herren in Mitleidenschaft zog. Auf administrativem Gebiet führte er zur Bildung von *Bannherrschaften* (Seigneurie banale). Der Bann symbolisierte ursprünglich die königliche Gerichtsgewalt, die der Souverän an Vasallen und Prälaten weiterverleihen konnte. Der Inhaber des Banns hatte das Recht, zu gebieten, zu verbieten, zu zwingen, zu strafen und Monopole, wie den Bannwein oder den Mühlenbann, einzuführen. Die Bauern durften dann ihr Korn nur in den Mühlen des Herrn mahlen lassen oder ihre Weine erst von einem bestimmten Zeitpunkt an verkaufen. Alle Bauern waren seiner Gewalt unterworfen. Die richterlichen Befugnisse des Bannherren erfaßten alle Bewohner einer Region, ohne Rücksicht darauf, ob er dort Grundeigentum besaß oder nicht. Auf diese Weise gelang es ihm, Teile des Mehrproduktes von Bauern, die einer anderen Grundherrschaft unterstanden, durch Gerichtshoheit und »Gewohnheiten« (consuetudines) für sich zu reservieren. Wichtig war der Besitz einer Burg. Ende des 12. Jh. zählte man in der Provence bereits 100–150 Burgschlösser, im Languedoc und in Katalonien 130, in der Picardie, der Champagne und in Lothringen 110, um die Stadt Rom 175. Die Burgen waren administrative und militärische Herrensitze. Burgbezirke überlagerten alle Bewohner eines bestimmten Territoriums, gleich ob es sich um Freie oder Unfreie, Leibeigene oder Hörige handelte. Die Herrenburg gewährte Sicherheit und Schutz, die beide entgolten werden mußten. Die Bauern eines Burgbezirkes hatten Lebensmittel für die Besatzung und deren Pferde zu liefern (vicaria et auxilia) und mußten darüber hinaus beim Bau und der Instandhaltung des Kastells Fronen und Wachdienste leisten. Die erwähnte Schutzsteuer (salvamentum, garda, tallia, bede) betrug in Westburgund pro Mann 40 Sous, in der Picardie, der Champagne und Ile-de-France im 12. Jh. pro Dorf zu 100 Herdstellen jährlich zwischen 10 und 20 Pfund (livres). Bedenkt man, daß ein Reitpferd 4–6 livres, die Waffen eines Ritters 3–5 livres kosteten, dann hielten sich die Abgaben in Grenzen, auch wenn sie von den damit Belasteten in schwerer Arbeit aufgebracht werden mußten. Bischof Adalbero von Laon (977–1030) gab das in einem Gedicht an den französischen König Robert ganz unumwunden zu: »Die zweite Schicht (der Gesellschaft) bilden die Unfreien (servi). Diese unglücklichen Menschen besitzen nur das, was sie sich mühselig erarbeitet haben. Wer könnte, das Rechenbrett in Händen, die Sorgen zählen, die die Leibeigenen während ihrer langen Wege und ihrer harten Arbeit bedrücken? Geld, Kleidung, Nahrung, all das liefern die Knechte an jedermann. Nicht ein Freier könnte ohne sie bestehen. Gilt es eine Arbeit zu verrichten oder will man etwa bieten – dann sehen wir Könige und Prälaten sich zu Sklaven ihrer Unfreien machen. Der Herr, der vorgibt, den Leibeigenen zu ernähren, wird in Wahrheit von ihm ernährt. Und der Knecht sieht kein Ende seiner Tränen und Seufzer.«[6]

Infolge gleichgelagerter Verpflichtungen näherten sich die bäuerlichen Schichten an. Die Ausbeutungsrate war höher als früher, weil sie kontrollierter überwacht wurde und die Machtorgane des Herren immer greifbar blieben. Andererseits wirkte sich die Friedenswahrung nach innen und außen wohltuend aus. Ernte und Wege waren geschützt. Auf den alten Grundherrschaften traten sich die durch juristische Schranken und vielfältige Belastungen getrennten Bauern als Fremde und Konkurrenten gegenüber. In den Bannherrschaften galten für alle das gleiche Gewohnheitsrecht, die gleichen Abgaben. Die Bauern solidarisierten sich und schlossen sich zu Dorfgemeinden zusammen. Diesem Vorgang kam größere Bedeutung zu als der Ablösung der Leibeigenschaft. Neuere Forschungen beweisen, daß in Frankreich der Aufbau von Bannherrschaften mit verschiedenartigen Formen bäuerlichen Widerstandes verbunden war, daß es sich also keineswegs um eine friedliche Verwaltungsreform handelte (R. Fossier). Spontane Friedensbewegungen, örtliche Bauernerhebungen und Ketzereien gehören in diesen Zusammenhang. Das war kein Zufall, denn die Bannherrschaften bildeten effektivere staatliche Machtstrukturen aus, die die Bauern weit fester als früher in das Netz feudaler Ausbeutung integrierten. Dem lief eine Eigentumskonzentration in den Händen des hohen und mittleren Adels auf Kosten der kleinen Herren, der Allode freier Bauern und der dörflichen Allmenden (Gewässer, Weiden, Wälder) zur Seite. Die Bannherren unterwarfen das bäuerliche Gemeindeland ihrem »Schutz« und forderten dafür von seinen Benutzern Zins. Zugleich erklärten sie sich zu Teilhabern am Allmendeland und grenzten ihre mit Beschlag belegten Stücke durch Hecken und Zäune ein.

In Burgund löste sich schon Ende des 11. Jh. die Allmende auf. Kirche und weltlicher Adel organisierten die Landbewohner in Pfarreien (Parochien), die regionale Einheiten innerhalb der Bannbezirke bildeten. Den Mittelpunkt einer Pfarrei stellte die Kirche dar, die alle Pfarrkinder eines Sprengels besuchen mußten. Hier hörten sie die Messe, empfingen die Sakramente – vor allem Taufe und Abendmahl –, entrichteten den Zehnt und begruben ihre Toten. Die Parochie war eine rein ländliche Glaubensgemeinschaft, der nur Bauern, keine Herren angehörten, die in Privatkapellen den Kult vollzogen. In den Parochien vereinigten sich die Bauern in Bruderschaften als Gebets- und Liebesverbänden. An ihrer Spitze standen Geistliche, die das Leben ihrer Herde weithin teilten. In den Parochien sammelte sich der bäuerliche Widerstandswille wie in einem Brennglas. Hier entwickelten sich Gemeinschaftsgefühl und Selbstbewußtsein, hier lauschte man aber auch begierig Wundergeschichten und Neuigkeiten aller Art.

Der Konzentrationsprozeß im Rahmen neuer Herrschafts-

strukturen überwand die feudale Anarchie des 10. Jh. und verlagerte die Machtzentren vom dörflichen Fronhof auf die Burg,
regionalisierte die Abhängigkeitsverhältnisse und die Herrschaftsbereiche. Das gilt nicht nur für Frankreich. In Italien entstanden schon früher Burgstädte (incastellamenti), welche auf
eine organisierte Siedlungsbewegung um ein Herrenzentrum
(castello) zurückgingen und eine geplante bäuerliche Siedlungs-
ballung zur Folge hatten. Als Initiatoren wirkten Bischöfe und
Äbte. Die Zuzügler waren gutsituierte Familien, keine Entwurzelten, keine Pioniere, sondern Binnenkolonisten, die um
das Kastell Plätze angewiesen erhielten und mit Privilegien ausgestattet wurden. Sie versippten sich auch nicht zu Großfamilien, sondern lebten in erweiterten Kleinfamilien, denen unverheiratete Kinder zugehörten. Wie in den Bannherrschaften
band auch das Kastell die Bauern in eine festere Ordnung des
Zusammenlebens ein. In Mittelitalien stimulierte es das Handwerk und bremste die Abwanderung von Bauern in die Städte
(P. Toubert).

Diese einschneidenden Entwicklungen im politischen Bereich wären ohne Aufschwung agrarischer Produktivität undenkbar. Dieser Aufschwung war sehr bescheiden und hatte
mit einer »Agrarrevolution« (J. Le Goff) nichts zu tun. Bedenkt man aber, daß in der Domäne des Klosters San Tommaso
in Oberitalien 62 Leibeigene (servi) im 10. Jh. nur über 8 Sicheln, 1 Hacke, 2 Beile und 1 Rebmesser verfügten, in Enzola
am Po 13 Leibeigene lediglich 4 Hacken, 2 Beile und 1 Rebmesser besaßen und es auch im Gebiet um Parma nicht besser stand
(V. Fumagalli), dann begreift man, daß schon die zahlenmäßige Vermehrung von Ackergeräten dem Fortschritt diente. In Nordfrankreich, in der Picardie (Gebiet von der oberen Oise bis zur unteren Somme) registrierte das Inventar einer
königlichen Domäne um die gleiche Zeit für die hier tätigen
Knechte 1 Beil, 2 Äxte, 2 Schaufeln, 2 Sensen und 2 Sicheln.
Bei einem jährlichen Getreideaufkommen von 2 500 hl reichten
die Gerätschaften nicht aus. Der Verwalter (Meier) betont aus-

drücklich, daß man Holzinstrumente in genügender Zahl besitze. Aber sie ermöglichten nur klägliche Ernten. Sie betrugen in der Lombardei damals kaum das Zweifache der Aussaat und stiegen erst seit dem 10. Jh. auf das Dreifache, vor allem bei Hafer und Hirse, an. Das Brot des kleinen Mannes bestand aus Kleie und Gerste, wenn er sich nicht mit Hafer- und Hirsengrütze begnügte. Weizenbrot, Öl und Rindfleisch gehörten zur Ausnahme. Dennoch wurde man satt. Der verbesserte Pflug mit Rädern, einem senkrechten Messer, einem Streichbrett und Metallbeschlägen ermöglichte die Bearbeitung schwerer Böden. Er zog nicht mehr nur tiefe Furchen, sondern wendete die Schollen, wobei sinnvolle Anschirrmethoden bei Ochsen und Pferden die Effektivität um ein weiteres erhöhten. Die Egge verhinderte das Vergrasen der Äcker und förderte das Wachstum der Getreidekulturen. Etwa seit dem Jahr 1000 vermehrte man die eisernen oder metallbeschlagenen Werkzeuge. Aus Zollregistern der Jahre 1000–1040 aus Arras, Cambrai und Pavia ist zu ersehen, daß Bauern mit einem Eigengut (Allod) über 5 Spaten, 2 Äxte und 2 Sicheln verfügten, eine adelige Dame auf einmal 10 Beile veräußerte, im Artois (Frankreich) und in Asti (Italien) um 1030 Fleischermesser in Mengen zum Kauf feilgeboten wurden.

Nördlich der Alpen setzte sich die Dreifelderwirtschaft durch. Die ältere Zweifelderwirtschaft hatte wegen der jährlichen Brache einen Verlust von 50 % hinnehmen müssen, während die Dreifelderwirtschaft die Produktivität von 50 % auf 66 % anhob, denn von den Ackerflächen blieben jetzt nur noch ein Drittel brach liegen. Die beiden anderen Stücke säte man unterschiedlich ein: im Herbst mit Weizen und Roggen, im Frühjahr mit Hafer, Gerste und Gemüse. Das hatte große Vorteile, da man durch den jährlichen Wechsel schlechte Frühjahrsernten durch bessere Sommererträge auszugleichen und die Nahrung abwechslungsreicher zu gestalten vermochte. Ebenso nutzte man die trockeneren und ärmeren Böden systematischer als im Frühmittelalter, so im Süden und Westen Europas. Auf ihnen baute man anspruchslose Getreidesorten wie Hirse an. In Italien und Spanien spielte diese im Hochmittelalter für die menschliche Ernährung eine wichtige Rolle. In der Lombardei, auf Sizilien, aber auch in Westfrankreich gehörte Hirse zur täglichen Speise. Ihr Mehl vermischte man mit anderen Getreidearten und bereitete daraus Suppen und Fladen.

Allgemein darf man von einem merklichen Bevölkerungsanstieg ausgehen. Die Erweiterung der Kulturflächen kann dafür als indirektes Zeugnis angeführt werden. Die Rodungen im 11. Jh. erstreckten sich über ganz Europa. Sie wurden von den Bauern getragen, aber in der Regel vom Feudaladel initiiert. Sowohl in Burgund als auch in Mittelitalien trieben Kleinfamilien, nicht mehr große Rodungsgemeinschaften wie im 8. und 9. Jh., Lichtungen von der Peripherie her in die Wälder vor. In der erzwungenen Muße des Winters hieben die Bauern die Stämme um, beseitigten die Stöcke und verbrannten das Niederholz. Beim Zusammentreffen der einzelnen Rodungsweiler bildeten sich Rodungssiedlungen, die zu gemeinsamer Wasser- und Bodenregulierung übergingen. Wo es das Klima erlaubte, pflanzten die Rodungsbauern Reben, die guten Absatz versprachen. Seit der Mitte des 11. Jh. überwog die in abgelegenen Häusern wohnende Einzelfamilie, welche das Neuland so lange als Allod betrachtete und bewirtschaftete, solange der Bannherr nicht zugriff. Diese »Rodungsfreiheit« differenzierte die bäuerliche Klasse, da die Neubauern zu besseren Bedingungen und »Gewohnheiten« Land besaßen als ihre Brüder im Altsiedelland. Oft lockten Feudalherren und Äbte junge Bauernfamilien mit großen Versprechungen in ihre Forste oder an Marktorte, burgi, wo sie als »Gäste« (hôtes) ökonomische und juristische Vorrechte genossen. Im Herzogtum Aquitanien schossen nach 1060 Freidörfer (villae liberae) wie Pilze aus dem Boden. Das löste eine Bevölkerungsbewegung aus, die örtlich zu Wüstungen führte, weil die Bauern alte Siedlungsräume aufgaben, um im Neuland nach besserem Recht zu leben. In der Normandie bildeten die burgi die notwendige Ergänzung zu den

Klostergründungen. Sie machten das Salland über die Geldrente, die den Abteien auf diese Weise zufloß, nutzbar. Viele
derartige Komplexe entwickelten sich zu Kleinstädten, die der
Belebung der Marktbeziehungen innerhalb ländlicher Strukturen dienten. Dieser Landesausbau erfolgte auf Initiative des
Adels, und zwar sowohl in Frankreich und Italien wie auch in
Deutschland. Dabei spielte das Geld eine wichtige Rolle. Das
bäuerliche Mehrprodukt konnte auf dem Markt an Pilger und
Wanderkaufleute umgesetzt werden. Handlanger- und Trans-
portdienste auf Bauplätzen verschafften den Bauern klingende
Münzen. In der Picardie kursierte schon um 1020 in den Dörfern das Geld als Zahlungsmittel. Das erleichterte die »Techni-
sierung« der Agrarproduktion. So stieg zum Beispiel zwischen
Somme und Oise in der Zeit von 1080–1125 die Zahl der Wassermühlen auf 245. Aufgrund von Schätzungen darf man für
Frankreich, England und Italien im letzten Drittel des 11. Jh.
für 1000 Haushalte mit 25 Wassermühlen rechnen (D. Lohmann). Für die Kosten einer Mühle setzt man 8–16 ha Ackerland an. Die Mühlen gehörten den Bannherren und wurden an
Bauern verpachtet. Müller und Schmied standen an der Spitze
der Dorfaristokratie, gefolgt von Bäckern und Fleischern, die
sich durch Verkäufe von Lebensmitteln an Pilger, Klöster und
Ritter rasch bereicherten. Sie, wie auch Töpfer, Schuster und
Gerber, befaßten sich bald nicht mehr mit Ackerbau, sondern
lebten von ihrem Handwerk und boten ihre Waren auf Wochen-
märkten feil.

Die Bannherren schöpften die flüssigen Mittel durch Verwandlung der Produkten- in Geldrente ab. Vor allem der Kirchenzehnt bot sich für solche Transaktionen an, weshalb ihn der
Laienadel in seine Regie nahm. Wenn die Bannherrschaften allgemein die soziale Differenzierung auf dem Lande förderten
und den Klassenantagonismus verschärften, so gilt das auch für
die Lockerung der bäuerlichen Familienbande auf der einen
und die Verfestigung der aristokratischen Geschlechterver-
bände (lignage) auf der anderen Seite. In Burgund waren der

kleine Adel, die Edelfreien, an den Bannherren gebunden, ohne daß ihr Vasallenstatus ihre Bewegungsfreiheit beschnitt, weil sie über Allode verfügten und nicht nur auf Lehen angewiesen waren. Mit der Annahme des Rittertitels (miles) hoben sie sich bewußt von den Gemeinfreien ab und betonten ihren Adelsrang. J. Le Goff errechnete, daß in Mittelfrankreich ein Reitpferd 25–50 Sous, ein Panzer 100 Sous kosteten. Das enstprach dem Wert einer mittleren Bauernwirtschaft. Um die Bedürfnisse eines Ritters zu decken, mußte er über 150 ha Land mit Leuten verfügen. Das heißt, daß nur eine geringe Anzahl der Edelfreien rittermäßig, »adelig«, leben konnte. In Westburgund dürften es um das Jahr 1000 200 Familien gewesen sein. Seit der Mitte des 11. Jh. vererbte sich der miles-Titel ohne Rücksicht auf vorhandenen Besitz. Im öffentlichen Leben traten die Ritter nur zusammen mit ihrer Sippe (Onkeln, Neffen) und mit ihren »Freunden« in Erscheinung. Die Güter der Frau verwaltete der Mann oder der Sohn. Sie gingen im Grundfonds der Sippe des Mannes auf. Innerhalb der Einzelfamilie herrschte Unteilbarkeit der Güter, solange die Eltern lebten. Allein die Töchter erhielten eine Mitgift. Die Söhne bekamen nur dann etwas ausgezahlt, wenn sie in ein Kloster eintraten, nicht aber, wenn sie sich verehelichten. In diesem Falle gingen sie leer aus. Sie waren dann gezwungen, sich ein Auskommen in der Fremde, als Gefolgsleute hoher Adeliger, Bischöfe und Äbte, oder auf Abenteuern mit Gleichgesinnten, zu suchen. Auch nach dem Tode der Eltern hielten die Kinder in der Regel den Besitz zusammen, um Verarmung zu vermeiden. Sie bildeten ritterliche »Brüdergemeinschaften« (frérêches), die ökonomisch in der Lage waren, 1–2 Pferde zu halten, 1–2 Panzer zu kaufen, um 1–2 Mann ihrer Gruppe als Krieger ausrüsten zu können. Die anderen Mitglieder der Gemeinschaft hielten das Allod instand. Schenkungen erfolgten nur kollektiv. Das unterschied den niederen Adel von den Burg- und Bannherren, die das Erbrecht des älteren Sohnes, welcher über Brüder und Neffen befand, realisierten. Das verbreitete den sozialen Abstand zwischen Rittern und Hochadel. Die milites betrachteten sich als eine solidarische Sippe und Gemeinschaft von Blutsverwandten. Mit der strafferen Organisierung der Bannbezirke verringerten sich die Einkünfte aus den Rittergütern. Ihre Inhaber suchten in Klöstern und Kanonikerstiften, im Vorderen Orient und in Spanien Zuflucht und Auskommen. Nicht selten erhielt die ritterliche Lebenshaltung »einen bäuerlichen Kolorit« (G. Duby), wenn etwa zur Ernte- oder Saatzeit Not am Manne war.

Anders verhielt es sich beim hohen Adel. Sein Tun kreiste um Fahrten, Kriege und Frauendienst – Ideale, von denen die Ritter nur träumten. Die Bannherren kamen mit ihren Bauern kaum noch persönlich in Berührung, empfingen die Abgaben nicht mehr selbst, kümmerten sich nicht mehr um die Überwachung ihrer Knechte auf den Feldern. Dafür dienten ihnen im 11. Jh. die *Ministerialen*. Sie rekrutierten sich aus dem Gesinde (familia) des Herrn und waren leibeigene Knechte. Sie wurden mit einem Dienstgut von 2–3 Hufen, etwa 14–21 ha, ausgestattet, das ihnen eine rittergleiche Existenz ermöglichte. Dafür erledigten sie in den Bannherrschaften administrative und militärische Aufgaben. Sie kontrollierten die »Gewohnheiten« und überwachten alle Verpflichtungen der Zinser, kurzum, sie waren mit der Durchsetzung der Bannrechte betraut. Juristisch blieben sie mit ihrem Leib an den Herrn gebunden, aber sie leisteten ihm die Huldigung (hommage) in lehensrechtlichen Formen. In Frankreich drangen dadurch vassalitische Elemente von der Person des Ministerialen in sein Dienstgut ein. Das äußerte sich dann bei einem Streit zwischen Ministerialen und ihren Herren so, daß er nicht auf der Burg, sondern vor einem Tribunal der Dienstleute ausgetragen wurde.

Die freien Ritter übten Solidarität mit ihren ministerialen »Berufskollegen«, betrachteten sie als ihre »Freunde«, weil sie ihre Lebensweise teilten. Mit der Befreiung von der Leibeigenschaft (servage) wurden die Ministerialen ritterbürtig, ohne sich jedoch dem Stand der miles, der sich in Burgund seit 1050 gegen Nachrückende abschloß, anzugliedern. Realiter verbreiterten sie aber die soziale Basis der herrschenden Klasse und prägten ihre Mentalität, ihr »Ritterbewußtsein« entscheidend mit. Sie dienten nicht nur als Verwalter, sondern sie führten für ihre Herren auch Fehden, die zum feudalen Alltag gehörten, um Macht und Einkommen auf Kosten ihrer Nachbarn zu vermehren. Die Leidtragenden waren dabei immer die Bauern. Allgemein litt die Agrarproduktion. Die eingangs erwähnten Hungersnöte gingen deshalb nicht nur auf Wetterkatastrophen, sondern nicht minder auf politische Anarchie zurück. Wie die Bauern seufzten auch Kirchen und Klöster unter der Last der Fehden schwer. Der Adel sah in ihnen Eigenkirchen und -klöster, die er ausgestattet hatte und die er nun schröpfen wollte. Weil sie auf seinem Grund und Boden erbaut worden waren, beanspruchte er das Recht zur Einbeziehung des Kirchenzehnten auf seine Rechnung, der Gebühren für Taufe, Begräbnis, Trauung, Letzte Ölung usw. Zugleich bestimmte er die Kandidaten für Pfarreien und Abtstühle (Investitur). Die Kirche, selbst eine Feudalmacht, geriet mehr und mehr unter die Botmäßigkeit des Laienadels und drohte ihrer geistlichen Autorität verlustig zu gehen. Die Seelsorger versahen mehr schlecht als recht ihre Aufgaben, waren verheiratet und kümmerten sich mehr um ihre wirtschaftlichen Belange als um Kult und Liturgie.

Gegen Verfall des Priestertums und Laienüberfremdung der Kirche regten sich im klösterlichen Milieu Burgunds unüberhörbare Stimmen, die in der gesamten katholischen Welt Resonanz fanden.

Neue Wege zu Gott und den Menschen – Cluny

Rodulfus Glaber schrieb voller Bewunderung und voller Stolz über seine Mitbrüder: »Wisse, daß dieses Kloster in der ganzen römischen Welt nicht seinesgleichen hat, vor allem, was die Befreiung der Seelen aus der Gewalt der Dämonen betrifft. Man feiert an diesem Ort das lebenspendende Opfer so oft, daß kaum ein Tag vergeht, an dem nicht dadurch Seelen der bösen Macht der Dämonen entrissen würden. In Cluny ist es nämlich Brauch . . . und die große Zahl der Mönche macht es möglich, daß von der ersten Stunde des Tages bis zur Stunde des Schlafes ununterbrochen Messen gefeiert werden. Dies geschieht mit so viel Würde, Frömmigkeit und Ehrfurcht, daß man eher Engel zu sehen glaubt denn Menschen.«[1] Was war das für ein »Himmel auf Erden«, den Rodulfus so überschwenglich pries?

Das Dorf Cluny lag in der Diözese Mâcon in Burgund und wurde 909 durch Herzog Wilhelm III. von Aquitanien Abt Berno von Baume (909–927) übergeben, um hier ein den Aposteln Petrus und Paulus geweihtes Kloster zu errichten. In der Gründungsurkunde unterstellte sich die herzogliche Stiftung dem Papst, um vor bischöflichen oder adeligen Eingriffen sicher zu sein. Nach anfänglichen Schwierigkeiten begann unter den Äbten Odo (927–942), Mayolus (948–994), Odilo (994–1048) und Hugo (1049–1109) ein steiler Aufstieg des Klosters und seiner Priorate. Bis zu Hugo zählte Cluny 200 Mönche, nach 1080 schon 300.

Zweifellos kam dem Kloster für seinen Aufstieg die günstige politische Lage zustatten: Burgund gehörte weder zum Machtbereich des Kaisers noch des französischen Königs. Der Herzog von Burgund verfügte nur in seinen Domänen über reale Gewalt, da das Herzogtum in verschiedene feudale Herrschaftsbereiche aufgesplittert war, in welchen der lokale Adel das Heft in der Hand hielt. Er förderte auch das neue Kloster und seine Ableger. Die Verwandten und Neffen des Abtes Mayolus gründeten die Klöster St. Eusebius und Montmajour, die Priorate Carluc und Ganagobie sowie Dorfkirchen zwischen Apt und Nizza. Was veranlaßte aber den Adel zu dieser Gunst? Aufnahme seiner Söhne als Mönche, Seelenpflege für die Toten, Lehensvergaben und materielle Sicherung im Alter. Die Äbte entstammten alle burgundischen Adelsfamilien. Sie traten oft gemeinsam mit ihren Sippen ins Kloster ein, wie zum Beispiel Odo und Hugo, der sein Haus Semur-en-Brionnais zur Konversion überredete. Sein Bruder brachte es zum Prior der Tochtergründung Marcigny, sein Neffe zum Erzbischof von Lyon. Marcigny reservierte Hugo für adelige Damen, die ihre Güter dem Priorat vermachten. Die Vasallen folgten dem Beispiel ihrer Herren und übertrugen Cluny ihre Allode. Dafür bekamen ihre Söhne Anspruch auf die schwarze Kutte. Das hob ihr Prestige, denn sie partizipierten dann an den klösterlichen Privilegien und an Führungspositionen im Rahmen der kirchlichen Reformbewegung des 11. Jh. Die Äbte ihrerseits avancierten zu Burgherren, châtelains, die sie aber an Einfluß und Macht bei weitem übertrafen (J. Wollasch).

Im 10. Jh. sammelten die Cluniacenser die verstreut liegenden Höfe ihrer Domänen ein, um die durch Schenkungen bedingte Besitzzersplitterung zu überwinden. Abt Hugo konzentrierte und organisierte darauf die Klostergüter in der Diözese Mâcon. Hunderte von Hektar Ackerland dehnten sich in einem Umkreis von 30 km um die Abtei aus. Es gab kompakte Flächen mit Dörfern, aber auch kleine Güter mit Fronhöfen. Aber diese grundherrliche Expansion und Organisation war nichts Besonderes. Sie läßt sich damals bei allen größeren Klöstern nachweisen. Cluny ging jedoch weit darüber hinaus. Es errichtete Filialen, das heißt, es reformierte Benediktinerklöster nach seinen »Gewohnheiten« und schuf einen ordensähnlichen Verband auf vassalitischer Grundlage, der sich über die katholische Ökumene ausdehnte. Hugo regierte wie ein Monarch über 2000 Klöster mit etwa 50 000 Mönchen! Bischof Adalbero von Laon (977–1030) nannte die schwarzen Brüder in einer Satire spöttisch Ritter des Königs Odilo, die mit Schnabelschuhen und Sporen einherstolzieren und ganz vergessen, daß sie in ihre Zellen und Chöre gehören.

Bei weitem nicht alle Mönche begrüßten die Reformer aus Cluny mit offenen Armen. In Lézat flohen sie vielmehr »aus Furcht vor der Zucht mit Urkunden, Privilegien und anderem Eigentum des Klosters«[2]. Die Benediktiner von St. Martial in Limoges beschuldigten in einer Klageschrift die burgundischen Eiferer, daß sie weder Bestechung noch blutige Gewalt scheuten, um »gegen alles göttliche und weltliche Recht, gegen die Kirchengesetze und päpstlichen Bullen« in den Besitz des Klosters zu gelangen.[3] Der normannische Geschichtsschreiber Ordericus Vitalis schildert aus der Zeit des Abtes Pontius (1109–1122) eine typische Szene des Widerstandes der Bischöfe gegen cluniacensische Expansion: »Der Bischof von Mâcon erhob große Klage, weil Pontius von Cluny sowohl seiner Person als auch seiner Kirche großen Schaden zugefügt hat, ihm 10 Kirchen entfremdete und ihm die schuldige Huldigung verweigerte ... Als der Erzbischof von Lyon als erster solche Klagen vortrug, folgten ihm viele Geistliche, Mönche und Kleriker nach. Sie lärmten gewaltig wegen der ihnen gewaltsam geraubten Besitzungen und der rechtswidrigen Übergriffe, die sie vor allem von seiten der Cluniacenser voller Bestürzung zu erdulden hätten.«[4]

Aber die Äbte ließen sich durch dergleichen Kritiken und Handgreiflichkeiten in ihrem Vorgehen nicht beirren. Sie wollten durch eine monastische Erneuerung Kirche und Welt reformieren. Odo bedeutete Erneuerung des Mönchtums Erneuerung der Christenheit. Deshalb pochten er und seine Nachfolger auf einen bischofsfreien Orden, auf eine cluniacensische Kirche, die alle mit ihr verbundenen Klöster umschloß (Wollasch). Im gewissen Sinne knüpften die Cluniacenser an den Vater des lateinischen Mönchtums, an Benedikt von Nursia (480–547), an, der mit seiner Klosterregel die Kirche radikal zu erneuern hoffte, nicht zuletzt im Hinblick auf die von ihm als vorbildlich empfundene Ostkirche. Cluny orientierte sich auf Rom. Wer seine Kirche aufsuchte und vor den Altären der Apostelfürsten betete, leistete Ersatz für eine Pilgerfahrt zu den Apostelgräbern.

Das gestiegene monastische Selbstbewußtsein äußerte sich auch in den häufigen Reisen der Äbte mit großem Gefolge, die den Anschein demütiger Armer in Christo erweckten, welche die Reichen der Welt in ihrer Hoffart beschämten. Sie überboten in ihrer Reiselust die Fürsten. Hugo ging in Rom ein und aus. Er gehörte zu den Vertrauten Papst Leos IX. (1049–1054). Auch Viktor II. (1055–1057) fühlte sich ihm eng verbunden. Bei der Kandidatenaufstellung Nikolaus' II. 1058 war Hugo zugegen. Dieser Papst ernannte ihn und den Cluniacensermönch Stefan zu seinen Gesandten (Legaten). Papst Urban II. (1088–1099) verlieh ihm das Recht, bei Prozessionen und während der Messe die Bischofsmütze, die Mitra, zu tragen und sich an den acht kirchlichen Hauptfesten der Dalmatica eines weißen Gewandes, roter Handschuhe und Sandalen zu bedienen, die gleichfalls zu dem bischöflichen Ornat gehörten.

Was die Rückgewinnung entfremdeter Güter anging, verhielten sich die Äbte recht maßvoll und diplomatisch. Sie vermieden einen kompromißlosen Kampf gegen Eigenkirchen und -klöster. Bei Schenkungen erkannten sie die Mitwirkung von Laien an, bemühten sich aber, mit Hilfe religiöser Argumente möglichst viele Kirchen aus Laienhand zu befreien. Sobald ihnen das gelungen war, fügten sie diese in ihr Netz von Eigenkirchen ein, das heißt, sie gliederten sie ihren feudalen Domänen an (H.-E. Mager). Von einer »antifeudalen« Politik Clunys zu sprechen, wie K. Hallinger, entbehrt der Quellenbasis. Abbo von Fleury betonte 1040 in einem Brief das Recht der Mönche auf Eigenkirchen, weil sie für den moralischen und dogmatischen Zustand der Priester verantwortlich seien. Die Mönche

sollten dafür sorgen, daß die Diener des Herrn »Christus nach-
eifern und sich so vervollkommnen, daß sie die Sünden des
ihnen anvertrauten Volkes auffangen, indem sie sich der Sünder annehmen und sie durch Ermahnungen, Warnungen und
Belehrungen zur Umkehr und Buße veranlassen«[5].

Die Besserung des Klerus hatte sich schon Odo zur Aufgabe
gemacht, da er fürchtete, daß dessen schlechtes Beispiel die
Herde verderbe. »Die nämlich die Laien zurechtweisen sollen,
reizen sie nur durch ihr schlechtes Beispiel zur Verachtung der
Beauftragten Gottes. Und anstatt daß sie, wie der Apostel sagt,
inmitten des schlechten Volkes leuchten, um es erstrahlen zu lassen, verdunkeln sie es nur durch ihr Beispiel, wie es in der
Schrift geschrieben steht: das Volk wird so sein wie seine
Priester.«[6] Deshalb solle man sich auch nicht wundern, wenn
die Laien Kirchen und Geistliche verlachen. Mögen sie sich
eines evangelischen Lebens befleißigen, dann werden sie zu
Ansehen kommen: »Wer nämlich am Altar Gott opfern will,
muß erst selbst seine Laster abtöten und Gott ein eigenes Opfer
darbringen. Anderenfalls benimmt er sich mehr als Schänder
denn Verehrer des Mysteriums!«[7]

Die Dorfpriester waren den Eigenkirchenherren auf Gedeih
und Verderb ausgeliefert. Er bestimmte die Höhe der Pfründe,
er verkaufte das Amt. Geld, nicht Eignung, bestimmte die
Wahl. Die Pfarrer waren verheiratet und besaßen Familien.
Alle Ermahnungen gegen Simonie (Ämterkauf und -schacher)
und Nikolaïsmus (Konkubinat und Ehe) nützten nichts. Die
Synode von Bourges drohte 1031 mit Amtsverlust, wenn die
Geistlichen ihre Frauen nicht entließen, aber zur Realisierung
des Beschlusses fehlten den Konzilsvätern Energie, guter Wille
und die nötigen Druckmittel. Im übrigen lebten Bischöfe, Presbyter, Diakone und Subdiakone, Inhaber höherer Weihen,
selbst im Konkubinat. Was konnte man da von den niederen
Weihegraden wie Kaplänen, Akolythen (Kerzenträgern), Exorzisten (Teufelsaustreibern), Lektoren (Vorlesern) und Hostia-
rien (Pförtnern) schon erwarten?

Cluny hoffte durch Inbesitznahme von Dorfkirchen die Situation zu verbessern. Die Äbte ließen Leibeigene frei und bildeten sie zu Dorfpfarrern aus, die den moralisch-sittlichen Normen eines Priesters entsprachen. Ohne Befleckung durch Simonie und Nikolaïsmus bei ökonomischer Absicherung sollten sie ihre Seelsorgepflichten verrichten.

Diese Reform auf dem Lande lag im Interesse der Bischöfe, des Adels und der Plebanen. Alle drei Gruppen unterstützten deshalb die Befreiung der Kirche aus der Kuratel der Laien. Der Adel restituierte die Eigenkirchen und Rechte über sie, stemmte sich aber zur gleichen Zeit gegen den Aufbau klösterlicher Großgrundherrschaften. Er blickte mit scheelen Augen auf reformeifrige Bischöfe in der Provence, die ihre Diözesen zu Bannherrschaften umwandelten. Cluny geriet nicht in den Verdacht, mit dem Adel in dieser Hinsicht zu konkurrieren. Sein Imperium war wegen der Streulage seiner abhängigen Priorate gar nicht imstande, eine wirtschaftspolitische Zentralisierung einzuleiten. Seine Prioratsverfassung stützte sich auf Dekane, welche die einzelnen Fronhöfe verwalteten, Mönche waren und dem Prior direkt unterstanden. Der Dekan hatte nicht wie der Meier Familie, weshalb er auch nicht an Vererbung oder Erhöhung der Abgaben zu seinen Gunsten dachte. Das gereichte den Bauern zum Vorteil. Die Dorfkirchen gewannen wieder eine einheitliche Struktur. Alle Opfergaben und Zehnten flossen hier zusammen. Die Priestermönche machten den Weltgeistlichen keine Konkurrenz, aber sie boten ihnen Vorbilder, an die sie sich anlehnten. Hinzu kam ein Weiteres. Um brachliegendes Land zu kultivieren, übergaben es die Äbte an Bauern, denen nach fünf Jahren die Hälfte des Bodens zu eigen übertragen wurde. Das zog Landlose an die Priorate. Freie ergaben sich und genossen den Schutz des mächtigen Klosters. Entwurzelten boten die wirtschaftlichen Außenstellen, die Dekanien, als Landarbeiter ein Auskommen. Die Dekane umgaben sich mit unfreien Helfern, denen nicht selten ein rascher sozialer Aufstieg gelang. Tüchtige Kräfte avancierten zu Gutsverwaltern, zu Ministerialen und durften für ihre Söhne auf einen Platz im Konvent oder einem Priorat hoffen. Cluny bemühte sich vor allem um den hohen Adel. Deshalb verzichtete es auf die ihm gewährte Vogtfreiheit und duldete stillschweigend das unbeliebte Vogtwesen (K. Hallinger). Was verstand man darunter?

Klöster und Kirchen waren auf den Schutz eines weltlichen Herrn, des advocatus, angewiesen, der weltliche Geschäfte führte, Gerichte abhielt und militärischen Schutz gewährte. Selbstredend gewann der Vogt dadurch Verfügungsgewalt über die geistlichen Grundherrschaften, die er für seine Zwecke ausbeutete. Dieser Druck des Feudaladels lastete jedoch infolge der günstigen politischen Lage in Burgund kaum auf Cluny, weshalb es die Vogtfreiheit nicht zu erkämpfen brauchte. Von daher wird verständlich, daß die Kampfparolen des Investiturstreites nicht von Cluny ihren Ausgang nahmen, sondern von jenen Klöstern, die die Freiheit von der Laienherrschaft erst mit Hilfe des Papsttums suchen mußten. Die Cluniacenser entwickelten auch kein kirchenpolitisches Programm und konzipierten kein neues Kirchenrecht. An die Beseitigung des Eigenkirchenwesens als Institution dachten sie nicht im entferntesten: ». . . je allgemeiner und umfangreicher der Kirchenbesitz der Klöster wurde, um so gewöhnlicher und selbstverständlicher wurde die Verbindung von Kloster und Eigenkirchenrecht« (U. Stutz). Das Eigenkirchenwesen war ein fester Kitt der cluniacensischen Kongregation. Es wurde sakralisiert, nicht eliminiert und nicht im Sinne einer Unterordnung weltlicher Belange unter geistliche interpretiert. Das Verhältnis zwischen Geistlichem und Weltlichem, zwischen spiritualia und temporalia, war für Cluny noch in Ordnung. Eingriffe von Kaisern und Königen in kirchliche Angelegenheiten galten ihm noch rechtens. Heißt das, daß die mächtige Reformabtei nur aus der Vergangenheit lebte und nur die Tradition Benedikts von Aniane (um 750–821), der die Benediktinerregel ergänzt hatte, weiterführte, wie Th. Schieffer glaubt?

J. Leclercq und J. Fechter meinen nun das Neue in Cluny im

Ideal der Liebesgemeinschaft gefunden zu haben. Die Abtei sei zu einer Schule der Caritas für die katholische Christenheit geworden. Das wäre das Besondere des monastischen Reformverständnisses und der Schlüssel für seine Ausstrahlungskraft auf das Volk gewesen.

Diese Liebe äußerte sich in der Tat in Spenden für die Armen zu bestimmten Festzeiten, wie am Allerseelentag, der um 1033 eingeführt wurde. An diesem Feiertag verköstigte man zwölf Arme zur Früh- und Abendandacht »reichlich«. Der Mönch Udalrich, der um 1080 die cluniacensischen Gewohnheiten für seine deutschen Mitbrüder in Hirsau aufzeichnete, berichtet vom Brauch zur Fastenzeit, allen vorbeikommenden Armen Almosen zu reichen. Pro Jahr sollen es 17 000 gewesen sein. Der erfolgreichste Erforscher des Cluniacensertums, J. Wollasch, wies nach, daß vor allem die Praebenden bei Todestagen von Wohltätern des Klosters gewaltige Mengen an Lebensmitteln verschlangen. Unter praebenda verstand man die tägliche Brot- und Weinration eines Mönches. 30 Tage lang nach dem Tode eines Mitgliedes der Kongregation und jährlich an dessen Sterbetag mußten Arme mit seiner Ration gespeist werden. Das heißt, daß jede Eintragung eines Namens in das Totenbuch das Budget belastete. Im 12. Jh. sah man sich zu der Festlegung gezwungen, daß nur noch im Höchstfalle 50 Arme pro Gedächtnistag Atzung erhielten. Summa summarum ergab das immer noch 28 000 Portionen pro Jahr. F. J. Jakobi hebt deshalb nicht zu Unrecht die sozial-karitative Seite des cluniacensischen Totengedenkens hervor, das Armen, Kranken, Schwachen und Pilgern Pflege und Fürsorge sicherte. Diese Seite stach wohltuend von Klöstern wie Monte Cassino ab, wo sich die Totenliturgie nur auf die Hauptgönner konzentrierte und die Armenspeisung keine Rolle spielte.

Dennoch darf man dabei die *Ritualisierung der Wohltätigkeit* nicht aus dem Auge verlieren. Der Arme, der Bettler, blieb Statist, rückte nicht zum Bruder des Mönches auf. Er fungierte als notwendiger Mittler zum Seelenheil, als Helfer für Mönche und Gönner, denen die Mildtätigkeit der Lebenden im Himmel nützte. Das beweist recht plastisch die Fußwaschung, welche als Symbol der Liebe zum Heiland und den Christenbrüdern galt. Im Johannesevangelium las man: »Der Gebadete hat nicht nötig, sich zu waschen, sondern ist am ganzen Körper rein. Und ihr seid rein, aber nicht alle . . . Wenn ich, der Herr und Lehrer, eure Füße gewaschen habe, sollt ihr untereinander die Füße waschen, denn ich habe euch ein Vorbild gegeben, daß ihr auch tut, wie ich euch getan habe« (Joh. 13,10; 14–15). Der Evangelist wollte Dienst und Lehre (Wort) eng verbinden. Im Wort vollzog sich der Dienst. Wer sich den Dienst gefallen ließ, der glaubte und wurde rein. Die Jünger sollten mit ihrer gegenseitigen Fußwaschung eine Glaubensgemeinschaft begründen, die nicht auf Werkgerechtigkeit ruhte, sondern durch das Wort bewegt und gefestigt wurde (R. Bultmann). Das Mittelalter deutete diese Passagen zu einer Demutsfloskel und einem Gemeinschaftsbekenntnis um, das im Dienst am Nächsten ein abrechenbares Werk sah, das jene verheißene Reinheit garantierte. Wenn jeder Mönch den Armen an bestimmten Tagen nicht nur die Füße, sondern auch noch die Hände waschen mußte, so verstieß das gegen die Überlieferung, denn Jesus hatte Petrus ausdrücklich zurechtgewiesen, als dieser verlangte: »Herr, nicht nur meine Füße, sondern auch die Hände und den Kopf« (Joh. 13, 9). Die Mönche suchten in der Zeremonie nicht ihre Bindung an den Offenbarer, sondern die Demonstration ihrer Zugehörigkeit zu den »Armen« und ihres dienenden Status. In Cluny verkürzte man die Zeiten für diesen lästigen Brauch, wo immer das anging.

Zwischen Allerheiligen und Aschermittwoch kümmerte sich ein Knecht des Armenpflegers darum, und nur am Gründonnerstag widmeten sich Abt und Konvent der tradierten Pflicht. Ansonsten legte man schriftlich fest, wer an welchem Sonntag »zur Fußwaschung der Armen gehen muß«[8].

Nicht genug damit, reduzierten die frommen Brüder sehr bald das »mandatum« zu einem reinen Ritus, der nur noch eine

Karikatur des evangelischen Gebotes darstellte: man benetzte drei Finger mit Wasser und berührte damit entweder die entblößten Füße oder die Schuhe der »Gäste«!

Wohl nannten sich alle Cluniacenser pauperes, *Arme*, aber das hatte nichts mit Bedürftigkeit und Elend zu tun, sondern bedeutete lediglich Waffenlosigkeit, die sie von den »Reichen« unterschied.

Die Armut der Mönche kreiste um Demut, Keuschheit und Verzicht auf persönlichen Besitz. Sie galt als Armut im Geiste, die das Tor zum Himmel öffnen sollte. Soziale Konsequenzen oder Kampf gegen die materielle Armut in der »Welt« lagen ihr völlig fern. Ganz im Gegenteil! Die wirklichen Armen sollten in ihrem Stand bleiben, weil er ihnen gleichfalls den Zugang ins Paradies ebnete. Den Reichen aber boten sie die Möglichkeit zum Almosengeben, das Christus belohnen würde (K. Bosl, M. Mollat). Abt Odilo umschrieb in einem Brief Cluny als »Kongregation der Armen, die durch ihre Mühsal im Kloster von Christus die Siegespalme erwirbt«[9]. Sich selbst nannte er den »Letzten aller Cluniacenser«[10]. Als Beispiel führte er Maria an, »arm an irdischem Besitz, aber voller himmlischer Gnaden. Sie war von königlicher Herkunft, aber arm an irdischen Gütern . . . O gebenedeite Armut, die uns so große Reichtümer beschert! O glückliche Not, die uns so reich macht!«[11] Die Fürsten und Mächtigen warnte Odo, diese Armen zu bedrängen und zu berauben: »Jenen, die vom Raub der Armen leben, muß man mit aller Strenge in die Zügel fallen. Aber auch jene begehen eine schwere Sünde, die sich um die Armen nicht kümmern, wenn sie andere überfallen, auch wenn sie selbst von solchen Missetaten Abstand nehmen. Sie sollen wissen, daß sie als ihre Helfer Gott eine Stütze entziehen, wenn sie seine Armen nicht verteidigen.«[12]

Zu Odilos Zeiten wehrten sich die Cluniacenser gegen ihre Feinde mit feierlichen Klagen. Zur Hauptmesse erschienen alle Priestermönche in der Kirche und warfen sich, Psalmen singend, auf den Estrich. Dann herrschte Totenstille, nur der Küster läutete zwei Glocken. Darauf stand ein Priester auf, stellte sich vor das konsekrierte Abendmahl und begann mit lauter Stimme eine Klage anzustimmen, die sich an Christus wandte: »An dich, Herr Jesus, wenden wir uns, vor dir erheben wir, niedergestreckt, unsere Klage, weil gefährliche und hochmütige Menschen mit ihren willfährigen Mannen die ihnen zum Schutze anvertrauten Kirchen überfallen, berauben und verwüsten. Sie zwingen deine armen Diener dieser Gotteshäuser, in Trauer, Hunger und Entblößung zu leben und fürchten zu müssen, daß sie Folter und Schwert töten. Erhebe dich deshalb, Herr Jesus, eile herbei zu unserer Unterstützung, stärke und hilf uns, bezwinge unsere Bezwinger! Brich den Übermut jener, die deine Wohnstatt und uns heimsuchen!«[13]

Odo hatte schon 940 dem raublüsternen Adel in der Lebensbeschreibung des Grafen Girald von Aurillac († 909) einen Spiegel vorgehalten, der dem Nachweis diente, daß auch ein Krieger in der Welt wie ein Mönch, ja wie ein Heiliger leben könne, wenn er mannhaft die Heerscharen der Laster bekämpfe und sich zum Athleten der himmlischen Ritterschaft aufschwinge. So ein Ritter Christi zieht dann nur zum Schutze der Armen und ihrer Güter sein Schwert.

Die Vita läßt deutlich erkennen, daß das Wort »arm« (pauper) seines ursprünglichen Sinnes beraubt wurde, denn die Mönche, auf die es sich bezieht, waren weder schwach noch demütig noch gar mittellos. Das Kloster war nicht arm, sondern reich. »Die Armut der Mönche war ein Mythus« (B. Bligny). Allein schon die aristokratische Gesinnung trennte die Cluniacenser von den Armen der Welt. Die schwarzen Äbte rechtfertigten die feudale Ordnung der Priester und Ritter und verlangten vom Volk, den Bauern, Gehorsam und Unterwerfung. Darüber lesen wir in der Vita Giralds: »Einem Laien aus den Reihen der Krieger ist es deshalb erlaubt, das Schwert zu führen, um das wehrlose Volk wie das unschuldige Vieh vor den Wölfen, wie es in der Schrift heißt, am Abend zu schützen. Alle jene aber, die durch kirchliche Zucht nicht im Zaume gehalten werden können, müssen durch Kriegsrecht oder gerichtlichen Zwang unterdrückt werden.«[14] Der Cluniacensermönch Rodulfus Glaber charakterisierte das Volk, den vulgus, als wankelmütige, beeinflußbare Masse. Es bedürfe der Leitung durch Priester und Fürsten, da es sonst in die Irre gehe. Es sei vernünftigen Belehrungen nicht zugänglich und müsse gefühlsmäßig gepackt, in seinen rohen Instinkten angesprochen werden. Es sei notwendig, daß es die Allgegenwart irdischer Macht begreife. Odilo führte in diesem Sinne Christus als Kosmokrator, als strahlenden, majestätischen, triumphierenden Himmelskönig vor, der unerreichbar und furchterregend über den Menschen thronte. Auf ihn sollten die »Arbeiter«, die laboratores, ihre Blicke richten. Die Skulpturen des majestätischen Heilands im Stile des byzantinischen Allbeherrschers (Pantokrators) an den Außenseiten der romanischen Kirchen Burgunds warben für die Ideen der Mönche und beeinflußten das schaulustige Volk.

Natürlich war sich Odo auch bewußt, daß die Arbeit der Bauern und Knechte Herren und Mönche ernährte. Sie lebten von ihrem Schweiß, kleideten sich in kostbare Gewänder und ergötzten sich an erlesenen Speisen, für die jene sorgen mußten. Odo erklärte mit Augustin diese Ungerechtigkeit als Folge der Sünde und als Strafe für Noahs Fluch über seinen Sohn Cham. Auf solche Weise sei die Herrschaft von Menschen über Menschen entstanden, und so werde es auch bleiben bis zum Ende der Zeiten. Adalbero von Laon rückte den Bauern an die Seite der Tiere, nackt und häßlich, weil er nicht nur beruflich mit Tieren umgehen mußte, sondern weil er auch von der Welt des Wortes, den Schriftkundigen, ausgeschlossen blieb. Er war nackt und stumm in einem. Cluny beeinflußte ihn durch visuelle Mittel, durch ritualisierte und materialisierte Religiosität, die der bäuerlichen Mentalität am besten zu entsprechen schien. Die Schaubegierde fand darin ihre Befriedigung, und der Dämonenglaube wurde in ihr neutralisiert, seines häretischen Wildwuchses beschnitten. Nicht zufällig stellte Odilo in seinen Predigten den Kampf Christi gegen die Dämonen in den Vordergrund und beschwor das Kreuz als Waffe gegen den Teufel und sein Gefolge. Beide Klassen, Bauern und Herren, faszinierte in gleicher Weise Pracht und Pausenlosigkeit des Gottesdienstes, der Liturgie.

Sie konzentrierte sich im wesentlichen um das Absingen von Psalmen. Das führte zu einer gewaltigen Schwellung des Kultes, die wohl mit der Zurückdrängung der Handarbeit seit der Karolingerzeit zusammenhängen mochte (Ph. Schmitz), aber in ihrer Ritualisierung bei den Cluniacensern ihre eigentliche Ursache hatte. Wie K. Hallinger zeigte, kann nur teilweise dafür anianisches Erbe (Benedikt von Aniane) verantwortlich gemacht werden. Weit mehr wirkten außerbenediktinische Traditionen, die von mir in ostkirchlichen Überlieferungsketten gesucht wurden. Abt Hugo zogen noch in der zweiten Hälfte des 11. Jh. östliche Devotionsformen an, wie sein Patronat über den venezianischen Mönch Anastasius beweist, der griechische und lateinische Frömmigkeit in seinem Asketendasein vermischte. Er erhielt dafür in Cluny ebenso die Genehmigung wie für seine Missionsabsichten im muslimischen Spanien, wo er 1085 starb. Die gesamte cluniacensische Überlieferung ist liturgisch geprägt. Die Sakramentspflege unter Odilo, die um Eucharistie, Fleischwerdung, Dreifaltigkeit und Heilige-Geist-Verehrung kreiste, schlug sich nicht in Lehrtraktaten, sondern allein im Kult nieder. So hob etwa Odilo das Fest Mariä Himmelfahrt auf die gleiche Stufe wie Weihnachten und Ostern. Die Mönchsgemeinde mußte beim Gesang des »Te Deum, du hast die Jungfräulichkeit der Gottesmutter nicht verletzt«, niederknien. Hugo führte später das Marienoffiz an allen Samstagen ein. Alle Äbte förderten Wundererzählungen über die heilige Jungfrau. In den Skulpturen cluniacensischer Kirchen erschien Maria unter den Aposteln in stehender Haltung mit ausgestreckten Armen. Im Tympanon der Kirche von Charlieux modellierte sie der Künstler sitzend als Himmelskönigin.

Zu den Festen der Kreuzauffindung und der heiligen Dreifaltigkeit gestaltete man die Liturgie besonders prächtig. Ausgesuchte Sorgfalt widmete man jederzeit der Hostienzubereitung, die mit der Eucharistieverehrung in ursächlichem Zusammenhang stand. Weizen bester Qualität wurde Korn für Korn ausgelesen, gewaschen und in einen Leinenbeutel getan, den ein zuverlässiger Mönch zur Mühle trug. Dort wusch er eigenhändig die Mahlsteine mit Wasser ab, bedeckte sie mit Decken, bekleidete sich mit dem weißen Priestergewand, der Alba, und dem Schultertuch, dem Amikt, das er so weit über den Kopf zog, daß nur die Augen frei blieben, um Verunreinigung der Körner durch abtropfenden Schweiß zu verhindern. Das so gewonnene Mehl übergab er im Kloster dem Apokrisiarius (Schatzmeister), dem zum Backen zwei Priester und ein Laienmönch zur Seite standen. Die vier Männer entledigten sich nach dem Nachtgebet (Nokturn) ihrer Sandalen, wuschen sich Gesicht und Hände. Dann rezitierten sie am Altar des heiligen Benedikt die Stundengebete (laudes) und sieben Bußpsalmen. Darauf zogen sie Alben und Amikten an und gingen an die Arbeit. Einer knetete den Teig auf einer blanken Tafel und besprengte ihn mit kaltem Wasser, damit die Hostien eine weiße Färbung annahmen. Zwei andere Mönche formten die Oblaten. Der Laienmönch hielt das Backeisen, das jeweils sechs Hostien faßte, auf einem Gestell über ein Feuer, das mit eigens vorbereitetem Holz genährt wurde. Die fertigen Hostien legten sie in einen mit Leinen bedeckten Korb. Während dieser Zeremonie sangen sie Psalmen. Ansonsten herrschte strenges Stillschweigen, damit kein Speichel, ja nicht einmal ein Atemhauch die Hostien berührte.[15] Waren die Hostien erst konsekriert, dann »dürfen sie nie (mehr) ohne Kerzen und Weihrauch in irgendeinen Teil der Kirche getragen werden«[16]. Bei den Schlußworten der Konsekration hob der Priester die Hostie vom Altar auf. Mit diesem Brauch leitete Cluny die Elevation, d. h. das Hochheben und Zeigen des Abendmahles, die in der mittelalterlichen Frömmigkeit bis ins Spätmittelalter eine wichtige Rolle spielten, ein.

1080 beschrieb der Mönch Bernhard, der alle Bräuche

Clunys fixierte, um sie den Prioraten vorzuführen, den Vorgang folgendermaßen: Der Priester hob die Hostie bei den Weiheworten »er nahm das Brot« bis in Brusthöhe, um sie dann bei der Danksagung wieder auf den Altar zu legen. Um 1100 symbolisierte man damit die Erhöhung Christi am Kreuz. In der Karfreitagsliturgie benutzte man das übliche Wegtragen und Herbeiholen der Eucharistie zu einer feierlichen Prozession. Den göttlichen Substanzen Brot und Wein wurden brennende Kerzen und Weihrauch vorangetragen. Die Hostie befand sich in einem verhüllten Gefäß (Pyxis), vor dem die Umzugsteilnehmer niederknieten. Am Gründonnerstag brannte vor der Pyxis eine Kerze. Das Schwergewicht der liturgischen Handlung lag auf der Weihe (Konsekration) ausgesuchter Substanzen wie Brot, Wein, Wasser. Die geweihten Elemente beinhalteten für die Christen göttliche Kräfte, weshalb man sie besonders herausstellte. Sie lösten sich allmählich von der liturgischen Feier, in welcher sie nur Symbolcharakter bei der Gnadenspendung haben sollten. Dadurch drohte die Kulthandlung zu einer Austeilung geweihter Heilsmaterien abzusinken, die dem Wunderglauben des Publikums entsprachen und den heiligen Schauer vor dem Übersinnlichen ebenso anregten wie magische Glaubensrelikte.

Nicht nur die Eucharistie genoß in Cluny aufmerksame Pflege, sondern ebenso Kreuzeskult und Kreuzessymbolik. Am Schluß jeder Messe mußte der Priester fünf Kreuzeszeichen machen. Das Fest der Kreuzesauffindung wurde mit Festpsalmen und Hymnen begangen. Am 6. Sonntag nach Pfingsten las man eine Sondermesse zu Ehren des heiligen Kreuzes. Die Feier der Kreuzeserhebung enthielt Kniebeugen und Niederwerfen (Prosternation) vor dem Hauptaltar, dessen Kruzifix man küßte. Fast täglich ertönten Kreuzesanrufungen wie: »O Kreuz, Schützer der Schwachen, Haupt der Starken, Ende des Alten, Licht der im Dunkeln Weilenden, Untergang der Ruchlosen.«[17] Die mit Kandelabern und Kerzen erleuchteten Prozessionen hinter dem Kreuz symbolisierten den Sieg Christi über das Böse und den Weg, den der Fromme zum Himmel beschritt. Licht erstrahlte in allen Cluniacenserkirchen im Übermaß. Beim Hochamt entzündeten die Laienbrüder am Altar 12 Kandelaber, zur Vesper vor und hinter dem Altar 12 bzw. 15 Kerzen, vor den Nebenaltären je ein Licht. Zu den Hauptfesten, wie Weihnachten und Ostern, brannten 12 Kandelaber während der Messe, 3 zu den abendlichen Gebetzeiten. Zu Mariä Reinigung führte der Konvent eine Lichterprozession mit 4 Kandelabern und Kerzen für alle Mönche und Knaben durch, die der Priester zuvor mit Weihwasser und Weihrauch besprengte. Odilo entwickelte eine komplizierte Hierarchie von sechs Festgraden, die in dem Triumphgedanken gipfelte: Cluny stand an der Spitze der katholischen Ökumene, der Weg ins Paradies führte über seine Kongregation! (K. Hallinger) Cluny identifizierte sich mit dem Erzengel Michael, dem Waagemeister der Seelen beim Jüngsten Gericht, dem Drachen(=Dämonen-)Töter, als dessen Verkörperung sich Abt Odilo nach Meinung Adalberos gefühlt habe.

So war der Zudrang zum Totenkult der Cluniacenser gewaltig. Wer sonst, wenn nicht die schwarzen Mönche mit ihren Schlachtgesängen gegen die Dämonen, vermochte die Verstorbenen dem Satan zu entreißen? In ihren sorgsam geführten Totenbüchern verzeichnet zu sein bedeutete für gekrönte Häupter die gleiche Sicherheit wie für Prälaten, Kuttenträger und Ritter, den Himmel offen zu finden. Die Mönche übernahmen das Bußwerk der Lebenden für die Toten. Die Gemeinschaft der Cluniacenser verfügte im Himmel über einen Gnadenschatz, von dem die Laien zehren konnten. Aber die Mönchsgemeinschaft sah sich schon bald nicht mehr in der Lage, den an sie gerichteten Anforderungen zu entsprechen. Wie sollte sie für jeden Toten ihrer Gönner eine Gemeinschaftsmesse halten? Als Ausweg fand sich die *Privatmesse*. Darunter verstand man eine von einem Priester leise vollzogene Messe, ohne daß eine seelsorgliche Veranlassung vorlag oder Kommunikanten anwesend sein mußten. In der Regel zelebrierte man sie an Nebenaltären.

981 gab es in Cluny 13 Altäre, unter Hugo aber schon 26. Die Nebenaltäre waren von der Gemeinde weg orientiert, hin zur Apsis, nicht zum Schiff. Die Priestermönche mußten für den Verstorbenen bis zu 30 Privatmessen lesen. Damit wuchs gleichzeitig die Bedeutung der Priester in der Kutte. Sie waren Hauptträger der Liturgie, während die Mönche ohne Priesterweihe zwangsläufig einen niederen Platz in der Gemeinschaft einnahmen. So hierarchisierte auch der alles überschattende Kult das Klosterkollektiv, degradierte die Laien trotz deren Teilhabe am Konvent. Adeligen Laien überließ man in den Prioraten dafür gut und gern Spitzenpositionen in der Verwaltung.

Die liturgische Pflege war für die Cluniacenser kein Selbstzweck, keine Spielerei und kein Zeitvertreib, sondern harter Dienst. Sie sollte die Laienwelt christianisieren, d. h. den aggressiven Adel domestizieren, seine Gewalttätigkeiten absorbieren. Er sollte auf die militia Christi, die christliche Ritterschaft, die ihrem obersten Lehensherrn, Christus, Treue schwor, hingelenkt werden. Daß der Weg gangbar war, bewies der heilige Girald. Das Volk, die Bauern, Pilger, Kaufleute, lockte Cluny mit architektonischer und kultischer Prachtentfaltung. Bilder und Skulpturen ergänzten die Liturgie, die sich den Besuchern als Passionsdramatik vorstellte. Der Luxus der Gotteshäuser war ganz nach dem Geschmack der »kleinen Leute«. Sie forderten wohl einen armen Klerus, aber einen reichen Gottesdienst. Die Äbte luden deshalb die Pfarrkinder der näheren Umgebung an bestimmten Festen in ihre Kirchen ein. So am Palmsonntag, wo sie an den Prozessionen teilnehmen durften, oder zur sonntäglichen Morgenmesse, wo ihnen am Kreuzaltar die Kommunion gereicht wurde. Dem gleichen Zweck diente auch das Abendmahl mit aufbewahrten, also nicht sofort verbrauchten Hostien. Diesen Brauch führte Cluny in der katholischen Ökumene ein. Udalrich bezeugte ihn: »Früher achtete man sehr darauf, daß alles, was nach der gemeinsamen Kommunion übrigblieb, von den Priestern, die den Rest auf den Altar gelegt hatten, mit ausgesuchter Sorgfalt konsumiert

wurde, damit nichts für den nächsten Tag zurückblieb . . . aber
darum kümmerte man sich jetzt (1080) hier nicht viel. Sowohl
am Karfreitag als auch sonst wird das, was von der Kommunion übrigblieb, aufgehoben.«[18] Mit diesen Hostien bestritt
man die Kommunion der Gläubigen während der Messe, da
man die Zahl der Kommunikanten nicht genau abschätzen
konnte und immer mit starkem Zulauf rechnete. Oft strömten
solche Massen in die Kirche, daß man den Mönchen einen Platz
reservieren mußte. Am ersten Sonntag nach der Auferstehung
Christi bewegte sich die Prozession aus dem Klosterbezirk in
den burgus hinaus, und der Abt predigte dem Volke, wie zum
Beispiel in Fleury. Am Palmsonntag berührte die Prozession
jede Pfarrkirche der Umgebung, und der Abt belehrte die Zuschauer. Zeremonien, wie die Hostienzubereitung, sollten die
Scheu und die Verehrung des Abendmahles fördern, weil sie
durch das Verhalten verkommener Priester verlorengegangen
waren. Die glänzenden Lichter, die Symphonie von Kerzen,
Kandelabern und Weihrauch drängten die Nacht zurück, der
pausenlose Psalmengesang vertrieb die bösen Geister und befreite das Gottesvolk von Furcht und Angst. Heiligenbilder
und Reliquien waren sichtbare Zeugen für die Wappnung gegen
die Heerscharen des Teufels, Wegweiser in das gelobte Land.

Bei so enormen Anforderungen für den Kult blieb keine Zeit
zum Schreiben und zum privaten Meditieren. Benötigte doch
ein Kopist zum Schreiben von drei bis sechs Folia im Quart-
format einen ganzen Tag und zum Abschreiben der Bibel ein
Jahr. Wie sah dann der Tagesablauf dieser unermüdlichen Streiter des Herrn aus?

Im Winter standen die Mönche zwischen 2 und 2.15 Uhr auf,
eilten zur Morgenmesse, die bis 4 Uhr dauerte. Die Zwischen-
pause bis 5.30 Uhr füllten Gesang und Gebete. Dann waren bis
6 Uhr die Laudes an der Reihe. Ihnen folgte eine halbe Stunde
Ruhe. Um 6.30 Uhr begann die Prim, von 7.30 bis 9.30 Uhr eilten sie zur Lesung, der sich die Meßfeiern anschlossen. Nach
Vorschrift des Mönchsvaters Benedikt von Nursia sollte dann

bis 14.30 Uhr gearbeitet werden. Aber das war in Cluny unmöglich, da die Psalmenlast jede Freizeit illusorisch machte. So folgte um 14.30 Uhr das Nachmittagsgebet, von 15 bis 16 Uhr das Mittagessen, um 16 Uhr die Vesper, um 18 Uhr eine Lesung und um 18.30 Uhr die Bettruhe. Im Sommer verschoben sich die Zeiten etwas wegen des Sonnenaufgangs.

Benedikt von Aniane hatte den Psalmengesang in den Mittelpunkt des monastischen Alltags gerückt. Zum Absingen eines Psalters = 150 Lieder benötigten die Mönche sechs Stunden. Benedikt von Nursia hatte ein Tagessoll von 37 Liedern (Psalmen) festgelegt. Der karolingische Namensvetter fügte diesem Pensum noch Sonderpsalmen an, die bei Feiertagen etwa 100 Gesänge ausmachten, wodurch dann eine Tagesleistung von 137 Psalmen herauskam. Odo übernahm diesen Usus. Seinen Nachfolgern genügte er bald nicht mehr. Während der Fastenzeit gab es eine Sonderauflage von 30 Psalmen pro Tag. Das stille Privatgebet verschwand und ging im Chorgebet auf. An Wintertagen muteten die Großäbte ihren Schafen 215 Psalmen zu. Mancher Bruder kapitulierte da vor solcher Last und suchte das Weite, entdeckte in seiner Brust urplötzlich eremitische Triebe, floh in die Wälder, wo er zu sich und zur Natur zurückfand. Aber die Mehrzahl harrte aus und versah gar wacker die schweren »Gewohnheiten«.

Trieb diese stolzen Adelssöhne nur Gottesfurcht und Heilserwartung zu solch aufreibendem Dienst, der weder Pause noch Stille, kaum Schlaf und Alleinsein kannte, der alles regelte, selbst Haltung und Beten auf der Latrine?

Bei der Beantwortung dieser Frage darf man Lebensstil und Lebensstandard im 11. Jh. nicht mit den Maßstäben unserer Tage messen. Der Novize fand bei den Cluniacensern auf jeden Fall ein standesgemäßes Auskommen. Seine Position in der Ständehierarchie sank nicht, sondern wuchs. Prestige und Glanz der Kongregation hoben ihn aus der anonymen Masse seiner weltlichen Standesgenossen. Seine schwarze Kutte war dafür das äußere, weithin sichtbare Zeichen. Ihn kümmerte nicht die Nachfolge Christi, sondern sein Standesbewußtsein, das sich im Gebet artikulierte und das als Waffe des Geistes weit höheren Wert besaß als Handarbeit oder freiwillige Armut, die doch nur Armseligkeit beinhaltete (G. Zimmermann). Der Lütticher Theologe und Abt des Klosters St. Lorenz, Rupert von Deutz (um 1070–1135) pries das Mönchtum nicht nur gegenüber dem Laien-, sondern auch dem Priesterstand. In seinem Traktat »Über das wahre apostolische Leben« erklärte er, daß nicht Taufen, Predigen und Wunderwirken die Apostel ausgemacht habe, sondern Tugend, insonderheit Demut. So seien die ersten Christengemeinden Vorläufer der Klöster gewesen, und die Kirche habe ihren Anfang im Mönchsleben genommen: »Und wenn man auch alle schriftlichen Zeugnisse zu Rate zöge, so würde man doch nichts anderes zutage fördern, als daß die Kirche mit dem Mönchsleben begann.«[19] Demnach gründeten die Apostel das Kloster, und die Kutten der Mönche hatten in den Gewändern der Apostel ihren Ursprung, so wie die Tonsur die Dornenkrone Jesu symbolisierte. Mit einem Wort: Der vollkommene Christ war der Mönch! Nur er verzichtete auf Besitz und stirbt der Welt, wie es das Evangelium gebot. Die christliche Berufung erreicht erst in der wohlgeordneten Gemeinschaft der Klöster ihre Vollendung und gibt einen Vorgeschmack auf die himmlische Seligkeit. Deshalb paßte auch die Unsauberkeit der alten und neuen Asketen nicht in die Welt des Mönchtums. Die Streiter Gottes sollten sauber sein, sauber Chor und Altar betreten. In Cluny gehörte deshalb das Waschen zum täglichen, von Psalmensingen begleiteten Zeremoniell.

Die Cluniacenser vermochten sich auch das Jenseits nur als geläutertes Bild des hierarchischen Diesseits vorzustellen. Daher wollten sie sich schon im voraus einen entsprechenden Rang und Platz im Himmel sichern. Die »Kronvasallität« beim triumphierenden Kosmokrator war gleichsam schon vorbestellt und reserviert. Die Fest- und Feiertage in der Kirche verwischten die Grenzen zwischen Irdischem und Überirdischem, lüfteten die Schleier zum verborgenen Paradies. Aber diese Feste hatten für die Mönche auch noch eine andere, sehr angenehme, materielle Seite: An solchen Tagen durften sie sich auf zwei Mahlzeiten freuen! Wenn also die Äbte in ihren Kalendern die Feiertage vermehrten, dann verbesserte sich der Speisezettel! In dieser Hinsicht zeigten sich die Klosterväter sehr generös. Zwischen Pfingsten und September durfte auch an Mittwochen und Freitagen zweimal gegessen werden. Hinzu kam ein Umtrunk, den man sogleich theologisch interpretierte: Dreimal kreiste der Becher, um die Heilige Dreifaltigkeit ins Gedächtnis zu rufen, »denn was immer wir tun, das wollen wir im Namen der heiligen und unteilbaren Trinität beginnen und vollenden«[20]. Wo sich deshalb irgendeine Gelegenheit bot, griff man zum Kelch, sogar am Karfreitag, um bei Kräften zu bleiben, denn Brot und Kräuter schonten wohl den Magen, machten aber nicht satt. Aber die frommen Mönche labten sich nicht nur an Würzweinen, sondern sie genossen auch Delikatessen, von denen ihre Brüder in der Welt zumeist nur träumten, von den Bauern erst gar nicht zu reden!

Aal, Lachs, Stör, Hecht, Forelle und Barbe kamen, mit Ei und Pfeffer gebraten, auf den Tisch. Zwei Küchen mit versierten Köchen sorgten für köstliche Zubereitung. Beigerichte (Pitanzen) aus Eiern, Käse oder Fisch füllten an Wochentagen die immer hungrigen Mägen. Opulente Mahlzeiten zu Weihnachten und Ostern erfreuten Augen und Gaumen: Mittags reichte man sieben Gänge: Aal mit Ei, gebackenes Fleisch in Brotteig mit Pfeffer versetzt, gebratene Gans, Milchbrei, gepfefferten Hecht, fettes Schweinefleisch, dazu Würzwein. Zum Nachtmahl gab es Waffeln und Fettgebäck. Zur Fastenzeit lieferte der Küchenmeister dem Konvent feines Weißbrot und edle Weine. Wer vermochte das in der »Welt« schon seinen Söhnen zu bieten. So konnte der adelige Aspirant in jeder Beziehung im Kloster auf hohe Lebensqualität hoffen. Daher mangelte es auch nicht an Anwärtern. Bis zu Beginn des 12. Jh. büßte der Klosterverband nichts von seiner Attraktivität ein. Er blieb eine Adelsschule, ein Garant feudaler Hierarchisierung, der soziale und mentale Funktionen erfüllte. So hatte Kaiser Heinrich II. (1002–1024) bei seinem Besuch Clunys 1014 nicht unrecht, wenn er sagte: »Herr, hier ist es gut sein!«[21]

Auf der Suche nach dem verborgenen Gott: Ketzer und radikale Reformer

Rodulfus Glaber hörte von Pilgern und durchreisenden Mönchen, daß um das Jahr 1000 in einem Dorf in der Champagne, im Gebiet von Châlons-sur-Marne, ein Bauer namens *Leuthard* gelebt hatte, den man für wahnsinnig und einen Boten des Satans hielt. Er war während der Feldarbeit vom Schlafe übermannt und in das Reich der Träume entführt worden. Er sah einen Bienenschwarm in seinen Körper eindringen und mit großem Getöse durch seinen Mund wieder hinausfliegen. Die Bienen redeten auf ihn ein und forderten ihn zu ungewöhnlichem Tun auf: »Endlich erhob er sich ganz zerschlagen und ging nach Hause. Dort trennte er sich sogleich von seinem Weibe und ließ sich, angeblich nach evangelischer Vorschrift, scheiden. Dann begab er sich nach draußen, um zu beten, betrat die Dorfkirche, packte das Kruzifix und zertrampelte das Bild des Erlösers. Alle, die das sahen, ergriff Entsetzen … Er aber überzeugte die Anwesenden – Bauern sind ja wankelmütig –, daß er das alles durch wunderbare Gottesoffenbarungen vollbringe … Denn er sagte, den Zehnten zu entrichten sei in jeder Hinsicht überflüssig und unnütz … die Propheten hätten teils Nützliches, teils Unglaubliches erzählt.«[1] Viele Zuhörer glaubten seinen Worten, aber der wachsame Bischof Gebuin II. von Châlons († 1004) zitierte ihn vor seinen Stuhl und überführte ihn der Ketzerei. Da ließ ihn das Volk im Stich, und der Gescheiterte ertränkte sich in einem Brunnen.

Soweit der Bericht unseres Gewährsmannes. Seine Absicht ist ganz klar: Er wollte den Laienapostel diffamieren und ihn als einen von Dämonen besessenen Menschen vorstellen. Die Bienen symbolisierten Keuschheit und Erleuchtung, die Trennung von der Ehefrau weist auf radikale Askese, die Vernich-

tung des Kruzifixes mit dem Bilde des Heilands auf Bilder-
feindlichkeit und puritanische Frömmigkeit, die Zehntverwei-
gerung auf Antiklerikalismus. Wir dürfen an ein Argument aus
der Bibel denken, denn in der Bergpredigt war keine Rede von
Abgaben an Seelenhirten. Positiver Resonanz unter den Dorfgenossen durfte er hier ganz sicher sein. Aus seinem Freitod können wir schließen, daß er sich in der Heiligen Schrift nicht sat-
telfest fühlte, daß ihm die Kunde von dem neuen Glauben
durch Wanderprediger zugetragen worden war und daß ihm
der direkte Zugang zum Neuen Testament verwehrt blieb.
Triumphierend betonte Rodulfus, daß in Glaubensfragen eben
nur Kleriker etwas zu sagen hatten und Laien für immer und
ewig zum Schweigen verurteilt seien.

Aber der Chronist mußte dann zu seinem Leidwesen für das
Jahr 1022 schon wieder von einer Häresie in *Orléans* erzählen,
die nicht mehr von einfältigen Bauern, sondern von Gebildeten
und Edelleuten ihren Ausgang nahm, viel Staub aufwirbelte
und gefährliche Dimensionen annahm, weil die engere Umgebung König Roberts (996–1031) in sie verstrickt war. Wir besitzen zwei Zeugen des Geschehens, die sich entweder am Tatort
befanden, wie der spanische Mönch Johannes von Ripoll, oder
aus zuverlässigen Quellen schöpften, wie Andreas von Fleury,
der 1040/41 eine Lebensbeschreibung des Abtes Gauzelin von
Fleury (1004–1030) verfaßte. Andreas erfuhr, daß zu Weihnachten 1022 in Orléans, der alten Königsstadt, eine gottlose
Ketzerei entdeckt worden sei. »Es lebten nämlich hier einige
Männer vom Stande der Kleriker, die seit ihrer Kindheit in der
heiligen Religion erzogen worden waren und sich im kirchlichen
und profanen Schrifttum gleich gut auskannten. Die einen von
ihnen waren Priester, andere Diakone und Subdiakone (also
niedere Weihegrade, E. W.). Sie verbargen unter einem Schafs-
pelz ihre Verderben bringende Lehre. Ihre Häupter hießen Stefan und Lisoio. Sie waren Samen des Teufels und Ursache für
das Verderben einer großen Anzahl von Menschen.«[2] Johannes
von Ripoll informierte seinen Abt Oliba (971–1046) über die

Vorgänge, die sich zum Fest der unschuldigen Kinder (28. 12.) 1022 in der Domäne des französischen Königs zutrugen. Sollte Oliba weitere Nachrichten erhalten, dann dürfe er sie durchaus für bare Münze nehmen. »Denn König Robert ließ ungefähr 14 Personen dieser Stadt, darunter die angesehensten Kleriker und die edelsten Laien, lebend verbrennen. Von Gott verflucht und verhaßt im Himmel und auf Erden, verneinten sie ganz und gar die Gnadenwirkung der heiligen Taufe sowie die Wandlung des Altarsakramentes in den Leib und das Blut des Herrn. Und da sie nun einmal mit den frevelhaften Lastern begonnen hatten, wollten sie auch nicht, daß man Sündenvergebung erlangen könne. Außer diesen Behauptungen verwarfen sie die Ehe, enthielten sich bestimmter Speisen wie Fett und Fleisch als unreiner Nahrung, obwohl sie doch Gott den Menschen geschenkt hatte.«[3] Rodulfus Glaber berichtet noch ergänzend, daß sie die sichtbare Welt nicht Gott zuordneten, die menschliche Geburt Christi bestritten sowie die Hierarchie, Gebete und gute Werke verwarfen. Ihnen genügte die Handauflegung durch einen Gleichgesinnten, da sie die Ausschüttung des Heiligen Geistes bewirkte. Dann mangelte es der Seele an nichts mehr, der Sinn der Heiligen Schrift tat sich ihnen auf, alle Sünden waren getilgt. Lachend bestiegen sie am 28. Dezember 1022 den Scheiterhaufen. Rodulfus Glaber erfuhr noch, daß eine Frau aus Italien das gefährliche Gift nach Gallien eingeschleppt hatte.

Die Mission aus Italien hinterließ schon 1018 in *Südfrankreich* ihre Spuren. Hier leugneten Laien die Kraft des Kreuzes, der Taufe und des Ehesakramentes. Gleichzeitig verwarfen sie alle Fleischspeisen. In *Toulouse* verbreiteten 1022 Ketzer ihre Lehren unter dem Volke. Leider besitzen wir darüber keine näheren Angaben.

Was den Fall von Häresie in Orléans angeht, so wies R.-H. Bautier nach, daß sie hier schon kurz nach 1000 Wurzeln geschlagen hatte. Der 1019 verstorbene Kanzler der Schule zu St. Croix wurde nach seinem Tode als Ketzer entlarvt und im

nachhinein verfemt. Das beweist, daß wir es bei Leuthard keineswegs nur mit einer isolierten Gestalt zu tun haben, sondern
daß er nur der Exponent einer weit verzweigten heterodoxen
Strömung war.

1025 sah sich Bischof Gerhard I. von Cambrai (1012–1051)
gezwungen, seinen Amtsbruder Roger I. von Châlons-sur-
Marne (1008–1042) vor Unruhestiftern in seiner Diözese zu
warnen. Roger wußte aber nichts Rechtes mit den Verhörten
anzufangen und ließ sie deshalb frei. Bald tauchten sie in *Arras*
auf, wo sie Gerhard sogleich dingfest machte und eine Synode
einberief. Es stellte sich heraus, daß es sich um Männer aus Italien, wahrscheinlich Kaufleute, handelte, die sich zu den Lehren eines Italieners namens Gundolf bekannten. Ihre Spuren
hinterließen sie in Lüttich und Châlons. Wie Leuthard waren
sie des Lesens und Schreibens nicht mächtig, gehörten also nicht
zur Bildungsschicht wie ihre Gesinnungsgenossen in Orléans.
Sie erklärten sündige Priester für unfähig, Sakramente zu spenden, verwarfen die Kindertaufe und die Beichte, sahen im Glaubensbekenntnis nichts Verdienstliches und nannten das Abendmahl ein »wertloses Ding«, weil Jesus seinen Leib nicht auf so
viele Brote, wie die Gläubigen ihrer bedurften, verteilen
könnte. Gotteshäuser nannten sie Steinhaufen, das Kreuz Men-
schenwerk, Liturgie, Glockengeläut und Gesang Lug und Trug.
Sie machten mit der Weltflucht ernst, verzichteten auf Heirat
und Familienleben wie die Apostel, arbeiteten und liebten ihre
Brüder und Schwestern. Zum Bischof gewandt, sagten sie:
»Gesetz und Regel (disciplina), die wir von unserem Meister
erhalten haben, befinden sich weder im Gegensatz zu den evangelischen Vorschriften noch den apostolischen Bestimmungen,
wenn du sie genau betrachtest. Sie beinhalten nämlich folgendes: Die Welt verlassen, fleischliche Begierden bändigen, den
Lebensunterhalt durch unserer Hände Arbeit bestreiten, niemanden verletzen, alle jene lieben, die in Eifer zu unserem Meister entbrennen.«[4] Besondere Autorität genossen die Apostel
Paulus und Andreas. Dem Bischof gelang es schließlich, die ver-

irrten Schafe in den Stall rechten Glaubens zurückzuführen, da sie sich seiner Argumentation und seiner Belesenheit nicht gewachsen fühlten. Waren sie doch nur Jünger eines Lehrers, der jenseits der Alpen missionierte. Dort entdeckte man drei Jahre später, 1028, auf einer zwischen Turin und Genua liegenden Burg, *Monteforte,* 30 Edelleute, die zusammen mit der Gräfin des Ortes in einer Ketzergemeinde lebten. Sie wurden nach Mailand gebracht und Erzbischof Aribert (1018–1045) vorgeführt. Der Stadtchronist Landulf der Ältere überlieferte das Verhör, das wahrscheinlich in einem Prozeßprotokoll seine Niederschrift fand.

Das Haupt der Gemeinde, Gerardo, legte vor seinen Richtern freimütig ein Glaubensbekenntnis ab, in dem es unter anderem hieß: »Die Jungfräulichkeit schätzen wir über alles ... Niemand von uns berührt fleischlich seine Gattin, sondern er hält sie in Liebe wie eine Mutter oder Schwester. Niemals essen wir Fleisch, sondern fasten und beten ununterbrochen ... Unsere Besitzungen verwalten wir gemeinsam.«[5] Des weiteren nannte er einen Papst, der die über die ganze Erde verstreuten Brüder und Schwestern besucht und ihre Sünden vergibt. Hinter diesem Papst verbarg sich der johanneische Paraklet, der Tröster. Bekanntlich versprach Jesus im Johannesevangelium, sich zu offenbaren, ohne es aber zu tun. Deshalb kündigte er nach seiner Himmelfahrt einen Tröster, den Geist der Wahrheit, an, der von Gott Vater in seinem Namen ausgehen sollte. In Joh. 15,16–17 lesen wir: »Ich will aber den Vater bitten, daß er euch einen anderen Tröster gebe, damit er in alle Ewigkeit bei euch bleibe – den Geist der Wahrheit, den die Welt nicht aufzunehmen vermag, weil sie ihn weder sieht noch kennt, ihr aber kennt ihn, weil er bei euch bleiben und in euch sein wird.« Dieser Paraklet eröffnete seiner Gemeinde also nicht nur die verborgenen Dinge, sondern er schied sie auch kompromißlos von der Welt. Wer diesen lebenden Parakleten verhieß, konnte seinerseits nicht von einem Weibe geboren sein. Deshalb machten die Ketzer aus Maria ein Schriftsymbol, um die geistige Geburt Christi zu unterstreichen. Die Bibel war den Ketzern Garant für die innere Erleuchtung. Deshalb lasen sie sie täglich. Desgleichen die Konzilsakten. Am Ende ihres Daseins stand das Martyrium. Wenn sie im Sterben lagen, töteten sie sich gegenseitig. Kein Wunder, daß unter solchen Voraussetzungen die meisten von ihnen den Scheiterhaufen anstelle der Bekehrung wählten. Zuvor hatten sie versucht, die aus dem Umlande herbeigeströmten Bauern für ihre Lehre zu gewinnen. Schon in Monteforte hatte die Gräfin Landarbeiter und Bedienstete (castellani) um sich geschart und sie missioniert.

Dieser Missionseifer gehört zu einem Charakteristikum der Sekte. Er dürfte auch in Nordfrankreich weitergewirkt haben, denn zwischen 1043 und 1048 spürte die bischöfliche Administration in der Nähe von Leuthards Siedlung Bauern auf, die Ehe, Fleischgenuß und das Töten von Tieren verwarfen, ununterbrochen fasteten, durch Handauflegen den Heiligen Geist empfingen und predigten. Ihrer Überzeugung blieben sie bis zum bitteren Ende in Kerkern oder auf Scheiterhaufen treu.

Bischof Wazo von Lüttich (1042–1048) empfahl, sie dem weltlichen Schwert zu übergeben, da bei ihnen Hopfen und Malz verloren sei.

Dem italienischen Forscher Ilarino da Milano fiel das gleichzeitige Auftreten der Häresie in ganz unterschiedlichen Gebieten der lateinischen Welt auf, aber er zog daraus nicht die Schlußfolgerung auf ein fortlaufendes Itinerar. A. Borst sprach von einem »anarchischen Aufflackern des Werdenden«, und M. Lambert resümiert: »Die Ketzerei dieser Zeit wird immer dunkel und quälend bleiben.« Ganz anders G. Cracco. Er glaubt, daß der Häresie des 11. Jh. eine gemeinsame Geisteshaltung zugrunde gelegen habe, die die einzelnen Herde miteinander verband. De facto sei es um eine Gegenkultur, um eine Reaktion gegen den materialisierten Glauben der Kirche gegangen, mit anderen Worten um die katholische Mentalität. G. Duby sieht in den Dissidenten resolute Reiniger des Christentums von barbarischen und magischen Elementen.

Will man der Wahrheit näherkommen, dann müssen die spärlichen Nachrichten, die uns zur Verfügung stehen, nach Schlüsselbegriffen und Autoritäten abgeklopft werden. C. Violante fiel auf, daß die Verhörten von Arras vor allem mit Paulus argumentierten und aller Wahrscheinlichkeit nach auch die apokryphen Andreasakten benutzten. Der Apostel Andreas galt in Konstantinopel als Zeuge für die Ablehnung des römischen Primats. Ganz ohne Zweifel zog sie das paulinische Sündenverständnis an, die Kluft zwischen Geist und Fleisch. Violante hat hier den richtigen Weg für die Interpretation ihrer Religiosität gezeigt, aber noch nicht die tieferen Schichten ihres Gottesbegriffes bloßgelegt. Das gelang erst H. Taviani, der sich den Zugang zu ihrem Gedankengebäude in der Jungfräulichkeit, der Virginitas, erschloß.

Für die Ketzer von Orléans, Arras und Monteforte gab es keine Verbindung von Fleisch und Geist. Fügen wir hinzu, daß auch Leuthard in dieser Tradition stand. Die Bienen symbolisierten Keuschheit, die er ganz radikal verstand und praktizierte. Die Worte Gottes richteten sich für alle Ketzer nur an den Geist. Ergo: Die Fleischwerdung Christi, die Liturgie, der Bilder- und Reliquienkult sind sinnlos, denn der Mensch erkennt Gott nur, wenn er sich von allem Materiellen entblößt. Daher die Legitimierung der Josefsehe und der Freitod, der die Verbindung von Seele und Körper löste und die verlorene Unschuld wiederherstellte.

R. Manselli beobachtete, daß der Wunsch nach dem Freitod einem Erlösungsbedürfnis entsprang, das schon in der christlichen Antike anzutreffen ist und als Mittel zur Sündenbefreiung Anwendung fand. Taviani interpretiert diese vita religiosa als gnostisches Elitebewußtsein, das von einem nichtchristlichen Heilsverständnis genährt worden sei. Hier gilt es aber zu differenzieren und zu präzisieren. Zunächst ist die Berufung auf Paulus einsichtig. Bei ihm heißt es: »So seien hinfort die, die Weiber haben, als hätten sie keine, und die da weinen, als weinten sie nicht, und die sich freuen, als freuten sie sich nicht ...

und die mit der Welt verkehren, als verkehrten sie nicht mit ihr.« (I. Kor. 7,29–31) Und weiter: »Wer aber am Herrn hängt, der ist ein Geist mit ihm. Fliehet die Unzucht. . . . Oder wißt ihr nicht, daß euer Leib ein Tempel des in euch wohnenden Heiligen Geistes ist, den ihr von Gott habt, und daß ihr nicht euch selbst gehört?« (I. Kor. 6, 17, 19)

Versteht man diese und andere Stellen im gnostischen Sinne, wie einige griechische und lateinische Kirchenväter, dann nähert man sich unwillkürlich dem gnostischen Dogma, nach dem der Mensch einen göttlichen Funken besitzt, der in die Welt der Geburt, der Libido und des Todes gefallen, aber durch Gott wiedererweckt worden war. Das Göttliche hatte sich in die Materie hinabgesenkt, so daß der Geist, das Pneuma, gefangen in der Fremde festsaß. Seine Befreiung aus diesen Fesseln gestaltete sich zum Schicksal des Menschen. Der Dualismus zwischen Licht und Finsternis bestimmte diese Welt- und Menschensicht, die Gott und Mensch zu einer Schicksalsgemeinschaft zusammenschmiedete. Der Gott der Gnosis war unsichtbar, »unbekannt«, verborgen (K. Rudolph). Auch der Mensch fühlte sich auf Erden als Fremder, genauso wie sein Ebenbild. »Aus dem Wissen des Individuums von seiner Weltfremdheit entsteht eine soteriologische Brüderlichkeit und Nächstenliebe, eine gemeinsame Einsamkeit in der zur Fremde gewordenen Welt« (H. Jonas). Der Gedanke der Wesensgleichheit mit Gott konnte alle anderen Elemente überwuchern. Er festigte die Überzeugung, daß die materielle Welt dem Satanischen zugehöre, weshalb man sie fliehen müsse und nicht durch Fortpflanzung konservieren dürfe. Gnosis bedeutete Erkennen seiner selbst, Innewerden der göttlichen Natur des Menschen und der Wege zu ihrer Erlösung. Diese Erlösung bedurfte genaugenommen keines Erlösers, also keines Heilands, wie im Christentum, denn Gnosis – Erkennen – war an sich schon ein Akt der Erlösung. Bediente man sich einer historischen (Jesus) oder mythischen (Hermes) Gestalt, dann fungierten sie als »Rufer« zur Gnosis, als Erwecker, und bedurften für ihre Aufgabe keiner

Menschwerdung, keines Leidens, keines irdischen Leibes, keiner Kirchenverheißung, keines Erinnerungsmahles. Sie weckten die Schlafenden auf, mahnten und trösteten sie. Wenn sie die finsteren Weltmächte ergriffen und töteten, dann litt nicht ein Gottmensch, sondern ein Scheinleib hing am Marterpfahl. Die christliche Passion erklärte man als einen Umschlag des Hörens in Sehen. Das heißt aber, daß Christus für die Gnosis zu einem auswechselbaren göttlichen Wesen, das zweigeschlechtlich – mann-weiblich – in Erscheinung trat, wurde. Es symbolisierte für die dualistischen Ketzer die Einheit des göttlichen Geistes, der die irdische Geschlechtlichkeit, eine Erfindung der Dämonen, aufhebt, indem er die Libido, die Ursünde, vernichtet. In dem apokryphen Thomasevangelium aus dem 2. Jh. lesen wir: »Wenn ihr ... den Mann mit der Frau zu einem einzigen machen werdet, damit der Mann nicht Mann sei und die Frau nicht Frau ..., werdet ihr (ins Königreich) eingehen.«[6] Das Philippusevangelium aus dem gleichen Jahrhundert formulierte ähnlich: »Hätte die Frau sich nicht vom Manne getrennt, wäre sie nicht zusammen mit dem Manne gestorben. Die Trennung von ihm ist zum Anfang des Todes geworden. Deswegen ist Christus gekommen, damit er die Trennung ... berichtige ...«[7] Das heißt, daß Asexualität dem »Urmenschen« vor dem Sündenfall wesensgemäß war. Von den christlichen Gnostikern zu Zeiten des Paulus in Korinth bis hin zu den griechischen Kirchenvätern des 4. und 5. Jh. galt Sexualität als Ursünde. Johannes Chrysostomus (344–407) meinte, daß nur Verzicht auf Geschlechtsverkehr ein Leben ohne Tod brächte, denn »wo Ehe ist, da ist der Tod«[8]. Für den aus Sinope am Schwarzen Meer stammenden Gnostiker Marcion (um 85 bis nach 144) galten Ehe und Fortpflanzung als Teufelswerk, die die Erlösung unmöglich machten. Syrische Mönche im 4. Jh. kastrierten sich, um für immer vor Sinnenlust gefeit zu sein. Der lateinische Bischof Ambrosius aus Mailand (339–397) glorifizierte den Jungfrauenstand, weil er den Weltprozeß einer Rückkehr zu paradiesischer Asexualität beschleunigte. Für den Kirchenschrift-

steller und Philosophen Origines (um 185–253/54) erlangte
nur der jungfräuliche Mensch Befreiung von der Sklaverei des
Fleisches und volle Erkenntnis der heiligen Schriften. Allein
ihn erleuchtete das göttliche Wort, das seine Seele küßte
(J. Bugge). In diesem Gedankengebäude fand auch Maria ihren
Platz. Ihre Jungfräulichkeit stand auf gleicher Stufe mit dem
Engelstatus des Menschen im Paradies. Ihre Reinheit hatte sie
vor Kontakten mit der teuflischen Welt bewahrt, so daß sie zur
Wiege des Wortes – Christi – werden konnte. Noch bei der
deutschen Dichterin Hroswitha von Gandersheim (935–980)
erhielt Maria ihre tägliche Nahrung aus der Hand eines Engels,
damit sie den Mächten der Finsternis nichts zu verdanken
brauchte.

Genau dieses religiöse Bewußtsein der christlichen Antike
lebte in den Ketzern des 11. Jh. wieder auf. Die Jungfräulichkeit, die virginitas, als Dreh- und Angelpunkt findet sich seit
den ersten Nachrichten über ihr Auftreten. Das Zusammenleben der Geschlechter wurde als Geschlechtslosigkeit praktiziert, so wie man glaubte, daß die Bienen ohne Verkehr Nachkommen zeugten. Maria verschwand als handelnde Person und
degradierte zum Synonym für das Evangelium. Die gesamte
Heilsgeschichte wurde enthistorisiert und pneumatisiert, ver-
geistigt. Christus nahm jetzt seinen Ursprung aus dem Heiligen
Geist und repräsentierte die leidensunfähige Weltseele, den
Weisheitslehrer, den Rufer und Offenbarer wie im Thomasevangelium. Er belehrte seine Adepten in Orléans, Arras und
Monteforte, daß sie nicht von dieser Welt waren, weil sie zum
Geist Gottes, nicht zum Fleisch der Erde gehörten. Daher auch
ihre Furcht vor Berührungen mit der Materie, ihr Schauder vor
Fleischspeisen. Ihnen erschien jede Form materiellen Kultes als
Blasphemie: Wassertaufe, Kirchengebäude, Altäre, Kruzifixe,
Bilder, aber auch Sakramente wie die Eucharistie. Die Ma-
terialisierung der Religion verletzte in ihren Augen den verborgenen Gott, den die Ketzer mit ihrem Leben und Leiden bezeug-
ten. Dahinter stand eine dualistische Weltsicht, die Trennung

von Geist und Materie, die man bei Paulus, aber auch im Jo-
hannesevangelium zu finden glaubte und hochstilisierte.
Fleischliche Gesinnung bedeutete den Tod, geistige Erhebung
Leben und Frieden. Ihr Ideal war ein Gottmensch, der sich auf-
grund der Erkenntnis seiner göttlichen Herkunft selbst erlöste.
Die Heilstat Christi reduzierte sich auf das blasse Beispiel einer
Selbsterlösung, die jeder Gnostiker als »anderer Christus« täg-
lich nachvollziehen konnte. In ihm wohnte der Vater in gleicher
Weise wie in seinem Sohne Christus (G. Cracco).

Mit dieser Spiritualisierung des tradierten Glaubens war die
Antithese zum Kirchen- und Kultchristentum fixiert, wenn man
berücksichtigt, daß die Kirche im Karolingerreich gerade das
Weihnachts- und Pfingsterlebnis, d. h. die Verehrung und Huldigung des Gottessohnes, der als Mensch auf Erden gewandelt
war, in den Vordergrund gerückt und Christus zum Gott
schlechthin gemacht hatte. Die Relativierung und Reduzierung
seiner Heilstat durch die Ketzer konnte dann nur als Gotteslästerung betrachtet werden. Die orthodoxen Reaktionen beschränkten sich aber keineswegs auf physischen Terror, sondern
sie umfaßten auch durchdachte liturgische Abwehr, wie wir sie
in Cluny fanden. Ziel mußte es sein, den Einfluß der Häresie
auf das Volk zu neutralisieren und dem verborgenen Geist-
Gott den triumphierenden Christus mit seinen himmlischen und
irdischen Heerscharen plastisch und greifbar vor Augen zu führen. Was lag da näher, als Kreuz und Abendmahl, Bilder, Skulpturen und Choräle zu errichten und zu pflegen und die Laien
damit einzufangen und in den Bann zu schlagen. Das aufblühende Kultmönchtum stellte sich resolut und erfolgreich der
Vergeistigung predigenden Häresie in den Weg. G. Cracco ord-
net letztere der biblisch-orientalischen Mittelmeerkultur zu und
sucht ihre Ursprünge im Manichäismus, Donatismus und im
Thomasevangelium. H. Taviani und J. Musy ziehen noch den
karolingischen Theologen Skotus Eriugena († nach 877) in
Erwägung.

So meint Musy, daß die Kleriker von Orléans die Fleischwerdung des Heiligen Geistes von Skotus übernommen hätten. Aber das trifft nicht den Kern der Sache. Wenn schon der Ire Pate gestanden haben sollte, dann aus einem ganz anderen Grunde. Er lehrte nämlich in Anlehnung an die neuplatonische Mystik eines anonymen Autors (Dionysius Areopagita, um 500) die Ebenbildlichkeit des Menschen mit Gott, die dann nach dem Sündenfall in die gottförmige Seele und den materiellen Körper aufgespalten worden sei. Von daher rühre die Teilung aller Lebewesen in Geschlechter. Die Rückkehr zur Einheit habe mit der Auferstehung Christi begonnen, weil er weder männlichen noch weiblichen Geschlechts gewesen sei. Am Ende der Zeiten werde dann auch auf Erden wieder die ursprüngliche Geschlechtslosigkeit herrschen. Geist und Leib würden sich in vollkommene Einfachheit (simplicitas) auflösen und eins werden mit Gott.

Derartige Reflexionen konnten sehr leicht Männern wie Stefan oder Gerardo Anregungen für ihre Konzeption vom Gottmenschen und seiner Jungfräulichkeit bieten. Auf keinen Fall läßt sich dann aber eine Subsumierung der französischen und italienischen Ketzer unter die Kirchenreform vertreten, wie das Musy in Anlehnung an R. Morghen vorschlägt. Der »Sitz im Leben« der Dissidenten war antikatholisch, wenn man die von Augustin (354–430) geprägte Dogmatik zum Maßstab nimmt. Ihm galt die materielle Welt als Schöpfung Gottes, die erst durch den Sündenfall Schaden litt. Die Zweigeschlechtlichkeit gehörte für ihn zum Wesen Adams und Evas, und die Fortpflanzung entsprach einem Befehl Gottes: »Seid fruchtbar und mehret euch«! (1. Mos. 1, 22; 8, 17) Adams Fall entsprang nicht aus Libido, sondern aus Willensschwäche und Stolz. Das führte Augustin zu dem Schluß, daß das Fleisch nicht von Anbeginn an böse war, sondern nur in dem Grade schlecht wurde, wie es ihm der menschliche Wille gestattete. Augustin machte auch die Jungfrau zur Gemahlin Christi, um die Ehe aufzuwerten und der Jungfräulichkeit ihren Vorrang zu nehmen. Gerade an diesem Punkt zeigt sich die Kontrastellung der Ketzer. Gleiches gilt für den Schöpfungsakt, den Augustin auf die Trinität, also Gottvater, den Sohn und den Heiligen Geist, verteilte. Gottvater pflanzte der gestaltlosen Materie das Gute ein, das ihr die Hinbewegung zum Ursprung ermöglichte. Die »gezeugte Weisheit«, der Sohn, formte die geistigen Wesen und lenkte den menschlichen Geist durch die Ausgießung der Gnade auf die Himmelsstadt Jerusalem. Christus ist bei Augustin also kein »Fremder« auf Erden, sondern ein Gesandter seines Vaters in seiner Heimat. Die Ketzer lehnten diese altkirchliche Tradition ab und schlossen sich einer Linie an, die das Johannesevangelium und die paulinischen Briefe usurpierte und hinführte zu den apokryphen Evangelien, Marcion und anderen Gnostikern. Sie alle bemühten sich, bei Differenzen in Einzelheiten, die Berührung mit der Welt des Schöpfergottes auf ein Minimum zu reduzieren und durch harte Askese ihren Protest gegen die »Fremde« zu demonstrieren, der man so rasch als möglich entrinnen wollte, um in die himmlische »Heimat« einzugehen.

Man darf annehmen, daß die Lehrer oder Meister die eine oder andere der zitierten Schriften zu Gesicht bekamen. Taviani vermutet, daß vor allem die Apokryphen bei der Mission eine wichtige Rolle gespielt hätten. Einprägsame Formeln zum Rezitieren seien daraus den Zuhörern vorgeführt worden, während die »Meister« um das Dogma Sorge trugen. Diese Praxis dürfte jedoch nur eine Seite der Rezeption gewesen sein. Es gab nämlich im 11. Jh. in Italien bereits Kontaktzonen zu ostkirchlichen Sektengemeinden, die ähnliche oder gleiche Auffassungen vertraten.

In Kalabrien beschimpften Gassenjungen den heiligen Nilus (910–1004) in dem Städtchen Rossano als Bulgaren und Armenier. Diese Bezeichnungen deuten auf *Bogomilen* und Paulikianer, die in Bulgarien bzw. im byzantinischen Teil Armeniens beheimatet waren und im 10. Jh. auch in Süditalien Fuß fassen konnten. In Dalmatien gab es um Trau ein Zentrum, und in der Diözese Turin ist 1047 eine Bulgarenkolonie nachweisbar. Nach griechischen und bulgarischen Quellen breitete sich das

Bogomilentum, so genannt nach seinem Begründer Bogomil (= Gottlieb), unter dem Zaren Peter (927–969) in Makedonien und Thrakien aus. Klarer als bei seinem lateinischen Verwandten trat bei ihm der Dualismus in den Vordergrund: Die sichtbare Welt stammt nicht von Gott, sondern vom Teufel, dem man auch die Verfasserschaft des Alten Testaments zuschrieb, weshalb es die Bogomilen im Unterschied zu Gerardo aus Monteforte verwarfen. Das Neue Testament interpretierten sie gleichnishaft – allegorisch, Marien- und Heiligenverehrung lehnten sie ab. Da Jesus für sie nur einen Scheinleib besaß, existierte keine »Gottesgebärerin« (Theotokos). Sämtliche Sakramente wiesen sie der materiellen Sphäre und damit dem Satansreich zu. Trost- und Geistspendung erfolgte durch Handauflegung in Nachahmung dieses Vorganges im Johannesevangelium, das den Parakleten, den Tröster und Helfer, als Parallelgestalt zu Jesus einführte, die nach der Himmelfahrt Christi den Geist spendete. Kruzifixe vernichteten sie in ähnlicher Weise wie Leuthard. Tierische Nahrung und Wein waren ihnen ein Greuel. Die Ehe galt ihnen als Blutschande und Teufelswerk, weil sie die Herrschaft Satans verewigte. In Satan sahen sie den ältesten Sohn Gottes, der sich gegen seinen Vater empört, die Erde und einen zweiten Himmel geschaffen hatte. Er habe in der Gestalt der Schlange Eva verführt, ihre Jungfräulichkeit verletzt, Kinder gezeugt und ihr sowie Adam die Gottähnlichkeit geraubt, die auf deren Jungfräulichkeit beruhte. Ganz im gnostischen Sinne trat Jesus als Lehrer und Rufer auf, um die Menschen aus dem Schlafe aufzurütteln. Er stieg in die Hölle hinab, band Satan und kehrte dann zu seinem Vater zurück.

Alles in allem spiegelt der Bogomilismus ein gnostisches Welt- und Lebensgefühl wider, das jedoch stark mit volkstümlichen Motiven angereichert ist. Die Teilung seiner Gemeinden in Hörer und Lehrer, d. h. in schriftunkundige Gläubige und bibelfeste Prediger, entsprach den Gegebenheiten des feudalen Alltags. Die Bauern waren gar nicht in der Lage, die strengen asketischen Normen, welche die »Lehrer« forderten, zu erfüllen.

Nur diese trugen das harte Joch, fasteten und predigten und suchten das Martyrium. Typisch für das frühe Bogomilentum war die bäuerliche Sozialstruktur, die Gemeindebildung auf dem Lande und die antifeudale Opposition. Die Bogomilen forderten eine arme Kirche ohne privilegierten Priesterstand, ohne Zehntabgaben und Frondienste.

Auch in dieser Hinsicht gibt es Gemeinsamkeiten mit den westeuropäischen Ketzern. Das ist nicht überraschend, denn beiden Strömungen lag eine gnostisch gefärbte Weltsicht zugrunde. Der italienische Mediävist R. Morghen bestreitet das und läßt nur eine konsequente Evangelieninterpretation gelten. Die genauere Kenntnis der spätantiken Religionsgeschichte widerlegt jedoch derart extreme Standpunkte, denn sie beweist, daß der Dualismus in der griechischen und lateinischen Kirche dem heterodoxen Erbe der christlichen Antike genauso verpflichtet war wie die orthodoxe Dogmatik den Kirchenvätern.

Fragen wir nach den *sozialen Bezügen* im Westen, dann ergibt sich im Unterschied zu Bulgarien ein buntes Bild: Kleriker, Kaufleute, Bauern, Adelige, Ministeriale hingen den Lehren an. Wir fanden sie in Dörfern, in Städten, auf Burgen. Orléans, Arras und Toulouse zählen zum städtischen Milieu. Vorstädte und ländliche Gebiete sicherten ihnen Resonanz. Bauern griffen auf den Märkten ihre Gedanken auf und trugen sie in ihre Dörfer. Die Gemeinsamkeit des Besitzes der Gemeinde von Monteforte fand bei ihnen Zustimmung, erschreckte aber andererseits den stadtsässigen Adel, der um seine Güter fürchtete. Er war es dann auch, der den Erzbischof von Mailand zur Statuierung eines Exempels drängte. Wichtig wurde das Eingreifen von Klerikern, streunenden Mönchen und wandernden Scholaren, die das neugierige Volk mit seltsamer Kunde fütterten. In den drei genannten Städten erfahren wir kaum etwas über Zuhörer. Aber schon tritt die werdende Kommune in den Vordergrund, kündigten sich neue soziale Konstellationen an, die das feudale Gesellschaftsgefüge insgesamt veränderten. Ein erstes Echo vernehmen wir in der Armutsforderung in

Arras und Monteforte, in dem Willen, von eigener Hände Arbeit zu leben, oder in der Sehnsucht nach einer armen Kirche, wie sie Leuthard beseelte. Das gnostische Verständnis des Christentums schaltete automatisch die reiche Hierarchie aus, die sich zwar in der Gruppe der Lehrer neu bildete, aber nicht auf materieller Basis, sondern als Leistungsgemeinschaft ohne Besitz und mit elitärer Gesinnung. In den Städten fand sie Applaus und Gehör, denn die reiche Kirche wurde hier immer mehr zum Stein des Anstoßes, der verlotterte Priester zur verachteten Person. Hier stießen sich die Widersprüche hart im Raum, ohne daß die kommunale Bewegung bei der Häresie Anleihen machte. Kirchenkritik konnte durchaus in evangelischen Bahnen und im Zeichen der Kirchenreform verlaufen wie in der Lombardei und hier insonderheit in *Mailand.*

Die Wiedergeburt der Städte in Europa nach ihrem Untergang in der Völkerwanderungszeit als Mittelpunkte von Handel und Gewerbe war das Ergebnis des Wachstums der Produktivkräfte in der Landwirtschaft und der gesellschaftlichen Arbeitsteilung. Die Produzenten schufen sich leistungsfähigere Werkzeuge und gelangten zu besseren Produktionsmethoden. Das Stadium der einfachen Reproduktion der Gesellschaft wurde überwunden. Der Arbeitsaufwand für die Erzeugung von Nahrungsmitteln sank, so daß für die Produktion nichtagrarischer Güter mehr gesellschaftliche Arbeitskraft frei wurde. Die Anzahl der Menschen, die sich auf die Herstellung gewerblicher Erzeugnisse konzentrierten, wuchs, die feudale Wirtschaft verlor allmählich ihren ausschließlich agrarischen Charakter. Das feudale Geburtsprinzip wich nach und nach einer Art von Leistungsprinzip. Nicht mehr der Herr und sein Knecht bestimmten allein die ständische Ordnung, sondern der Reiche und der Arme, der Waffenträger und der Waffenlose, der aber in der Stadt im Unterschied zum Lande schon im 11. Jh. wieder Zugang zu Schutz und Wehr fand.

Im Unterschied zum cisalpinen Europa verschwand in Italien mit dem Untergang der Antike keineswegs städtische Lebensweise. Obgleich die handwerkliche Produktion auch in den Grundherrschaften betrieben wurde, blieben doch die Städte deren Heimat. Im 10. Jh. existierte auf dem Lande eine breite Schicht kleiner und mittlerer Eigentümer, die in den Sog der Ware-Geld-Beziehungen gerieten, die ihren Ausgangspunkt in den Städten nahmen. »Ihre Teilnahme am Handel auf den städtischen Märkten, das Einbeziehen ihres Bodens in den Handelsumsatz führte zum Anwachsen der Vermögensungleichheit, beschleunigte den Ruin der verarmten Schichten, erhöhte das Wachstum der reichen Wirtschaften . . .« (N. A. Kotelnikova). Hinzu kam eine enge Bindung des Stadtadels an die Fronhöfe des Umlandes (contado), die ihrerseits am städtischen Handel partizipierten. Diese Tatsache betonte den feudalen Grundzug italienischer und südfranzösischer Städte. Der stadtsässige Adel fungierte im 11. Jh. als Grundherrenschicht, nicht als Geldaristokratie. Im Kampf um die Befreiung von bischöflicher Stadtherrschaft und um die Bildung einer selbstverwaltenden Kommune traten der kleine und mittlere Adel, die Valvassoren, in den Vordergrund. Sie stammten von begüterten Freien ab, hatten Anteil an Adelsprivilegien und Ritterrechten in Stadt und Land, aber ihnen fehlte eigener Grundbesitz, Allode. Ihre Herrschaft beruhte demnach im Gegensatz zum hohen Adel, den Capitani, auf Lehen. 1037 erkämpften sie sich von Kaiser Konrad II. (1024–1039) die Erblichkeit dieser Lehen.

Die Capitani leiteten ihre Herkunft von karolingischen Königsvasallen ab und rückten im 11. Jh. zu Burg- und Bannherren auf. Sie stellten die städtische Führungsschicht, die Kandidaten für Bistümer und den Domklerus. Sie waren an der Aufrechterhaltung der alten Feudalordnung und Bischofsherrschaft in den Städten interessiert. Anders die Valvassoren oder Ritter (milites), die sich den reichen Münzmeistern und Kaufleuten näherten und auf eigene Rechnung Handel betrieben. Viele Nichtadelige, Popolane, kamen wie die Valvassoren aus dem Stand der Freien. Sie pachteten in Mailand Häuser und

Grundstücke von Kirchen und Klöstern und versippten sich mit Rittern, Notaren und Richtern, die eine Art Führungsgruppe des »Volkes« bildeten, das sich aus Handwerkern, Kleinkaufleuten und Fluktuierenden rekrutierte. Dieser Schichten bedienten sich Valvassoren und Popolanen in ihrem Ringen um Autonomie gegen Capitani und Erzbischöfe, die ihrerseits mit dem römisch-deutschen Kaiser eng zusammengingen, während die Opposition beim Papst Hilfe suchte und fand. Alle städtischen Gruppen, die die Kommune erstritten, waren Freie, die sich keineswegs ihre Freiheit erst erkämpfen oder erkaufen mußten. Als Bürger, civis, galt nur der Freie. Er war verpflichtet, an Friedenseinungen, wie sie 1044, 1045/46, 1067 und 1075 in Aktion traten, teilzunehmen. Friedenseinungen sollten den inneren Frieden in der Stadt garantieren. Es handelte sich in praxi um Volksversammlungen, die 1044 in einer Erhebung der unteren Schichten, die nicht zu den Popolanen gehörten und keine Bürger waren, erzwungen wurden. Auf diese Weise erlangten die »Nichthäbigen« in gemeinsamen Angelegenheiten ein Mitsprache- und Mitbestimmungsrecht. H. Keller sieht darin die Anfänge einer Kommune, auch wenn sie juristisch erst im 12. Jh. ihre Ausgestaltung fand.

In diese Entwicklung gehört die *Patariabewegung*, die nicht nur in Mailand, sondern ebenso in Cremona und Piacenza ihr Haupt erhob.

Der Name ist bis heute ungeklärt. Seine Herkunft aus dem Mailänder Dialekt »pattari« = Trödler, Lumpensammler, ist unwahrscheinlich, da oppositionelle Führungsgruppen, keineswegs Plebejer, den Gang der Ereignisse bestimmten. Der Lokalchronist und Capitanisprößling Landulf der Ältere nannte sie in seiner »Geschichte« falsche Katharer, Katheri, Kathedri[9], also Ketzer. Arnulf, ebenfalls Nachkomme eines Capitanigeschlechtes, leitete den Namen vom Griechischen pathos = Verwirrung, Unordnung, lateinisch perturbatio, ab und nannte sie Unruhestifter.[10] Das zeigt, daß die zeitgenössischen Chronisten nichts Rechtes mit dem Worte anzufangen wußten und es in jedem Falle als Pejorativum benutzten. Der Ravennater kaisertreue Jurist Petrus Crassus sah 1084 in diesen Leuten einfach Umstürzler bzw. einen Menschentyp, »der in solch hohem Maße von den Sitten und der Lauterkeit des Lebens früherer Zeiten abweicht, daß das Unbekannte als natürlich gilt . . .«[11]

Der Name tauchte kurz nach 1057 als Parteibezeichnung auf und meinte Laien, die gegen beweibte und simonistische Priester gewaltsam vorgingen. Das brachte J. Siegwart auf die Idee, daß die Urheber der Pataria durch die Lebensbeschreibung des heiligen Nikolaus aus der zweiten Hälfte des 9. Jh. inspiriert worden seien. In dieser Vita ist die Rede von einem Nikolaus aus Patara in Kleinasien, der einem Vater, dessen zwei Töchter sich aus Not prostituieren wollten, half. Die Vita nimmt die Episode zum Anlaß, um Jungfräulichkeit und Keuschheit in den höchsten Tönen zu preisen, sie als sicheren Weg zum ewigen Heil anzuempfehlen. Der gleiche Tenor findet sich bei den Mailänder Eiferern.

Mag dieser Erklärungsversuch auf den ersten Blick auch als weit hergeholt erscheinen, so enthält er doch einen rationalen Kern, nämlich den Hinweis auf ein Grundelement patristischer Religiosität, die die Verwandtschaft zur vita religiosa von Monteforte deutlich macht. Der Chronist Landulf schlachtete diese Tatsache weidlich aus und brachte die Pataria in die Nähe der Ketzer, die er als Katharer umschrieb.

Nun meinten aber alle Schriftsteller des 11. Jh. mit Katharern Novatianer, so genannt nach dem Presbyter Novatian, der zwischen 240 und 250 ein Werk über die Trinität, also die Heilige Dreifaltigkeit, verfaßte und 251 in Rom eine von Todsündern reine Gemeinschaft verlangte. In der Kirche der Novatianer sollten nur Reine, Katharer, beheimatet sein. Sie bestritten in erster Linie gefallenen Priestern die Macht zur Sakramentspendung und erklärten ihre Messen als ungültige Spektakel.

Auf der gleichen Linie argumentierten und operierten die Patariner, wobei die Grenzen zwischen Orthodoxie und Häresie fließend waren. Auf jeden Fall gelang mir der Nachweis, daß die Bewegung in einem größeren geistesgeschichtlichen Zusammenhang stand, als man auf den ersten Blick bereit ist anzunehmen. Craccos Hypothese, daß eine Sammlung von Sprüchen und Taten der ägyptischen Wüstenväter, das Paterikon, in ihre Hände gelangt sei und die Namensgebung beeinflußt habe, geht in die gleiche Richtung, nämlich auf die Sichtbarmachung einer griechisch-orientalischen Tradition, die in Mailand weiterlebte.

Den Ausgang nahm die Pataria unter Erzbischof Guido von Velate (1045–1071). Damals hatte sich eine Allianz von hohem Klerus, Capitani und reichen Bürgern formiert, die alle anderen Gruppen von Bürgern und Nichtbürgern von jedem Mitspracherecht in städtischen Angelegenheiten ausschloß. In dieser konfliktgeladenen Situation traten zwei Priester aus dem Dorfe Varese auf, Ariald und Landulf Cotta. Ariald war ein Sohn begüterter Landleute. Wie viele ihresgleichen suchten sie in einem gut organisierten Nachbarschaftsverband (vicinia) Schutz vor dem Landhunger der Capitani. In der Regel gehörten solchen Verbänden auch Priester an, die nicht nur im Mailänder contado verheiratet waren oder im Konkubinat lebten, ohne damit unter den Gläubigen zunächst Anstoß zu erregen. Das Priesteramt entwickelte sich auf dem Lande zu einem Familienunternehmen. Die Geistlichen eines Pfarrsprengels waren untereinander durch Gütertausch und finanzielle Transaktionen eng liiert und bemüht, ihrer Nachkommenschaft ein gesichertes Erbe zu hinterlassen. Das erweckte den Mißmut der Laien. Wie eine Kirchensynode 1089 besorgt feststellte, »wuchs das Murren des Volkes gegen die Unenthaltsamkeit des Klerus weit und breit und dehnte sich immer mehr aus«[12].

Ariald kannte also die Lage auf dem Lande sehr genau. Er wandte sich deshalb mit seinen aufreizenden Bußpredigten in Varese zunächst an Bauern, die sich mit der Verweltlichung ihrer Seelenhirten nicht mehr abfanden und von ihnen einen moralischen Ausweis verlangten. Ariald glaubte, daß sich als Ausweg das gemeinsame Leben der Geistlichkeit in Kanonikerstiften anböte, wo die Kleriker eine mönchsgleiche vita führen mußten. Zu diesem Zwecke begab er sich nach Mailand, um hier sogleich seine Absicht in die Tat umsetzen zu können. Sein Auftreten führte unter der Bevölkerung zu einer Art »Messeboykott« gegen verheiratete oder simonistische Kleriker, der 1057 mit Gewalttätigkeiten verbunden war. Erboste Laien warfen die Pfarrer aus den Kirchen. Ariald und Landulf Cotta nutzten die Stimmung und die Angst der Geistlichkeit aus, um sie zur Unterzeichnung eines Schriftstückes zu zwingen, in dem sie sich zur Einhaltung der Ehelosigkeit, des Zölibats, bei Strafe des Ausschlusses aus den Reihen der Kleriker und des Verlustes ihrer Pfründe verpflichtete.

Nunmehr wandte sich der adelsstolze Klerus Beschwerde führend an Papst Stefan IX. (1057–1058), der Erzbischof Guido von Velate die Klärung der Angelegenheit übertrug. Dieser berief 1057 eine Synode ein, um eine Entscheidung zu treffen. Ariald und Landulf blieben aber der Versammlung fern und wurden deshalb aus dem Klerus ausgestoßen. Aber Ariald gab nicht nach. Er verklagte nun seinerseits den Erzbischof wegen Simonie und Nikolaïsmus, d. h. wegen des Zusammenlebens mit Frauen. Papst Stefan entsandte darauf zwei Legaten nach Mailand, und zwar Hildebrand, den späteren Papst Gregor VII., und Anselm von Baggio, den späteren Papst Alexander II.

Bei ihrer Ankunft in Mailand fanden sie einen verängstigten und verzweifelten Klerus und eine zu allem entschlossene Laienpartei unter Führung Landulfs vor, der alle Anhänger eidlich auf sein Reformprogramm festgelegt hatte. Ausschreitungen aller Art waren an der Tagesordnung, die Kirchen standen verwaist, die Altäre waren profaniert, die Behausungen der Pfarrer geplündert. Die beiden Gesandten trugen nicht zur Beruhigung der Gemüter bei, weil sie die Pataria als willkommenes Instrument römischer Politik in Mailand einzusetzen gedachten. Die weitgehende Selbständigkeit des Erzbistums Mailand mit seinem berühmten Patron, dem heiligen Ambrosius, war dem Papsttum seit langem ein Dorn im Auge.

Der Eremit und spätere Kardinal Petrus Damiani (1007–1072) schilderte 1059 dem Archidiakon Hildebrand in einem Brief die Zustände in der lombardischen Metropole: »Der Menge, die, gedrückt durch harte Armut, ganz offen nach fremdem Eigentum giert, war jede Gelegenheit erwünscht, um ihre elenden Kinder und Frauen, die viel unter ihrer Roheit zu leiden hatten, ohne Mühen zu ernähren. Und nur deshalb nahmen die meisten Landulfs Reden mit großem Beifall auf. Nur gering war dagegen die Zahl derer, welche wirklich überzeugt wurden und in ihrer Einfalt beide (Ariald und Landulf, E. W.) wie Apostel verehrten. Und nun stürmten sie, Wahnsinnigen gleich, wie des Meeres wilde Flut, wie Blitze im Hochsommer, die viele unvorbereitet treffen und töten, durch die Stadt, schrien und lärmten auf das widerlichste wie hungrige Köter. Sie plünderten die Häuser der Priester, verfolgten die Unglücklichen mit Schmähreden und rissen sie mit Knütteln und Schwertern von ihren Weibern. Viele dieses Pöbels gaben ihren Beruf auf und nährten sich von Raub ... Nachdem der Raub verzehrt war, hausten sie unter dem Vorwand, das Evangelium zu verteidigen, im contado der Erzdiözese noch ärger.«[13] Dieser Augenzeugenbericht verdeutlicht vor allem den Antiklerikalismus der Bürger, der sich handgreiflich Luft verschaffte. Er sollte von jetzt an nicht mehr aus den Städten verschwinden.

In Rom wußte man nicht so recht, wie man reagieren sollte. Auf der einen Seite konnte man schlecht dulden, daß Laien über Priester zu Gericht saßen, andererseits wollte man sich aber des Knüppels bedienen, um den Klerus in römischem Sinne zu disziplinieren. Entscheidend blieb, ob die Aktionen dem Papsttum nützten oder schadeten. Papst Alexander II. (1061–1073) überließ deshalb in einem verklausulierten Brief den Mailänder Eiferern die Urteilsfindung über würdige und unwürdige Diener des Herrn.

Innerhalb der Pataria hatte inzwischen ein Laie, der Bruder Landulfs, Erlembald, die Führung übernommen. Er wurde durch den reichen Münzmeister Nazario unterstützt. Papst Alexander II. akzeptierte die Umgruppierung, verlieh Erlembald 1064 die Petrusfahne und machte die Bewegung zu heiligen Kriegern im Kampf gegen unbotmäßige Kleriker. Ariald blieb Agitator, Erlembald sekundierte ihm als militärischer Kopf. Die enge Bindung an Rom spaltete aber die Pataria. Viele Sympathisanten verließen sie und schlossen sich der Reaktion um den Erzbischof an. Das erste Opfer wurde Ariald, den der gedemütigte Adelsklerus grausam ermorden ließ. Das gab der Pataria wieder Aufwind, denn nun besaß sie einen Blutzeugen. Jetzt sprang der Funke auch auf Cremona und Piacenza über, wo es zu ähnlich wüsten Exzessen gegen den Klerus kam wie in Mailand. Alexander sah sich schließlich 1067 gezwungen, dem Treiben Einhalt zu gebieten. Er verbot den Laien, weiterhin die Messen zu stören und Gottesdiener zu verprügeln und zu richten. Disziplinarisch dürften Priester nur vom Papst oder dem Bischof zur Rechenschaft gezogen werden. Das beweist, daß es die Hierarchie mit der Angst zu tun bekam. Nannten doch die Patariner Hostien, die simonistische Priester konsekriert hatten, Hundemist, vergossen Salböl auf die Erde und trampelten darauf herum. Eine derartige Verachtung der Sakramente drohte das Dogma zu erschüttern. Wo lagen da noch die Grenzen zur Häresie? Erlembald mußte 1075 den Frevel mit dem Salböl teuer bezahlen: Vor der Kathedrale stachen ihn Anhänger der alten Ordnung nieder.

Für die Pataria begann eine neue Phase ihrer Geschichte, die im engen Bunde mit dem Reformpapst Gregor VII. (1073–1085) verlief. Die Patariner wurden jetzt zu Vorkämpfern der römischen Universalkirche. Damit verletzten sie die lokalen Interessen, wodurch ihre Anhängerschaft zusammenschmolz. 1095 honorierte Papst Urban II. (1088–1099) ihre Treue zu Rom mit einem Besuch des Grabes Erlembalds, dem er in aller Öffentlichkeit als »Ritter des Herrn« (miles Christi) höchste Anerkennung zollte. Gleichzeitig versöhnte Urban den Erzbischof und den neuen Patariaführer Liprando, die sich am Grabe Erlembalds die Hand reichen mußten. Das war das äußere Zeichen für den Sieg der Reform und der Institutionalisierung und Pazifizierung einer militanten Laienbewegung. Ihr linker Flügel sah darin Verrat der ursprünglichen Ideale, ein Ablenken von der Armuts- und Keuschheitsforderung für den Klerus. Daher kehrte er den Reformern den Rücken und trennte sich von der Kirche. 1179 erklärte eine Lateransynode diese Patariner zu Ketzern, und im 13. Jh. galt ihr Name als Synonym für dualistische Häretiker.

Fragen wir nach den Triebfedern und Motiven der Pataria in ihrer »heroischen« Etappe, d. h. bis zum Tode Erlembalds, dann ist ihre ursprüngliche Selbstbezeichnung »Gottesbund« (placitum Dei) dafür ein wichtiger Fingerzeig. Sie gehörte in die Friedensbewegung des 11. Jh.! H. Keller beobachtete, daß schon 1057 das Anliegen der Pataria zum Anliegen der ganzen Stadtgemeinde wurde. Landulf Cotta forderte von allen Laien die Abgabe einer eidlichen Verpflichtung, aktiv gegen Nikolaïsmus und Simonie aufzutreten. Dahinter verbarg sich die Auseinandersetzung zwischen Stadtherren (Erzbischof) und Stadtgemeinde um das Verhältnis von geistlicher und weltlicher Gewalt in der sich ausformenden Kommune. Diese verlangte Kontrolle in einem Bereich, der der kirchlichen Gerichtsbarkeit unterstand. Traten die Geistlichen nicht dem Gottesbund bei, dann befanden sie sich automatisch außerhalb der Friedensgemeinschaft und wurden friedlos. Ganz konsequent propagierte die Pataria eine Reform des Weltklerus. Deshalb gründete auch Ariald in Mailand ein Kanonikerstift, in dem Priester in persönlicher Besitzlosigkeit gemeinsam lebten. Ariald wollte durch Ausschaltung von Simonie und Nikolaïsmus die kirchlichen Sakramente aufwerten. Das Armutsmotiv rückte bei ihm an zweite Stelle. Es gewann nur im Kanonikat, also innerhalb einer Institution, an Gewicht. G. Miccoli sieht im Kampf gegen die Simonie den Schlüssel zur Doktrin Arialds und der gesamten Bewegung. Aber das trifft nicht zu. Die Pataria betrachtete das Priestertum unter charismatischen (Gnaden vermittelndem), nicht institutionellem Blickwinkel. Deshalb ging es ihr vordergründig um den Lebenswandel der Geistlichkeit. Simonie bedingte Nikolaïsmus und umgekehrt. Ariald griff auf den Dualismus des Johannesevangeliums zurück, das Licht und Finsternis, Wahrheit und Irrtum konfrontierte. Christus habe die Wahrheit verkündet und die Menschen der Finsternis entrissen. Seine Nachfolger hätten die Pflicht, durch Lehre und Beispiel die Laien zu erleuchten. Predigt tauge nichts, wenn sie nicht mit der Nachfolge Christi verbunden würde. Der Priester müsse sich entscheiden, ob er auf seiten der Kirche des Heilands oder des Teufels stehe. Den Laien rief Ariald zu: »Deshalb beschwöre ich euch im Namen des Herrn, die Wahrheit, die Gott ist, vollkommen in euch aufzunehmen und euch von der Gemeinschaft mit falschen Priestern zu trennen, denn es darf zwischen Licht und Finsternis, zwischen Gläubigen und Ungläubigen, zwischen Christus und Belial keine Übereinkunft, keine Teilhabe oder Gemeinschaft geben.«[14]

Das bedeutete, daß der Empfang von Sakramenten aus der Hand »falscher« Priester Teilhabe an der Satanskirche nach sich zog. Das Ausufern der Bewegung in einen allgemeinen Antiklerikalismus und Antisakramentalismus lag nicht im Sinne Arialds und Landulfs, aber sie vermochten es nicht zu verhindern.

Fragen wir nach dem Wesen dieser vita religiosa, dann ist vor allem ein Aspekt bemerkenswert: das Eingreifen der Laien in rein kirchliche Belange, die Entstehung einer militanten Laienfrömmigkeit, die im Schatten der Kirchenreform gegen Simonie und Priesterehe revoltierte. Die Laien erstrebten eine reine Kirche, die ihnen das Heil garantierte und deren Sakramente wirkten. Ihre Zauberformeln lauteten Friede und Schutz. Das mobilisierte in erster Linie städtische Schichten. Sie befragten die Adelskirche nach ihrer Berechtigung und ihrer Leistung für das Gemeinwohl. Als Ariald und Erlembald für Rom Partei ergriffen, scheiterten sie unweigerlich, denn die Stadtgemeinde verspürte nicht die geringste Lust, für den römischen Universalismus zu bluten und zu darben. Die Gemeinde wollte ihren Bi-

schof wählen – das war ihr Verständnis von Investitur. Die Pataria hatte die Stadtgemeinde in ihrem Kampf gegen den Stadtherren aktiviert und politisiert. Sie vermischte dadurch die
kirchliche und weltliche Sphäre, welche die Reformer zu trennen versuchten (H. Keller). Man ist geneigt, von politischer Häresie als Pendant zu religiöser Orthodoxie zu sprechen. Die
Stadtgemeinde wehrte sich gegen die Willkürherrschaft des
Adels. Sie wollte Ordnung in der Stadt herbeiführen, die
Schwachen und Waffenlosen gegen die Starken und Hochmüti-
gen verteidigen. Die Bürger schlossen sich zu einer Gemeinschaft von Gutwilligen zusammen, die sich in den Volksversammlungen als Brüder anredeten und gemeinsame Entschlie-
ßungen trafen. Wieder drehte sich alles um Frieden und Gerechtigkeit.

Insgesamt reflektierte das turbulente Geschehen in Oberitalien die Laienemanzipation in der Kirche und die Herauskristallisierung einer spezifisch stadtbürgerlichen Religiosität,
deren Radius von radikalem Evangelismus bis hin zur Heterodo-
xie aller Schattierungen reichte. In der Frühzeit gab es keine
klare Scheidung zwischen bürgerlicher und bäuerlicher Ketzerei, aber in den volkreichen Metropolen Italiens ist schon im
11. Jh. die Dominanz bürgerlicher Häresie absehbar.

Die komplizierte Dialektik dieses Prozesses wird erst dann
voll sichtbar, wenn man die Reformbestrebungen der Kirche in
sie mit einbezieht und diese nach ihrem gesellschaftlichen Be-
zugssystem befragt.

Das Kirchenverständnis der Reformer

Der lautstarke Ruf aus Rom nach Freiheit der Kirche weckte viele Emotionen und Ressentiments und blieb nicht auf Papsttum und Episkopat oder allein auf die Überwindung des Eigenkirchenrechtes beschränkt.

Unter Freiheit (libertas) verstand man im Mittelalter gemeinhin subjektive Rechte schlechthin, Rechte von Gruppen und Korporationen. Zur Freiheit gehörte stets ein Privileg. Es galt nicht als Ausnahme vom allgemeinen Recht, sondern als Kodifizierung subjektiver Rechtsansprüche, subjektiver Freiheiten. Adelige Freiheit in Deutschland meinte Erbbesitz, Ahnengrab, Kultstätte im Hauskloster oder in der Hauskapelle.

Die Kirchenreformer bemühten sich zunächst, die Spitze der Hierarchie, das Papsttum, aus den Fesseln stadtrömischer Adelsgeschlechter und den Wirren undurchsichtiger Fehden zu befreien. Dabei war ihnen die Hilfe der deutschen Kaiser durchaus willkommen. Ja man brauchte sie geradezu für die Bewahrung der Kircheneinheit, denn die Bischofskirchen begannen sich im 10. Jh. von der römischen Universalkirche wegzubewegen und ihre autonomistischen Privilegien über Gebühr zu realisieren. Die Bischöfe besaßen selbst viele Eigenkirchen und -klöster, Großgrundherrschaften, Vasallenaufgebote, Burgen und Schlösser. Sie bewegten sich politisch in eine ähnliche Richtung wie die weltlichen Bannherren. Ihr Anhang rekrutierte sich aus Verwandten ihrer Diözesen, in denen er die einflußreichsten Positionen besetzte. In Italien war dafür der bereits erwähnte Erzbischof Aribert von Mailand ein beredtes Beispiel. Überall tauchten Bischofsheilige auf, die dem »episkopalen Partikularismus« (C. Violante) religiöse Mäntelchen und höhere Weihen verliehen. Als nun der Ruf nach Reform von allen Seiten erscholl, da mußten sich die Bischöfe ihm stellen. Sie gingen mit halbem Herzen gegen Simonie und Nikolaïsmus vor, in die sie und ihre Sippen weidlich verstrickt waren. Sie sollten des weiteren das Eigenkirchenwesen bekämpfen, das der Basis ihrer Macht diente. Sie sahen grimmig zu, wie sich die Reformklöster die »römische Freiheit«, d. h. die Unterstellung unter den Papst, erwarben und ihren Diözesanherren den Rücken kehrten. Mit anderen Worten, sie waren die ersten Opfer der Reform.

In der Erreichung ihrer Ziele gingen, wie gesagt, die Reformer ein Stück Weges mit den deutschen Königen und römisch-deutschen Kaisern gemeinsam. Petrus Damiani lobte 1052 Heinrich III. (1039–1056) wegen seines resoluten Vorgehens gegen Simonisten, wodurch er die Christenheit von einem ansteckenden Übel befreite und sie aus finsterer Kerkerhaft in helles Tageslicht herausführte. Das Interesse der deutschen Herrscher an Reformen ergab sich aus ihrem *Reichskirchensystem*.

Kirchen und Klöster waren seit Kaiser Otto I. (936–973) mit Grundbesitz reichlich ausgestattet, andererseits aber kräftig zu wirtschaftlichen und kriegerischen Leistungen für die Zentralgewalt herangezogen worden. Die deutsche Kirche entwickelte sich zu einer Eigenkirche des Königs, Kron- und Kirchengut gingen ineinander über. Bistümer und Reichsabteien, wie etwa St. Gallen, Corvey oder die Reichenau, besetzten die Könige mit Männern ihres Vertrauens in Formen feudalen Rituals durch Übergabe von Ring und Stab. In ihrer Eigenschaft als Schützer Roms, als Patricius, und als Imperatoren kümmerten sie sich auch um die Kandidatur der Päpste und ihre weltlichen Besitztümer, das Patrimonium Petri. Sie wollten Rom genauso für sich nutzbar machen wie die Reichskirche. Deshalb beschnitten sie Ämterkauf und Priesterehe, um die Funktionsfähigkeit einer ihnen dienstbaren Institution zu erhalten und zu verbessern. Ein prinzipieller Kampf gegen beide Übel, wie ihn die Reformer im Sinne hatten, lag ihnen fern. Daran hinderten sie schon dynastische Bindungen zu den Bischöfen und Äbten.

Sie hofften im Gegenteil ihnen ergebene und verpflichtete deutsche Prälaten auf den Papstthron zu lancieren, um das Heft in der Hand zu behalten und den römischen Augiasstall mit eisernen Besen auszukehren.

Neuere Forschungen zeigen jedoch, daß es so schlimm mit der sprichwörtlichen Versumpfung des Papsttums nicht war. Die sogenannten Adelspäpste aus stadtrömischen Geschlechtern, insonderheit die Tuskulaner, kümmerten sich erfolgreich um die Organisierung ihrer weltlichen Besitzungen. Sie verfluchten auf der Synode zu Pavia 1022 alle Priestersöhne, die sich Kirchengüter aneigneten, ebenso wie beweibte Geistliche. Gleichzeitig drängten sie in Rom die Feudalgewalten zurück, indem sie diese gegeneinander ausspielten und ihre Ränke durchkreuzten. Im römischen Umland, in Latium und der Sabina, warfen sie die gewalttätigen Crescentier nieder, die hier Kirchengüter beschlagnahmt hatten. Nach und nach verfügten sie wieder über das Patrimonium Petri, dem sie einen Verwaltungsorganismus schufen, dessen sich später die Reformpäpste bedienen konnten. Sie fanden in Rom gesicherte Güter und Rechtsansprüche vor, die ihnen für ihre Politik Ausgangsbasen boten. So war die Tätigkeit der Adels- oder Familienpäpste zwischen 1012 und 1046 ein wichtiges Vorspiel für den Aufstieg des erneuerten Papsttums.

Kaiser Heinrich III. hatte 1046 auf der Synode zu Sutri in Italien drei aus einer Wahl hervorgegangene Päpste ab- und einen deutschen Bischof als obersten Kirchenfürsten eingesetzt. Der frühe Tod seines Protegé machte eine neue Kandidatur vonnöten. Die Wahl fiel auf den lothringischen Bischof und Vetter des Kaisers Brun von Toul, der als *Leo IX.* (1049–1054) die cathedra Petri bestieg. In seinem Gefolge befanden sich zwei Männer, die durch ihre Aktivitäten die gesamte Reform bald nachhaltig prägen sollten: der Archidiakon Hildebrand und der Mönch *Humbert*, der zum Kardinalbischof von *Silva Candida* (in Sizilien, 1049–1061) avancierte. Heinrich III. dachte an eine Fortführung der Reform im alten Stil und im engen Kontakt mit seinem Hof. Aber daraus wurde jetzt nichts mehr. Leo und Humbert entstammten jenen lothringischen Reformkreisen, die als ihr höchstes Ziel die Befreiung der Universalkirche von jeder Mitsprache der Laien betrachteten. Für dieses Ziel arbeitete Leo vom ersten Tage seines Pontifikats an unermüdlich und nahm in Kauf, daß er sich damit von den Intentionen seines kaiserlichen Beschützers entfernte. Im Unterschied zu den Tuskulanerpäpsten wandte er sich mit seinen Anliegen nicht mehr nur an die italienischen, sondern an alle Bischöfe der katholischen Welt. Die Tuskulaner hatten in ihren Sendschreiben immer nur von der Schaffung einer Priesterordnung gesprochen, die von der Binde- und Lösegewalt des neutestamentlichen Petrus ausging, an der alle Bischöfe partizipierten. Anders Leo: Er pochte auf den Primat des Apostelfürsten und den Sitz seiner Nachfolger in Rom als Haupt und Mutter aller Kirchen. Er wollte dem römischen Stuhl volle, uneingeschränkte Autorität sichern. Schriftbeweise für diese These bot die sogenannte Konstantinische Schenkung, eine Fälschung aus dem 8. Jh. In dieser »Donatio Constantini« übertrug Kaiser Konstantin (306–337) dem Papst eine Reihe kirchlicher Würden und Rechte, den Kaiserpalast in Rom, die Hoheitszeichen Diadem und Zepter sowie eine genaue Rangordnung für den päpstlichen Hof (curia), die der kaiserlichen entlehnt war. Des weiteren durfte der Papst über die Stadt Rom, alle Provinzen, Festungen und Städte Italiens und der Westgebiete von Byzanz verfügen.

Um die Mitte des 9. Jh. tauchte eine weitere Sammlung auf, die pseudoisidorischen Dekretalen (Verordnungen), die echte und falsche päpstliche Anordnungen, Synodalbeschlüsse, fränkische Reichsgesetze und die Konstantinische Schenkung beinhaltete.

Zweck dieser Fälschung war es, die Suffraganbischöfe (Erzbischöfen untergeordnete) vor den Zugriffen der Erzbischöfe, der Synoden und der weltlichen Fürsten zu schützen. Als ihr Haupt erhielt der Papst zusätzliche Machtbefugnisse wie das

Bestätigungsrecht für alle Beschlüsse von Provinzsynoden und
dás Untersuchungsrecht für alle wichtigen Rechtsfälle. Die
Sammlung enthielt viel Material über das kirchliche Leben, den
hierarchischen Aufbau der Kirche und die geistliche Autonomie gegenüber allen weltlichen Gewalten. »In der Stoffmasse
verschwindet hierokratisches Gedankengut, wie auch weniger
das Problem Kirche und Staat als vielmehr kirchlich-organisato-
rische Strukturen und Bezüge behandelt werden« (H. Fuhrmann).

Leo IX. rezipierte aus dieser Überlieferung die Privilegien
des römischen Stuhles und betonte in allen Dokumenten dessen
Vorrang vor den Landeskirchen. Das Selbstverständnis des Papstes erhielt jetzt in seinem gesamtkirchlichen Verantwortungs-
bewußtsein beredten Ausdruck. Zwei Vorrechte traten deutlich
in den Vordergrund: die Übertragung kaiserlicher Herrschafts-
zeichen und weltlicher Güter, die die Grundlage für den Aufbau eines Kirchenstaates abgaben. Leo IX. stand noch ganz am
Anfang dieser Entwicklung. Er dehnte seinen Primatsanspruch
noch nicht zu der Forderung auf Unterordnung aller Bischöfe
aus, er verlangte noch keine direkte Leitung der Regionalkir-
chen über die Anwesenheit päpstlicher Emissäre. Aber die Weichen waren gestellt. Fünf Jahre nach seinem Tode übergab
Nikolaus II. (1058–1061) den beiden Normannenführern Robert Giuskard (1057–1085) und Richard von Capua
(1058–1078) eine Petrusfahne, die die Lehensverleihung symbolisierte. Damit war der Papst an die Stelle des Kaisers getreten, denn durch seine Fahnenleihe wurden Heeresgewalt und
Herzogtümer übertragen. Nicht zufällig hatte Brun den Namen
Leo gewählt. Er knüpfte mit ihm an einen seiner Vorgänger aus
dem 5. Jh. an, nämlich an Leo I. (440–461). Dieser eröffnete
die eigentliche Reihe der Päpste. Den Ehrentitel papa trugen
ursprünglich im Osten höhere Geistliche, vor allem Bischöfe.
Leo I. nahm ihn 440 ausschließlich für sich und die römische
Kirche in Anspruch. Er hob die Rolle des Petrus als Haupt der
Apostel und der Kirche hervor. Er erklärte, daß Petrus in

seinen Nachfolgern auf Erden gegenwärtig sei und bis ans Ende
der Welt die Kirche leite. Die Bischöfe von Rom seien rechtens
seine Stellvertreter, die vicarii. Ihnen gebühre der Ehrentitel
vicarius Christi. Theologisch war so der römische Primat schon
im 5. Jh. begründet. Mit ihm erfuhr die Stadt Rom eine enorme
Aufwertung. Der Apostelfürst hatte das Haupt des römischen
Weltreiches missioniert und das Licht des Glaubens vom Kopf
auf die Glieder übertragen! Leo I. war es gelungen, durch sein
Wort die wilden Barbaren zu bändigen und Attila und Gei-
serich zum Einlenken zu bewegen. Diese Legende verschaffte
ihm in der Nachwelt den Ruhm eines Helden im päpstlichen
Ornat.

Diesem Manne und seiner Zeit fühlte sich Brun wesensver-
wandt. Auch er wollte die normannischen Barbaren in Süditalien zügeln, aber sein militärisches Abenteuer scheiterte 1053
kläglich bei Civitate. Das hieß, daß man zur Domestizierung
der raubgierigen Nordmänner andere Mittel und Wege suchen
mußte: den Lehenskonnex und die Vasallität. Beides gelang
Nikolaus II., wodurch das Reformpapsttum wehrfähige Bundes-
genossen gewann.

Anders verhielt es sich mit dem Verhältnis zur *Ostkirche.* Zu
ihr existierten seit alters her dogmatische und kultische Differenzen, wie zum Beispiel hinsichtlich des Ausganges des Heiligen
Geistes aus Gottvater allein oder Vater und Sohn zusammen,
des Gebrauches gesäuerten oder ungesäuerten Brotes beim
Abendmahl, der Bilderverehrung und der Priesterehe. Hinter
diesen Zwistigkeiten verbargen sich Entwicklungsunterschiede
der byzantinischen und lateinischen Ökumene, die sich auf
allen Gebieten des Lebens äußerten. Der päpstliche Primatsanspruch machte von vornherein eine Union illusorisch.
Leo IX. bezichtigte die Griechen 1053 mehr als 90 Irrlehren.
1054 erschien Humbert mit einer Gesandtschaft in Konstantinopel, um die Streitpunkte zu klären. Aber der Kardinal war für
ein sachliches Gespräch der denkbar ungeeignetste Partner. Er
legte es auf den Bruch an. So verweigerte er Kaiser Konstan-

tin IX. (1042–1055) und dem Patriarchen Michael Kerullarios (1043–1058) die vorgeschriebene Begrüßung, die Proskynese, bei welcher sich der Eintretende längelang zu Boden werfen mußte. Als ihm darauf der Patriarch bedeutete, er möge bei der Audienz hinter den griechischen Erzbischöfen Platz nehmen, lehnte er diese Sitzordnung entrüstet als Zumutung ab und übergab ihm ein Papstschreiben, in welchem die Vorrangstellung Roms apodiktisch dargelegt wurde. Am 16. Juli 1054 kam es darauf in der Hauptkirche der Stadt, in der Hagia Sophia, zum Eklat. Humbert warf Kerullarios die Bannbulle vor die Füße und rief mit lauter Stimme aus, wer Glauben und Disziplin des Heiligen römischen und apostolischen Stuhles widerspräche, der gelte nicht als rechter Christ, sondern als Ketzer und sei als solcher verflucht. In einem Brief an Konstantin IX. belehrte er den Basileus (griechischer Kaiser), daß es die römische Kirche gewesen sei, die ihn mit dem Diadem irdischer Herrschaft geschmückt und mit dem Salböl (Chrisma) der Gotteskindschaft gesalbt habe. Er als Nachfolger des großen Konstantin nach Geburt und Namen solle das, was dieser dem römischen Papst geschenkt, bekräftigt und verteidigt habe, zurückgewinnen, zurückerhalten und verteidigen helfen. Der römische Kaiser Heinrich III. wirke dafür in seinem Bereich, ihm, Konstantin, fiele die Aufgabe zu, im Osten das Seine zu tun, so daß zwei Arme dem Papst dienstbar wären.

Solche Worte klangen in den Ohren der Byzantiner wie eine Blasphemie, denn in Ostrom galt der Kaiser als Geistträger und stand auf einer Stufe mit dem Priester. Der Basileus stand nicht in, sondern über der Kirche. Die Idee einer Zweigewaltenlehre war hier undenkbar und die Kaisermacht in der Kirche ein Element kirchlicher Tradition, d. h. eine Art Glaubensgut (H.-G. Beck). An diesem Punkt stießen sich die Meinungen hart im Raum. Die lateinischen Reformtheologen vermochten solche Ansichten und Praktiken nur als Häresie einzustufen. Wenn es zur Glaubensspaltung, zum Schisma, kam, dann lastete für sie die volle Verantwortung auf den Griechen. Jetzt wurde auch das Bild vom perfiden, treulosen Griechen im Westen zum Klischee. Der französische Abt Guibert von Nogent (1104–1124) schrieb 1108 in seinem Buch »Gottestaten der Franzosen«, daß zu Zeiten des großen Konstantin der Glaube der Ostchristen einwandfrei gewesen wäre, dann aber hätten sie sich in einem Labyrinth von Irrtümern verrannt und die Schriften von Häretikern weiterstudiert, die im Westen längst verdammt und verbrannt worden seien. Die Verluste von Ländereien an die Araber seien dafür nur eine gerechte Strafe gewesen. Sie selbst seien zum Vieh geworden und durch Mohammed in das Heidentum zurückgefallen. Für die Lateiner, vor allem aber die Franzosen, stand von nun an die Reinigung der Ostkirche unter päpstlicher Führung auf der Tagesordnung. Um dieser heiligen Pflicht nachkommen zu können, mußte zuvor die katholische Kirche regeneriert und diszipliniert werden, denn ohne Reform konnte sie die Union nicht erreichen. *Humbert* erarbeitete für diese Erneuerung ein *Programm*, das an Kühnheit der Gedanken und der praktischen Konsequenzen nichts zu wünschen übriglieẞ.

Er befragte zu diesem Zwecke die Rechtsquellen, die Kanonessammlungen. Sie enthielten Konzilsbeschlüsse und Dekretalen, die nach systematischen Prinzipien gruppiert waren, wobei aber ursprüngliche Zusammenhänge verlorengingen und Material aus anderen Quellen, wie Bußbüchern, einfloß. Die Reformer stellten stets die Frage, was für die römische Kirche rechtens gewesen sei. Die Antwort lautete in der Regel einhellig: was die römischen Bischöfe verfügten und allgemeine Synoden legalisierten. Am Anfang der konzeptionellen Arbeit stand die 74-Titel-Sammlung »Lehrsätze verschiedener Väter«, die Humbert zum Autor haben dürfte und vielleicht noch zu Lebzeiten Leos IX. zusammengestellt wurde. In ihr kamen in erster Linie römische Autoritäten zu Worte, die die Rechte der Kirche vorwiegend auf päpstliche Dekrete zurückführten. Der Verfasser der »Lehrsätze« zeichnete das Ideal einer streng hierarchisierten Kirche mit einem starken Papst an der Spitze. Das Altarsakrament mußte für den Beweis herhalten, daß schon im Alten Bund eine Hierarchie vorgebildet gewesen sei, die dann im Neuen Testament ihre Fortsetzung gefunden habe. Deutlich ist das Bemühen, die Kirche nur auf die Geistlichkeit, nicht auch auf die Laien zu beziehen und Kleriker und Laien einander gegenüberzustellen. Humbert interpretierte die pseudoisidorischen Texte in einer Weise um, daß die gesamte Kirche dem Schutz und Schirm des Papstes anheimfiel, wodurch sich die Rechtsansprüche Roms gewaltig ausdehnten. Der Papst, nicht die Bischöfe, wachte über das Wohl und Wehe der Christenheit. Die Christenheit (christianitas) basierte auf dem rechten, vom Papst definierten Glauben, der Vaterschaft Christi und der Mutterschaft der Kirche. Weil der Hirt über der Herde stand, mußte die Christenheit von Priestern gelenkt und organisiert werden. Für Humbert verhielten sich Staat und Kirche zueinander wie Leib und Seele, Mond und Sonne, Glieder und Haupt. Die beiden Kaiser des Ostens und Westens degradierten zu Armen des Papstes. Sache der Herrscher sei es, den Priestern zu folgen, so wie das Volk den Königen gehorche. Ohne Gottes Stimme sinke die weltliche Gewalt in die Sphäre des Satans ab. Der Fürst empfange das Schwert durch die Priester Christi, um Kirche und Gläubige damit schützen zu können. In seinen »Drei Büchern wider die Simonisten« von 1057 diskutierte er den Fall, was zu geschehen habe, wenn sich die Fürsten der Reform sperrten und ihre Verpflichtungen gegenüber der Kirche verletzten. Seine Auskunft: Dann muß das Volk aufgerufen werden, um sie dazu mit Gewalt zu zwingen! »Für den Fall, daß sie trotz Ermahnung nicht dafür sorgen, den Schlechten zu widerstehen, dann soll das Volk Gewalt anwenden ... Wenn sie sich uns auf dem Pfad des geistigen Vaters in den Weg stellen, dann müssen wir sie hassen und fliehen.«[1]

Sein Kampf gegen die Simonisten richtete sich gegen den Laieneinfluß in der Kirche. Die Laien sollten in ihr nichts mehr zu sagen haben, weshalb er auch die Investitur, das heißt die Einsetzung von Personen in kirchliche Ämter durch Herrscher, selbst dann als Simonie und Ketzerei brandmarkte, wenn sie ohne Vergütung und Geschenke erfolgte.

Für ihn stürzte Laieninvestitur die göttliche Ordnung um, stellte sie auf den Kopf, weil sie den Vorrang des Geistlichen mißachtete. Freiheit für die Kirche bedeutete Herrschaft über die Welt. So wenig ein Simonist Bischof sein könne, so wenig dürfe ein vom König ernannter Kleriker als Bischof gelten. Beide seien Ketzer! Sie beleidigten die geistdurchdrungene Kirche, weil sie diese in ihrer Autonomie einschränkten. Die Geistkirche weiht den Priester und ermöglicht durch ihn die Ausschüttung des Geistes. Die Wirkung des Geistes erstreckt sich dann bis auf die Kirchengüter, also in die materielle Sphäre, keineswegs nur auf Personen. Deutlich wird auch hier die Trennung zwischen Geistlichem und Laien. Der Kirche fällt die Aufgabe zu, sich dem Heiligen Geist entgegenzubilden, sich für ihn aufnahmebereit zu machen, um der Welt überlegen zu werden, sie zu beherrschen. In diesen Argumenten spiegelte sich ein Trinitätsverständnis wider, nach dem allein der Heilige Geist als Mittler zwischen der himmlischen und irdischen Sphäre wirken konnte (H. Hoesch). Wichtiger für die Zukunft scheint aber der moralische Rigorismus Humberts geworden zu sein, der die Sakramentsspendung vom persönlichen Verhalten der Priester abhängig machte und den Antiklerikalismus der Laien in Stadt und Land ungewollt anheizte. Hier klaffte in der Argumentation Humberts ein latenter Widerspruch, denn sein Ausgangspunkt war die Überhöhung der priesterlichen Würde, die Exaltierung ihrer Stellung im Sozialgefüge der feudalen Welt. Die folgenden Jahre zeigten die Problematik des Humbertschen Extremismus im Kampf um die hierarchisierte und zentralisierte Kirche und den Zwang der Reformer zu Korrekturen und Zugeständnissen. Ein Zeitgenosse Humberts, Petrus Damiani, äußerte sich weit vorsichtiger und realistischer als der Kardinal, wenn er beschwichtigend schrieb, daß es den Simonisten nicht wie dem biblischen Simon Magus um den Kauf des Heiligen Geistes, sondern um den Erwerb einträglicher Pfründe gehe und sie sich deshalb auch nicht vom Glauben entfernten und mithin keine Ketzer wären. Daher plädierte er für die Wirksamkeit der von ihnen gespendeten Sakramente und verurteilte die Patariner.

Insgesamt aber waren die Grundprinzipien des Reformprogramms schon ausgearbeitet, als im Juni 1073 der »heilige Satan« (Petrus Damiani) *Gregor VII.* den Papstthron bestieg. Über seine Herkunft schweigen sich die Quellen aus. Seine kirchliche Laufbahn begann er als Kanoniker Hildebrand in Rom an der Kirche des heiligen Johannes. Während seines Exils mit Papst Gregor VI. (1045–1046) legte er in Cluny die Mönchsprofeß ab, ohne daß er dadurch enger an die monastische Lebensform herangeführt worden wäre. Sein Interesse galt in erster Linie der »heroischen« Vergangenheit des Papsttums. So wie sich Leo IX. Leo I. zum Vorbild nahm, so bewunderte er Gregor I. (590–604), den eigentlichen Begründer der weltlichen Macht des Papsttums in Italien, der die ersten Bausteine zum Kirchenstaat gelegt und die »Erbgüter« des heiligen Petrus (Patrimonien) klug verwaltet hatte. Er führte den Titel »Knecht der Knechte Gottes« (servus servorum Dei) für die Päpste ein und propagierte die Erneuerung des Menschen durch Befreiung aus geistiger und leiblicher Knechtschaft. Er verstand unter Reform die Wiederherstellung von Recht und Eigentum religiöser Individuen und Gruppen, nicht der Kirche als solcher. Das unterschied ihn von seinem Bewunderer.

Gregor VII. verband den Erneuerungsgedanken mit der Kircheninstitution, nicht mit Personen. Das bedeutete eine schwerwiegende Umfunktionierung des tradierten Reformanliegens. Andererseits fühlte er sich aber als Erbe und Vollender seines fernen Vorgängers, denn gerade dieser hatte die römischen Primatsansprüche kompromißlos gegen den byzantinischen Patriarchen Johannes IV. (582–595) verfochten. Gregor VII. bediente sich seiner Terminologie, wenn er Petrus von den anderen Aposteln als Fürst absetzte. Er betonte seine Stellvertreterfunktion und die Nachfolge Petri kraft des Erbrechtes der Bischöfe von

Rom. Sukzession und Vikariat (Stellvertreterschaft) dienten ihm als Nachweis für die Rechtmäßigkeit päpstlicher Ansprüche. Petrus und die römische Kirche bildeten für ihn eine Einheit. Den Primat dehnte er auf die Welt aus: Petrus ist der Herr der Welt! Er spricht und handelt durch Gregor, dem er Heiligkeit verliehen hatte. Von ihm ging wahre Freiheit aus. Je näher ein Christ dem Papste stand, um so größer war dann seine Freiheit. Höchste Freiheit erwarb sich der, der bedingungslos Rom gehorchte. Das bedeutete, daß nunmehr auch für Bischöfe Gehorsam zum obersten Gebot aufrückte und ihre Beziehungen zum Papst bestimmte. Ungehorsam beraubte jeden Geistlichen seiner Autorität. Grimmig schrieb 1074 der adelsstolze Erzbischof Liemar von Bremen (1072–1101) nach seiner Suspendierung: »Dieser gefährliche Mensch möchte Bischöfe wie Haushälter herumkommandieren. Und wenn sie nicht sogleich alle seine Forderungen erfüllen, dann zitiert er sie nach Rom oder suspendiert sie ohne Gerichtsverfahren.«[2]

Nicht weniger anstößig erschien den selbstbewußten Prälaten die Legateninstitution, die Gregor zur Überwachung der Regional- und Reichskirchen einführte. Die Präsenz der päpstlichen Gesandten (Legaten) wurde seither zur Regel. Papstgehorsam war Gottesgehorsam, Ungehorsam Götzendienst. Weigerte sich jemand, dem Papst die nötige Reverenz zu erweisen, dann trennte er sich von Petrus und der Kirche. Ketzerei definierte Gregor als Mangel an Gehorsam, wahren Glauben als widerspruchslose Unterwerfung unter Rom. Damit rückten Gehorsam und Primat zu einem Dogma auf, das die Rechtgläubigkeit definierte.

Bekanntlich fixierte Gregor seine Maximen in dem berühmten »Dictatus Papae«, der aus 27 knappen, thesenartigen Sätzen (Sentenzen) besteht und höchstwahrscheinlich nicht erst 1075, sondern bereits zu Beginn seines Pontifikats entstand (H. Mordek). Darin verkündete er, daß der Papst Herr der Universalkirche und der Welt sei. Er stehe unter dem besonderen Schutz des heiligen Petrus, der die Irrtumslosigkeit der römischen Kirche garantiere. Daraus resultierten dann alle anderen Forderungen: Ein- und Absetzbarkeit von Bischöfen, Fürsten und Königen, Tragen kaiserlicher Insignien, Fußkuß des Kaisers. Die Nachahmung kaiserlicher Symbolik zeigte augenfällig den Machtanspruch der Gregorianer, d. h. der radikalen, kompromißlosen Reformer.

Seit 1059 trugen die Päpste die Tiara (mützenförmige Kopfbedeckung orientalischer Despoten) mit einer Krone, hinzu kamen rote Purpurschuhe, Ring, Standarten und Krönungsfeiern. Hinter dem Anspruch, daß nur dem Stellvertreter Christi (Vicarius Christi) kaiserliche Insignien zuständen, verbarg sich die Überzeugung, daß der Papst den deutschen Königen mit der Kaiserkrönung eine Gnade erwies, weil er ihnen etwas verlieh, was ihm allein gebührte. In dieser »imitatio Imperii« deutete sich eine neue Sicht des antiken Roms an. Erzbischof Alfanus von Salerno (1058–1085) feierte Gregor in einer Ode als wiedererstandenen Marius und Caesar, der durch die Gewalt des Wortes erreichte, was die Alten nur durch den Tod Tausender tapferer Männer zuwege gebracht hatten:
»Schuldet Rom nicht dir mehr als
den Scipionen und den anderen Quiriten,
da es durch deinen Eifer die legale
Anerkennung seiner Macht erreicht hat?«[3]

Rom ist nicht mehr der Heiden- und Dämonenpfuhl, sondern der große Gesetzgeber und Initiator kaiserlicher Universalgewalt, der die Bahnen zur christlichen Weltherrschaft ebnete und vorzeichnete. Abt Desiderius von Monte Cassino (1057–1087) und Alfanus schmückten ihre Kirchen mit Mosaiken, Skulpturen und Bildern, die an das »Goldene Zeitalter« der Päpste, von Silvester bis Gregor I., erinnerten und das antike und das christliche Rom künstlerisch vereinten und wiedererweckten. Die Hinwendung zum konstantinischen und nachkonstantinischen, nicht aber dem apostolischen Zeitalter ist ganz offensichtlich. Der Abstand zur Urkirche, deren Wiederkunft Laien und Kleriker ersehnten und darin das Anliegen der Reform erblickten, war schockierend. Stimmen wurden laut, daß Gregor nicht mehr zwischen Rom und der Kirche unterscheide, wodurch babylonische Zustände einrissen. Der Mönch Sigebert von Gembloux (1030–1112) bemerkte voller Enttäuschung, daß er bisher der Meinung gewesen sei, Petrus habe in seinem Brief (1 Petr. 5, 13) nur das alte Rom in seinem verbrecherischen Heidentum charakterisiert. Nunmehr müsse er leider annehmen, daß er in prophetischer Schau keineswegs nur das antike, sondern ebenso das gegenwärtige Rom gemeint habe. Immer noch sei die Kirche in Babylon versammelt, nur daß sie sich jetzt im Gegensatz zur Ära der Apostel mit dem Heidentum und den Lastern ihrer Umgebung identifiziere. Schuld daran trügen die Gregorianer. Ihm und vielen konservativen Kreisen war das Gebaren des päpstlichen Hofes, der Kurie, mit seinen Kardinälen, Legaten, Diakonen und Ökonomen unheimlich. Vor allem der wachsende Einsatz von Geld für die römische Politik stieß auf Unverständnis und Ablehnung. Gregor hatte schon als Archidiakon nach 1059 aktiv in die päpstliche Finanzverwaltung eingegriffen und den Lehenssteuern seine Aufmerksamkeit gewidmet. Mit der Eroberung Englands 1066 durch die Normannen gewann der Peterspfennig, eine jährliche Zahlung als freiwillige Steuer, an Gewicht. Hinzu kamen Abgaben neu inthronisierter Prälaten und Taxen aller Art. Die Bischofsweihe dürfte die Hälfte eines Jahreseinkommens des frischgebackenen Diözesanherren verschlungen haben. Wichtige Einnahmequellen bildeten Renten aus dem Patrimonium sowie Zinszahlungen der Rom unterstellten Klöster. Das förderte den Geldumlauf und modernisierte die Verwaltung, durchbrach die naturalwirtschaftlichen Schranken feudaler Administration. In der Finanzgebarung wurde das Reformpapsttum zum Lehrmeister der europäischen Monarchien. Das verbreitete zwangsläufig die Kluft zu den einfachen Gläubigen, die von einer armen Kirche träumten. Was viele dachten, sprach Ende des 11. Jh. ein anonymer normannischer Priestersohn aus:

»Vom Euter der römischen Frömmigkeit
hat noch niemand getrunken, der seinen
Geldbeutel verschloß.
Das ist der größte Schmerz: daß der
allmächtige Mammon
in Rom mehr gilt als die Richtschnur des
heiligen Rechts.«[4]

Kritik und Satire übersahen dabei, daß Zentralisation,
Reorganisation und Wiedergewinnung verlorengegangener
Rechte einer soliden finanziellen Basis bedurften, daß eine institutionalisierte Kirche nicht mit frommen Gebeten und
Wünschen geleitet werden konnte, sondern nur mit einem funktionsfähigen Verwaltungsapparat. Die Gregorianer nahmen
diese Aufgabe erfolgreich in Angriff, ohne Rücksicht auf die
wachsende Gefahr der Entfremdung von den breiten Schichten,
die sich am Evangelium aufrichteten. Dennoch vermochte die
feudale Machtkirche der Mithilfe von breiten Volksschichten
nicht zu entbehren. Gerade mit der Aktivierung der Laien
wollte sie die Hierarchisierung vorantreiben, obwohl diese
unter Reform zumeist etwas ganz anderes verstanden als die
Päpste, die den Gläubigen jedes Mitspracherecht in Kirchenan-
gelegenheiten verwehrten.

Gregor VII. konzentrierte sich in seinen Angriffen wie Humbert auf die Simonie. Er ordnete Simonisten dem Teufelsreich
zu. Simonie galt ihm als das schlimmste Gebrechen seiner Zeit.
Simonisten verrieten die Kirche, das Gottesreich und den heiligen Petrus. Ihre Sakramentsspendung war nichts weiter als Gotteslästerung. Genauso wie die Nikolaïten hatten sie die göttliche Gnadenspendung verwirkt und waren zu Gliedern des Antichrists geworden. Zu ihnen rechnete er auch Fürsten und Könige. Menschlicher Hochmut hatte sie in ihre Würden gehoben,
und das zu einer Zeit, als sie noch Heiden waren und Gott nicht
erkannten. Christliche Herrscher waren demgegenüber Werkzeuge göttlicher Macht. Verwandelten sie sich jedoch in Tyrannen, dann brach erneut der diabolische Ursprung weltlicher

Macht durch, und ihre Vertreter erwiesen sich als Gesellen des Antichrists. Für Gregor inspirierten die Dämonen Gewaltanwendung von Menschen über Menschen ohne göttliche Legitimation. »Natürlich werden alle Könige und Fürsten dieser Welt, die nicht fromm leben, von Dämonen beherrscht und gehen in elender Knechtschaft zugrunde.«[5] Daß die menschliche Macht teuflischen Ursprungs war, galt Gregor als unumstößliche Tatsache, bildete ein theoretisches Fundament seines Denkens und Handelns. Nur Christus habe ihr Wert geben können. Entfernt sich aber ein Herrscher von ihm und seinem irdischen Nachfolger, dann verfiel er dem Satan, von dem ihn der Priester erst durch die Weihe hatte loskaufen können. Unter solchen Umständen mußte die Laieninvestitur zu einer Pervertierung göttlicher Ordnung werden und dem Antichrist und seinem Reich dienen.

Der hier uns entgegentretende augustinische Dualismus hatte aber nichts mit Manichäismus zu tun, sondern er diente Gregor zur theologischen Begründung seines theokratischen Universalismus. Er gestattete die Exaltierung des römischen Papsttums. 1080 verkündete er auf einer Synode den zweiten Bannstrahl gegen den deutschen König Heinrich IV. mit folgenden Worten: »Erfahren sollen jetzt die Könige und alle Fürsten der Welt, wie hoch ihr steht (die Priester, E. W.), was ihr vermögt, und sich fürchten, den Befehl eurer Kirche geringzuachten.«[6] Gegen Rom Ungehorsame und alle Simonisten rief Gregor das Volk zum Kampfe auf, zum Streit für die reine Kirche und das Gottesreich. Dabei muß man sich aber vergegenwärtigen, daß er sich an die führenden Gruppen, etwa die Valvassoren, nicht an den »Pöbel« wandte, daß er weit davon entfernt war, etwa die Sozial- und Klassenordnung zu stören. Das hätte außerhalb des Horizonts seines Herrenchristentums gelegen. Religiöse Autorität entsprang aber für ihn nicht mehr aus Adel und Geschlecht, sondern aus Liebe zu Christus und seinem Vicarius auf Erden. Jedes Mittel war ihm recht, um seine Ziele zu erreichen. Die Tumulte der Pataria segnete er ab und drückte in

Florenz beide Augen zu, als die wild gewordenen vallombrosa-
nischen Mönche ihren Bischof Petrus Mezzabarba von Pavia
»bestreikten« und zu Fall brachten. Wie in Mailand nahm er
die randalierenden Haufen, die Kirchen profanierten und
Priester davonjagten, gegen Petrus Damiani in Schutz, der dieses Treiben mit scharfen Worten verurteilte. Männern wie Gregor dienten sie als Manövriermasse und Drohmittel gegen unbotmäßige Geistliche. Sigebert von Gembloux hielt ihm vor,
daß das Volk doch nur darauf warte, sein Mütchen an den Klerikern zu kühlen und sie auf offener Straße zu verhöhnen, ihrer
Habe zu berauben und sie aus ihren Pfarreien zu verjagen. So
mancher Simonist habe seine Verfehlung mit seinem Leben
oder mit Verstümmelung gebüßt.

Mochte Sigebert auch übertreiben, der latente Antiklerikalismus erhielt zweifelsohne unter Gregor kräftigen Auftrieb. Der
Papst ging dennoch das Risiko ein, um die Widerspenstigen zur
Räson zu bringen. Oft und gern zitierte er den alttestamentlichen Propheten Jeremias 48, 10: »Verflucht sei der Mensch,
der sein Schwert daran hindert, Blut zu vergießen.«[7] Bischof
Anselm II. von Lucca (1073–1086) rechtfertigte unverhohlen
die Kriegführung der Kirche. Ihre Feinde müßten bis zur völligen Vernichtung bekämpft werden. Man dürfe sie ausplündern
und töten. Den Gregorianern sei es erlaubt, Waffen zu tragen,
weil sie die geheiligte Kirche verteidigten und darauf achteten,
daß aller Besitz auf Erden den Gerechten zufalle. Ein un-
bekannter Hersfelder Mönch hörte von der Verkündung der
Gregorianer in Deutschland, daß es Glaubenssache und religiöse Pflicht sei, alle jene, die mit dem gebannten König Heinrich IV. verkehrten oder ihm halfen, zu töten und zu verfolgen.
Gregor war bestrebt, den kleinen Adel für kirchliche Vasallendienste zu gewinnen und ihn an den heiligen Petrus zu binden.
Gleichzeitig sollte er seine Lehensverpflichtungen gegenüber
den Monarchen in Frankreich und Deutschland aufkündigen.
Er begründete den Frontenwechsel mit der obersten Pflicht
eines Kriegers, die Kirche zu verteidigen. Nur so könne er der

Erlösung teilhaftig werden. Nur im Dienste des heiligen Petrus könne der »Stand der Krieger« (ordo pugnatorum) seine Existenzberechtigung nachweisen. Der fanatische Anhänger Gregors und Märtyrer, Bonizo von Sutri (um 1045 – um 1094), definierte die Funktion der Laien als Verteidiger des Papsttums, als Unterdrücker aller Feinde und Störenfriede der göttlichen Ordnung. Nicht die Flucht in die Klöster rette ihre Seelen, sondern der Dienst in der Welt für den heiligen Petrus.

Durch die Gregorianer erhielt die Religiosität des Feudaladels einen betont kriegerischen Zug, und der Kreuzzugsgedanke feierte schon unter Gregor Urständ. Der Papst dachte bereits 1074 an ein bewaffnetes Unternehmen gegen die Seldschuken zur Unterstützung der Griechen. Er wollte im Dezember dieses Jahres an der Spitze eines Heeres zur Befreiung des Heiligen Grabes aufbrechen. 50 000 Mann ständen in Italien bereit, die, »wenn sie mich für das Unternehmen als Führer und Papst gewinnen sollten, mit gewaffneter Hand gegen die Feinde Gottes aufbrechen und bis zum Grab des Heilands unter meiner Leitung gelangen wollen«[8]. Der Zug sollte der Einigung der Ostchristen unter dem Apostolat Petri dienen, d. h. das Schisma von 1054 wieder rückgängig machen und den römischen Primat bei Griechen und Armeniern durchsetzen. Gregor begnügte sich keineswegs nur mit Vasallenaufgeboten, sondern er finanzierte und organisierte auch Söldnertruppen, denen er als »Soldaten des heiligen Petrus« den Charakter von Glaubensstreitern verlieh. Er schonte dabei weder Mittel noch Mühen.

Das rief dann doch in seiner Umgebung ernste Bedenken hervor. 1082 versammelte sich der Klerus von Rom und faßte den einmütigen Beschluß, die Kirchengüter keinesfalls für kriegerische Zwecke verwenden zu lassen. Sie dürften allein für Almosen, Gefangenenloskauf und kultische Aufwendungen herangezogen werden. Insgesamt sahen die gemäßigten Reformer voller Sorge auf die allgemeine Verwilderung des religiösen Lebens. Mord und Totschlag erfreuten sich päpstlicher Billi-

gung, galten gar als Gottesdienst, wie der deutsche Magister
Manegold von Lautenbach (um 1045 – um 1109) seinem
Publikum versicherte. Erzbischof Wibert von Ravenna, der
kaiserliche Gegenpapst Clemens III. (1080–1100), vertrat als
Haupt der Opponenten eine prononcierte Friedenspolitik:
»Der Christ soll nicht den Krieg bringen und lieber Unrecht leiden als es rächen. Nichts derartiges tat Christus oder irgendein
Heiliger.«[9] Ebenso verwarf er Gewaltanwendung gegen simonistische Priester und beharrte auf der Gültigkeit der von
ihnen gespendeten Sakramente. Selbst den radikalsten Gregorianern blieb es schließlich nicht verborgen, daß der kompro-
mißlose Kampf gegen den sündigen Klerus Schleusen öffnete,
die den angestauten Antiklerikalismus freisetzten, der die gesamte hierarchische Ordnung in Frage stellte. Die Laien
mieden die Sakramente, weil sie fürchteten, diese aus der Hand
eines Simonisten zu empfangen, was ihnen nur schaden könnte.
Die »teuflische Legion« (diabolica legio – Petrus Damiani),
die Simonisten und Nikolaïten, war überall gegenwärtig, weil
die Versuchung aus allen Ecken und Winkeln ihr Haupt erhob.
Sie gefährdete in erster Linie die einzeln wohnenden Priester,
die sich auf Straßen und Marktplätzen bewegten, sich um das
Treiben in Dörfern und Städten kümmerten und dem weiblichen Geschlecht offene und verstohlene Blicke zuwarfen.
»Rasch stellt dann der böse Geist seine Schlingen.«[10]

Dagegen gab es nach Petrus Damiani nur ein Heilmittel: das
gemeinsame Leben der Kleriker.

Die Forderung war nicht neu. Wir begegneten ihr bereits bei
dem Patariaführer Ariald. Sie reichte jedoch bis weit in die alte
Kirche zurück. Bischof Eusebius von Vercelli († 371) hatte als
erster Prälat das gemeinsame Leben seiner Kleriker eingeführt.
Augustin (354–430) lebte ebenfalls mit den Geistlichen seiner
Bischofsstadt unter einem Dach, ohne daß er dieser Gemeinschaft aber eine Regel gab. Erst in der Karolingerzeit fand die
vita canonica, die dem Mönchtum nachgebildete Lebensform
der Weltgeistlichkeit, Beachtung und Förderung. Bischof Chro-

degang von Metz († 766) arbeitete für seinen Domklerus eine Regel aus, die er konsequent durchsetzte. Die Bischofssynode von Aachen 816 übernahm die wesentlichsten Bestimmungen Chrodegangs und erklärte sie für das Reich für verbindlich. Hauptelemente der »Kanonikereinrichtung« (Institutio canonicorum) waren Gottesdienst (Messe und Chorgesang), Lesung der Bibel und der Regel beim Kapitel sowie Wohngemeinschaft. Verzicht auf Privateigentum wurde nicht verlangt. Im 10. Jh. geriet die vita canonica bei der allgemeinen Verwilderung des Klerus und der Dominanz des Eigenkirchenwesens in Vergessenheit. In der ersten Hälfte des 11. Jh. besannen sich die Reformer aller Schattierungen wieder auf sie. Spontane Vereinigungen von Eremiten und Pfarrern entstanden, die sich am Ideal der Urkirche und der Augustin zugeschriebenen Aachener Regel orientierten. In der Stiftungsurkunde einer solchen Gruppe von drei Priestern, einem Kleriker und einem Einsiedler bei Lucca 1044 lesen wir: »Weil wir sehen, daß das Böse in der Welt tagtäglich zunimmt und der Untergang der Welt überall vernehmbar ist, fassen wir einstimmig den Beschluß, dem Durcheinander dieser Zeit zu entfliehen und weit ab von den Weltmenschen in Abgeschiedenheit, an einem unwegsamen Orte und inmitten des Gebirges bei der genannten Kapelle gemeinsam zu leben und hier Gott in Gehorsam zu dienen, auf daß er uns in seiner gewohnten Barmherzigkeit dorthin zurückkehren lasse, von wo unser Stammvater wegen sträflichen Ungehorsams vertrieben wurde.«[11]

Das Motiv der Weltflucht und der Armut demonstriert den neuen Geist des Jahrhunderts. Vita canonica bedeutete apostolisches Leben, vita apostolica. Gregor VII. erkannte sehr früh den großen Wert dieser Bewegung für die reformierte Kirche. Er begriff, daß sie ein beachtliches Potential zur Massenbeeinflussung enthielt, das der römischen Kurie recht hilfreich sein konnte. Die individualisierte Armutspraxis geistlicher Personen neutralisierte die provozierenden Rufe nach einer armen Kirche. Deshalb opponierte er schon als Archidiakon 1059 scharf gegen die Bestimmungen der Aachener Regel, die Eigentum zuließ. Er sprach vom Laster des Eigenbesitzes und kritisierte auskömmliche Speiserationen. Sarkastisch meinte er, daß die Mengen wohl mehr für gefräßige Kyklopen denn mäßige Christen, mehr für Matrosen denn Kanoniker gedacht seien. Auf der Synode, auf der er auftrat, drang er jedoch mit seiner Forderung nach individueller Armut der Kanoniker nicht durch, sondern die Bischöfe beschlossen gemeinsames Leben und gemeinsame Nutzung der Güter, nicht aber Verzicht auf persönliche Habe. Das unterschiedliche Herangehen an die Organisation der Gemeinschaft zeigt das Bemühen der Bischöfe, die Kanonikerreform in eigene Regie zu nehmen. Sie sollte ihnen helfen, ihre Autorität in den Diözesen zu heben, Schenkungen von seiten des Adels zu stimulieren und die Kanonikate ihrer Jurisdiktion fest einzugliedern. Im Gegensatz zu den Klöstern, die sich der Diözesengewalt mit Hilfe der »römischen Freiheit« zu entziehen versuchten, fügten sich die Kanonikate der hierarchischen Ordnung fest ein. Die Konsolidierung der bischöflichen Machtstrukturen (Episkopalismus) im 12. Jh. basierte auf der Kanonie, die damals feste Konturen annahm, während sie 100 Jahre zuvor noch vielfältige Formen spontaner Versuche aufwies. Dennoch gehörte sie eindeutig zum Gregorianismus, zum Aufbau einer funktionsfähigen Hierarchie, die nach ihrer Festigung alles daransetzte, um die außer Kontrolle geratenen Laienbewegungen wieder in ihre Schranken und Grenzen zu verweisen.

Bei Bischofswahlen sollten nicht nur der König, sondern insgesamt die Laien ausgeschaltet werden. Ihnen verblieb nur noch die Zustimmung. Zu Hauptakteuren avancierten nunmehr die Kanoniker. C. W. Bynum glaubt, daß sie aus einem neuen Verantwortungsgefühl für den Nächsten, verbunden mit individueller Gottessuche, Seelsorge betrieben hätten. Sie übersieht die gezielten Reformmaßnahmen zur Effektivierung der Seelsorge, die Integration des Weltklerus in die hierarchisierte Machtkirche. Seelsorge beinhaltete Technik und Methode religiöser Kommunikation zwischen Kirche und Laien. Seelsorge war ein Kontrollmittel über die vita religiosa der Gläubigen, ein Regulator religiösen Laienbewußtseins. Zugleich paßte sich Seelsorge in ihrer Menschenführung sozialen Wandlungen an, versuchte sie im kirchlichen Sinne zu motivieren und gegebenenfalls zu manipulieren.

Bevölkerungsanstieg und städtische Wiedergeburt verlangten neue Methoden, neue Überlegungen, neue Ideale. So sah sich zum Beispiel das Reformpapsttum in seinen Patrimonien in der Sabina und in Latium schon in der zweiten Hälfte des 11. Jh. mit einer demographischen Ausuferung konfrontiert, der es nicht nur in der Verfemung von Priesterehen und Konkubinaten, sondern nicht weniger durch Heiratsbeschränkungen für Laien Herr zu werden versuchte. Es vermittelte etwa den Ledigen ein neues Idol, das die Seelsorger als nachahmenswert propagierten: die Enthaltsamkeit, das castimonium, das mit der Ehe, dem matrimonium, gleichgestellt wurde. Vor allem aber wagten die Kanoniker seit 1100 den Gang in die Städte. K. Bosl zeigte, daß sie nicht in den alten Stadtkernen predigten und Messe lasen, sondern in den Vorstädten, den Vierteln der Handwerker und Händler, wo man neue Fragen aufwarf. Hier bietet sich eine gewisse Parallele zu den Bettelorden des 13. Jh. an. Die Kanoniker oder Chorherren beschickten noch Stadt und Land, konzentrierten sich nicht auf eine Sphäre. Sie wollten alle Menschen, alle sozialen Schichten und Klassen ansprechen, in alle Lebensbereiche eindringen.

Sie lösten in Organisation und Seelsorge das cluniacensische Mönchtum ab, das durch Liturgie und Totenpflege die Gläubigen in seinen Bann gezogen hatte, intensivierten über die Seelsorge den Einfluß auf das Volk und dehnten ihn auf alle religiösen Bereiche aus. Die Kanonikate bildeten Pfarrzentren, die sich Reisender und Pilger annahmen und Kranke in ihren städtischen Spitälern versorgten. Kurzum, die »geläuterten« und »regulierten« Weltpriester bildeten das Ergebnis der innerkirchlichen Reform, die in ihrer radikalen wie liberalen Ausrich-

tung Geistliche vor Augen hatte, die willige und billige Instru-
mente der römischen Kirche waren und auf Resonanz unter den
Laien hoffen durften. Der »regulierte« Priester rückte in der
katholischen Christenheit zu dem beherrschenden ordo, dem ersten Stand, auf. Der Laie geriet ganz ins Hintertreffen. In kuria-
len Kreisen kursierte im 13. Jh. das Wort vom »Gott-Papst«
(Papa-Deus) und der Satz: »Wenn der rechtmäßig gewählte
Fürst auf Erden Gott ist, um wieviel mehr dann erst der Papst!
. . . Wenn er nicht gegen den Glauben handelt, dann darf er tun,
was ihm gut dünkt.«[12] Man empfand die Laien in der Kirche
geradezu als überflüssige Störenfriede. Scherzhaft hieß es:
»Das Leben der Laien ist für die Kleriker eine Plage, ihr Tod
ein Trost.«

Natürlich ging es hierbei um Übertreibungen, die aber sehr
drastisch zum Ausdruck brachten, daß man das Mitspracherecht der Laien in der Kirche bestritt und ihnen nach dem Sieg
der Reformer die Tür vor der Nase zuschlug. Der Mailänder
Abt Uberto umriß in einer nach 1129 konzipierten Predigt die
kirchliche Situation folgendermaßen: »Wer ist unter allen Menschen glücklicher als jener, der die göttliche Weihe besitzt, die
Sakramente spendet, selbst geweiht und geheiligt ist und andere weihen und heiligen darf? Von diesen heißt es nämlich:
Ich sage euch, ihr seid Götter (Ps. 81, 6), Götter sage ich, nicht
Gott, denn ihr seid Mittler zwischen Gott und den Menschen.
Ihr regiert über die Menschen wie ein Hirt über die Herde,
denn ihr seid gute Hirten und habt über euch den Herrn der
Schafe, welchem ihr über die euch anvertrauten Schafe Rechenschaft ablegen müßt . . . Ihr seid heilig, spricht der Herr, weil
ich heilig bin. Wenn wir dem Heiligen verbunden sein wollen,
dann müssen wir selbst heilig sein . . .«[13]

Hierarchische Menschenführung bedeutete Fesselung, Ausschaltung von Eigeninitiativen, auch im Sinne der herrschenden
Klasse, die nicht von ungefähr das Kanonikat förderte, obwohl
sie die Politisierung der hierarchischen Idee nicht unterstützte.
Fr. Engels deckte den realen Hintergrund dieses historischen

Prozesses auf: »Die Einheit der westeuropäischen Welt, die eine Gruppe von in steter Wechselbeziehung sich entwickelnden Völkern bildete, wurde zusammengefaßt im Katholizismus. Diese theologische Zusammenfassung war nicht nur ideell. Sie bestand wirklich, nicht nur im Papst, ihrem monarchischen Mittelpunkt, sondern vor allem in der feudal und hierarchisch organisierten Kirche, die in jedem Land als Besitzerin von etwa einem Drittel des Bodens eine gewaltige Machtstellung in der feudalen Organisation innehatte. Die Kirche mit ihrem feudalen Grundbesitz war das reale Band zwischen den verschiedenen Ländern, die feudale Organisation der Kirche gab der weltlich-feudalen Staatsordnung die religiöse Weihe...«[14]

Die objektiv notwendig gewordene Hierarchisierung, die sich als die »ideale Form der Feudalität« (K. Marx) in Europa repräsentierte, schuf sich die päpstliche Macht- und Rechtskirche, die je länger, je weniger in der Lage war, alle sozialen Gruppen einer sich differenzierenden Gesellschaft in ihrem Bannkreis zu halten und zu führen. Ganz im Gegenteil! Die entmündigten Laien suchten jetzt nach ihrer Kirche, nach neuen Gemeinschaften und Frömmigkeitsformen, in denen sich antifeudale Stimmungen artikulierten. Noch bevor die angehäuften Widersprüche und Gegensätze im 12. Jh. zur vollen Ausprägung kamen, lenkten schon 100 Jahre früher zwei spontane Laienbewegungen die Aufmerksamkeit der wachsamen Kirchenmänner auf sich und zwangen sie zu Reaktionen: der Gottesfrieden und die romferne Kirche.

Sehnsüchte der Armen – Gottesfrieden und himmlisches Jerusalem

Von Rodulfus Glaber erfahren wir, daß die Bischöfe Aquitaniens 1033 begannen, *Friedenssynoden* einzuberufen. Von da aus habe dann dieser Usus auf die Diözesen Arles und Lyon und ganz Burgund übergegriffen und schließlich auch den Norden Frankreichs erfaßt. Um den Frieden zu erhalten, sollte jedermann, gleich welchem Stande er angehörte und ohne Rücksicht auf seine eventuellen Missetaten, von nun an ohne Furcht unbewaffnet leben können. Jedem Räuber drohte Bestrafung und Leistung von Schadenersatz. Den kirchlichen Einrichtungen sollte geziemende Ehrfurcht entgegengebracht und das Asylrecht, abgesehen von Friedensbrechern, gewahrt werden. Geistliche Personen samt ihren Begleitungen sollten eines besonderen Schutzes gegen Gewalt teilhaftig sein. Nach fünf Jahren wollte die Synode den Frieden erneut bekräftigen. – Rodulfus bedauert, daß sich die Großen nicht an ihre Eide hielten und sehr rasch zu ihrer früheren Wildheit zurückkehrten.

In Nordfrankreich widerstrebten zuerst die Bischöfe selbst den Friedensinitiativen, wie 1036 in Cambrai, wo es Gerhard I. (1012–1051) ablehnte, einen Gottesfrieden in seiner Diözese zu verkünden, dann aber dem Drängen des Grafen Balduin V. von Flandern (1035–1067) nachgab und bestimmte, daß niemand mit Gewalt Geraubtes zurückforderte oder Blutrache übte. Widrigenfalls drohte dem Übeltäter Ausschluß aus der Kirche. Beim Volke fanden diese Friedensbemühungen großen Anklang. Sie hatten das Ziel, das Fehdewesen einzudämmen und an seine Stelle geordnete Gerichtsverfahren einzuführen.

Zwei Fragen stellen sich uns: erstens nach dem *Beginn* der Friedensbewegung und zweitens nach den *Initiatoren* derselben.

B. Töpfer konnte die Ursprünge der pax Dei bis in das Jahr 989 in Charroux (Aquitanien) zurückverfolgen. Die fünf anwesenden aquitanischen Bischöfe legten damals fest, daß jeder Kirchenräuber in gleicher Weise dem Banne verfiele wie jemand, der einen Geistlichen tätlich angriff. Gleicher Bestrafung müßten alle die gewärtig sein, die Bauern und Armen (Waffenlosen) Schafe, Kühe, Ziegen und Schweine wegtrieben. Diese Bestimmungen wurden auf der Synode von Le Puy 994 noch verschärft. An ihr nahmen acht Bischöfe Südfrankreichs, der Herzog von Aquitanien, der Graf von Toulouse und der Markgraf der Provence teil, um gemeinsam einen Gottesfrieden zu beschwören. Neben den Schutzbestimmungen für die Geistlichen und ihren Besitzstand bemühte sich die Versammlung, Bauern und Kaufleuten Sicherheit zu gewähren, ihre Arbeit und ihre Geschäfte vor allen Übergriffen zu schützen. E. Magnou-Nortier beobachtete, daß die weltlichen Großen in Le Puy zum erstenmal die »schlechten« Gewohnheiten, wie Beherbergung, Requirierung und außerordentliche Abgaben, die den bäuerlichen Wirtschaften Schäden zufügten, begrenzten. Ihre eigenen Grundherrschaften nahmen sie allerdings von den beschworenen Vereinbarungen und Restriktionen aus. Unter diesen Umständen waren die kirchlichen und klösterlichen Gemeinschaften Hauptnutznießer der Bestimmungen.

Der Episkopat Südfrankreichs übernahm im ausgehenden 10. und 11. Jh. zentralstaatliche Funktionen: die Friedenswahrung, die der König nicht wahrnehmen konnte, weil ihm dazu die reale Macht fehlte. Schon um 1000 erklärten die Bischöfe auf dem Konzil zu Poitiers, daß sie für die Wiederherstellung des Friedens und der Gerechtigkeit einträten. Indem die Bischöfe die Friedenswahrung zu ihrem Anliegen machten, opponierten sie zugleich gegen die karolingische Einheit von Staat und Kirche auf der Basis des Eigenkirchenwesens. Nicht von ungefähr ertönten auf den Friedensversammlungen die ersten Reformstimmen. Nicht nur die Untaten der Großen standen zur Diskussion, sondern auch Simonie und Konkubinate. Auf diesen Synoden wurde schon die Teilung der Gesellschaft in Kleriker und Laien, wie sie das Reformpapsttum vornahm, vorprogrammiert. Aber auch innerhalb des Ordos der Laien differenzierten die Konzilien. Man unterschied zwischen Schutzbedürftigen und Friedensbrechern. Erstere galten schlechthin als »Arme«, die vor feudaler Willkür in Obhut genommen werden mußten. Gegebenenfalls mobilisierte man sie sogar gegen den räuberischen Adel, wie 1038 in Bourges, wo alle männlichen Einwohner der Diözese vom 15. Lebensjahr an zum Kampf eidlich verpflichtet wurden. Solche Friedensmilizen vermochten sich jedoch nicht gegen Feudalherren wie Odo von Déols im Felde zu behaupten und wurden zerstreut oder vernichtet. Der Erzbischof von Bourges hatte der »Menge des unbewaffneten Volkes« nicht nur Bauern, sondern auch Kaufleute, Pilger und Frauen zugezählt, denen die Adeligen feindlich gegenübertraten. Als Hauptmissetäter galten die Ritter, die milites, welche die Bischöfe in erster Linie exkommunizierten. Der Hochadel war davon immer ausgenommen. Das Konzil von Caen 1042/43 bezog zum Beispiel das Fehdeverbot nicht auf den französischen König und den normannischen Herzog. Um die Mitte des 11. Jh. gestattete eine andere Synode dem Grafen von Flandern auch in Friedensperioden die Führung großer und kleiner Kriege, wenn nur seine Truppen nicht plünderten.

Ging es um die Kontrolle des kleinen Adels, dann arbeiteten Bischöfe und weltliche Große Hand in Hand. Die Regionalgewalten machten sich nämlich die Friedensbewegung zunutze, um ihre Herrschaftsräume wirksamer zu pazifizieren. Das heißt, daß sie die Bannbezirke stabilisierten. In der Normandie stärkte sie die Autorität des Herzogs gegenüber dem Adel und der Kirche. Der Herzog zog alle Kriminalfälle, die im weitesten Sinne etwas mit Friedensbruch zu tun hatten, an seinen Hof und urteilte sie ab. Damit wurde der Gottesfrieden zum Landfrieden und letztlich überflüssig. In panegyrischen Worten schilderte 1073 der Kaplan Wilhelms des Eroberers (1027–1087), Wilhelm von Poitiers, in seinen »Taten Wilhelms, des Herzogs der Normannen und Königs der Angeln« die friedenssichernden Maßnahmen seines Helden bei den Vorbereitungen zu einem Feldzug: »Er versorgte seine eigenen Ritter und die anderen Teile des Heeres auf großzügige Art und Weise, doch erlaubte er keinem unter ihnen, sich seine Verpflegung gewaltsam zu beschaffen. In der ganzen Provinz weideten die Rinder- und Schafherden der Bauern ungefährdet. Das Getreide reifte heran und wartete auf die Sichel, ohne daß es von hochnäsigen Rittern niedergetrampelt oder von gierigen Plünderern verwüstet wurde. Ein armer und waffenloser Mann konnte die Söldnerscharen furchtlos beobachten und singend seinem Pferde folgen, wohin immer er wollte.«[1]

Solche Zustände bedeuteten für die Kirche die Erfüllung der *Treuga Dei*, des Waffenstillstandes im Namen Gottes, den sie nach 1038 propagierte. Wahrscheinlich finden sich dafür schon 1027 in Elne Ansätze. Sie wurden 1033 in der Diözese von Vich ausgebaut und nach dem Disaster von Bourges 1038 systematisiert. Demzufolge sollte von Donnerstag abend bis Montag früh völlige Waffenruhe herrschen. Die Treuga Dei erfaßte bald ganz Frankreich. Der Verzicht der Kirche auf Herstellung eines vollkommenen Friedenszustandes in der christlichen Welt und die Beschränkung der Fehden auf einige Wochentage bedeutete nach B. Töpfer die endgültige Anpassung an die Gewohnheiten der herrschenden Klasse. Man hoffte, Fehden zu Privatangelegenheiten der Herren zu machen und die Bauern wie die Geistlichen herauszuhalten.

Die Gleichsetzung von Bauern und Armen verweist nicht nur auf ihre Waffenlosigkeit, sondern ebenso auf das materielle Interesse der Kirche an ihren Domänen. Nur wenn die Landleute geschützt waren, ging es dem Klerus gut! Für Töpfer und Magnou-Nortier resultiert daraus die Überzeugung, daß geistliche und weltliche Feudalherren Initiatoren der Bewegung waren, die die Massen mit Friedensparolen an die Kirche fesselten. Diese Schlußfolgerung bedarf einer Korrektur. Die Friedensaktionen gingen nicht ausschließlich auf Initiativen der

Herren zurück, sondern auch auf Aktionen der Unterdrückten. Sie verliefen in Südfrankreich und Katalonien in oft erbitterten Kämpfen zwischen Bauern und Rittern innerhalb der Fehden. Es handelte sich um spontane Emeuten, welche die Zeitgenossen als Räuberunwesen abtaten. Die Bauern vereinigten sich in Schwurbrüderschaften, die entweder vor der Paxbewegung lagen oder zu ihr parallel verliefen. 950 bildeten sich in London Friedensgilden, um sich der Diebe und Plünderer zu erwehren.

Gilden beruhten auf gegenseitig geleisteten Eiden, die eine soziale Gruppe gegenüber ihrer Umwelt abhob. Die Eidleistung (conjuratio) trug antifeudalen Charakter und machte alle Eidgenossen zu »Gleichen«. Die Schwurbrüder verpflichteten sich zur Einhaltung einer bestimmten Rechts- und Friedensordnung und ihrer Verteidigung. Frieden beinhaltete also gegenseitige Verbundenheit, ja Verbrüderung. Gesetzter Frieden mußte verteidigt werden. Diesen Gilden, die erst im 11. Jh. zu einer Organisationsform von Kaufleuten wurden, gehörten auch Kleriker an. Es waren Parallelerscheinungen zu Pfarreien. Im Unterschied zu ihnen handelte es sich um freiwillig geschaffene Verbände von Laien. Sie sind als solche »Teil der Geschichte der religiösen Laienbewegungen des Mittelalters« (O. G. Oexle). Sie stellten sich gegen die Klassenherrschaft von Kirche und Adel.

997 kam es in der *Normandie* zu einem *Bauernbund*, der alle seine Mitglieder eidlich auf gegenseitige Hilfe festlegte. Die Beschwerden, die die Bauern vorbrachten, drehten sich alle um die »schlechten« Gewohnheiten der Herren: Unsicherheit ihrer Zinsländereien, Beschränkungen des Weiderechtes, Mühlenbann, Abgaben für Gewässer und Wälder. Dagegen wehrten sich die Bauern und erklärten: »In Zukunft wollen wir nicht mehr gehorchen Herren und Edelleuten. Ihr Tun gereicht uns zum Verderben, denn Recht gegen sie erlangt man nie, so wenig wie Lohn für Mühsal und Plagen ... Tagtäglich nehmen sie uns das Gespann und treiben uns zu Fron und Diensten an. Not und Elend enden nie, auch nicht alte und neue Steuern. Keine

Stunde lassen sie uns in Ruhe und quälen uns mit Fronen für den Backofen, mit Diensten im Walde, auf den Äckern, für den Mühlteich, das Getreidemahlen, die Wege, für Hof und Schloß, für Wache und Schlacht. Aufseher und Verwalter gibt es viele, Vögte alte und neue, die uns keine freie Stunde lassen ... Ein jeder von ihnen will seinen Lohn haben. Gewaltsam rauben sie uns unser Vieh, wir aber können es nicht verhindern und uns nicht verteidigen ... Wir besitzen keinen Schutz, weder gegen Herren noch ihre Knechte. Nie halten sie ihr Wort, sondern nennen uns Bastarde. Warum sollen wir uns da noch länger peinigen lassen? Wir wollen uns endlich von ihrer Last befreien, sind wir doch auch Menschen wie sie, gleich im Bau der Glieder und der Gestalt. Daher vermögen wir Gleiches zu vollbringen. Allein Entschlossenheit hat uns gefehlt. Nun aber wollen wir uns durch Eid binden und unser Gut und Leben verteidigen. Wenn sie uns angreifen, dann stehen gegen einen Ritter 30, ja 40 Bauern stark und kampfbereit ... vereint werden sie gegen ihn mit Stöcken und Keulen, Lanzen und Pfeilen, Bogen, Äxten und Stämmen, ja mit Steinen, wenn keine Waffen zur Hand sein sollten, vorgehen. Schon durch unsere große Zahl können wir uns gegen die Ritter behaupten. Wir gehen dann in den Wald und schlagen so viel Holz, wie wir tragen können. In den Gewässern fangen wir Fische, im Walde das Wild. Alles tun wir, was uns beliebt, im Walde, in den Gewässern und auf den Feldern.«[2] Große Gebiete der Normandie schlossen sich den Verschwörern an. In kleinen Gruppen bereiteten die Bauern den Aufstand vor. Jedes Dorf delegierte zwei Mann in die Leitung. »Man wählte gute Redner aus, die durch das Land ziehen sollten, um den Schwur zu fordern.«[3]

Die Verschwörung flog jedoch auf, bevor es zum Schlagen kam. Die gnadenlosen Rächer stachen den Verratenen die Augen aus, hackten ihnen die Hände ab, verbrannten ihnen die Kniekehlen oder pfählten sie. Die Verstümmelten mußten in ihren Heimatdörfern ihr Schicksal beweinen, um ihren Leidensgefährten ein für allemal die Lust zu Aufstand und Empörung zu nehmen. Dennoch verhinderte der grausame Terror nicht, daß bewaffnete Banden das platte Land verunsicherten und die Herrenhöfe plünderten. Rodulfus Glaber nannte diese Leute »Jünglinge« (juvenes), d. h. nachgeborene Söhne, die ihre Familien verließen, um von Abenteuer und Raub zu leben. Ihnen schlossen sich deklassierte Elemente wie streifende Mönche, Ritter ohne Lehen, Hirten ohne Herde an und nahmen, was ihnen in den Weg kam.

Auch gegen sie schlossen sich Bauern zusammen, organisierten Milizen, auf welche dann bischöfliche Synoden, wie in Charroux und Puy, zurückgreifen konnten. In Angoulême 1020 und Corbie 1021 standen bewaffnete Friedensmilizen der »Armen« im Dienste der Kirche. Das Fiasko von 1038 machte ihnen ein Ende. Auch schien es den Bischöfen riskant, Bauern in bewaffneten Verbänden einzusetzen. Deshalb griffen sie zu anderen Mitteln und Motivationen.

Der Chronist Ademar von Chabannes (um 988–1034) aus Limoges und Angoulême verfaßte 1028 im Anschluß an eine Kirchenversammlung ein Rundschreiben über das Apostolat des heiligen Martial, in welchem er behauptete, daß der Gottesfriede mit Christus seinen Anfang genommen hätte. In jeder Messe würde des wahren Friedens gedacht. Die Jünger Christi seien sich dessen bewußt gewesen und hätten dem Beispiel ihres Meisters nachgeeifert, seien von Judäa aus in die Welt gepilgert, um den Frieden allen Menschen zu predigen. Martial habe diesen Friedensaufruf nach Aquitanien gebracht, weshalb man ihn zu einem Heiligen der pax Dei machen sollte.

Zwar gelang Ademar die Heiligsprechung nicht, aber er knüpfte sehr geschickt an den Volksglauben und die Friedenssehnsucht der Armen an. Das Volk sah in Sonn- und Feiertagen heilige Zeiten, die nicht durch Waffenlärm gestört werden dürften. Kriege und Hungersnöte galten ihm als dunkle, feindliche Mächte, denen es ausgeliefert war. Die Kirche setzte sich wohl durch Sanktionen aller Art gegen die Friedensbrecher zur Wehr, aber die Friedlosigkeit blieb. Mußte man da nicht an eine Strafe Gottes für die Sünden der Menschen denken? Friedensherstellung bezeugte deshalb Versöhnung mit Gott. Um sie zu erreichen, predigten die Priester Buße. Die Friedenssynoden nach 1020 nahmen Bußcharakter an, das Laienvolk leistete vor Reliquienschreinen seine Eide, auf Gewalt zu verzichten und durch einen Versöhnungsritus den Zorn Gottes abzuwenden. Man bat nicht nur um Frieden, sondern ebenso um gutes Wetter, gute Ernten und Heilung von Krankheiten.

Für Ademar von Chabannes existierte eine enge Verbindung zwischen Pestilenz, Versöhnungszeremonien vor Reliquienschreinen und Friedenserneuerung – reformatio pacis. Den Gottesfrieden verstand er als ein Übereinkommen mit Gott, als einen Pakt mit dem Erlöser. Indem die Menschen freiwillig Entsagung übten, sollte Christus milde gestimmt werden. Die Christen mußten sich zuerst von Sünden reinigen, Buße tun, bevor sie auf Frieden hoffen durften. Der büßende Laie näherte sich den Auserwählten des Herrn, den Mönchen. Für die Ritter galt, daß sie freiwillig festgelegte Friedenszeiten einhielten, für die Waffenlosen (inermes), daß sie beteten und fasteten. Die Synoden griffen prompt diese Ansicht auf und verlangten an den Donnerstagen Enthaltsamkeit vom Wein-, an den Freitagen vom Fleischgenuß. So wie man Ritter zur Mäßigkeit im Kriegshandwerk aufrief, so verlangte man vom Volke Askese in Speise und Trank. Die Kirche deklarierte Krieg als Sünde, die es zu bekämpfen und durch Buße auszutilgen galt. Die Bußleistung war fein säuberlich nach sozialer Herkunft und Beruf abgestuft: Die Ritter legten zu bestimmten Zeiten den Harnisch ab, die Bauern begnügten sich anstelle der kargen Nahrung mit noch kärgerer. Beide solidarisierten sich mit dem Mönch, der bis zu seinem Tode in Entsagung und Buße verharren sollte. Der hierarchisch artikulierte Antagonismus der Machtkirche wurde durch eine mentale Solidarität der Klassen kompensiert und kaschiert. Sie fand ihr Zentrum in dem Sakraments- und Heiligenkult, der die kirchlich approbierte vita religiosa mehr und mehr bestimmte.

In dieser Entwicklung wird die Entfernung des offiziellen mittelalterlichen Christentums vom Geist des Johannesevangeliums besonders deutlich, das eine Gemeinde des Wortes, nicht der Sakramente und des Kultes, vorstellte und sich weder um Organisation noch Liturgie Gedanken machte. An solchen Knotenpunkten manifestierte sich die Abkehr der Feudalkirche von der Urkirche unübersehbar.

Die Propagierung des Sakraments- und Kultchristentums hatte den makellosen Priester zur Voraussetzung, weil nur er die »Herde« in die gewünschte Richtung führen konnte. Hier mündeten Kirchenreform und Kanonikat in die Paxbewegung ein. Alle drei bedingten sich gegenseitig. Die Dorfkirchen wurden zu Friedensinseln, zu Orten sakramentaler Wirkkraft und begehrten Asyls. Die synodalen Friedensschwüre erreichten die Dorfgemeinde und schweißten sie zu einem funktionsfähigen Kollektiv zusammen. Der Dorffriede begründete eine Friedensgemeinschaft mit fixierten Gewohnheiten, welche die Bann- und Regionalherren als »Freiheiten« akzeptierten, modifizierten oder auch verwarfen. Die Kirche oder ihr Vorhof bildete den »Schwurraum«, der Dorffriede identifizierte sich mit dem Frieden der Parochie, des Pfarrsprengels. Damit war das Territorium des Landfriedens abgesteckt. Wer in ihm wohnte, der galt als Pfarrkind und genoß seinen Schutz und seine »Freiheiten«, das heißt, Gewohnheiten (consuetudines). Der Eid band die Dorfgenossen eng aneinander. Sie wurden zu Eidgenossen, die in religiöser Solidarität vom Dorfpfarrer geleitet wurden, während die städtischen Eidgenossen einen Schwurverband zur Erringung der Selbstverwaltung eingingen.

Aber auch die bäuerlichen Parochien festigten ihren Widerstandswillen gegen die Willkür des Bannherren. Sie dienten dem Frieden und dem Gemeinschaftsbewußtsein der Landleute, der laboratores. Wer außerhalb des Friedens stand, galt als friedlos, was aber keineswegs bedeutete, daß er zum Freiwild wurde. Im Gegenteil. Zuzügler aus nah und fern setzten sich mit Billigung und Förderung von Klöstern und Herren als

»Gäste« (hôtes) in dörflicher Nachbarschaft mit eigenen Gewohnheiten, Freiheiten und »Frieden« fest. Durchziehende
Händler und Wanderhandwerker waren gern gesehene Besu-
cher, auch wenn sie nicht zum Dorffrieden gehörten. Nur wirklich Friedlose, wie Räuber, Diebe, Mörder, wurden verfolgt und
gejagt.

Sozial gesehen organisierte demnach die Kirche den spontanen Friedenswillen der »Armen« und institutionalisierte ihn in
den Parochien. Dazu bedurfte sie aber der Hilfe und Zustimmung der Männer des Schwertes. Die Treuga Dei stellte de
facto kirchlich legalisierte Gewalt, begrenzten Friedensschutz
dar. Sie sanktionierte das Waffenmonopol des Adels und die
Entwaffnung der Bauern. Dem Volkswiderstand gegen feudale
Anarchie entsagte sie ebenso wie die Reformpäpste den militanten Eiferern der »Helden- und Märtyrerzeit« unter Gregor VII. Man wollte die Geister, die man gerufen hatte, so möglichst schnell loswerden. Ein Rückgriff auf Augustin bot sich
an, der gelehrt hatte, daß allein die von Gott bestallten Obrig-
keiten Krieg führen und töten durften, allerdings nicht willkür-
lich, sondern nur, um rasch den Waffengang zu beenden. Das
Volk dagegen besaß für ihn zu keiner Zeit das Recht, selbst zum
Schwert zu greifen, weil es nicht in der Lage war, einen gerechten Krieg zu führen. Dafür fehlte ihm jede göttliche Autorisierung. Die Devise lautete Ordodisziplin, d. h. Standesstabilisie-
rung, nicht Gleichheit und Brüderlichkeit. Deshalb verhielten
sich die kirchlichen Ordnungshüter auch mißtrauisch gegenüber
apokryphen und abergläubischen Prophezeiungen und Gerüch-
ten, die unkontrolliert in Laienkreisen kursierten und die Gemüter erregten. So erhielten etwa Fehden und Unwetter eschatologische Sinndeutungen, galten als Zeichen für die baldige Ankunft des Antichrists und des Weltendes. Die ihnen vorausge-
henden Notzeiten deutete man nicht mehr als Not an Nahrungsmitteln, sondern als Mangel an Nächstenliebe und Gerechtigkeit.

Der normannische Mönch Ordericus Vitalis (1070 – um

1141) spielt in seiner »Kirchengeschichte« darauf an: »Weil
nun die Zeit angebrochen ist, in der die Liebe vieler erkaltete
und die Ungerechtigkeit zunimmt, hören die Wunder als Zeichen heiliger Zwischenkunft auf, und es vervielfachen sich die
Untaten und die leidbringenden Zwiste.«[4] Die einfachen Gläubigen legten die Schriftworte, die sie im Gottesdienst hörten,
nach ihren Vorstellungen aus und hörten nur das, was sie bewegte und bedrückte. Vor allem eschatologische Naherwartun-
gen aus dem Neuen Testament hatten es ihnen angetan, etwa der
Satz bei Lukas 9, 27: »Ich sage euch aber die Wahrheit: Es
sind einige unter denen, die hier stehen, die den Tod nicht
schmecken werden, bis sie das Gottesreich sehen.« Oder man
erinnerte sich an den 2. Petrusbrief (3, 13), wo es hieß: »Aber
einen neuen Himmel und eine neue Erde erwarten wir nach
seiner Verheißung, in denen Gerechtigkeit wohnt.«

Hatte nicht Jesus Johannes dem Täufer geweissagt, daß in
den Endzeiten nicht nur Tote aufstehen, sondern vor allem den
Armen   das   Evangelium   gepredigt   werden   würde?
(Matth. 11, 3 – 5) Die Kirche hatte wohlweislich die Hoffnungen auf ein Reich Gottes auf Erden enthistorisiert und transzen-
diert: »Denn siehe, die Herrschaft Gottes ist mitten unter
euch!« (Luk. 17, 21) Die Kirche unterschob das Paradies den
Verheißungen auf das Reich Gottes, wodurch sich die Naherwartung verdunkelte und sich die Zukunft mit dem goldenen
Zeitalter der Urgeschichte verband. Dann nahm Gott gleichsam das Paradies zu sich in den Himmel und reservierte es den
Seelen der Gerechten und Heiligen. Damit war es jedem individuellen Zugriff entzogen und von eschatologischen Vorweg-
nahmen befreit. Aber der Volksglaube akzeptierte solche Auskünfte nicht. Er suchte immer wieder nach Wegen zu dem
Reich der Verheißung im Diesseits und in der Gegenwart oder
nahen Zukunft. Hatte doch der Heiland ausdrücklich den Ver-
lassenen, Verstoßenen und Bedrückten ein irdisches Ideal, eine
irdische Hoffnung gegeben. »Und ich verordne euch, wie mir
mein Vater die Königswürde verordnet hat, daß ihr an meinem

Tische in meiner Königsherrschaft eßt und trinkt, und ihr werdet auf Thronen sitzen und die zwölf Stämme Israels richten«
(Luk. 22, 29–30).

Einer der ältesten Kirchenväter, Papias von Hierapolis
(2. Jh.), ein Hörer des Apostels Johannes, überliefert folgende
Worte Jesu: »Es werden Tage kommen und der Weinstock
wird 10 000 Reben haben, und an jeder Weinrebe werden
10 000 Zweige sein, und jeder Zweig wird 10 000 Ranken und
jede Ranke wird 10 000 Trauben haben, und jede Traube gibt
25 Maß Wein. Und wenn einer der Heiligen eine Traube nehmen wird, wird die andere sprechen: Ich bin eine bessere
Traube, nimm mich und preise Gott durch mich. Ebenso wird
auch ein Weizenkorn 10 000 Ähren hervorbringen und jedes
Korn wird 10 Pfund feinsten Mehles geben. Und so wird es
auch mit den übrigen Früchten, Samen und Gemüsen sein. Und
alle Tiere der Erde, die von diesen Speisen fressen, werden in
Frieden und Verträglichkeit miteinander leben und den Menschen völlig untertan sein.«[5] Derartig materialisierte Vorstellungen vom Reich Gottes auf Erden wucherten im Volke und
hielten Hoffnungen auf ein besseres Morgen wach. Am Ende
des 11. Jh. schien die Stunde gekommen, wo sich die Verheißungen und Prophezeiungen verwirklichten. Laut erschallte durch
die katholische Christenheit der Ruf des Papstes nach *Befreiung des Heiligen Grabes* aus der Knechtschaft der Heiden. Jetzt
wurde Jerusalem zu dem zugkräftigen Zauberwort, das den
Armen die Tore zum Paradies öffnete und sie an die reichge-
deckten Tische Israels führte. Jerusalem war aber vor allem der
Quell der Erlösung, die Stadt des Heils, Haupt der Kirche,
Nabelschnur der Welt und das Gelobte Land. Wer das irdische
Jerusalem besaß, der konnte des himmlischen sicher sein. Dafür
lohnten sich Mühen, Entbehrungen und der Tod.

1054 hatte das Friedenskonzil von Narbonne festgelegt:
»Kein Christ darf einen anderen Christen töten, denn wer einen
Christen umbringt, der vergießt zweifelsohne das Blut unseres
Erlösers.«[6] Für den Ritter hieß das, daß er sein Schwert nur

gegen die Feinde Christi ziehen dürfe und den Frieden in der Christenheit wahren müsse. Der Frieden im Innern sollte durch Krieg nach außen erkauft werden. Genau das hatte das berühmte Konzil von Clermont 1095, auf dem Papst Urban II. (1088–1099) zum Kreuzzug aufrief, zum Ziel. Er dehnte den bisher nur lokal verkündeten Gottesfrieden und die Treuga Dei auf die gesamte katholische Christenheit aus, unterstrich den Bußcharakter und nahm alle Kreuzfahrer in seine Obhut. Die Ritter sollten die Strapazen des Zuges auf sich nehmen, um sich ihrer Sünden zu entledigen, aber auch um Reichtum und Ruhm zu erwerben. Die burgundischen und südfranzösischen milites waren für solche Zielstellungen empfänglich, denn eine Fahrt ins »heilige Land« löste sie aus der Vormundschaft ihrer Sippen, bot ihnen die Möglichkeit zu persönlicher Freiheit. Ihren Großfamilien ersparten sie Besitzzersplitterungen, sich selbst Mönchsdasein oder Solddienste. Starb ein Kreuzritter in Palästina, dann schickte seine Familie ein Mitglied nach dem Orient, das sein Erbe übernahm. Nicht minder lockte der versprochene Ablaß, die sogenannten Indulgenzien, da man die Höllenstrafen fürchtete und sich gern jeder Möglichkeit bediente, Sündennachlaß zu erhalten. Der Lohngedanke spielte also eine erhebliche Rolle. So war der Plenarablaß aller Strafen für begangene Sünden ein zugkräftiges Argument der päpstlichen Werber. Anknüpfungspunkte fanden sich aber auch im Pilgerwesen, das seit dem 10. Jh. hoch in Kurs stand. Fürsten, wie Graf Fulko Nerra von Anjou (987–1040) oder Graf Robert I. von der Normandie (1027–1035), pilgerten als Büßer wegen schwerer Untaten gegen Kirchen und Klöster nach Jerusalem. Trotz zunehmender politischer Schwierigkeiten in Kleinasien und Syrien infolge der Seldschukenherrschaft nahm die Zahl der Pilger zu. Bischof Gunther von Bamberg (1057–1065) reiste 1064/65 mit einem Gefolge von 7000 Mann nach Palästina. Die Schar wurde dort von Muslimen überfallen, konnte sich jedoch retten. Die Kunde von den Gefahren für Leib und Leben drang nach dem Westen und ließ es opportun erscheinen, in

Zukunft nur noch bewaffnet zu wallfahren. Die zeitgenössischen Chronisten bezeichneten deshalb die Kreuzzüge mit Vokabeln aus der Pilgersprache: Fahrt nach Jerusalem (iter Hierosolimitanum), Pilgerfahrt (peregrinatio), Pfad zum Grabe des Herrn (via sepulcri Domini). H. E. Mayer nennt deshalb den Kreuzfahrer auch einen Vorzugspilger, einen Pilger mit Waffenehre, der eine Stufe höher stände als der friedliche Jerusalemfahrer. Dennoch gäbe es keine gundsätzlichen Unterschiede, denn auch der Ritter habe neben Schwert und Kreuzeszeichen die Symbole des Pilgers, Stab und Tasche, getragen. A. Noth meint gar, daß die Ritter die Jerusalemfahrt gar nicht so sehr als militärische Expedition begriffen hätten, sondern ausgezogen seien, um religiöse Verdienste zu erwerben. Sie hätten den Heidenkampf um des religiösen Lohnes willen, nicht zur Verteidigung der Kirche geführt.

Mag letzteres durchaus stimmen, so widerspricht das geistige Lohnmotiv den sozialen und politischen Voraussetzungen und Konsequenzen, nämlich der Errichtung von Kreuzfahrerstaaten in Syrien und Palästina. Die Ritter verknüpften mit dem Lohngedanken materielle Wünsche, die sie im Orient zu befriedigen gedachten. Urban II. hatte dagegen nichts einzuwenden, da er die Kreuzzugsidee Gregors VII. von vornherein präzisierte und erweiterte. Gregor hatte den heiligen Krieg durch den Begriff der Liebe (caritas) aufgrund des ersten Johannesbriefes (3, 16) gerechtfertigt, wo er las: »Daran erkennen wir die Liebe, daß jener für uns sein Leben einsetzte. So schulden auch wir, für die Brüder unser Leben einzusetzen.« 1074 hatte er von Rittern in einem Aufruf zur Befreiung der Ostchristen eben diesen Einsatz des Lebens verlangt. Bei ihm fehlten Lohngedanke und Jerusalem. Urban II. merkte aber, daß es mit der »Liebe« nicht weit her war und daß es handfesterer Aufmunterungen bedurfte, um Resonanz zu finden. Lohnversprechen und Jerusalemmythos sollten die Ritter in Bewegung setzen. Die Befreiung des Heiligen Grabes erhielt den Wert einer Befreiungstat für Christus. Der Papst predigte im Winter 1095 und im Frühjahr 1096 in Südfrankreich, vor allem in der Provence, wo die Sarazenengefahr vom benachbarten Spanien her noch in frischer Erinnerung war. Wahrscheinlich schwebte ihm die Rekrutierung eines Ritterheeres aus den Gebieten südlich der Loire unter Führung seines Legaten Adémar, Bischof von Le Puy († 1098), vor. Aber das Echo seines Werbefeldzuges drang auch an die Ohren der »Waffenlosen«. In ganz Frankreich, bis hin zum Rhein, nahmen Männer das Kreuz und wiederholten den Ruf von Clermont: »Gott will es!«

Am meisten überraschte die Zeitgenossen der *Aufbruch der Bauern* aus Nordostfrankreich, Lothringen, Flandern und den Rheinlanden. Ihnen brachten nicht päpstliche Emissäre, sondern Einsiedler, die ihr Vertrauen und ihre Bewunderung genossen, die Kunde von Clermont. Einer von ihnen war Peter von Amiens aus der Picardie, der sich schon 1096 als Volksprediger versuchte. Abt Guibert von Nogent beschrieb ihn folgendermaßen: »Er zeigte sich sehr freigebig in der Verteilung all der Dinge, die ihm geschenkt worden waren. Dirnen schickte er nicht ohne Beisteuer einem künftigen Gatten zu, in allen Fehden und Streitigkeiten stellte er mit merkwürdiger Autorität überall Frieden oder einen vertraglichen Ausgleich her. Alles, was er tat oder sagte, erschien geradezu als heilig, ja seinem Esel rissen sie die Haare aus und verwahrten sie als Reliquien. . . . Im Freien trug er einen wollenen Rock und darüber einen Mantel aus grobem Stoff, der ihm bis zu den Fersen ging. Arme und Füße ließ er nackt, aß fast kein Brot und lebte von Wein und Fisch.«[7]

Die Beschreibung weist Peter als radikalen Nachfolger Jesu aus, der sich wie der Heiland und seine Apostel nur von Wein und Fisch nährte. Diese Nahrung konnte man aber ebenso auf die Eucharistie beziehen, denn der Fisch symbolisierte in Darstellungen das eucharistische Brot. Anklänge gab es auch an die Wundertaten Christi, nämlich die Speisenvermehrung. In jedem Fall war seine Nahrungswahl vieldeutig und für die Phantasie seiner Zuhörer anregend. Es spielte dann überhaupt keine Rolle mehr, wenn er ohne päpstlichen Auftrag predigte, sich allein auf Gott berief und sich jeder Bindung an eine Parochie oder Diözese widersetzte. Wichtig war nur, daß er die Sehnsüchte und Stimmungen des Volkes kannte und ansprach. Die byzantinische Kaisertochter Anna Komnene († 1147) erfuhr, daß er sich als von Gott berufen ausgab und es ihm obliege, Jerusalem zu befreien und das Grab Christi anzubeten. Nach dem wahrscheinlich um 1100 geschriebenen Heldenepos des Kanonikers Albert von Aachen »Geschichte des Jerusalemkreuzzuges« richtete Peter seine müden Scharen immer wieder mit dem Trost auf: »Durch die Gefahren und vielfältigen Prüfungen werden jetzt den Berufenen und Erwählten die Pforten des Paradieses geöffnet.«[8] Peter inspirierte die neutestamentliche Verheißung, daß das Reich Gottes den Mühseligen, Beladenen und Demütigen versprochen war. Las er doch beim Evangelisten: »Wie schwer werden die Begüterten in das Reich Gottes eingehen« (Mark. 10, 23). Nun aber schien der Augenblick gekommen, wo der Herr sein Volk in das Gelobte Land führte. Der kriegerische Zuschnitt des Zuges fand in der Bibel seine Rechtfertigung. Hatte doch Jesus verkündet, daß er nicht den Frieden, sondern das Schwert bringe. Die Kreuzfahrer legten das als Drohwort gegen die Gottlosen aus, die keinen Frieden haben sollten. In der Johannesapokalypse (um 100) war das Schwert das Zeichen des triumphierenden Christus: ». . . und aus seinem Munde ging ein scharfes, zweischneidiges Schwert hervor« (Apk. 1, 16). Es diente dem Gericht über die Gottlosen, »daß er damit die Heiden schlüge; und er wird sie regieren mit eisernem Stabe« (Apk. 19, 15). Das Schwert traf auch die unbußfertige Gemeinde. Das Himmelreich glich einer Festung, gegen die die Knappen Belials anstürmten, um sie auszurauben. Christus verteidigte sie mit seinen himmlischen Heerscharen. Ihnen fühlten sich die Armen zugehörig. Aus dem Alten Testament übertrugen sie die Überzeugung, das auserwählte Volk, das wahre Israel zu sein und den messianischen Auftrag des Geschlechtes Davids zu erfüllen. Hier dürften zeitgenössische jüdische Erwartungen im Spiel gewesen sein, die nach L. Dasberg die Kreuzfahrer beeinflußten. War erst das heilige Land mit dem Schwert Gottes erobert, dann würde ewiger Friede herrschen. Die Prophetenworte Michas (4, 3) und Jesajas 2, 4) gewannen Aktualität: »Zu Pflugscharen schmieden sie um ihre Schwerter, ihre Lanzen zu Winzermessern, nicht hebt mehr Volk wider Volk das Schwert. Man lernt nicht mehr für den Krieg. Ein jeder wohnt unter seinem Weinstock und seinem Feigenbaum, ohne daß einer ihn schreckt.« Dieses Friedensreich schwebte ähnlich den Bauern auf ihrer großen Fahrt vor, aber es konnte erst nach der Vernichtung der Gottlosen seine Pforten öffnen. Sie sangen: »Erhöre uns, König Christus, erhöre uns, o Herr, und lenke unsere Wege. Erbarme dich, o Gott, erbarme dich und lenke unsere Wege . . . Zeige uns den Führer, schicke uns den Engel, der uns zu dir geleitet.«[9] Die ersehnten Engel blieben zwar aus, dafür sprangen Gottesmänner wie Peter oder der deutsche Priester Gottschalk und der entlaufene Mönch Volkmar aus Orléans ein. Verarmte Adelige boten sich als Führer der Haufen an, zum Beispiel Walther Habenichts aus Pacy zusammen mit vier Neffen, der Vizegraf Wilhelm von Melun, der das flache Land erbarmungslos plünderte, um sich für die weite Fahrt zu verproviantieren, sowie der wegen seiner Räubereien übel beleumundete Graf Emicho von Flonheim († um 1117) aus dem Hause der Emichonen. Sie sahen ihre Zeit gekommen, um Beute zu machen und Land zu erobern. In der Heimat waren sie weiter nichts als arme Schlucker. Der Graf von Clermont aus der Gegend von Lüttich, Lambert der Arme, besaß nur noch ein Pferd. Nicht viel besser stand es um schwäbische Edelleute, die sich um Peter scharten, wie Rudolf und Huldreich von Saarwerden, Berthold von Neuffen, Walter von Teck, Hugo von Tübingen und Heinrich von Schwarzenberg, um nur einige zu nennen. Insgesamt stießen 300 Ritter zu Peter. Emicho von Flonheim brüstete sich vor dem staunenden Publikum, wie Saul von Gott erleuchtet worden zu sein. Im Traume habe ihm der heilige Petrus ein Kreuz in sein Fleisch eingebrannt und ihn zum Herrscher über Süditalien erkoren. Seine Standesgenossen erzählten ähnliche Geschichten, um sich als Gottesstreiter auszuweisen. Oft zapften sie sich ein paar Tropfen Blut ab und markierten damit auf ihren Körpern Kreuze oder benutzten Säfte unreifer Früchte zu dem gleichen Zwecke.

Alle Quellen berichten von einer Massenbewegung der Armen. Peter hätte über 14 000, Walther Habenichts über 10 000 Bauern verfügt. Mögen die Zahlen übertrieben sein, der Massencharakter steht außer Zweifel. Ganze Familien mit Weib und Kind setzten sich in Marsch. Guibert von Nogent sah »zum Lachen reizende Dinge: Arme Leute beschlugen die Hufe ihrer Ochsen nach Art der Pferde mit Eisen, spannten sie vor zweirädrige Karren, luden darauf ihre winzigen Vorräte und ihre kleinen Kinder und zogen sie hinter sich her. Und sobald die kleinen Kinder ein Schloß oder eine Stadt erblickten, fragten sie gar eifrig, ob das jenes Jerusalem sei, zu dem man aufgebrochen war.«[10] Abt Ekkehard von Aura (1109 – nach 1125) erklärte sich das ganze Spektakulum aus der Not der Bauern: »Die Westfranken (Franzosen, E. W.) konnten leicht zum Verlassen ihrer Scholle überredet werden, denn Gallien war seit einigen Jahren von Bürgerkrieg, Hunger und großem Sterben heimgesucht worden.«[11]

In der Tat hatten sich 1095 Brandstiftungen und Diebstähle gehäuft, die vor allem Wucherer trafen, bei denen Bauern in der Kreide standen. Berücksichtigt man des weiteren, daß die Haufen im Frühjahr 1096 aufbrachen, als an die Ernte noch nicht zu denken war, dann muß man an die Dorfarmen denken, die nichts zu verlieren hatten. Wie wir aus der Vita eines deutschen Bischofs, Meinwerks von Paderborn (1009–1036), wissen, gab es damals in vielen Dörfern Bettelarme, die nur von Almosen lebten. Sie wußten am Morgen nie, ob sie am Abend satt sein würden. Wer ein paar Scheffel Land sein eigen nannte, übergab es dem Bischof, um sich eine Leibrente zu erwerben, die ihn über Wasser hielt. Er durfte dann hoffen, täglich ein Stück Schwarzbrot, einen Krug Bier, samstags einen halben

Käse und sonntags ein Stück Fleisch zu bekommen. Jährlich erhielt er ein Wolltuch und fünf Denare. Herrschaftliche Eingriffe in die Allmenden vermehrten die Armen in den Dörfern. Sie suchten eine Gelegenheit, um sich eine neue Heimstatt zu schaffen. Was lag da näher, als ins Gelobte Land aufzubrechen, um im Schutze des Heiligen Grabes einen Acker zu pflügen und eine Hütte zu erbauen? Das Bewußtsein, zu den Erwählten des Herrn zu gehören, gab ihnen Mut und Ausdauer. Ihre gegenwärtige Armseligkeit wurde jetzt für sie zu einem Vorzug, weil sie ihnen das verheißene Königreich Christi bescherte. Die eschatologischen Emotionen verquickten sich mit materiellen Forderungen und Wünschen, die in Erfüllung gehen mußten, wenn sie die große Fahrt wagen sollten.

Auf ihrem langen Marsch ins Ungewisse stießen die erregten, ja aufgewühlten Bauern in der Begegnung mit den *jüdischen Gemeinden* auf eine Realität, die die Jünger des Antichrists und die verfluchten Reichen in teuflischer Gemeinschaft zu vereinen schien.

Seit der Karolingerzeit lassen sich entlang der Handelsstraßen in Spanien, Frankreich, Italien und Deutschland Judenkolonien nachweisen. In Spanien, wo die Juden am zahlreichsten siedelten, lebten viele als Landwirte. Dennoch überwogen auch hier Handwerker und kleine Händler. Unter der Westgotenherrschaft waren Landenteignungen an der Tagesordnung gewesen. Deshalb arbeiteten die spanischen Juden auch mit dem Landesfeind, den Arabern, zusammen. Die Wiedergeburt der europäischen Stadtkultur hob das Ansehen der Juden. Hebräisch galt in Paris, Aachen, Bagdad, Kairo und Fez als Verkehrssprache. Der jüdische Fernhändler bewegte sich in der islamischen und christlichen Ökumene frei und unbehindert. Er fand bei seinen Glaubensgenossen Hilfe und Unterstützung. Mehr und mehr konzentrierte er sich auf Wuchergeschäfte und Geldtransaktionen. Die aus dem Orient kommenden Juden verfügten über weit mehr Bargeld als ihre christlichen Berufskollegen, die noch dazu durch kirchliche Zinsverbote in ihren Aktivitäten behindert waren. Im 10. und 11. Jh. ließen sich Juden auch in deutschen Städten fest nieder. Einen Schwerpunkt bildete das mittlere Rheingebiet. Einzelne Kolonien fanden sich in den Elbniederungen und in Regensburg. Alle Siedlungen standen mit Haupthandelswegen in Verbindung, auf denen Luxusgüter und Sklaven befördert wurden. Die jüdischen Kaufleute folgten gern den Einladungen der Stadtherren, die sich ihrer Finanzkraft durch Gewährung von Privilegien bedienen wollten. Sie genossen Zoll-, Handels- und Religionsfreiheit, Eigentumsschutz und eigene Gerichtsbarkeit. Zu den einheimischen Kaufleuten gab es enge ökonomische und persönliche Beziehungen. Judenschutz galt als Teil des Stadtfriedens. Bauern und Handwerker blickten demgegenüber mit scheelen Augen auf die »Mörder Christi«, die Geld gegen Zinsen ausliehen und sie auswucherten. So schwelte eine latente Pogromstimmung in den Unterschichten, die jederzeit zu hellen Flammen ausbrechen konnte. Als 1007 der Khalif al-Hākim (996–1021) die Grabkirche in Jerusalem zerstören und die Christen verfolgen ließ, machte man dafür im Westen die Juden verantwortlich und fiel über sie her, so in Spanien, wo man in den Massakern ein gottgefälliges Werk sah.

Auch die Scharen Peters des Einsiedlers und Walthers von Pacy fragten sich bei ihrem Durchzug durch Rouen: »Wir haben eine lange Fahrt gegen die Feinde Gottes im Osten unternommen, aber da sind vor unseren Augen die Juden, seine schlimmsten Feinde. Es wäre voreilig, diese zu übersehen. Gesagt, getan. Sie griffen zu den Waffen, trieben die Juden in ihrer Synagoge mit List und Gewalt zusammen und lieferten sie ohne Unterschied des Geschlechtes und Alters dem Schwerte aus. Nur die den christlichen Glauben annahmen, entgingen dem Hinschlachten durch die Schwerter.«[12]

Jüdische Chronisten, die die Ereignisse objektiv schilderten und Pauschalurteile der Schwarzweißmalerei vermieden, berichten, daß die Vorfälle in Rouen keine Ausnahme waren, sondern daß es sich um Methode handelte. Rabbi Salomon Bar

Simon erzählt in seinem »Bericht der Gzerot (Verfolgung)«:
»Während sie durch die Dörfer zogen, wo sie Juden antrafen,
sprachen sie zueinander: Sehet an, wir pilgern auf einem langen
Weg in der Suche nach dem Haus des Götzendienstes (dem Heiligen Grab), um Rache an den Ismaïliten (Muslimen) zu nehmen, und hier treffen wir die Juden, die unter uns leben und
deren Vorväter ihn (Jesus, E. W.) für nichts und wieder nichts
töteten und kreuzigten. Rächen wir uns zunächst an ihnen,
löschen wir sie aus der Zahl der Völker aus, so daß sich niemand mehr des Namens Israel erinnert, oder aber sie verhalten
sich wie wir und glauben an den Sohn der Unreinheit (Jesus,
E. W.).«[13]

Die Parole »Tod oder Bekehrung« ging von Anfang an den
Kreuzfahrern voraus. Eingebettet in die eschatologische Begeisterung der Armen, sollte die Bekehrung der Juden, die als Voraussetzung für das Weltgeschehen der Endzeit entscheidend
war, die Erlösung herbeizwingen. Weigerten sie sich, dann
fürchteten die Armen, daß sie vielleicht zu früh aufgebrochen
seien, daß die Zeit noch nicht ihren Abschluß erreicht hätte.
Deshalb versicherten sie sich der »Zeichen« durch rohe Gewalt,
die ihnen in einem Aufwaschen die nötigen Subsistenzmittel verschaffte.

Insgesamt setzten sich fünf Haufen vom Westen nach dem
Osten, von Frankreich nach Deutschland, in Bewegung. Auf
dem Wege schlossen sich ihnen immer neue Scharen, auch
Frauen, wahrscheinlich verstoßene Konkubinen, sowie Mönche
und Priester an. Der schwäbische Mönch Bernold berichtet
schaudernd: »Sie scheuten sich auch nicht, zahllose Frauen mit
sich zu führen, die ihre natürlichen Gewänder mit Männerkleidern vertauschten und mit ihren Gefährten unerlaubten Umgang pflegten . . . Sie führten in ihrem Gefolge auch viele abtrünnige Priester mit, die ihren geistlichen Stand vernachlässigten, um sich mit ihnen das Kriegshandwerk anzueignen.«[14]

Peter der Einsiedler und Walther Habenichts hatten Ende
März Frankreich verlassen und waren in Richtung Köln mar-

schiert. Hier hielt sich Peter eine Woche lang auf, während Walther mit starkem Gefolge nach dem Süden aufbrach. Peter führte Briefe französischer Judengemeinden mit sich, die ihre Glaubensbrüder am Rhein aufforderten, den Überbringern Lebensmittel zur Verfügung zu stellen, um Schlimmes zu verhüten. Bereitwillig kamen die Kölner Juden dieser Aufforderung nach. Peter und Volkmar von Orléans setzten sich darauf in Richtung Böhmen in Marsch. In der zweiten Maihälfte erreichte Volkmar mit den Seinen Prag. Fürst Břetislav II. (1092–1100) war in Kämpfe mit Polen verwickelt, so daß nur Bischof Cosmas (1090–1098) in Prag die Staatsgewalt verkörperte. Er vermochte nicht zu verhindern, daß die Kreuzfahrer die Juden massakrierten oder zwangsweise tauften.

Inzwischen spielten sich am Rhein grauenvolle Szenen ab. An der Spitze fanatisierter Banden tobte sich Wilhelm, der Vizegraf von Melun, aus. Am 3. Mai besetzte er Speyer. Bischof Johannes (1090–1104) bot den Juden Asyl in seiner Burg, wo er sie bis zum Abzug der Gottesstreiter beschützte. Am 18. Mai trafen diese in Worms ein. Bischof Adalbert (1070–1107) verhielt sich wie sein Amtsbruder in Speyer. Aber nach Ablauf einer Woche erklärte er, nicht mehr in der Lage zu sein, die Juden vor den Angriffen der Kreuzfahrer schützen zu können, weshalb er ihnen die Taufe nahelegte. Die Gemeinde wählte aber das Martyrium. Der nach 1100 in Mainz lebende jüdische Dichter Kalomynos ben Juda überlieferte uns die Szene in einem Klagelied:

»Die edlen Frauen sich sputen,
daß als Opfer ihre Kinder bluten,
Väter schlachten rasch die Söhne
und schonen nicht das eigene Leben.
Deine Einheit zu erheben
weiht dem Tode sich die Junge und die Schöne.
Höre, Israel! die Lippen beben,
und vom Bräutigam und von der Braut
ist der einzige Gott der letzte Laut.

So die im Leben sich waren gewogen,
den Opfertod vereint vollzogen.«[15]

Die um ihre Opfer auf solche Weise gebrachten Armen schwenkten nach Mainz ab, wo sie sich mit den Horden Emichos von Flonheim vereinigten. Emicho berief sich wieder auf eine göttliche Offenbarung, nach der den Juden nur Taufe oder Tod übrigbleiben sollte. Erzbischof Rudhard II. (1089–1109) machte mit seinem Verwandten gemeinsame Sache. Er ließ zunächst die Juden mit ihren Schätzen in seinen Palast, öffnete dann aber den Kreuzfahrern die Tore, die sich auf die Wehrlosen wie hungrige Wölfe stürzten und in einem wilden Blutrausch alle niedermetzelten. Die Beute teilten sich Rudhard und Emicho.

Weiter ging dann der Todeszug nach Würzburg, Nürnberg und Regensburg, wo alle Juden, die ihrem Glauben treu blieben, den Tod fanden.

Während dieser Ereignisse trafen Kreuzfahrer aus Flandern und Lothringen in Köln ein, um hier Beute zu machen. Erzbischof Hermann III. (1089–1099) versuchte gemeinsam mit den reichen Bürgern der Stadt, die Juden zu retten. Deshalb verteilte er sie auf die umliegenden Dörfer. Die Gottesstreiter begnügten sich zunächst mit Plünderungen. So konnten sich die Flüchtlinge drei Wochen lang in ihren Verstecken verbergen. Aber am 24. Juni entdeckte man sie in Neuß, kurz darauf in Weverlinghofen und in Mörs. Wer sich nicht taufen ließ, verfiel dem Schwert. Von ihrer Basis in Köln aus vernichteten die Kreuzfahrer die Judengemeinde in Metz, während sich die Trierer Juden wie ihre Leidensgefährten in Speyer selbst den Tod gaben. Auf dem Rückzug nach Köln töteten die entmenschten Banden weitere Flüchtlinge in Sinzig und Kerpen. In drei Monaten von Mai bis Juli hatten sich die Wasser des Rheins und der Donau mit dem Blut der Juden rot gefärbt.

Die Bischöfe verurteilten Zwangstaufe und Mord. Sie fürchteten, bequeme Melkkühe zu verlieren, um einträgliche Geldquellen gebracht zu werden. Nach offizieller christlicher Lesart galt die Existenz der Juden als biblisches Zeugnis. Sie sollten dazu bestimmt sein, Jesus, den sie einst zu seinen Lebzeiten in ihrer Blindheit zurückgestoßen hatten, anzuerkennen und sich am Ende der Welt zu bekehren. Als Schriftbeweis mußte Matthäus 23, 39 herhalten: »Denn ich sage euch: Ihr werdet mich von jetzt an nicht mehr sehen, bis ihr sprecht: Gesegnet, der da kommt im Namen des Herrn!« Der Evangelist hatte keineswegs die Endbekehrung Israels im Sinne, sondern dürfte eher an ein Gerichtsurteil über das auserwählte Volk gedacht haben. Aber das spielte für die mittelalterlichen Exegeten keine Rolle. Sie hörten aus der Tradition heraus, was sie hören wollten. Papst Gregor I. hatte in seiner »Moralia« ausdrücklich die Bekehrung der Juden in die Endzeit verlegt. Von nun an galt es für die Theologen als Lehrautorität. Die Reformer sehnten 1096 keineswegs diese Endzeit herbei, sondern fühlten sich in der Periode der siegreich kämpfenden und triumphierenden Kirche auf Erden recht wohl. Daher traten sie den Prophezeiungen und Erwartungen des Volkes entgegen. Dennoch gab es auch unter ihnen gewichtige Stimmen, die das Judentum wirtschaftlich stärker schröpfen und sozial ins Abseits drücken wollten. Der Cluniacenserabt Petrus Venerabilis schlug vor, sie zur Finanzierung des zweiten Kreuzzuges heranzuziehen und ihnen das Zinsnehmen zu untersagen. Ghetto und Kammerknechtschaft kamen in Sicht.

Die Juden in Deutschland überwanden den Schock von 1096 und den nachfolgenden von 1147, der weniger blutig verlief, relativ rasch. Aber ihr geistiger Habitus wurde nunmehr durch die Bewegung der »Frommen«, den Chassidismus, geprägt. Ihren Mittelpunkt hatte sie in Worms, Speyer und Mainz. Chassid bedeutete Radikaler, einer, der mit den religiösen Vorschriften des Talmud Ernst machte. Der Chassidismus rückte das Messianische, die Erwartung des Erretters, aus dem Zentrum der jüdischen Religion und konzentrierte sich ganz auf das Innere des Menschen, seine Seele, wandte sich von den Dingen der Welt ab, um in Gleichmut und Ergebenheit zu leben. In dieser Geisteshaltung spiegelt sich die Isolierung der Juden in ihrer christlich-feudalen Umwelt wider, einer Art innerer Emigration, die das seelische Gleichgewicht wiederherzustellen versuchte. Diese ins Mystische übergreifende Introversion behinderte nicht äußere Aktivitäten wie Finanzoperationen, an denen sich alle Schichten der jüdischen Gesellschaft beteiligten.

Kehren wir zu dem Zug der Armen zurück. Nur wenige von ihnen erreichten Konstantinopel. Ein Teil verlief sich bereits nach den Pogromen. Die Haufen Gottschalks und Peters fanden in Ungarn ein unrühmliches Ende. Sie hausten hier wie in Feindesland, obwohl sie die einheimischen Bauern wohlwollend aufgenommen und verpflegt hatten. »Getrieben von abscheulicher Wut, setzten sie die Getreidespeicher in Brand, entführten die jungen Mädchen und taten ihnen Gewalt an, schändeten die Ehen . . ., rissen ihren Wirten den Bart aus oder versengten ihn. Keiner dachte mehr daran, die Dinge, die er brauchte, zu kaufen. Jeder lebte, wie er konnte, von Mord und Plünderung . . .«[16] Der ungarische König Kalman (1095 bis 1116) vernichtete die Eindringlinge mit seinen Aufgeboten. Peter dem Einsiedler gelang es nur mit Mühen, dem Gemetzel zu entfliehen. Das gleiche Schicksal ereilte die Banden Volkmars. Emicho von Flonheim wollte den Durchmarsch durch Ungarn mit Gewalt erzwingen, wurde aber geschlagen und mit den kläglichen Resten seiner Gefolgschaft zum Rückzug gezwungen. Ernüchtert gelangte er nach Deutschland, wo er sich auf seinen Besitzungen in der Rheinpfalz verkroch.

Allein Walther Habenichts war es mit seinen Haufen gelungen, die Unterstützung König Kalmans zu gewinnen und die Save zu überqueren. Er setzte seinen Fuß in das byzantinische Reich, in dem er seine Scharen durch Raub ernährte. Kaiser Alexius I. (1081–1118) sandte ihm darauf einen militärischen Geleitschutz und organisierte die Versorgung der ungebetenen Gäste. Im Juli standen sie vor Konstantinopel. Hier hatte sich auch Peter mit den Resten seines Gefolges eingefunden. Peter hatte auf dem Wege zur alten Kaiserstadt versprengte Kreuzfahrer gesammelt, Belgrad angezündet und Niš belagert, wo ihm aber byzantinische Söldner weitere Untaten verwehrten. Ab Sofia erhielt er wie Walther Habenichts eine Eskorte. So fand er sich ebenfalls vor Konstantinopel ein. Kaiser Alexius war bemüht, sich die ungebetenen Gäste so rasch wie möglich vom Halse zu schaffen. Daher ließ er sie auf das asiatische Ufer des Bosporus übersetzen. Hier hausten die Banden schlimmer als die Türken, schonten weder Mensch noch Tier und deckten die Dächer der Kirchen ab, um die Bleiziegel zu verkaufen. Um diesem Chaos ein Ende zu machen, schob sie der Kaiser zur seldschukischen Grenze ab, von wo aus sie die Zinnen der Hauptstadt des Sultanats, Nikaia, erblicken konnten.

Ein Vorstoß in östliche Richtung bekam ihnen schlecht. Die meisten erlitten den Tod, und nur wenige erreichten das rettende Westufer. Als die Nachricht nach Europa gelangte, beschuldigte man Alexius des Verrats, denn man wollte nicht glauben, daß Mohammed über Christus siegen könne! Die »Treulosigkeit« der Griechen wurde jetzt zu einer stehenden Redewendung im Westen, nachdem schon zuvor die Byzantiner, nicht zuletzt seit der Kirchenspaltung von 1054, als überheblich und treulos galten.

So war der Zug der Armen militärisch kläglich gescheitert, aber sie selbst verschwanden keineswegs von der Bildfläche. Sie bildeten vielmehr im Heer der Kreuzritter, das im August 1096 aufgebrochen war, eine eigene Abteilung. Der Herkunft nach handelte es sich um Bauern, verarmte Adelige und Diener von hohen Herren. Während des Marsches gegen Jerusalem entwickelten sie sich zu einer Art Sammelbecken für alle Verarmten, deren Mittel nicht ausreichten, um die weite Fahrt standesgemäß durchzustehen. Diese Gruppe besaß großen Einfluß auf den Gang der Ereignisse. Sie zwang schon rein zahlenmäßig die Anführer der Ritterkontingente, auf sie Rücksicht zu nehmen. Ihr ein und alles war die Eroberung Jerusalems, denn für sie war mit der Herausbildung von feudalen Kreuzfahrerstaaten in Syrien nichts gewonnen. Als im Juni 1098 das reiche Antiochia fiel, dachten die meisten Anführer nicht mehr an einen Weitermarsch, sondern wollten durch die Gründung eigener Herrschaften ihr Schäfchen ins trockene bringen. Das veranlaßte die Armen, die sich in einem Bund, den *Tafurs*, zusammengeschlossen hatten, welchem Peter der Einsiedler vorstand, die Initiative zu ergreifen. Die Bedeutung des Namens ist umstritten. Prawer vermutet in den Tafurs Zigeuner, Sumberg romanische Flamen, die sich nach dem großen, den ganzen Körper deckenden Schild – talevas – so nannten. Sie verlangten von ihren Anhängern Barfüßigkeit, Waffenlosigkeit und Verzicht auf Geldbesitz. Ihr wildes Äußeres und ihr zügelloser Fanatismus irritierten die Muslime. Der arabische Historiograph Ibn al-Athīr (1160–1233) erzählt in seiner »Vollständigen Geschichte« (Kāmil at-tawārīch): »Die Franken (Kreuzfahrer aus Frankreich, E. W.) blieben nach der Einnahme zwölf Tage in Antiochia, ohne etwas zu essen zu finden: die Reichen ernährten sich von ihren Pferden, die Armen von Aas und Baumblättern.«[17] Das französische Epos »Das Heldenlied von Antiochia« (Chanson d'Antiochia) schmückt die Notlage noch weit realistischer aus. Demnach hätten die Tafurs die gefallenen Feinde zerhackt und gebraten oder ihre Leiber ausgegraben, um sie zu verschlingen. Mag der Kannibalismus auf den ersten Blick Zweifel erwecken, so ist er beim näheren Hinsehen, unter Berücksichtigung des Hungers und der primitiven Eßgewohnheiten der »Armen«, durchaus glaubhaft. Der Kleriker Aimery aus Poitiers schilderte um die Mitte des 12. Jh. in seinem Pilgerführer nach Compostela (Spanien) die Nahrungsaufnahme Navarreser Bauern mit folgenden Worten: »Sie essen ohne jeden Anstand: Einen Löffel kennt man dort nicht. Herren, Mägde und Knechte essen mit den Händen aus einem in ihrer Mitte stehenden Trog: Wenn du sie essen siehst, so meinst du, sie seien Hunde oder Schweine. Wenn du sie sprechen hörst, wirst du an Gebell von Kötern erinnert.«[18]

Wieder wie zwei Jahre früher glaubten die Armen an ihre Vorzugsrolle im Endkampf um das Gottesreich, das sie hinter den Mauern Jerusalems suchten. Sie wollten, der Prophezeiung Jesu folgend, als erste dort einziehen. Das hob ihr Selbstbewußtsein, stellte sie über jene, die sie nur kraft ihres Vermögens und ihrer Geburt täglich kommandierten. Durch ihre Teilnahme am Kreuzzug hatten sie sich den Status freier Männer erworben, die sich nur während kriegerischer Handlungen den Befehlen der Fürsten unterordneten. Außer einem langen Schild und langen Messern trugen sie keine Waffen, weil sie meinten, Gott würde die Gefallenen sogleich in den Himmel aufnehmen, so wie jene, die Jerusalem erreichten und dann als erste in das Reich Gottes eingehen würden. Für sie blieb deshalb Jerusalem das sie beflügelnde Schlüsselwort. Die Heilige Stadt versprach ihnen nicht nur soziale Gleichstellung mit den Herren, sondern Überhöhung, ja Vergottung.

Bereits während der Belagerung Antiochias hatten die Tafurs eingegriffen. Als der Mut der Christen im Sinken begriffen war, trat ein armer Provencale, Petrus Batholomäus, auf, gab sich als Gotterwählter aus und offenbarte dem Grafen Raimund IV. von Toulouse (1088–1105), ihm sei der Apostel Andreas erschienen und habe ihn wissen lassen, daß in der Peterskathedrale zu Antiochia die heilige Lanze liege, mit welcher der römische Hauptmann Longinus die rechte Seite des Erlösers durchbohrt hatte. Nicht zufällig rief Petrus den Märtyrer Andreas als Zeugen an. Er galt als Bruder des Apostelfürsten Petrus, hatte den Märtyrertod an einem Kreuz mit schrägen Balken (Andreaskreuz) erlitten und in fremden Ländern, so in Griechenland, gepredigt. Sein Haupt bewahrte man in Patras (Peloponnes) als kostbare Reliquie auf. 1462 gelangte sie als Geschenk des Despoten Thomas Palaeolgos von Morea (1430–1460) nach Rom, wo sie in einer Kapelle ihren endgültigen Platz fand. Obwohl den europäischen Rittern die Lanze schon in Konstantinopel vorgeführt worden war, glaubte das Heer der Vision. Prompt fand sich auch besagte Lanze, und kurz darauf fiel Antiochia. Man erinnerte sich sogleich an Matthäus 11, 25: »Ich preise dich, Vater, Herr des Himmels und der Erde, daß du solches den Weisen und Klugen verborgen und den Unmündigen offenbart hast. Ja, Vater, so ist es wohlgefällig gewesen vor dir.«

Im Dezember 1098 stürmte Raimund das stark befestigte Ma'arrat am Nu'mān südlich Antiochias. Die Tafurs aber drängten weiter nach Jerusalem. Drohend näherten sie sich an der Spitze niederer Kleriker den Fürsten, die an ihre Bereicherung, nicht aber an ihr Kreuzzugsgelübde dachten. Sie forderten die Zerstörung Ma'arrats und die Fortsetzung des Marsches. Raimund, der sich schon häuslich niedergelassen hatte, gab schließlich unwillig nach und ließ die Festung niederbrennen. Barfüßig, gefolgt von Klerikern mit Kerzen, verließ er sie. Im Januar 1099 setzte sich das Heer in Richtung Jerusalem in Bewegung, das nach harten und verlustreichen Kämpfen am 15. Juli fiel. Zwei Tage lang herrschten Raub und Mord, dem Muslime und Juden zum Opfer fielen. Die Armen befanden sich endlich am Ziel ihrer Hoffnungen und Sehnsüchte. Sie warteten nun ungeduldig auf die Wiederkunft Christi und die Errichtung des Gottesreiches. Der provencalische Chronist Raimund von Aguilers, Kaplan Raimunds IV., schrieb: »Es gehört sich nicht, dort einen König zu wählen, wo unser Herr litt und gekrönt wurde, denn er sprach in seinem Herzen: Ich bin auf den Thron Davids gesetzt worden und besitze sein Königreich. Und wenn sich ein irdischer König vom Glauben und den Tugenden Davids entfernen sollte, würde ihn vielleicht Gott vernichten und seinem Zorn über Land und Leute freien Lauf lassen, so wie der Prophet hinausschrie: Wenn der Heilige der Heiligen kommen wird, dann hört die Salbung auf (nach Dan. IX, 24). Es ist aber allen Völkern kundgetan worden, daß Er gekommen ist. Aber man soll einen Beschützer der Stadt wählen, der die Tribute des Landes und seine Einkünfte unter die Wächter verteilt.«[19] Gottfried von Bouillon (1089–1100) nannte sich tatsächlich »Beschützer des Heiligen Grabes« und verzichtete nach seiner Wahl auf den Königstitel. Er kam damit auch der kirchlichen Auffassung entgegen, nach welcher ihr Patrimonium von einem Monarchen nur beschützt, nicht beherrscht werden sollte.

Papst Urban II. hätte am liebsten die eroberten Gebiete als Kirchenstaat vereinnahmt, in dem dann Legaten die Macht ausübten. 1099 sandte der Erzbischof von Pisa und spätere Patriarch von Jerusalem Daimbert (1099–1102) während der Schlacht um Askalon der Kurie einen Brief, in welchem er unter anderem ausführte: »In dieser Schlacht bitten wir Gott, daß sich das Reich Christi und der Kirche nach Zerschlagung der Kräfte der Sarazenen und Satans von Meer zu Meer ausdehnen möge.«[20] Solche Pläne ließen sich nicht realisieren, denn die Kurie verfügte weder über Mittel noch Krieger, um die Macht in eigener Regie zu übernehmen. Sie mußte wohl oder übel das Feld den weltlichen Herren überlassen und versuchen, Einfluß auf die Wahl gekrönter Häupter zu gewinnen.

Für die »Armen« endete der eschatologische Rausch spätestens mit der Salbung des Bruders Gottfrieds, Balduin I. (1100–1118), zum König von Jerusalem. An die Stelle des ersehnten Gottesreiches auf Erden war ein feudales Fürstentum nach französischem Muster getreten. Um ein weiteres Mal mußten sie ihre Hoffnungen begraben. Der physischen Zerschlagung von 1096 folgte die seelische Ernüchterung von 1100. Dessenungeachtet endete ihr großes Abenteuer nicht in Resignation. Zwar bewies es, daß ohne geographische Kenntnisse und ohne erprobte militärische Führung und Ausbildung im Alleingang eine Landnahme im Orient unmöglich war. Klima und soziale Umwelt gestatten keine »Ostkolonisation« wie in den slawischen Gebieten oder im Norden Spaniens. Andererseits aber erlangten die Bauern einen Grad von Selbstbewußtsein, der sie dem Verständnis der »Schrift« näherbrachte, ohne sich der offiziellen Exegese bedienen zu müssen. Eschatologie und Fanatismus der Tafurs waren Ausdrucksformen von Emanzipationsbestrebungen der bäuerlichen Klasse von der feudalen Ideologie, die als Pendant zu den radikalen Reformvorstellungen in städtischen Kreisen gesehen werden dürfen. Reformanliegen bildeten die geistige Klammer, die dualistische Ketzer, Cluniacenser, Pataria, Gottesfrieden und Bauernkreuzzug zusammenhielt. Alle diese Strömungen reflektierten eine soziale und religiöse Unruhe breitester Schichten, die Erschütterung tradierter Herrschaftsstrukturen, sozialer Normen und Schibboleths. Das erhoffte Ende der alten Zeiten und die Niederkunft des Gottesreiches auf Erden verliehen den Wandlungsprozessen ihr zeitgemäßes Gesicht. Das »Ende« betraf nur das karolingische Erbe, das im 11. Jh. in der neuen Klassengesellschaft dialektisch aufgehoben wurde. Die neuen Freiheiten lösten die alten Unfreiheiten ab, die Statik nachkarolingischer Sozialstrukturen wich einer Dynamik, die die gesamte Gesellschaft, Herrschende und Beherrschte, ergriff, sie differenzierte und profilierte, wobei sich das Stadtbürgertum unüberhörbar zu Worte meldete. Kurz nach der Jahrhundertwende »demokratisierte« sich das Pilgerwesen, das bis dahin der herrschenden Klasse, Adeligen, Bischöfen und Äbten, vorbehalten gewesen war. In den Bestimmungen des Gottesfriedens waren Pilgern ohne Ansehen ihrer Herkunft Privilegien, wie Unverletzlichkeit ihrer Person, Tragen einer Pilgerkleidung, Verkehr mit Exkommunizierten, Messehören bei Priestern ihrer Wahl, Beichten während des Interdikts, Stundung von Schulden und Exemtion von Zöllen, gewährt worden. Namenlose Pilger strömten nunmehr aus aller Herren Länder zu den Apostelgräbern nach Rom oder nach Spanien, nach Compostela. Von Lüttich bis Compostela benötigte man 36 Tage, bis Jerusalem 6–8 Monate.

Bei derartigen Wallfahrten handelte es sich nicht nur um Frömmigkeitsäußerungen oder um Bußgänge zur Tilgung von Schuld, sondern sehr oft um Versuche, der drückenden Abhängigkeit von Bannherren, der klösterlichen Enge oder städtischer Not zu entfliehen. L. Schmugge spricht geradezu von mittelalterlichem »Massentourismus«. Nicht selten kehrten die peregrini nicht mehr an ihren heimatlichen Herd zurück, sondern blieben zu günstigen Bedingungen in Spanien oder Italien, nahmen als Freie Besitz von Land und Lehen. Damit mündete die Pilgerfahrt in die »Gästebewegung«, d. h. die Binnenkolonisation, ein. Natürlich gilt das Gesagte nicht für jeden Wallfahrer. Manch einer kam auch als gerupfte Gans nach Hause und hatte alles verloren, viele aber nutzten die Chance, machten in Klöstern Station, genossen deren Gastfreundschaft und sahen sich nach einer bequemen Bleibe in der Fremde um. So wie die Armen in Syrien und Palästina als Freie das Ritterheer begleiteten, so pilgerten sich die Wallfahrer frei. Auch sie gehörten zum gleichen Stamm mobiler Laien, wie Kreuzfahrer und Wanderprediger, die sich dem Gedanken einer armen Kirche verschrieben, sie aber nicht mehr in der Ferne, sondern in der rauhen Heimat suchten. Sie lenkten die Sehnsucht der Laien von Jerusalem nach Rom, vom Himmel auf die Erde, vom triumphierenden Christus in den Wolken zurück auf den sorgenbeladenen Jesus, der seine Jünger zur Nachfolge aufrief. Die inbrünstige Naherwartung des himmlischen Jerusalems wich dem entbehrungsreichen Ringen um eine arme Kirche, die sich mehr und mehr zu einer Kirche der Armen umbildete, in der arbeitende Menschen, Bauern und Handwerker, zu den eigentlichen Märtyrern aufrückten, wie der römische Kardinal und Theologieprofessor Jakob von Vitry († 1241) bekennen mußte, weil sie die Gemeinden der Gläubigen als Vorbilder von Frömmigkeit und Entsagung verehrten.

Der Traum von der Kirche der Armen

Welterneuerung in der Nachfolge Jesu – die Wanderprediger

Als 1076 ein Adelssprößling namens Stefan († 1124) in der Diözese Limoges in einem waldigen und einsamen Flecken, Muret genannt, eine Klause einrichtete, da stellte er seine Gefährten und Bewunderer vor die Wahl: »Du kannst dich zu einem beliebigen Kloster aufmachen, wo du große und feste Gebäude sowie delikate Speisen vorfindest, die dir regelmäßig gereicht werden. Dort erwarten dich Nutztiere und weite Felder, hier bei mir aber nur Kreuz und Armut.«[1] Als sich seine Zelle gegen seinen Willen zu einem Kloster erweiterte, da hielt der vierte Prior der Gründung, Stefan von Liciac (1139–1163), in der Satzung so viel wie möglich von der ursprünglichen Geisteshaltung fest: »Es gibt keine andere Regel denn das Evangelium Christi . . ., einen Glauben und ein Heil beinhaltet die erste und vornehmste Regel aller Regeln, von der alle anderen gleich Bächen von einer Quelle ihren Ausgang nehmen, dem heiligen Evangelium, das der Heiland den Aposteln vermachte und das sie in der Welt getreulich verkündeten.«[2]

Der bretonische Gesinnungsgenosse Stefans, Robert von Arbrissel (um 1045–1116), hatte sich 1091 mit seinen Schülern in einem undurchdringlichen Walde des Niedermaine, im Craon, niedergelassen, wo er noch keine »Waldläufer« antraf. Sein Ideal formulierte er knapp in einem Brief an die bretonische Gräfin Ermengard: ». . . die Welt hinter sich lassen, sich selbst verachten und nackt dem nackten Christus am Kreuze folgen.«[3] Ganz ähnlich gestimmt war auch der spätere Erzbischof von Magdeburg, Norbert von Xanten (um 1080–1134), als er Reichtum und Ehre von sich warf und als »Armer in Christo« und Prediger durch Nordfrankreich zog: ». . . er erwog bei sich, daß er dem nackten Kreuz überallhin nackt folgen wollte . . .

Und so brach er denn mit zwei Begleitern, die von den gleichen Vorsätzen wie er beseelt waren, gen St.-Gilles-les-Boucheries auf: mit bloßen Füßen, einem härenen Gewand und Mantel, ohne Kopfbedeckung, ohne sichere Unterkunft, den Schrecken von Sturm und eisiger Kälte tapfer überwindend, allein Christus folgend.«[4]

Durch Bischof Marbod von Rennes (1096–1123) wissen wir, daß Robert ähnlich gekleidet durch die Lande pilgerte: »Nachdem du das Ordensgewand abgelegt hast, gehst du einher mit einer Tunika aus Ziegenhaaren ... Mit halbnackten Schenkeln, einem lang herabwallenden Bart, an der Stirn abgeschnittenen Haaren und barfüßig begibst du dich unter das Volk.«[5] Robert nahm sich vor, Johannes dem Täufer nachzueifern, um sinnfällig die Rückkehr zu den Zeiten des Neuen Testaments und des Erdenwandels Jesu, zur Umkehr von der sündigen Welt zu demonstrieren. Ihn trafen die Warnungen der Evangelisten bis ins Mark: »Tut Buße, metanoieite!« (Mk. 1, 15) Oder: »Weh euch, ihr Reichen, denn ihr habt euren Trost dahin! Weh euch, die ihr jetzt satt seid, denn ihr werdet hungern!« (Luk. 6, 24 f.)

Besonders nahe stand den Wanderpredigern das Matthäusevangelium, da es in seinen ethisch-moralischen Passagen Ressentiments gegen faule Mönche, schlechte Priester und satte Reiche zu wecken verstand. Es geißelte die Christengemeinde, in der das Unkraut unter dem Weizen blühte, in der es Scharlatane und Verführer, Bosheit und Sünde, Verrat, Haß und Lieblosigkeit gab. Jüngerschaft und Nachfolge Jesu bedeutete für unsere Prediger Anteilhabe an der Niedrigkeit und Armut, Verzicht auf Ehre und Ruhm, Dienst am Nächsten. Für Matthäus forderte Jüngersein Gerechtigkeit und Leidensbereitschaft, sie versprach aber zugleich Anteilnahme am Herrn, am Kyrios. Das Lukasevangelium bot den Predigern Zeugnisse für die bedingungslose Armutsforderung. Es erzählte, daß die Schüler des Erlösers alles aufgaben, daß Jesus Freund der Armen, der Sünder und Verlorenen gewesen war. Die Evangelisten sprachen von dem Ruf des Heilands an seine Anhänger, sich seiner Lebensweise und Lebensform anzupassen und den Appell Gottes in die Welt zu tragen. Für die religiösen Eiferer des 12. Jh. bedeutete das Verkündung des Wortes und Gehorsam, nicht jedoch Erfüllung kirchlicher Normen. So erklärte 1130 der Eremit Simon aus dem Gebiet von Chartes, daß er niemandem außer Gott unterworfen sei.

Von Süditalien bis nach Schottland beherrschten seit dem ausgehenden 11. Jh. die Einsiedler das Feld. Westfrankreich, die Bretagne und die Normandie verwandelten sich in eine neue Thebaïs (Region um das ägyptische Theben). Die Eremiten suchten in den Evangelien und den ägyptischen und palästinensischen Asketen der Frühzeit, soweit sie die »Leben der Väter« oder die Schriften des Johannes Cassianus (um 360 – um 435) aus Marseille überlieferten, nach Vorbildern und Autoritäten für ihre vita religiosa. Besonderer Beliebtheit erfreuten sich Johannes der Täufer und die Büßerin Maria Magdalena. Martyrium, Buße und Mission waren Dreh- und Angelpunkte ihrer Motivierung. Johannes erschien als Wüstenprediger, war mit Kamelhaaren bekleidet, trug einen ledernen Riemen um die Hüften und nährte sich von Heuschrecken und Honig. Man glaubte, er und seine Jünger hätten ohne Unterlaß gefastet. In der Lebensbeschreibung des Abtes Antonius las man, daß Antonius von Koma († 356) im Alter von 20 Jahren die Geschichte vom reichen Jüngling hörte, darauf sogleich Hab und Gut verkaufte, sich in ein Dorf, bald aber in die Wüste zurückzog, in harter Askese lebte und durch sein Beispiel Tausende zur Nachahmung anregte. Eine Sammlung von Vätersprüchen (Apophthegmata Patrum) schilderte das Gebaren der ägyptischen Eremiten in den nitrischen Bergen und der sketischen Wüste. Nachfolge war für diese Leute geistige Zucht und Konzentration. In Jesus sahen sie das Ideal der Armut, Ehelosigkeit, Weltentrücktheit verkörpert. Ihre Askese bezweckte nicht Leidensnachfolge, sondern Gehorsam und Demut. Christus erschien ihnen nicht als Verkünder des Gottesreiches, als Freund von Sündern und Zöllnern, sondern als unerbittlicher Richter. Der

Asket lebte in ständiger Furcht vor dem Tag des Gerichts, er entsagte sich soweit wie möglich der »Welt«, daß er selbst die Brüder floh. Er schämte sich aller körperlichen Bedürfnisse, des Essens und Schlafens. Er wollte den Körper so weit besiegen, daß er sich in einen Engel verwandeln konnte. Diese Kasteiungen hoben ihn in den gleichen Rang wie die Propheten. Der koptische Mönchsvater Pachomius (292–346) erschien den Dorfbewohnern als Engel Gottes, dessen Seele sich schon in das Reich der Geister erhoben hatte.

Eng verbunden mit der Askese war das Paradiesmotiv. Der Biograph des heiligen Antonius, Athanasius († 373), schrieb dem Fasten eine geradezu eschatologische Wirkung zu: »Laßt uns das Fasten lieben; denn Fasten, Gebet und Almosen sind ein trefflicher Schutzwall. Sie entreißen den Menschen dem Tode, denn wie Adam durch eine Speise und durch Ungehorsam aus dem Paradiese vertrieben wurde, so wird einer, der willens ist, durch Fasten und Gehorsam wieder in das Paradies eingehen.«[6] Antonius belehrte seine Schüler: »Gehorsam und Enthaltsamkeit unterwerfen die wilden Tiere.«[7] P. Nagel wies nach, daß sowohl das Wander- als auch das Klostermönchtum der Frühzeit nicht mehr die Menschwerdung Christi als Heilstat Gottes, sondern allein die Askese als Rechtfertigungsmittel für den Urfall des Menschen ansah. »Der Schlüssel zum Paradies liegt in der Versöhnung Gottes durch asketische Bußleistung. Die vita ascetica sieht ihr Telos in der Wiederherstellung dessen, wonach Gott den Menschen geschaffen hat – nach seinem Bild und Gleichnis.«

Für Antonius war Askese Pflicht der Christen. Er erwartete dafür keinen besonderen Lohn. Er wollte nur sein Innenleben heiligen, um die Seele frei zu machen, damit sie das Angesicht Gottes zu schauen vermöchte. Für ihn gelangte der Mensch in der Askese zu innerer Vollkommenheit und eroberte sich das Himmelreich. Die sketischen »Väter« waren sich nie sicher, ob sie die strengen Gebote, die sie sich selbst auferlegten, auch wirklich restlos erfüllten. Aber sie hatten eine große Hoffnung:

Die irdischen Qualen würden im Jenseits reich vergolten werden. Daher ertrugen sie diese mit Freuden. Der Asket fühlte sich eins mit dem Märtyrer, denn seine Entbehrungen waren eine tägliche Pein. Das Volk erhoffte vor allem von den Märtyrern Fürsprache beim Jüngsten Gericht, vom Asketen Hilfe in der Gegenwart. Ihm traute es Wunderkräfte zu, aber von ihm verlangte man auch, daß er sich als Sachvalter der Armen ausweise und sich von seiner Hände Arbeit ernähre. Antonius von Koma nahm sich das zu Herzen, »da er gehört hatte: Wer nicht arbeitet, soll auch nicht essen. Einen Teil des Lohnes verbrauchte er für Brot, den anderen verwandte er für die Armen«[8].

Die ägyptischen Einsiedler empfanden schon den kleinsten Besitz als Raub an den Armen. Der griechische Mönchsvater und Metropolit von Cäsarea, Basilius († 379), referierte ein fingiertes Gespräch mit einem Geizhals: »Wem tue ich Unrecht ... wenn ich das Meinige zusammenhalte? Aber sage mir: was ist denn dein? Woher hast du es bekommen und es in die Welt gebracht? Wie wenn einer im Theater, der bereits seinen Platz hat, die später Eintretenden fernhielt und den allgemein zugänglichen Raum als sein Eigentum beanspruchte. So gebärden sich die Reichen. Die gemeinsamen Güter belegen sie zuerst mit Beschlag und machen sie durch diese Vorwegnahme zu ihrem Privateigentum. Nähme jeder nur so viel, wie er zur Befriedigung seiner Lebensbedürfnisse braucht, und überließe das übrige den Armen, dann gäbe es weder Reiche noch Arme. Bist du nicht nackt aus dem Mutterschoß hervorgegangen und wirst du nicht nackt zur Erde zurückkehren?«[9]

Die sketischen Wüstenmönche schreckten vor jedem Besitz zurück, da sie die Armen nicht berauben wollten. Sie hoben nicht einmal eine Erbse auf, die sie am Wege fanden, und verurteilten sogar Mundraub. Apa Nisteroos besaß zwei Obergewänder. »Ein Asket fragte ihn: Käme ein Bettler und bäte dich um Kleidung, welches gäbest du ihm? Nisteroos – das bessere. Käme aber noch ein Bettler, was dann? Die Hälfte und so weiter, bis er nichts mehr hat.« Ebenso fühlten sich die frühchristlichen Einsiedler den Sündern verpflichtet. Wurde ein Bruder aus der Kirche oder aus dem Kloster verstoßen, dann fand er in der Sketis Aufnahme. Hier fand er die innere Freiheit, nur noch für Gott dazusein und Gott für ihn. Hier bewährte er sich im Kampf gegen die Dämonen, hier überwand er mit seiner Demut die Schlingen des Satans. Das erforderte, die Nähe von Frauen zu meiden. »Tauche nie mit einer Frau deine Hand in eine Schüssel und iß nicht mit ihr, dann fliehst du den Unzuchtdämon wenigstens eine Zeitlang ... Lege dich nicht an einem Orte zum Schlafe nieder, wo es Frauen gibt.«[10]

Sehr oft trieb die Wüstenväter ein unstillbarer Wandertrieb von Ort zu Ort, von Klause zu Klause. Als »Fremde« auf der Welt fühlten sie sich nirgendwo zu Hause, sondern überall heimatlos. Aber gerade diese Heimatlosigkeit bedeutete ihnen die Freiheit von allen menschlichen Konventionen, die für sie jeden Wert verloren hatten.

In diesen Spiegel der Vollkommenheit blickten die Wandereremiten des 12. Jh. und meinten sich darin wiederzufinden. »Dieser Eremit der orientalischen Sandflächen und Dünenfelder wirkte als Anreiz, irgendwelche abendländische Nachfolge zu üben, wurde also zum Muster neuer Anachoreten, wurde zum speculum besonderer Tugenden, um in den Sprachgebrauch des Hochmittelalters einzumünden. Nur traten an die Stelle der Wüste nunmehr im europäischen Raum der Wald, das Dickicht, die Wildnis« (G. Schreiber).

Waren diese Armen in Christo tatsächlich wieder auferstandene ägyptische Anachoreten, und hatte sich lediglich die geographische Szenerie verschoben? Zweifelsohne empfingen viele von ihnen Anregungen durch die Lektüre der Viten, auch durch persönliche Kontakte mit ostkirchlichen Büßern, wie Heinrad von Hasungen († 1019), über den der Hersfelder Mönch Ekkebert zwischen 1072 und 1090 berichtet. Heinrad pilgerte nach Jerusalem und weilte hier zu Gast bei orthodoxen Mönchen. Darauf entschloß er sich, Jesu in allem nachzufolgen, sein Kreuz zu tragen, arm und heimatlos zu leben und das Volk durch Predigt zum wahren Christentum zu führen. Er fand in der Heimat Anklang, viele taten es ihm gleich und verschenkten ihre Habe, nahmen das Kreuz der Demut auf sich und scharten sich um ihn, Männer wie Frauen. Hier zeigten sich schon sehr früh Eigenarten des westlichen Eremitentums: nämlich Wallfahrten zu berühmten Orten vor ihrem Rückzug in die Einöden. Auf diesen Wanderungen machten sie sich mit neuen Ideen, aber auch Alltagsproblemen vertraut. Der starke Zustrom von Laien beiderlei Geschlechts zwang sie zu Überlegungen, die ihnen ursprünglich fernlagen, nämlich die Organisation fester Niederlassungen. Nicht zuletzt die Kirchenreform führte ihnen mehr Anhänger zu, als ihnen lieb sein konnte: entlassene Ehegattinnen und Konkubinen gemaßregelter Priester, verstoßene Geistliche und Mönche, Dirnen, Bauern, Vaganten. Das verwickelte sie wider Willen in weltliche Angelegenheiten und bürdete ihnen Sorgen um den Zulauf auf, der von ihnen Hilfe erwartete. Sie waren ursprünglich ausgezogen, um nackt den nackten Jesus nachzuahmen, das Kreuz zu tragen und Buße zu tun. Der Wald schien für ihr Vorhaben der geeignete Ort zu sein. In der Regel hatten sie schon als strenge Moralisten in der »Welt« negative Erfahrungen hinter sich, die ihre Ideale beleidigten. Ein Beispiel hierfür war *Robert von Arbrissel*.

Geboren um 1045 in Arbrissel (Diözese Rennes) als Sohn und Enkel einer Priesterfamilie, verbrachte er eine lockere Jugend auf Wanderschaft, kompromittierte sich durch Simonie und ging 1078 nach Paris, um Theologie zu studieren. Hier erhielt er die Priesterweihe und blieb bis 1089 in der Stadt. Dann versuchte er in Rennes sein Glück mit einer Reform des dortigen Klerus, hatte aber wegen seiner kompromißlosen Haltung keinen Erfolg und machte sich viele Feinde. 1093 verließ er fluchtartig die Stadt und zog sich nach Angers zurück, wo er sich an der Kathedralschule wieder den Studien widmete. Er lebte in strenger Zucht und predigte dem Volke. 1095 vertauschte er den Priesterrock mit einem härenen Gewande, verließ Angers und begab sich in die unwirtliche Waldregion von Craon, um hier nach dem Vorbilde der Wüstenväter und der Urgemeinde mit seinesgleichen zu leben. Die kleine Gruppe legte Hand an Bäume und Wurzelwerk, baute sich luftige Behausungen aus Sträuchern, Blättern und Ästen und schuf sich einen kleinen Gemüsegarten. Darin pflanzte sie Lauch, Zwiebeln, Kerbel, Lattich und Kresse, die typischen Kräuter der Einsiedler, die ihnen die Wiedergewinnung des Paradieses versinnbildlichten, weil man sich Gott jetzt so nahe fühlte wie die ersten Menschen im Garten Eden. Unbeabsichtigt und unbewußt ernährten sie sich weit gesünder als die Mönche, die Gemüse mißachteten und der Faustregel vertrauten: was nicht satt und fett macht, ist nicht nahrhaft! Sie stopften auf solche Weise im Übermaß Glukosen, Mehl und Stärke, in sich hinein, die ihre Leiber aufschwemmten und ihre Lebenserwartung verringerten.

Die Einsiedler hingegen nährten sich von Wurzeln, Kräutern und Waldfrüchten, erhielten sich gesund und wurden alt. Peter von Etoile lehrte Robert und andere Eremiten, wie Bernhard von Tiron (um 1046–1117), die Urbarmachung des Waldes und die Kultivierung der gerodeten Flächen. Wilhelm Firmat verließ immer dann seine Klause, wenn er die Wildnis gelichtet hatte, um weitere Waldstücke unter die Axt zu nehmen. Er und Robert gingen bei dieser Arbeit ganz planmäßig vor, so daß in Kürze zwei große Rodungszentren entstanden: 1096 La Roë im Forst von Craon und nördlich davon Fontaine Gérard. Beide bildeten Ausgangsbasen für den Vorstoß in das Grenzgebiet des Maine und der Bretagne. Bernhard gründete 1109 im Perche Tiron.

In Südfrankreich, im Périgord, wirkte Girald von Salles, der an Rodungen im Walde von Cadouin bei Salvetat anknüpfen konnte, die schon Robert vor ihm begonnen hatte. Insgesamt gingen auf Girald sieben Klostergründungen zurück. Darin ähnelte er Vitalis von Savigny, der 1102 oder 1103 eine Eremitenkolonie im Grenzgebiet der Bretagne und Normandie ins

Leben gerufen hatte. Von allen Seiten strömten Bauern, Köhler, Hirten und Arme herbei und bevölkerten die Rodungsinseln, die sich mit ihren »Gästen« zu Weilern entwickelten. Das bedeutete, daß die Eremiten ein organisches Element des gewaltigen Rodungsstromes im Hochmittelalter bildeten und keineswegs als Außenseiter der Gesellschaft zu klassifizieren sind. Sie flohen nicht vor der Welt in Kontemplation und Passivität, sondern sie drangen in feudale Freiräume vor, die sie mit ihren Aktivitäten ausfüllten und gestalteten. Sie entzogen sich kirchlichen Herrschaftsstrukturen, um im Eremus eine christliche Gemeinschaft nach evangelischem Muster ins Leben zu rufen, die nicht gegen die Machtkirche, sondern nur außerhalb von ihr stand. Es schien, als sollte sich neben der Papstkirche eine locker gefügte Einsiedlerkirche konstituieren, so wie das im 6. Jh. in Italien schon einmal versucht worden war, als die kirchliche Ordnung infolge der Goten- und Langobardenkriege zusammengebrochen und viele Menschen in die Einöde geflohen waren, um überleben zu können. Damals übernahmen die Einsiedler Mission und geistliche Betreuung der entwurzelten Menschen. Sie fungierten gleichsam als neue Apostel, welche die Kirche aus ihrer Krise herausführten und ihre Verarmung dazu benutzten, um sie in eine Volkskirche umzuwandeln, deren Klerus von seiner Hände Arbeit lebte. Im 12. Jh. hatten es die Eremiten mit einer reichen und mächtigen Kirche zu tun, die fest im feudalen Gesellschaftsgefüge verankert war und sich auf die Gunst und den Schutz der herrschenden Klasse verlassen konnte. Daher begannen sie ihr Werk auch nicht im Zentrum, sondern an der Peripherie der Gesellschaft, nahmen »Neuland unter den Pflug«. Dazu bedurfte es jedoch päpstlicher Genehmigung, besonders was die Predigt betraf.

Das Predigtrecht stand allein den Bischöfen und ihren Beauftragten, d. h. dem Parochialklerus für die Pfarreien und den Äbten für die Klöster, zu. Im 12. Jh. dehnte man das Recht auch auf niedere Ränge, wie Lektoren und Diakone, aus, ja man stellte an Kathedralen sogar Lohnprediger (praedicatores conductitii) an, um der lästigen Aufgabe der Laienbelehrung ledig zu sein beziehungsweise sie auf möglichst viele Schultern zu verteilen. Wichtig blieb in jedem Falle die Ortsgebundenheit und die Genehmigungspflicht, die eine Überwachung durch Bischöfe und päpstliche Beauftragte garantierten. Die Wanderprediger mußten sich deshalb bemühen, eine Genehmigung für ihr Auftreten zu erhalten, denn sie hatten ihren Standort weder bei einer Kirche noch Kathedrale, sondern verkündeten in Dörfern, Weilern und Wäldern das Wort des Herrn. Der Abt Balderich von Bourgueil (1079–1107) und spätere Erzbischof von Dol in der Bretagne (1107–1130) schrieb in seinen letzten Lebensjahren eine Biographie Roberts von Arbrissel, in der er erzählt, daß sein Held 1096 in La Roë vor Papst Urban II. gepredigt und dieser ihm darauf eine Lizenz für seine Wandermission erteilt habe. E. Delaruelle, J. Becquet, J. Smith und R. Zerfaß treten für die Geschichtlichkeit dieser Episode ein, nicht zuletzt weil auch Bernhard von Tiron dieses Privileg erhalten habe. Die Vita, die solches berichtet, muß mit großer Vorsicht benutzt werden, da sie in vielen Einzelheiten suspekt ist, wie Becquet nach einer eingehenden Analyse zugeben muß. Zerfaß meint, daß sich die Wanderprediger die päpstliche Legitimation verschafft hätten, um sich am Ortsepiskopat, der sie mit scheelen Augen beobachtete, vorbeizudrücken. Nun ist bekannt, daß Urban II. die bischöflichen Strukturen der Gesamtkirche restaurierte, um den Episkopat fest an Rom zu binden. Er verlieh Exemptionsurkunden (Befreiungsprivilegien) für Bistümer und hütete sich vor Bevorzugungen von Klöstern und Mönchen, um die Bischöfe nicht zu vergrämen. Wenn Balderich den Papst zu Beginn der zwanziger Jahre ins Spiel bringt, dann schrieb er aus der Retrospektive, aus dem Wissen um die »Domestizierung« des feurigen Wanderapostels, der schon längst zum Klostergründer – Fontevrauld – geworden war und die »Ortsbeständigkeit« (stabilitas loci) akzeptiert hatte. Es gibt kein päpstliches Aktenstück, das auf die Autorisierung Bezug nähme. Im übrigen dürfte Urban II. vom Auftreten und Gehabe jener Einsiedler vom Schlage Peters des Eremiten, die Bauern mobilisierten und dem Pfarrklerus entfremdeten, wenig erbaut gewesen sein. Darüber hinaus gilt es zu bedenken, daß Urban 1096 Robert ausdrücklich ermahnte, nicht leichtfertig Vorsätze zu fassen und sich der Leitung der Kanonikergemeinschaft La Roës zu widmen, was seine Wanderlust dämpfen und seine ortsungebundene Predigtweise begrenzen sollte. Er aber entfloh schon 1098 La Roës und begab sich in seine geliebten Weiler und Wälder, Einöden und Dörfer, wo er seinem Bußwerk freien Lauf lassen konnte.

Norbert von Xanten wurden 1118 auf der Synode zu Fritzlar angeklagt, daß er das Amt eines Predigers usurpiert habe und ein religiöses Gewand trage, ohne einem Orden anzugehören. Aus diesem Grunde wandte er sich an Papst Gelasius II. (1118–1119) in St.-Gilles-du-Gard, um Approbation zu erhalten, die ihm auch gewährt wurde. Aber auf dem Konzil von Reims 1119 versagte ihm Papst Kalixt II. (1119–1124) eine Bestätigung, obwohl Norbert seit 1115 die Priesterweihe besaß. Wollte er weiter predigen, dann sollte er sich eine feste Bleibe auswählen, die ihm Bischof Bartholomäus von Vir (1113–1151) in seiner Diözese Laon anbot, wo er im Kapitel St. Martin zu Laon zunächst das gemeinsame Leben der Kanoniker einzuführen versuchte, aber scheiterte. Der ihm wohlgesonnene Bischof gestattete ihm darauf mit einigen Anhängern die Flucht in den Wald von Coucy, wo er sich in den Lichtungen von Prémontré in der Diözese Soissons niederließ. Papst und Bischof arbeiteten in seinem Falle Hand in Hand, die Episode unter Gelasius II. blieb Ausnahme, das Mißtrauen gegen ein unkontrolliertes Wanderpredigertum sank nicht, sondern verstärkte sich eher. Ketzerei und Ungehorsam machten sich überall breit und beunruhigten Rom und den Episkopat.

Norbert selbst leiteten übrigens trotz seiner Armutsbegeisterung eigenkirchliche Vorstellungen. Er löste Prémontré aus dem Pfarrsprengel heraus, lehnte Zehntabgaben und Zahlungen an den Bischof ab, schaltete alle Rechtsansprüche Dritter aus und behielt Organisation und Ordnung seiner Gründung fest in der Hand. Das zeigte sich auch 1121 in der Übergabe der Kirche des Stiftes Floreffe (Diözese Lüttich) durch den Grafen Gottfried von Namur († 1139) an Prémontré. Der Graf überließ Norbert ohne Zustimmung des Bischofs den Zehnten und die Regelung der inneren Angelegenheiten des Stiftes. Norbert kümmerte sich nicht um die bischöfliche Amtshoheit und ging von der »Freiheit« seines Konvents, bald seines Ordens, aus. Damit durchbrach er die hierarchischen Strukturen und blieb selbst noch als Erzbischof von Magdeburg einem vorgregorianischen Denken verhaftet, zu dem sich eigentlich alle Wanderprediger bekannten, auch wenn sie vorgaben, die offizielle Kirchenreform zu propagieren. Konnte man es unter solchen Umständen dem Episkopat verübeln, daß ihm die Bewegung verdächtig vorkam? Förderte sie nicht indirekt die Mißachtung des Klerus und hielt die Laien vom Kirchgang fern?

In der Predigt eines französischen Weltpriesters aus der ersten Hälfte des 12. Jh. tönten laute Klagen über den Antiklerikalismus des Volkes, der weder vor tätlichen Angriffen auf die Seelenhirten, vor Brandstiftungen in Gotteshäusern und Altarschändungen noch vor Sakralraub haltmachte. Zehntverweigerungen und säumige Begleichungen kirchlicher Dienste waren an der Tagesordnung. Darüber durften sich jedoch die Leidtragenden nicht wundern, denn sie blieben in Simonie verstrickt und handelten mit Pfründen wie mit Waren. Geistliche gaben sich Zaubereien hin, benutzten Sakramente für Beschwörungen, tauften Wachsfiguren, um Unheil über Menschen zu bringen, und verkauften Hostien an Dirnen, die mit ihnen Liebhaber an sich fesseln wollten. In der Beichte redeten sie nicht von Sünde und Buße, sondern von galanten Damen, deren Gunst Ehebrecher genossen. Ein Priester aus Fougères in der Erzdiözese Dol (Bretagne) weigerte sich, Frauen in der Beichte zu absolvieren, wenn sie ihm nicht zuvor zu Willen waren. Kirchenspenden ließ er geschickt in seine weiten Ärmel gleiten oder versteckte sie unter dem Altartuch. Eine Feuersbrunst nutzte er zur Entwendung eines kostbaren Buches aus, das ihm Mönche des nahe gelegenen Klosters geliehen hatten. Befragt, wo es geblieben sei, schwor er unverfroren auf eine konsekrierte Hostie, daß er es nicht wüßte.

Solches Verhalten wirkte für die Laien als Hohn und Blasphemie, als Verhöhnung des Evangeliums, als Unverfrorenheiten des Satans, ja als Zeichen des Antichrists. Mußten da die bärtigen und abgehärmten Gestalten aus den Wäldern nicht wie gottgesandte Apostel zur Rettung der verderbten Christenheit erscheinen, wie Engel, die Sodom und Gomorrha verfluchten und das unglückliche Volk auf den Weg der Erlösung führten?

Robert von Arbrissel und seine Begleiter traten, in Lumpen und Säcke gehüllt wie Johannes der Täufer, unter das Volk. Marbod von Rennes mahnte sie, doch nicht zu vergessen, daß das weder mit dem geistlichen Amt noch mit dem Priesterstand, dem ja Robert zugehörte, vereinbar sei: »Für einzelne gewisse Stände und Ämter ist nämlich eine Unterscheidung der Kleidung angemessen und geeignet, die, wenn sie geändert wird, die öffentliche Meinung beleidigt. Ein weiser Mensch aber wird die öffentlichen Sitten nicht verwirren und das Volk auch nicht durch diese Neuheit seiner eigenen Person zuwenden.«[11] Es sei lächerlich, durch ausgefallene Kleidung Bewunderung hervorrufen zu wollen. Einfache Kleidung zieme sich für Glauben und Bescheidenheit, zerlumpte offenbar nur für Dummheit und Verworrenheit des Geistes. »Die Toga soll nicht im Glanz erstrahlen, aber sie soll auch nicht schmutzig sein. Es ist viel lobenswerter, in Gold und Seide bescheiden zu wandeln, als in Lumpen zu glänzen.«[12] Marbod fand auch wenig Gefallen an der Nachahmung des Täufers. Wenn Robert schon davon nicht ablassen könne, dann solle er erst an sich arbeiten, um jenes Maß an Sittenreinheit der Apostel zu erreichen, damit er zu ihm aufsteigen könne. Lehre doch die Vernunft, nicht beim Gipfel zu beginnen, sondern im Tale anzufangen. Verdächtig machte sich Robert auch wegen seiner Kritik am Klerus aller Grade in aller Öffentlichkeit. Es zieme sich nicht, meinte Marbod, die Schuld abwesender Geistlicher und Prälaten aufzuzählen. Vielmehr solle er die Fehler und Laster seiner Herde tadeln, sonst handle es sich nicht um eine Erbauungspredigt, sondern um Verleumdung. Er hetze die öffentliche Meinung gegen die Kirche auf, damit er mit den Seinen beim Pöbel etwas gelte. Aber eine solche List preise nur den ungeläuterten Menschen. Sie sei irdisch, animalisch und teuflisch. »Sie ziemt sich nicht für dein Amt, nicht für deine Fahrten, nicht für diese Lumpen. Auch wenn du leugnest, daß du es willst, so kannst du doch nicht leugnen, daß du es erreicht hast.«[13] Die verderblichen Folgen solchen Tuns führte der Bischof dem Gerügten plastisch vor Augen: »Wir sehen verarmte Priester, die von ihren Herden verlassen wurden, wir sehen Unwürdige, denen sich (die Gläubigen) ausliefern, deren Gebeten sie sich anempfehlen, deren Bußverpflichtungen sie annehmen und denen sie den Zehnt oder die erste Garbe zahlen . . . Wir sehen, wie dir von überallher die Scharen zuströmen, dir und den Deinen Ehren erweisen, die sie ihren eigenen Hirten hätten zuwenden sollen.«[14] Nicht Liebe zum Glauben leite den Pöbel, sondern Neugier und Schaulust.

Gerade in dieser Verachtung der Laienscharen, in denen Marbod nur Lumpen und Gesindel zu erblicken vermochte, wird der krasse Gegensatz zwischen der Hierarchie und den Wandereremiten deutlich greifbar. 50 Jahre später äußerte sich die deutsche Nonne und Mystikerin Hildegard von Bingen (1098–1179) noch unmißverständlicher als Marbod. »Wer sperrt denn schon Ochsen und Esel, Schafe und Böcke in einem Stall zusammen?« Gott wolle, daß der weltliche Staat den himmlischen in seiner hierarchischen Ordnung nachbilde. Vereinigten sich die einzelnen Stände zu einer Herde, dann führe das zum Ende aller Ordnungen und zu einem allgemeinen Chaos. Die höheren Stände stürzten sich auf die niederen, die niederen erhöben sich über die höheren, Haß und Verachtung regierten und brächten den Menschen Verderben. Gott aber unterscheide die Menschen: ». . . alle werden von Gott geliebt, dennoch haben nicht alle den gleichen Namen.«[15]

Ganz anders die Wanderprediger. Sie wollten genauso leben

wie die 12 Apostel, ohne Besitz, ganz der Seelsorge hingegeben. Wie Jesus folgten ihnen die Scharen der Ausgestoßenen, der Hilfsbedürftigen, der Aussätzigen. Robert ließ sich Magister nennen, weil ihm diese Anrede als gering gegenüber Herr oder Abt erschien, so wie es den Armen in Christo gebühre. Marbod berichtet von den Scharen, die durch Felder, Dörfer und Städte streiften, die, befragt nach ihrem Sinnen und Trachten, antworteten, sie seien »Leute des Meisters«, ohne dem eine erläuternde Erklärung hinzuzufügen. Das beweist, wie Roberts Autorität in Westfrankreich, in der Bretagne und im Perigord, im Volke gestiegen war. Die Kirchen blieben leer, die Pfarrer verkrochen sich in ihren Häusern oder bestürmten die Bischöfe, Abhilfe zu schaffen. Sie bekamen die Rechnung dafür präsentiert, daß sie sich nicht um die Armen gekümmert, ihr Einkommen für sich verbraucht und die Armenfürsorge vernachlässigt hatten.

Im Anjou befaßten sich Klöster, Bischöfe und Adelige auf ihren Domänen mit der Pflege von Spezialkulturen wie Wein und Obst, um sie in klingende Münze umzusetzen. Zu diesem Zwecke enteigneten sie bäuerliches Neuland und vertrieben ihre Inhaber. Robert, Bernhard von Tiron und Girald von Salles wetterten gegen Reichtum und Simonie und riefen zu Buße und Frieden auf. Robert schonte weder Adel noch hohen Klerus. Er sagte, daß sie die Schuld dafür trügen, daß Lüge, Mord und Raub die Welt regierten, die Gott in seinem Zorn verlassen habe. Um aus diesem Elend herauszukommen, wollte er die Welt zu Armut und Frömmigkeit zurückführen. Aus diesem Grund galt seine Verehrung in erster Linie nur dem Tauf- und Bußsakrament. Ansonsten stand über allem das Wort.

J. M. Bienvenu wies nach, daß Robert den Armutsbegriff vertiefte und vergeistigte. Armut war ihm nicht mehr nur ein materieller Zustand. Barmherzigkeit erschöpfte sich nicht im Almosengeben, in der Speisung Hungriger und in der Bekleidung Nackter. Wahre Armut bedeutete für Robert moralisch-ethisches Armsein aus der Erkenntnis der Sünde heraus. Wahre Armut litt für ihn unter der Verachtung der Menschen, weshalb sie sich nach Gott sehnte. Echte Barmherzigkeit mußte deshalb hier ansetzen, um dem Sünder die Hand zu bieten, dem Verachteten Hoffnung einzuflößen und ihm menschliche Würde zurückzugeben. Genau das versuchte Robert mit seinen Predigten, die eine unerwartete Resonanz unter den »Lumpen« und dem »Pöbel« fanden, was nicht nur Marbod erschreckte. Ihm schlossen sich die Mühseligen und Beladenen an, er nahm sie alle auf, wie einst Jesus, der niemanden abgewiesen hatte. Die Frage war nur, wie er die große Menge betreuen und im kirchlichen Glauben halten konnte. Marbod sah da eine große Gefahr heraufziehen: »Wie sehr auf diese Weise die Zahl der Schüler auch wächst, so sehr vermehrt sich auch das Verderben der Vernachlässigten. Man muß sich fürchten, deiner teilhaftig zu werden.«[16] Der Bischof mahnte ihn nachdrücklich, nicht zu vergessen, daß sein Gefolge aus schwachen Menschen bestehe und sich deshalb auch nach Menschenart verhalte. »Was ihnen aber ermangelt, ist deine Aufsicht, so daß sie so handeln und sprechen, wie die Welt spricht, wie die Welt es versteht. Wir ziehen es nämlich vor, daß ihre Schuld (die sie durch ihr Verhalten auf sich laden, E. W.) deiner Nachlässigkeit angerechnet wird, anstatt sie deiner Autorität über sie anzulasten.«[17] Robert wollte aber nichts von einer Regel und Ortsbeständigkeit (stabilitas loci) wissen, sondern frei und unbekümmert, solange es anging, durch die Lande ziehen, was ihm auch von 1098–1100 gelang. Unterwegs sorgte er mit Nahrung und Kleidung für seine Jüngerinnen und Jünger, ganz wie eine Bienenmutter. Bauern spendeten ihm Brot und Getreide, der Wald Beeren und Wildfrüchte. J. v. Walter bemerkt, daß sich die Wanderprediger in ihrer Nachfolge Jesu nichts geschenkt, Hunger, Kälte, Heimatlosigkeit und Armut ertragen hätten. Dennoch war ihre Askese weit von der der Wüstenväter entfernt. Diese zerstörten absichtlich den Körper und beschworen Krankheit und Tod herauf, jene aber bewahrten ihren Leib und hielten maß, denn wer das Fleisch tötet, der tötet auch die Seele! G.-M. Oury ist voll zuzustimmen, wenn er urteilt, daß nicht Kasteiungen den neuen Einsiedlertyp ausmachten, sondern ein sinnvolles Leben in Armut, Einfachheit und Arbeit, das sich der bäuerlichen Daseinsweise anglich.

Bernhard von Tiron wurde in der Normandie von einem Archidiakon gefragt, woher er denn eigentlich das Recht nähme, dem Volke zu predigen. Dieses Recht stände doch nur bischöflich legitimierten Priestern in Parochien und Städten zu. Bernhard antwortete, daß nach den Weisungen der Apostel nur ein der Welt gestorbener Priester das Volk führen dürfe. Das heißt, daß ihn sittliche Leistung zum Lehramt befähige. Dazu gehörte vor allem die Sorge um Arme und Kranke, um Bettler und Krüppel. Er kleidete und beköstigte sie und entzog mehr als einmal den Mönchen von Tiron das Brot, um jene zu sättigen. Dieser soziale Zug ist auch bei Vitalis von Savigny zu beobachten. Er wollte die Sünder nicht nur bekehren und zur Buße veranlassen, sondern ihnen im gleichen Atemzug die materielle Existenz sichern. So baute er für Kranke Unterkünfte, schenkte den Armen Kleidung und Kost. In seinen Predigten gegen die Übel der Zeit ruhte er nicht eher, bis den Schwachen ihr Recht wurde und die Reichen zerknirscht davonschlichen. Genauso verhielt sich Norbert von Xanten in Ost- und Nordostfrankreich gegenüber den Armen. Er betätigte sich als Friedensstifter und zusammen mit seinem Gefährten und späteren Ordensgeneral Hugo von Fosses (1128–1161) als Wundertäter. Das Volk bestaunte und verehrte die beiden wie Heilige, ganz so, wie wir das von Peter dem Einsiedler her kennen. Der Scholastiker Peter Abaelard (1079–1142) zieh sie deshalb der Scharlatanerie: »Ich lasse alle ihre angeblichen Wunder beiseite, das geweihte Wasser, das sie den Siechen zu trinken geben, um sie wieder gesund zu machen, das Befühlen der Glieder, um die Schmerzen zu verjagen, sowie die Gebete, die sie über für Kranke bestimmte Brote sprechen. Ich will zu dem Wichtigeren, zu jenem großen Wunder der Auferstehung, das Norbert und sein Apostelgefährte Hugo mit unnützem Aufwand zu bewerkstelligen versuchten, übergehen. Wir sahen es voller Erstaunen, Verachtung und Entrüstung. Nachdem sich beide im Gebet vor dem Volke niedergeworfen hatten, erhoben sie sich, ohne aber mit ihrem Wunder weitergekommen zu sein. Dann aber wagten sie es in ihrer Unverschämtheit, sich an die Zuschauer zu wenden und ohne Erröten über ihre Betrügereien zu erklären, deren Unglaube habe den Erfolg ihrer feurigen und frommen Bemühungen vereitelt... Leider täuschten sie damit manchmal Einfältige, aber nach dem Wahrheitsspruch ist nichts so verborgen, daß es nicht eines Tages ans Licht käme, und nach Hieronymus wird ein falscher Ruf rasch erledigt. Wir kennen sehr wohl solche Listenreiche, die sich vornehmen, Fieberkranke auf milde Art und Weise von ihrem Leiden zu befreien, indem sie ihnen vielerlei Speisen und Getränke einfüllen und Segnungen und Gebete über sie sprechen. Sie überlegen sich dabei, wenn auf solche Weise eine Heilung erfolgt, dann wird man es ihrer Heiligkeit zurechnen, geschieht das aber nicht, dann kann man es entweder der Ungläubigkeit der Kranken oder der Hoffnungslosigkeit ihres Zustandes zuschreiben.«[18] Die »List«, die hier der Pariser Magister anprangerte, war damals gar nicht so ungewöhnlich, wie man meinen möchte, und schon gar nicht alleinige Praxis der Wanderprediger. Ein Philosoph und jüngerer Zeitgenosse und Schüler Abaelards, Johannes von Salisbury (1118–1180), klagte zum Beispiel über Medizinstudenten aus Salerno, die sich mit betrügerischen Experimenten ihr Geld verdienten. Sie riefen nicht Christus und die Heiligen, sondern Hippokrates und Galen zu Hilfe, um den Geist ihrer Opfer zu verwirren. »Treibt man sie aber in die Enge, dann bleibt als Kern nur zweierlei: jener Hippokrates-Spruch, daß man sich um desperate Fälle nicht kümmern solle, und jener so allgemein gewordene Grundsatz, daß man sein Honorar einzuziehen habe, solange es dem Patienten noch weh tue. Und so gehen denn die Leiden des Patienten mit der Habsucht des Heilkünstlers ein gar schönes Bündnis ein!«[19]

Sowohl Abaelard wie auch Johannes ließen bei ihrer Kritik den Wunderdurst der Menschen aus allen Klassen und Schichten außer acht bzw. bekämpften ihn, weil sie allein auf die Vernunft bauten und ein Christentum des Verstandes, nicht der Magie, Mystik und Kontemplation erstrebten. Abaelard begründete seine Abkehr vom Wunderglauben historisch: Er sei einst zur Bekehrung der Heiden wichtig gewesen, nicht aber für Christen in der Gegenwart, wo alle fest im Glauben ständen.

Diese Argumentation überzeugte das Volk nicht. Es suchte Kontakte zum Jenseits, blickte auf Zeichen und Offenbarungen, weil es sich dem Überirdischen ausgeliefert fühlte, das sich tagtäglich in unberechenbaren Naturerscheinungen zu Worte meldete. Nicht nur, daß etwa 1096 im Anjou und Maine die Menschen Hunger und Epidemien plagten, welche allein in Angers 200 Honoratioren und 2000 kleine Leute dahinrafften, sondern zusätzlich erschreckten Himmelserscheinungen die Gemüter und machten sie empfänglich für Rufe nach Buße und Umkehr.

Derartige Stimmen erklären auch irrationale Episoden, wie sie sich auf Wallfahrten oder beim Bau neuer Kirchen zutrugen. So erzählt Abt Haimon von St.-Pierre-sur-Dives (Diözese Sées, 1140–1148) in frommer Übertreibung vom Dombau zu St. Denis unter Abt Suger (1122–1151) folgendes: »Wer hat jemals Ähnliches gesehen und gehört, daß mächtige Herren und Fürsten der Welt, aufgebläht von Reichtum und Ehren, daß selbst Frauen von edler Geburt ihre stolzen Häupter gebeugt und gleich Zugtieren sich an Karren gespannt haben, um Wein, Getreide, Öl, Kalk, Steine und Holz den Werkleuten einer Kirche zuzuführen? Und ob viel mehr als 1000 Köpfe zusammen sind, herrscht doch tiefes Schweigen, man hört kein Wort, nicht einmal ein Flüstern. Wenn sie dahinziehen unter Posaunenschall und unter geweihten Bannern, kann sie nichts aufhalten, weder Berg noch Wasser . . . Sind die Pilger an der Kirche angelangt, bei deren Bau sie helfen wollen, so bilden sie eine Wagenburg, wachen die ganze Nacht und singen Psalmen. Auf jedem Karren zünden sie Kerzen und Leuchter an, zu den mitgeführten Kranken bringt man Reliquien, und alles Volk bittet durch Gesänge um ihre Heilung.«[20]

Die Menge erwartete ganz offensichtlich von den »Waldläufern« außergewöhnliche Taten, eben Wunder, die zum Ausweis ihres Charismas gehörten, sie als Nachfolger der Apostel bezeugten. Der Biograph Roberts von Arbrissel, Balderich von Dol, hebt diese Seite der Wirksamkeit seines Helden besonders hervor: »Wer hat heutzutage so viel Ermüdete aufgerichtet, so viele Aussätzige gereinigt und so viele Tote zum Leben erweckt?« Aber er differenziert auch wieder: »Wer an der Erde klebt, der wird nur von Irdischem sprechen und die Wunder an den Leibern bestaunen. Wer sich aber zur Geistigkeit aufgeschwungen hat, der wird wohl bezeugen, daß er Müde und Aussätzige, ja selbst Tote geheilt hat, indem er jedwede müde und kranke Seele aufrichtete, ihr half und sie kurierte.«[21]

Balderich gibt mit diesen Bemerkungen einen interessanten Einblick in die pastorale Tätigkeit Roberts, die vom Volk als Wunder begriffen wurde. Es steigerte die ganz normale Seelsorge ins Überirdische, da ihre Wirkung für sie die normalen Maßstäbe weit hinter sich ließ.

Zur Jesusnachfolge gehörte auch die besondere Aufmerksamkeit und *Liebe zu den Frauen*, die bekanntlich dem Heiland auf den Kalvarienberg gefolgt waren und ihn bestattet hatten.

Die Wanderprediger brachten Johannes den Täufer mit Sünderinnen in Zusammenhang, denen er Bußleistungen auferlegt habe. Selbst Jesu Mutter Maria hätte ihn aufgesucht, denn Johannes machte keinen Unterschied zwischen Mann und Frau, sondern belehrte und taufte Zöllner, Sünder, Frauen, Heiden.

Jesus handelte ähnlich, aber er machte die Nächstenliebe zur Grundlage seiner Mission, die ihn zu den Verachteten und »Geringen« hinführte, zu den Zöllnern, Sündern und Frauen, die ihn wohl als erste als Messias empfanden, ihm folgten und ihn verehrten. Zugunsten von Frauen tat er Wunder an Besessenen, Verkrüppelten und Blutflüssigen. Vor allem aber kümmerte sich Jesus als Seelsorger um die Frauen. Er besuchte zwei Schwestern, Martha und Maria, in ihrem Haus und erfreute sie mit erbaulichen Reden (Luk. 10, 38 ff.). Viele Frauen, die von

Dämonen und Krankheiten gepeinigt wurden, heilte er und gewann sich damit eine treue Dienerschar. Verheiratete und Mädchen verließen Familie und Heimat und folgten dem Wunderrabbi. Sie begleiteten ihn bis zum bitteren Ende auf Golgatha. Jesus vertrat die Gleichheit der Geschlechter vor dem Sittengesetz: Ehebruch galt ihm als für Mann *und* Frau gleichermaßen verdammenswert (Mark. 10, 11 f.), denn in der Frau sah er keine Sache, sondern ein göttliches Geschöpf. Daher verhängte er über Sünderinnen nicht nur Bußen, sondern gewährte ihnen auch Vergebung. Er trat immer und überall als Prediger der Gnade auf. Die Frauen vergalten ihm seine Fürsorge und ihre moralisch-religiöse Befreiung mit mutiger Treue bis zu seinem Tode: Sie bekannten sich öffentlich zu ihm, dienten ihm auf Reisen und halfen ihm bei der Seelsorge.

Im Hochmittelalter war der Drang von Frauen zur vita religiosa nicht geringer als im Urchristentum. Das feudale Patriarchat hatte die Frauen in harte Fesseln geschlagen, aus denen sie ein Entweichen suchten. Im 11. Jh. galt die Gewalt des Ehemannes über seine Gattin als unumschränkt. Er befand über Leben und Tod. Graf Foulques III. Nerra von Anjou (987–1040) ließ seine des Ehebruchs angeklagte Gattin Elisabeth lebend verbrennen. 1040 steinigte ein Bauer im Anjou in einem Wutanfall sein Weib. Als Buße brauchte er seiner Schwiegermutter lediglich die Mitgift zurückzuerstatten. Zu diesen Grausamkeiten kamen die periodischen Schwangerschaften und die vielen Kinder, die Minderbemittelte kaum ernähren konnten. Oft starben die Mütter an Unterernährung. Es ist nicht schwer zu begreifen, daß sich die Frauen bei solchen Zuständen leicht aus den Familienbanden lösten und sich Predigern anschlossen, die ihnen Freiheit, Erbauung und Erlösung versprachen oder zu versprechen schienen. Von den schutzlosen, verstoßenen Konkubinen der in Zucht genommenen Priester, den streunenden Dirnen und den unverheirateten Bauerntöchtern hörten wir schon. Ende des 11. Jh. bewegte sich ein wachsender Frauenstrom zu geistlichen Stiftungen.

1095 berichtete der Chronist der Abtei St. Martin zu
Tournai (Belgien) von Jünglingen und Jungfrauen, die der Welt
ade sagten, sich um das Kloster niederließen und nach den Vorschriften des Evangeliums lebten. Sie hätten ihre Habe verkauft
und den Erlös dem Abt überreicht. So groß wäre der Zulauf
armer und reicher Frauen gewesen, daß sich das Kloster außer-
stande sah, ihn zu kanalisieren. Deshalb errichtete der Abt zwei
getrennte Gebäude, deren Leitung er je einer »Meisterin« (ma-
gistra) übertrug, die je 60 Novizinnen und Novizen zu betreuen
hatte.

Ähnliches erfahren wir aus Oostbroek bei Utrecht zu Beginn
des 12. Jh., wo die »Schwestern« mit den »Brüdern« eine
Klostergemeinschaft eingingen. Sie gehörten aber nicht zu den
Nonnen, denn sie legten kein Gelübde ab und wohnten auch
nicht im Kloster, sondern im Bannkreis der Abtei. Deshalb
nannte man sie auch nicht Nonnen (monachae), sondern »weibliche Religiose« (mulieres religiosae). In den Quellen taucht dieser Begriff zuerst in den Urkunden der burgundischen Abtei
von Molesme Ende des 11. Jh. auf. Es handelte sich hier um
Frauen, die in einem Reformkloster Unterschlupf suchten, um
»religiös« zu leben. Sie empfingen eine besondere Gewandung
und Statuten, die ihnen asketische Verpflichtungen auferlegten:
Gebet, Arbeit, Fasten. Dennoch galten sie nicht als Religiose
im eigentlichen Wortsinne. Im 12. Jh. entwickelte sich daraus
in den Städten das Beginenwesen.

J. Smith bemüht sich um den Nachweis, daß Roberts Frau-
enanhang nichts Besonderes darstelle, da ihm wie anderen Wanderpredigern von vornherein Männer und Frauen gefolgt seien.
Das habe Marbod auf den Plan gerufen. Aber das ist nur die
halbe Wahrheit, denn Robert suchte in der Frau nicht nur die
gleichberechtigte Schöpfung, sondern das Symbol der Erlösung,
das Exempel für Keuschheitsproben und unblutiges Martyrium.
Nicht zufällig betete er zu Maria Magdalena. Sie repräsentierte
die kinderlose Frau, die als ehemalige Prostituierte nie Mutter
gewesen war. Die Eremiten nahmen sich diese zum Vorbild, weil

sie die Geschlechtlichkeit im Bußgang abtöten wollten, wie Maria Magdalena nach ihrer Bekehrung. In der vor 1115 erbauten Einsiedelei Fontaines-les-Blanches in der Erzdiözese Tours, nördlich der Loire, bildete eine Maria Magdalena geweihte Holzkapelle den religiösen Mittelpunkt, der zu einem lokalen Wallfahrtszentrum wurde, in dem alljährlich Bauern am 22. Juli das Fest der Heiligen zusammen mit den Brüdern begingen. Robert wollte seine Anhängerinnen sogleich dem neuen Lebensstil unterwerfen. Marbod hielt ihm die Gefahr des Scheiterns eines so kühnen und unüberlegten Unterfangens vor Augen: »Ich schweige über die jungen Mädchen, die ... ohne vorherige Prüfung Profeß ablegten, und die, die du in Einzelzellen eingeschlossen hattest ... Der fatale Ausgang beweist die Unbesonnenheit deiner Tat: die einen ... brachen bei der nahenden Niederkunft die Klausur ..., die anderen gebaren in den Zellen.«[22]

Ganz offensichtlich wurde Robert des Frauenzustroms nicht Herr. Die »Bekehrten« verkrafteten nicht den unvermittelten Übergang vom grauen Alltag zur vita religiosa, kapitulierten vor einem Ideal, das Berufung, nicht Flucht vor Zwängen verlangte. Marbod erkannte das weit klarer als der Schwärmer und Idealist Robert: »Und so ist es geschehen, daß du diesen unglücklichen Frauen, die noch nicht durch lange Erfahrung das alte Leben abgelegt hatten, plötzlich die Gebote einer neuen Vollkommenheit gegeben hast. Die Kleider sind zerrissen, während sie um ihren Mutterleib fürchten.«[23]

Von dem gemaßregelten Scholastiker Roscelin von Compiègne (um 1050 – um 1125) erfahren wir aus einem Brief an seinen ehemaligen Schüler Peter Abaelard, daß Robert entlaufene Ehefrauen bei sich aufnahm und sie selbst nach Intervention des Bischofs von Angers nicht zu ihren rebellierenden Gatten zurücksandte. Dadurch habe sich der bärtige Apostel an der Hurerei der Männer mitschuldig gemacht, die ihrer Weiber entbehrten. Auch er kritisierte wie Marbod die Auflösung geheiligter Ordnungen.

Den Bischof schockierte das unkonventionelle, ja provokatorische Gemeinschaftsleben von Männern und Frauen, in deren Mitte sich Robert ganz ungeniert bewegte. »Wie berichtet wird, nimmst du mit ihnen nicht nur tagsüber gemeinsam die Mahlzeiten ein, sondern du hältst sie auch nachts des gemeinsamen Lagers für würdig, wobei sich die Schar der Schüler gemeinsam niederlegt und du ... in der Mitte zwischen beiden liegend, jedes Geschlecht mit den Geboten versiehst.«[24] Die Frauen selbst beschäftigte Robert nach dem Zeugnis Marbods mit weltlichen und geistlichen Aufgaben, sei es als Dienerinnen, sei es als Helferinnen bei Predigten. Vor allem letzteres war für den Prälaten unerhört. Leider geht er in seinem Mahnschreiben nicht näher darauf ein. Er monierte nicht nur den vertrauten Umgang Roberts mit Frauen, sondern nicht minder die Reservierung von Pilgerquartieren und Zufluchtsorten für seinen weiblichen Anhang, wo er ohne geistliche Kontrolle Reisenden und Armen zur Hand gehen sollte und prompt den fleischlichen Verführungen erlag. »Was dort an gefahrvollem Tun vor sich geht ..., verrät das Schreien der Kinder.«[25] Bewahrheitete sich da nicht das Alte Testament, das dem Weibe den ersten Schritt zur Sünde anlastete? Wer sich ihm nähert, geht zugrunde, wer die Sünde meiden wolle, der müsse ihrer Verursachung fliehen. Robert schlafe mit der Schlange am Busen und gerate in große Gefahr, auch wenn er sich fleischlicher Lust enthalte, denn es gäbe kaum jemanden auf Erden, der längere Zeit unter Weibern lebe, ohne der Reinheit seiner Seele verlustig zu gehen. Was solle es denn überhaupt, fragt der erboste Bischof, daß ein Frommer, der die Ehe verachte, sich auf einmal an Weiber binde, die er zwar nicht berühre, aber sich durch Blicke und Gespräche mit ihnen einlasse? »Wer nämlich kein Verlangen nach einer Frau hat, sucht sich niemals eine zu seiner Ergötzung aus ... Und auch sonst fügst du auf solche Weise so manches hinzu, was dein Streben nach einer unehrenhaften Gemeinschaft offenbart.«[26] Was meinte wohl Marbod mit dieser Kritik?

Robert sah in der Gemeinschaft mit Frauen eine Erprobung seiner Berufung, ein unblutiges Martyrium, religiöses Athletentum. Wie wir wissen, lehnte er übertriebene Askese, die den Leib zerstörte, ab. Er wollte das »Fleisch« nur auf die Probe stellen, ob es dem Geist gehorchte, zu seinem Werkzeug geworden war und dem Büßer die erlangte Heiligkeit bestätigte. Iogna-Prat vergleicht eine derartige Geisteshaltung mit den Ordalien, den Gottesurteilen, durch die sich Angeklagte vor Gericht reinigen konnten, etwa durch das Tragen glühenden Eisens. Mutatis mutandis hätten dann Wanderprediger vom Schlage eines Roberts in der Frauengemeinschaft glühende Eisen berührt. Mit diesen Keuschheitsproben triumphierte Robert über die Nikolaïten, mit dem Kult der Maria Magdalena zeigte er Konkubinen und Dirnen den Ausweg aus irdischer Verstrickung, ihren Platz in einer religiösen Gemeinschaft. In dieser Hinsicht war Robert keine originelle Erscheinung, kein Außenseiter und kein Einzelgänger.

Das Zusammenleben männlicher und weiblicher Religiosen als eine Form asketischer Übung gab es schon in Korinth zu Zeiten des Apostels Paulus. Man schloß geistliche Verlöbnisse, um sich gegenseitig zu unterstützen und die Tugend zu erproben. Dieses *Syneisaktentum* (außereheliches Zusammenleben von Asketen) basierte auf der freieren Stellung der Frauen innerhalb der frühchristlichen Gemeinden und ihrer aktiven Teilnahme am Kult. Diakonissen assistierten bei der Taufe, bei den Montanisten, einer Sekte aus dem 4. Jh., tauften weibliche Presbyter und spendeten das Abendmahl. Im Westen übernahm vor allem die irische Kirche diese Tradition. In ihr hatten Männer und Frauen Zugang zu kirchlichen Ämtern und zur Liturgie. Das Syneisaktentum galt in Irland und im keltischen Einzugsbereich auf dem Festlande, in der Bretagne, als Motiv der Demut, ja als eine Form des Martyriums, die man weiße Marter nannte. Von dem Büßer Aldhelm von Malmesbury (Kloster in Südwestengland aus dem 8. Jh.) erzählt sein Biograph: »Sobald er durch den Stachel des Fleisches erregt wurde, leugnete er nicht etwa die Wirkung dieser Lockung, sondern trug über sie einen ungewöhnlichen Triumph davon: er wies dann keineswegs das Zusammensein mit Weibern zurück, wie all die anderen, die fürchteten, infolge der günstigen Gelegenheit zu straucheln, sondern er hielt sie fest, wobei er entweder saß oder lag und so lange wartete, bis sich sein Fleisch gefährlich erhitzte, um dann ruhig und unbewegt seinen Geist davon abzuwenden. Der Teufel aber, der das Weib und den Mann in enger Gemeinschaft bemerkte, sah sich genarrt, da der Heilige mit abgewandter Seele verharrte, das Weib nicht berührte, Psalter sang und nicht betrübt war, daß der Dämon mit ihm leichtfertiges Spiel trieb.«[27]

Bretonische Priester zelebrierten im 6. Jh. die Eucharistie zusammen mit Asketinnen, die ihr Lager teilten, zum Entsetzen des gallischen Klerus! 658 verbot das Konzil von Nantes ausdrücklich den Altardienst der Frauen, und die Synode von Bordeaux wandte sich wenige Jahre später gegen das Syneisaktentum insgesamt.

Hinter dem Syneisaktentum in Irland und der Bretagne stand die Achtung für weibliche Würde und das Recht der Eigenpersönlichkeit der Frau in der Ehe. Sie durfte nach keltischem Brauch bei Ehebruch des Mannes, Verleumdung und Mißhandlung von sich aus die Scheidung einreichen. Sie besaß in der Ehe weitgehende Gleichberechtigung mit dem Manne. In den seit dem Ende des 6. Jh. entstandenen irischen Heldensagen trat die Frau in politischer und erotischer Beziehung als aktiv handelnde Persönlichkeit in den Vordergrund, die die Geschicke von Stämmen und Sippen mitbestimmte. Ein altes Sprichwort faßte diese Situation in folgenden Vers: »Die Frauen sind es, von denen man Glück oder Unglück empfängt« (J. Weisweiler). In heidnischer Zeit war der keltische Götterhimmel vornehmlich mit weiblichen Gottheiten bevölkert, die alle von der Großen Mutter abstammten. Das Paradies nannte man Land der Frauen. In christlicher Zeit trat die heilige Äbtissin Brigit von Kildare (um 433–523) das heidnische

Erbe an. Sie führte in ihrem Gefolge einen Bischof als »obersten Künstler« mit, der ihr zu Gehorsam verpflichtet war. In Hymnen feierte man sie als Mutter Jesu, als Prophetin Christi, als Maria der Gälen, als Geburtshelferin Marias, als Pflegemutter Christi. Das Syneisaktentum erlangte unter diesen Voraussetzungen nicht zufällig gerade in Irland und der Bretagne Verbreitung und Beliebtheit. Die Frau beeinflußte nachhaltig das keltische Frühchristentum. Sagen und Heiligenviten führten dem Publikum Heldinnen vor, die ihren männlichen Partnern gegenüber eine herausragende Stellung einnahmen. Sie repräsentierten sich als geistig und moralisch überlegene Naturen, denen sich die Männer unterordneten und denen sie nacheiferten.

Im 11. und 12. Jh. lebten in Westfrankreich noch weitere keltische Relikte christlicher Askese auf: das barfuße, mit entblößten Schenkeln übliche Wandern. Bei den keltischen Mönchen war es ein sehr beliebtes Mittel zur Abtötung der Fleischeslust und zur Demutsbezeugung. Wahrscheinlich gedachten die Asketen des Befehles Jahves an Moses (Mos. 2. Buch, Kap. III, 5): »Tritt nicht näher, sprach (der Herr), löse die Sandalen von deinen Füßen, denn der Ort, auf dem du stehst, ist heiliges Land.« Auch sind eschatologische Reminiszenzen nicht auszuschließen, wenn man die Weltflucht in Betracht zieht.

Wandern als Kasteiung war weit verbreitet. Die ungewisse Fahrt in die Fremde (peregrinatio) und die beabsichtigte Heimatlosigkeit, die Friedlosigkeit bedeutete, galten als Kreuzigung des Fleisches. In Irland benutzte man sie als Strafe für verletzte Klosterzucht, als Buße für Regelüberschreitungen. Je weiter die Reise ging, um so größer waren die religiösen Verdienste. Man wanderte allein oder in Gruppen, missionierte und übte sich in Entsagungen aller Art. Allerdings spielte die eigene Vervollkommnung, das individuelle Seelenheil, eine wichtigere Rolle als der Seelenfang. Buße empfand man als persönliche Reaktion auf Sünden, als Arznei gegen Fehltritte, nicht als eine Gott dargebrachte Genugtuung (satisfactio). Keltischirische Buße besaß einen privaten, keinen öffentlich-rechtlichen Charakter, sie war nicht diffamierend.

Eine Verbindung von Buße und Abtötung der Fleischeslust stellte das Bad in eiskaltem Wasser zu allen Jahreszeiten bis zur Erstarrung dar, das Mönche und Eremiten sehr schätzten und übten. Schließlich bediente man sich bei Pilgerfahrten noch besonderer Stäbe, von denen man glaubte, sie seien vom Himmel gefallen, oder denen man besondere Heil- und Wirkkraft zuschrieb, wenn sie ein frommer Abt bei seiner Rückkehr aus der Fremde auf den Altar einer Kirche oder Kapelle legte. Robert führte als Stab ein griechisches Kreuz mit sich, d. h. ein Tau (T), das dem heiligen Antonius (um 250–356) als Marterholz zugeschrieben wurde und als Antoniuskreuz in die Geschichte einging. Es sollte den irdischen Jesus symbolisieren, dem Robert nachfolgen wollte und dessen Ruf als guten Hirten er auf sich bezog. Roberts Hirtenstab blieb erhalten und wird von den Benediktinern von Chemillé (Maine-et-Loire) noch heute als kostbare Reliquie aufbewahrt.

J. Becquet bestreitet jeden keltischen Einfluß auf Robert und die westfranzösischen Wanderprediger, da außer dem Syneisaktentum nichts darauf hinweise. Religiöse Frauengemeinschaft hätte man aber in den »Klostereinrichtungen« (De institutis coenobiorum) des Johannes Cassianus aus Südgallien finden und übernehmen können. Auch sei sonst nichts an keltischen Traditionen bekannt. Das stimmt aber nicht! Außer den schon angeführten Reminiszenzen bei Robert praktizierten die Eremiten in Gatines in der Diözese Tours das ganze Jahr hindurch die irische Wasseraskese sowie die peregrinatio, das heimatlose Wandern. Ebenso integrierten sie Frauen in ihre Klausen als Gehilfinnen an der Seite männlicher »Diener« (famuli), mit denen sie ihren gesamten Besitz teilten. Ihr Vorsteher, Christian der Eremit († 1150 oder 1160), der um 1115 in Gatines seine Hütte errichtet hatte, nannte sich wie Robert »Meister« (magister), ein Titel, den er auch nach der Klosterstiftung beibehielt, um aus Demut und Devotion den Abtstitel zu meiden.

Die Wurzeln des religiösen Selbstverständnisses dieser Männer reichten tief in den unerschöpflichen Quellgrund des Volksglaubens. Das übersieht L. Genicot, der nur auf ihre adelige Herkunft und ihren intellektuellen Bildungsstand pocht. Wenn er Intellektualismus und Radikalismus als verwandte Erscheinungen verbindet und ihre Kenntnis der Väterschriften, ihre Kontakte mit dem griechischen Osten und den Werken Cassians in den Vordergrund schiebt, um ihren geistigen Habitus zu umreißen, dann zeichnet er ein einseitiges Bild von ihnen, das der komplexen Geisteshaltung der Bewegungsmänner nicht gerecht wird. Entscheidend für ihre Motivation war der struktuelle Wandlungsprozeß der Gesellschaft, der ihnen eine Aktivierung der Armen, der pauperes, ermöglichte. Diese Aktivierung verlief im Rahmen einer sich vertiefenden und entfaltenden Feudalisierung, die eine Neugewichtung der Machtstrukturen erforderte. Die Wanderprediger rangen um ein ausgewogeneres Verhältnis zwischen Starken und Schwachen, um die Integration der pauperes als »Vollchristen« in die feudale Klassengesellschaft. Ihre Demonstration der »neuen« Christenheit vollzogen sie realistisch und drastisch, da sie sonst kaum hätte sichtbar gemacht werden können. Volkstümliche Überlieferungen und keltische Askese, die in Bruchteilen weiterlebte, eigneten sich dafür recht gut. Sie schockierten die Hierarchie und aktivierten die Laien, die sich nach einer Volkskirche sehnten und in den Wanderpredigern ihre ersten Repräsentanten verehrten.

Robert war ohne monastische Durchgangsphase Wandereremit geworden und hatte das Syneisaktentum nicht in abgeschiedener Stille, sondern in aller Öffentlichkeit praktiziert. Ohne Scheu verbrachte er die Nächte inmitten seiner Gefährtinnen. Das mußte die Bischöfe auf den Plan rufen. Sie wollten den Anfängen einer derartigen vita religiosa wehren, die für die päpstlich kontrollierte Reformkirche gefährlich werden konnte, weil sie den antiklerikalen Stimmungen unter dem Volke Nahrung und Auftrieb bot. Auch die Mönche blickten mit wachsender Sorge und Mißgunst auf die missionierenden Einsiedler.

Ein Mönch aus dem Kloster Petershausen bei Konstanz bemerkte in seinem vor 1134 verfaßten Werk »Die Wechselfälle des Klosters Petershausen« bei einem Vergleich zwischen dem zurückgezogenen Leben der Mönche und dem spektakulären Auftreten der Eremiten: ».. . anders als die Einsiedler unserer Tage es zu tun pflegen, die sich gerne ständig von zahllosen Menschen besuchen lassen und sich ohne Unterlaß mit ihnen unterhalten. So wie Jesus durch 40 Tage und Nächte völlig allein blieb, so sollen auch die vollkommenen Einsiedler nicht gestatten, daß sie durch das Volk gestört werden.«[28] Vor allem ärgerte ihn ihr Wirken in der »Welt« und ihr Ansehen unter dem Volke: »Aber in unserer Zeit werden sie oft für tadelnswert gefunden, da sie, kaum eingeschlossen, schon als Lehrer und Propheten gelten wollen, künftige Dinge falsch voraussagen, die Volksmenge anziehen, selten im Gebet und im Stillschweigen verweilen, alles, was in der Welt geschieht, beurteilen wollen und sich den ganzen Tag mit diesem und jenem unterhalten. Sie werden daher, wie auch die Einsiedler, von uns vor allem deshalb getadelt, weil sie zwar nach dem Gesetz, aber gegen die Gerechtigkeit zu handeln scheinen.«[29] Wurzel des Übels sah er in der mangelnden Disziplin, der sich die Mönche bei all ihren Fehlern unterwerfen: ».. . denn die Kleriker und Mönche, auch wenn sie mitunter das Recht übertreten, werden doch durch die Disziplin ihrer Vorsteher ständig im Zaum gehalten; die Einsiedler und Eingeschlossenen dagegen, die nach ihrem eigenen Gutdünken leben, halten alles für heilig, was sie tun und womit sie sich selbst betrügen. Ihr Vorhaben ist zwar heilig und gut, aber verderblich wegen ihrer Ungebundenheit.«[30] Disziplin galt nicht nur unserem Autor, sondern allen Kirchenmännern als höchstes Gebot. Das sollten die Wanderprediger bald zu spüren bekommen.

Auf dem Konzil in Poitiers 1100 stellten päpstliche Legaten Robert von Arbrissel wegen seiner Extravaganzen zur Rede und zwangen ihn zusammen mit Bischof Petrus II. von Poitiers (1087–1115) zur Einwilligung in eine Klostergründung, um seine vita religiosa in bewährte Bahnen zu lenken. Auf dem Konzil begegnete Robert zum erstenmal Bernhard von Tiron, der sich 1097 Vitalis von Savigny angeschlossen hatte, um der Übernahme der Abtei Saint-Cyprien-lés-Poitiers zu entgehen. Wie Robert predigte er Bauern und Köhlern Buße, bis auch ihn 1109 der Arm des Episkopats erreichte und er sich in Tiron eine feste Bleibe suchen mußte. Er hoffte, durch eine Verschärfung der Benediktinerregel, wie das Tragen ungegerbter Felle, in seiner Mönchsgemeinschaft etwas von der Wanderzeit zu retten, aber das konnte nicht darüber hinwegtäuschen, daß das Nachfolgeideal auf der Strecke geblieben war.

Robert fand mit Unterstützung Peters II. in der waldigen Region zwischen Nantes und Tours, südlich der Loire, in *Fontevrault*, einen günstig gelegenen Ort für die Niederlassung seiner Herde. Drei Burgen des Grafen von Anjou, Saumur, Chinon und Loudun, sicherten die Oase des Friedens in der von Fehden geplagten Grafschaft. Der Wald war bereits gelichtet und von einer Straße durchquert. Weinberge und zwei Wassermühlen in der Nachbarschaft boten den Neuankömmlingen gute Voraussetzungen für den Ausbau einer Kulturlandschaft. Zwei Grundbesitzer, eine gewisse Adelheid und Gautier von Montsoreau, übereigneten ihnen eine Mühle, Ackerland und Verkaufsrechte für Agrarprodukte. Robert separierte nunmehr Frauen und Männer. Letztere mußten arbeiten, während die Frauen Gebeten und Meditationen nachgingen. Trotz der nun vollzogenen Trennung der Geschlechter gab Robert den Gedanken des Syneisaktentums nicht auf. Er institutionalisierte ihn lediglich in Fontevrault, wie Bienvenu schreibt, indem er die Männer in unmittelbarer Nachbarschaft zu den Frauen einer asketischen Demütigung unterwarf, indem er ihnen eine dienende Position auferlegte. Die Kleriker der Gemeinschaft lasen in einer Maria geweihten Kapelle die Messe, genossen aber gegenüber den Laienbrüdern und -schwestern keine Privilegien. In den Anfängen Fontevraults setzte Robert seine Kirchenidee in die Praxis um: Brüderlichkeit dominierte, es gab keine Stände (ordines), keine Hierarchie und keine Zurücksetzung der Frauen. Die Mitglieder seiner Gemeinschaft waren alle Arme in Christo (pauperes Christi), die, von Liebe zum Heiland beseelt, sich der Leitung eines Meisters beugten, der die traditionellen Normen beiseite schob und den Befehl von Poitiers in einer Weise auslegte, daß er seine Ideale nicht gänzlich zu verraten brauchte. Vor allem verzichtete er nicht auf Predigten, sondern erhob täglich seine Stimme zu den Schwestern und Brüdern, deren Zahl immer weiter wuchs. Bienvenu vermutet, daß der Frauenanteil überwog, so daß die Versorgung der Gemeinde durch die männlichen Religiosen zu einem Problem wurde. Ohne Almosen aus der näheren und weiteren Umgebung wäre sie nicht lebensfähig gewesen. Ebenso machte Robert die Unterbringung seiner Schafe Sorgen. Die luftigen Laubhütten wichen bald stabileren Holzbauten, in welchen die Schwestern, nach Rängen gegliedert, Einzug hielten. Ein »großes Kloster« beherbergte etwa 300 »Kontemplative«, die eine Art Nonnen vorstellten, während kleinere Unterkünfte Prostituierte, Aussätzige, Laien und Kleriker beherbergten. Insgesamt entwickelte sich Fontevrault zu einem unübersichtlichen, schwer leitbaren monastischen Organismus, dem sich sein Gründer nicht gewachsen zeigte. Daher wollte er bald mit der Leitung nichts mehr zu tun haben. Im Juni 1101 machte er sich aus dem Staube und floh in die benachbarte Bretagne, wo er bis etwa 1103 seine alte vita religiosa wieder praktizierte.

Inzwischen war es aber in Fontevrault schon zu einschneidenden Veränderungen gekommen, die durch das resolute Vorgehen einiger Damen aus dem französischen Hochadel verursacht wurden. Schon die erste Gönnerin, Adelheid, nannte in der Schenkungsurkunde Robert »Herrn« (dominus) und seinen Anhang »Konvent geistlicher Frauen« (conventus mulierum religiosarum), ohne das männliche Gefolge auch nur mit einem Worte zu erwähnen. Daraus ergibt sich nach Bienvenu mit aller Deutlichkeit, daß die lokalen Geschlechter ein Nonnenkloster benediktinischer Observanz erhofften und verlangten. Die

Schwiegermutter des Herrn von Montsoreau, Hersendis, Tochter des Grafen der Champagne, ergriff in Fontevrault die Initiative und schwang sich nach dem Weggang Roberts zwischen 1102 bis zu ihrem Tode 1112 zur Priorin, also Leiterin, auf. Ihr folgte Petronilla von Chemillé (1112–1149), die sich nicht mehr mit der Würde einer Priorin begnügte, sondern 1115 den Titel einer Äbtissin annahm. Ihr einflußreicher Vetter, der Abt Gottfried von Vendôme (1093–1132), bestärkte und unterstützte sie in ihrem Vorhaben.

Diese Damen verliehen dem »Großkloster« ein aristokratisches Gepräge und bauten seine Vorzugsstellung innerhalb der Gemeinschaft aus. Ihnen blieb das Wanderleben fremd und lächerlich. Den religiösen Enthusiasmus, die Armutsliebe und die Verehrung des »Meisters« durch die Jünger kannten und verstanden sie nicht. Sie hielten weder etwas von spektakulärer Askese noch von Syneisaktentum, noch den Leitungsprinzipien des weltfremden Robert, dessen Intentionen sie kaum verstanden. Gottfried von Vendôme griff ihnen bei ihren Umgestaltungen tatkräftig unter die Arme. Er schrieb an Robert einen Brief, in welchem er die strenge Zucht der Nonnen des Großklosters als übertrieben rügte, andererseits aber die nächtliche Gemeinschaft des Gründers mit Dirnen, Konkubinen und flüchtigen Eheweibern scharf kritisierte, weil gerade diese Form der Askese den »Kontemplativen« ein besonderer Dorn im Auge war. Robert wich nur zögernd zurück und versuchte das Doppelkloster zu bewahren, aber der Dualismus von Fontevrault diente de facto allein der Vorherrschaft der aristokratischen Partei, die noch dem toten Apostel ein Begräbnis auf dem Friedhof unter seinen Verehrerinnen verweigerte und seine sterblichen Überreste im Chor der Abtei zur letzten Ruhe bettete.

Kurz vor seinem Tode legte Robert fest, daß die Oberin nicht nur den Nonnen und Laienschwestern (mulieres), sondern auch den Männern vorstehen sollte. Da bis 1119 bereits 65 Priorate von Fontevrault gegründet worden waren, bedeutete diese Regelung auch die Übergabe der Ordensleitung an eine Frau.

Robert dürfte von den Worten des Gekreuzigten an seinen Lieb-
lingsjünger Johannes beeinflußt worden sein: »Siehe, das ist
deine Mutter!« (Joh. 19, 27) Seine Erben sollten als Lieblings-
jünger des Herrn unter der mütterlichen Obhut und Gewalt der
personifizierten Gottesmutter, eben der Oberin, stehen.

Eine derartige Bevorzugung des weiblichen Geschlechts im
religiösen Gemeinschaftsleben rückt ihn an die Seite seines berühmten bretonischen Landsmannes *Peter Abaelard*. In seiner
1118 entstandenen Frühschrift »Einführung in die Theologie«
hatte er noch die übliche These vom Sündenfall der Menschheit
durch Eva rezipiert, aber dahingehend kommentiert, daß dadurch das weibliche Geschlecht nicht diffamiert worden sei.
Ganz im Gegenteil! Gott schuf die Frau im, den Mann aber
außerhalb des Paradieses. »Wie hervorragend war doch ihre
Erschaffung, die auf der Rippe des Mannes beruhte und ihr so
eine Festigkeit verlieh wie die der Knochen.«[31] Seiner Meinung nach sollten in der Kirche nicht Geschlechtsmerkmale
über die Würde des Menschen, sondern nur Verdienste entscheiden. Schließlich habe immerhin eine Jungfrau den Erlöser vom
Himmel auf die Erde gebracht. Ihm seien mehr Weiber denn
Männer gefolgt. In den Briefen an seine ehemalige Geliebte
und Ehefrau, an Heloïse, die dem Frauenkloster Paraklet vorstand, maß er den Nonnen den gleichen Wert zu wie den Klerikern. Jungfrauenweihe überrage sogar die Mönchsweihe! Alt-
testamentliche Gestalten wie Esther hätten bezeugt, daß
Frauen standhafter als Männer seien, weshalb auch sie Jesum
an Haupt und Füßen salben durften, nicht aber Apostel und
Presbyter. Dafür zeichnete sie der Heiland durch seinen Gruß
aus und verlieh ihren Gebeten Macht. Nach 1129 versuchte
Abaelard in Paraklet eine religiöse Frauengemeinschaft nach
seinem Bilde zu formen. Um den klösterlichen Frieden nicht zu
stören, sollte kein Adelssprößling die Leitung übernehmen. In
der religiösen Sphäre sollte es volle Gleichberechtigung zwischen Mann und Frau geben. Weit eher käme der Frau denn
dem Manne eine Vorzugsstellung in der vita religiosa zu. Ex-

treme Armutsforderungen, wie sie Robert erhob, vermied er ebenso wie Syneisaktentum. Im Unterschied zu den Wanderpredigern sprach er eine Bildungselite, niemals die »misera plebs« an. Robert sorgte sich um die verachtetsten und verworfensten Frauen, Abaelard allein um den Geistesadel. Robert hatte gehofft, daß es ihm in Fontevrault gelingen würde, eine Insel für die Mühseligen und Beladenen errichten zu können, die »Frauenfrage« gleichsam zu »demokratisieren«. Auch das gehörte zu seiner Idee von der Rückkehr zur Urkirche, in der das Christentum vom Volke ausgegangen war, so wie das die Apostelgeschichte (Apg. 4, 34–35) schilderte.

Die herrschende Klasse wehrte den Anfängen und ließ keine riskanten Experimente, auch nicht in Wäldern und Einöden, zu. Van Moolenbroek glaubt daraus den Schluß ziehen zu können, daß Wanderprediger und Eremiten den bestehenden Machtstrukturen nichts Reales, Greifbares entgegenzusetzen hatten, weshalb sich die Herren auch in ihrer Politik durch sie nicht beeinflussen ließen. Letzteres stimmt ganz sicher. Auch endete ihre geistig-religiöse Mobilität in der ungeliebten Stabilität, ihre soziale Dynamik in tradierter und legalisierter Statik. Aber dennoch griffen sie in die Ökonomie ein. Sie produzierten außerhalb feudaler und bäuerlicher Wirtschaftseinheiten, leisteten gleichsam »Schwarzarbeit« (R. Fossier), auch in Distanz zum städtischen Handwerk. Als Eremiten huldigten sie einer Art »Mischwirtschaft« – Ackerbau, Viehzucht, Handwerk –, die sich den Zugriffen der Ordnungsmächte entzog und mit den »Eingesessenen« konkurrierte. Sie füllten an der Peripherie des Kulturlandes Freiräume aus, die ökonomisch noch kaum erschlossen waren. Diese »Randgruppenlage« schlug sich auch in ihrer Mentalität nieder, die sich zu einem Idealbild christlicher Existenz in Armut – Brot für alle –, Frieden und Gerechtigkeit verdichtete und auf eine Reform der Gesellschaft hinauslief. Das mobilisierte soziale Schichten und Gruppen, denen die Kirche bisher keine Aufmerksamkeit geschenkt hatte, die gleichsam eine »stumme« Masse gebildet hatten. Unter diesem Ge-

sichtspunkt reflektierte auch das »Frauenlob« der Wanderprediger eine demographische Realität, nämlich das weibliche
Defizit im Verhältnis zu dem männlichen Geburtenüberhang in
Frankreich, der nach R. Fossier bis gegen 1225 anhielt und mit
dazu beitrug, daß man die Rolle der Frau im Haushalt aufwer-
tete. Demographische Entwicklungen verursachten aber auch
die beachtliche Vermehrung von klösterlichen und klosterähnli-
chen Niederlassungen im 12. Jh. Der Biograph Bischof Ottos I.
von Bamberg (1102–1139), Herbord von Michelsberg
(† 1168), spielte in seinem 1158/59 verfaßten »Dialog« darauf
an, wenn er das Motiv für die vielen Klostergründungen des
Bischofs seinen Lesern vorführt: »Die letzte Stunde ist angebrochen, und die ganze Welt liegt im argen. Aber um derjenigen
willen, die die Welt fliehen und gerettet werden wollen, ist es
nicht sinnlos, die Zahl der Mönchsgemeinschaften zu vergrö-
ßern, da sich auch die Menschen vermehrt haben. Am Anfang
der Welt, als nur wenige Menschen lebten, war eine weitere
Ausbreitung nötig. Deshalb lebte man nicht enthaltsam, und
alle heirateten. Nun aber, am Ende der Welt, wo die Menschheit sich zu sehr vermehrt hat, ist es Zeit für Enthaltsamkeit.
Wer immer kann, soll enthaltsam leben und sich Gott weihen,
was im übrigen besser in Klostergemeinschaften als außerhalb
möglich ist. Dies war für mich (Otto I., E. W.) die Veranlassung, neue Klöster zu gründen.«[32] Bekanntlich hatten in Italien die Päpste in ihrem Patrimonium schon im 11. Jh. unter
den Laien das Ideal der Ehelosigkeit kultiviert und Jungfrauen
und Junggesellen ihre Enthaltsamkeit oder besser Ehelosigkeit
als Verdienst angerechnet. Für die kirchlichen Rechtsgelehrten,
die Kanonisten, schloß die Ehe keinen von einem Priester vollzogenen Akt ein, sondern war nur ein privatrechtlicher Vorgang
innerhalb einer Familie. Die Vereinbarung der Brautleute bedingte erst das Zustandekommen eines Sakramentes. All das
zusammengenommen dürften spontane Reflexe von seiten der
Kirche auf den Bevölkerungsdruck in bestimmten Regionen der
lateinischen Ökumene gewesen sein.

Die Wanderprediger revolutionierten ihre Anhänger nicht gegen die geheiligte Ordnung, sondern hielten die Opposition gegen Machtkirche und Mönchtum im Rahmen der Orthodoxie. Dabei half die Hierarchie den Eiferern mehr, als diesen lieb sein konnte. Als später neue Wanderprediger um Paris 1197 ihre Stimme lautstark erhoben, wie Folco von Neuilly, der nach dem Vorbilde Roberts Dirnen verheiratete und mit einer Morgengabe ausstattete, da vermieden sie von sich aus jede Exzentrik, kleideten sich nicht in Felle, sondern nach der »Mode«, rasierten ihre Bärte, nahmen die Gastfreundschaft ihrer reichen Bewunderer an und ernährten sich nach Brauch und Herkommen. Sie wirkten von Anbeginn ihres Auftretens als kirchlich anerkannte Prediger und lehnten sich an einen berühmten Klosterverband, an Cîteaux, an, der wie Cluny in Burgund beheimatet war. In Konfrontation zur cluniacensischen Kongregation propagierte er eine radikale Armutsauffassung, die an das Eremitentum anknüpfte und mit den Forderungen nach evangelischer paupertas des Mönchtums Ernst zu machen versprach.

Der Armuts- und Arbeitsmythos des Zisterzienserordens

Die Ursprünge des neuen Ordens lagen in dem 1070 nach cluniacensischen Gewohnheiten lebenden burgundischen Kloster Molesme, das unter seinem Abt Robert (1070–1108) auf die nähere Umgebung ausstrahlte und einige Filialen errichtete. Innerhalb der Mönchsgemeinschaft gab es jedoch Eiferer, die ähnlich wie Eremiten und Wanderprediger nach einem »reineren« Leben, einer ursprünglicheren Regel ohne Zutaten und Ergänzungen, Ausschau hielten. Zentrale Rolle spielte dabei der Armutsgedanke. Als 1085 der weitgereiste englische Mönch Stephan Harding in Molesme eintraf und die kleine Gruppe der Rigoristen, welcher auch Abt Robert angehörte, in ihrem Vorhaben, zur benediktinischen Urregel zurückzukehren, bestärkte, kam es zum Bruch mit der cluniacensischen Tradition. 1097/98 erfolgte ihr Exodus »aus Liebe zur Armut« nach dem einsamen Ort in der Diözese Châlon-sur-Saône namens Cistercium (Cîteaux), wo sich die 21 Exilanten niederließen, um ein »neues Kloster« (Novum monasterium) nach ihren Maximen zu gründen. Neu sollte vor allem der Geist sein, der in der Abtei herrschte. Die Ideale der Männer aus Molesme sollten in der Einöde ihre Verwirklichung finden und schriftlich niedergelegt werden.

Zwei Berichte, das »Exordium Cisterciense« (Anfang von Cîteaux) und das »Exordium parvum« (Der kleine Anfang), sowie die wahrscheinlich nach 1119 verfaßte »Liebesurkunde« (Charta caritatis) spiegeln das Programm der Gründer wider. Interessant ist die Ausrichtung des Prologs der Charta caritatis (CC) auf einen Orden, die beweist, daß die Gründergeneration von Anfang an auf eine Expansion aus war, ähnlich wie die Wanderprediger die Welt »erobern« wollte, nur mit anderen, zweckentsprechenderen Mitteln, nämlich mit Hilfe einer straffen Organisation und Leitung durch eine korporative Zentrale. In Berücksichtigung negativer Erfahrungen der Cluniacenser umging man die Diözesanbischöfe nicht, sondern holte deren Zustimmung für die Ordenssatzungen vor jeder Gründung eines Klosters ein. Dessenungeachtet blieben die Aufsichtsrechte dem Orden erhalten. Als letzte Instanz fungierte Cîteaux. Das heißt, daß de facto das disziplinare Aufsichtsrecht des Bischofs umgangen wurde. Jedes Kloster sollte ein Abbild der Mutterabtei sein. In der CC wurde in elf Kapiteln das Verhältnis der Zisterzen untereinander festgelegt:

1. Materielle Unabhängigkeit der Tochterklöster von den Mutterklöstern
2. Einheitliche Beobachtung der Regel
3. Gleiche Benutzung liturgischer Bücher
4. Jährliche Visitation der Tochterklöster durch den Abt des Mutterklosters
5. Bestimmungen über die Befugnisse des Abtes der Mutterklöster bei Visitationen
6. Festlegung jährlicher Generalkapitel in Cîteaux
7. Bestimmungen für Neugründungen
8. Absetzungsbestimmungen bei Unfähigkeit von Äbten, Neuwahlen unter Mitwirkung des Bischofs

Dreh- und Angelpunkt des Organisationsprinzips war das *Generalkapitel*. Man darf wohl annehmen, daß Stephan Harding nach der Rückkehr Roberts 1099 nach Molesme auf Befehl des Erzbischofs von Lyon in seiner Eigenschaft als Abt des Neuklosters (1099–1133) die Idee eines Generalkapitels entwarf. Unter seinem Abbatiat hatten sich schon vier wichtige Ableger herauskristallisiert: La Ferté Pontigny, Clairvaux und Morimond, die eine Regelung ihrer Beziehungen zu Cîteaux verlangten. Darüber hinaus erforderte ein überlandschaftlicher Klosterverband neuen Stils eine durchdachte Verfassung, nicht zuletzt in Konfrontation zur cluniacensischen Kongregation mit ihrer Prioratsstruktur. Cîteaux billigte jedem Konvent eigene

Abtwahl zu, verpflichtete aber zugleich alle Äbte zu einer jährlichen Beratung im Mutterhaus. Die Geburtsstunde des Generalkapitels hatte geschlagen. Alle Jahre besuchte der Mutterabt
seine »Töchter«, um sie zu inspizieren. Das zeigt, daß trotz des
zugrunde liegenden korporativen Gedankens das monarchische
Prinzip gewahrt blieb, wobei jedoch an die Stelle der Autorität
eines einzelnen (Cluny – Großabt) eine Versammlung von »Fi-
lialleitern« trat. Im gewissen Sinne haben wir es mit einem Vorläufer korporativer Ideen, wie sie im 15. Jh. im Konziliarismus
Gestalt gewannen, zu tun, denn die Äbte der einzelnen Klöster
übten in ihrer Eigenschaft als Repräsentanten des Ordens legis-
lative und exekutive Funktionen aus. Das Movens bildeten
nicht juristische Spekulationen, sondern praktische Gesichts-
punkte. Stephan Harding mußte die Beziehungen des Neuklosters zu seinen Kolonien fixieren. In der CC definierte er sie
dahingehend, daß das Mutterkloster auf gewisse Rechte verzichtete und die Stellung der Töchter als Eigenklöster, wie bei den
Cluniacensern, annullierte. Die Äbte der Filialen erhielten
einen Platz in der Leitung des Gesamtverbandes zugewiesen.
Die Einheit des Ordens garantierte die gemeinsame Regel
sowie die Leitung durch den Vaterabt (Abbas pater) in Gemeinschaft mit dem Generalkapitel. Der Orden war also ein Verband einzelner Klostergruppen – »Mütter« mit ihren »Töch-
tern« –, die der Oberaufsicht des Generalkapitels unterstanden.
Die Äbte der Einzelklöster trafen sich jährlich als gleichberechtigte Berater in Cîteaux mit beschließender Stimme.

R. Molitor betonte, daß der Verfassungsaufbau Cîteaux' im
Vergleich zu Cluny dezentralistisch gewesen sei, da es den Toch-
tergründungen die Eigenständigkeit gelassen und den Mutter-
häusern die gleichen Rechte zugebilligt habe wie dem Stamm-
kloster. Durch die Kettung aller an die gemeinsame Observanz
und an das Generalkapitel müsse man ihn aber andererseits zen-
tralistisch nennen. In der Tat gehört dieser Dualismus zum
Charakteristikum des Ordens, der den monarchischen Gedanken der autonomen Abtei mit dem Kollegialitätsgedanken in

der Oberaufsicht verschmolz. Diese Konzeption eilte dem feudalen Staatsaufbau weit voraus und darf als Vorgriff auf die Ständemonarchie gewertet werden. Es wäre aber anachronistisch, dem Orden demokratische Tendenzen zu unterstellen, denn der Einzelmönch besaß weder Stimme noch Gehör, sondern er mußte sich widerspruchslos seinen Oberen unterwerfen. Er pflog den Gehorsam als höchste Tugend, so wie es der Mönchsvater Benedikt verlangte: »Die Tugend des Gehorsams ist nicht nur vor allem dem Abt zu leisten, sondern die Brüder sollen auch untereinander gehorsam sein in dem Wissen, daß man auf dem Wege dieses Gehorsams zu Gott gelangt.«[1]

Das war für so manchen Rittersohn nicht sehr leicht, aber ganz ähnlich wie in Cluny bot ihm die neue Gemeinschaft Sicherheit, Auskommen und mehr Freiheit als der geschlossene Sippenverband. G. Duby vergleicht die gesamte Ordensstruktur mit einer Rittergesellschaft, in der das Lehensverhältnis nur das Spiegelbild eines Familienverbandes gewesen sei. Für die erste Entwicklungsphase unter Stephan Harding dürfte das allerdings kaum zutreffen. Sein Programm orientierte sich an dem Rigorismus der Asketen von Molesme und den Vorbildern des Eremos in Westfrankreich und Italien, die Robert zur Nachahmung animiert hatten. So lesen wir im »Exordium Cisterciense« und den vor 1130 zusammengestellten »Capitula«, daß alle Klöster in Einöden erbaut und der Jungfrau Maria geweiht sein müßten. Die Mönche sollten von ihrer Hände Arbeit leben, Ackerbau und Viehzucht treiben. Zu diesem Gebot war ihnen der Besitz von Wäldern, Wiesen, Weinbergen und Gewässern erlaubt, wenn sie abseits menschlicher Behausungen lagen. Dagegen blieben ihnen Kirchen, Zehnten, Hörige, Dörfer, Backhäuser und Mühlen verwehrt, ebenso Verpachtungen von Land an Laien. Um die vor ihnen liegenden ökonomischen Aufgaben bewältigen zu können, warben die neuen Armen eine Arbeitsschar von Konversen oder Laienbrüdern an. Sie mußten ebenfalls ein Gelübde ablegen, vermochten aber nicht die Stufe eines Vollmönches zu erklimmen.

Die Kirchen hielt man einfach, duldete keine Bilder, ließ allein Holzkreuze zu und begnügte sich mit kupfernen, höchstens versilberten Kultgeräten. Man wollte mit der Forderung der Armen in Christo Ernst machen, deren Namen man trug und deren Gewänder man als Ordenstracht übernahm: grauweiße, rauhe Leinengewebe.

Der Minorit L. Hardick glaubt an den Aufbruch einer Armutseuphorie und einer Weltentsagung, wie sie das bisherige Mönchtum noch nicht gekannt habe. Ist ein solches Urteil gerechtfertigt und hat sich das Selbstverständnis der Urzisterzienser im Alltag realisiert?

L. Grill meint, daß die Rehabilitierung der *Handarbeit* die weißen Mönche mit den unteren Klassen verband, denen sie die Möglichkeit gegeben hätten, sich als Laienbrüder aus feudalen Bindungen zu lösen. G. Duby geht noch einen Schritt weiter und spricht von einer Ideologie der erobernden Arbeit, von einer Wandlung des christlichen Pessimismus in den Optimismus des 12. Jh., der vom Fortschritt auf allen Gebieten getragen worden sei.

Will man sich ein Urteil über diesen Fragenkomplex bilden, dann muß man Zeit und Ort berücksichtigen, denn die Ausdehnung des Ordens bedingte Variationen aller Art. Allgemein legten die Statuten fest, daß die Vollmönche nicht als Individuen Arbeit leisteten, sondern als Gemeinschaft miteinander und füreinander. Das Arbeitsfeld lag für sie innerhalb des Klosterbezirks. Dazu gehörten alle Arten von Gartenarbeiten wie die Pflege und Zucht von Obstbäumen und Reben, die Verarbeitung land- und forstwirtschaftlicher Produkte in Mühlen, Brauereien und Sägewerken. Des weiteren fielen Arbeiten in Handwerksstätten wie Schustereien, Webereien, Walkereien, Schmieden, Steinmetzereien an, in denen sie die Aufsicht führten.

Nun wissen wir aber, daß anfangs den Zisterziensern überwiegend wertlose, verwilderte Ländereien geschenkt wurden, was ihren Forderungen nach Ödland entsprach. Diese Tatsache zwang zu Rodung und Meliorierung. Ihr Ruf als Urbarmacher verbreitete sich mit Windeseile in Europa. Der Waliser Chronist und scharfe Kritiker des Ordens, Gerald von Wales, schrieb 1188 voller Bewunderung: »Gebt diesen Mönchen ein ödes Moor oder einen wilden Wald, laßt dann einige Jahre vergehen, und ihr werdet nicht nur schöne Kirchen, sondern auch menschliche Siedlungen dort errichtet finden.«[2] Solche und ähnliche Zeugnisse erwecken den Eindruck einer geplanten Kultivierung von Ödland. J. Lekei verweist auf neue Techniken bei Entwässerungsarbeiten, die sich nicht nur auf Sümpfe beschränkten. An der niederländischen Küste rangen sie dem Meer Äcker und Weiden ab. Das zwischen Dämmen und Mauern gestaute Wasser fand im Binnenland für künstliche Bewässerung und den Antrieb von Mühlen Verwendung. So hatte etwa die Abtei Les Dunes in Flandern gegen Ende des 13. Jh. schon 25 000 Morgen Moorland in fruchtbare Böden umgewandelt. In Doberan züchtete man in Glashäusern Pflanzen zu Versuchszwecken. Die französischen Mutterhäuser vermachten ihren deutschen Ablegern Edelobstsorten wie die graue Renette aus Morimond. Kamp in Thüringen züchtete auf einem Hof in Borsendorf den Borsdorfer Apfel. W. Rösener zeigte für das südwestdeutsche Altsiedelland, daß die Konversen die Ränder nutzten, sie meliorierten und kultivierten; das heißt, daß sie am Innenausbau der Orte teilhatten und den Grangien Äcker und Wiesen neu erschlossen.

Für die Planmäßigkeit ihres Vorgehens zeugt auch die Praxis, vor der Gründung einer Zisterze eine Untersuchungskommission das Land besichtigen zu lassen, ob alle Voraussetzungen gegeben waren, um ein Kloster zu errichten. Man berücksichtigte Klima, Bodenbeschaffenheit und Wasserhaushalt. H. Koller konnte für Niederösterreich in Zwettl planmäßige Dorfanlagen und rational durchdachte Kleinstadtsiedlungen nachweisen, die auf monastische Denkmodelle Rückschlüsse zulassen. Die Abtei behielt alle wichtigen Produktionszweige, vor allem die Herstellung hochwertiger Eisengeräte, in der

Hand und hatte dank dieser Möglichkeiten und ihrer Kenntnisse in der Agrartechnik den Raum fest im Griff.

Dennoch bedarf es in der Bewertung dieser ökonomischen Aktivitäten differenzierender Maßstäbe und Relativierungen. So zeigt sich beispielsweise, daß in Burgund keineswegs eine Rodung von Wäldern erfolgte, sondern lediglich ihre Nutzung für die Viehzucht. Im Pariser Becken, in Belgien und in Nordfrankreich machte die Rodungstätigkeit der weißen Mönche gegenüber den alten Benediktinern nur ca. 20 % aus, geschah aber selektiv, also nicht flächenmäßig, da man für die Eichel- und Buchenmast Waldareale unberührt lassen wollte.

In der Diözese Bourges, im Berry, fehlten überhaupt urkundliche Belege für die Urbarmachung. Im Gegenteil! Schon im 12. Jh. kam es zum Erwerb von Kulturland, von Renten und Zehnten, fanden Tauschakte von Äckern gegen Weinberge und Wiesen statt. Hier wird die Ausrichtung der Wirtschaft auf eine marktfähige Wald- und Weidekultur, die den Bedürfnissen der jungen Stadtkommunen entgegenkam, besonders deutlich. Aber bevor wir diese Entwicklung weiterverfolgen wollen, müssen wir einen Blick auf die Wirtschaftsorganisation werfen, denn wir beobachteten, daß die Mönche den Klosterbezirk kaum verließen, weshalb ihnen die Cluniacenser 1155 nicht ganz zu Unrecht vorwarfen: »Wie wir hören, und zwar auch aus eurer Mitte, vermag nicht einer von euch durch die Arbeit von 30 Mönchen zu leben, denn eure Landwirtschaft ist keine Arbeit, sondern Erholung und Fortführung des Tagewerks.«[3]

Wer leistete dann aber den eigentlichen labor? Die schon erwähnten *Konversen* oder Laienbrüder. K. Hallinger meint den Hauptentstehungsgrund dieses Instituts in der Neubewertung des Klosters als Einöde gefunden zu haben. »Ein offensichtlich neues Regelverständnis brachte zusammen mit der Rückwendung zur Eremosidee die Notwendigkeit einer radikalen Umgestaltung der klösterlichen familia mit sich, die im Zug der gesteigerten religiösen Anforderungen mehr als vordem in den klaustralen Bereich einbezogen worden ist.« Hallinger läßt die Wirtschaftsorganisation der Zisterzen gänzlich außer acht und konzentriert sich allein auf eine wie immer geartete Ideenfiliation, um aus parallelen Äußerlichkeiten, wie etwa bei den italienischen Einsiedlern im 11. Jh., die neue Institution im 12. Jh. erklären zu können. Eine solche Methode führt zwangsläufig in die Irre, da sie die veränderte gesellschaftliche Situation unberücksichtigt läßt und die Erfordernisse des zisterziensischen Eigenbetriebs übergeht.

Die Wirtschaftshöfe oder *Grangien* (Getreidespeicher), die anfangs ganz in der Nähe der Abteien standen, bedurften einer willigen und billigen Arbeitsschar, um sie zu effektivieren. Deshalb waren die Konversen auch nicht einfach Gehilfen von Vollmönchen, wie die Laienbrüder in dem Schwarzwaldkloster Hirsau oder in den italienischen Einsiedeleien der Vallombrosaner, sondern Träger des gesamten ökonomischen Systems. Die Zahl der Grangien schwankte pro Kloster von 3 bis 15. Pontigny in Frankreich besaß 7, Monte de Ramo in Spanien 16, Cîteaux 10, Savigny in der Normandie 15, Franquevaux 5, Châalis in Nordfrankreich 15. Die Größe der Höfe variierte von 500–700 Morgen. Je nach der Bodenbeschaffenheit pflegte man spezielle Kulturen oder Produktionszweige. In der Regel überstieg die Zahl der Konversen die der Vollmönche. Betrachten wir einzelne Klöster, dann ergibt sich folgendes Bild:

Clairvaux	12. Jh.	200 Mönche und 300 Laienbrüder
Pontigny	12. Jh.	100 Mönche und 300 Laienbrüder
Vaucelles	12. Jh.	103 Mönche und 130 Laienbrüder
Rivaulx	12. Jh.	150 Mönche und 500 Laienbrüder
Villers (Brabant)	13. Jh.	100 Mönche und 300 Laienbrüder
Himmerod (Eifel)	13. Jh.	60 Mönche und 200 Laienbrüder
Kamp (Niederrh.)	13. Jh.	73 Mönche und 72 Laienbrüder
Walkenried (Harz)	13. Jh.	80 Mönche und 180 Laienbrüder
Volkenroda (Thüringen)	13. Jh.	50 Mönche und 104 Laienbrüder
Amelungsborn (Westf.)	13. Jh.	50 Mönche und 90 Laienbrüder

Die Mönche erblickten in ihnen reine Arbeiter. Daher nahmen sie nur solche auf, die als Bauern oder Handwerker in den Klosterwerkstätten ihren Mann zu stehen versprachen. Bevor sie in die Schar der »Bartbrüder«, so genannt nach ihren langen Bärten, eingereiht wurden, mußten sie sechs Monate in weltlicher Kleidung dienen. Erst nach dieser Probezeit gab man ihnen das Konversengewand, das sich aber kaum von der Kleidung eines Hirten oder Landarbeiters unterschied. Es galt als Norm, daß jeder Konverse die Arbeit eines Knechtes ersetzen müsse. Daher war man nicht an Bewerbern aus dem Ritterstand interessiert. Man brauchte Menschen, die zuzupacken verstanden. Deshalb verwehrte man ihnen auch jede Aussicht auf Aufnahme in die Gemeinschaft der Vollmönche. Sie sollten demütig, gehorsam und einfältig bleiben und durften nicht lesen und schreiben lernen, da ihre Unwissenheit zu ihrem Status gehörte, so wie es ihnen verboten war, mit den Mönchen zu reden. Weiterhin war ihnen untersagt, Schuhe zu tragen und im Sitzen zu essen. Eine Mittagspause, selbst im Sommer, wo sie mit Sonnenaufgang ans Werk gingen, war ihnen anfangs untersagt.

Die sich gar fromm und demütig gebärdenden Mönche verachteten ihre fleißigen Helfer und Ernährer und verglichen sie mit Zugvieh, das man eben hinter, nicht vor den Pflug spannte. Die Äbte bürdeten ihnen alle Lasten des täglichen Lebens auf. Schon in der Blütezeit des Ordens, im 12. Jh., sah sich Bernhard von Clairvaux zu dem Eingeständnis gezwungen: »Ich wundere mich, daß einige unserer Äbte alle ihre Sorge ihren Mönchen angedeihen lassen, sich aber um die Konversen kaum oder überhaupt nicht kümmern. Sie sehen nur ihre angeborene Einfalt und glauben, daß sie diese in Kleidung und Nahrung mehr beschränken können als die Mönche, obwohl sie sie gebieterisch mit Arbeiten überlasten. Andere Äbte wieder erfüllen leichtfertig ihre Forderungen und gewähren ihnen aus dem weltlichen Besitz (temporalia) mehr, als ihnen zum Wohle ihrer Seelen zusteht, weshalb sie dann auch höhere Arbeitsleistungen verlangen, die sie aber weniger ordentlich verrichten. Auf diese oder jene Weise fordern solche Äbte Arbeiten und ignorieren die Nachlässigkeiten. Und während sie gar sorgsam auf Dinge achten, die von geringem Wert sind, und sich weniger um das sorgen, dessen Wert über allem anderen steht, zeigen sie offenkundig, daß sie in der Konversenschar mehr auf ihre materiellen Interessen denn die Interessen Jesu Christi aus sind. Wenn also die Konversen ihrerseits mit einem hohen Preis freigekauft wurden, warum soll man dann in der Sorge um die Leitung jene unterscheiden, die zweifelsohne mit uns in der Gnade der Erlösung gleichgestellt sind?«[4]

Katholische Historiker, wie L. Grill oder J. Dubois, ziehen aus derartigen Stimmen den Schluß, daß das Konverseninstitut eine echte religiöse Lebensform gebildet habe, die Gebet und Arbeit zum Inhalt hatte. Im Unterschied zu ihren Leidensbrüdern in der »Welt« hätten sie in voller Freiheit auf den Grangien gehaust, ledig aller feudaler Fesseln. War das vielleicht ein Grund für Bauern und Handwerker, in die Klosterschar einzutreten?

E. Hoffmann machte schon vor 80 Jahren auf die Schutzfunktion der Zisterzienser vor feudaler Willkür aufmerksam. Grill führt als weiteres Element die im 12. Jh. in Frankreich florierende Binnenkolonisation an, die zu Städtegründungen und Neusiedlungen führte. Die Kolonisten suchten und fanden Auskommen und Teilbefreiungen. Aber das traf für die Laienbrüder eben nicht zu. Zwar entschlüpften sie feudalen außerökonomischen Zwängen, aber auf den Grangien winkten ihnen wahrlich keine »Rodungsfreiheiten«, sondern harte Klosterdisziplin und kontrollierte Schufterei. Wir lesen in der Konversenregel: »Die Brüder Schafhirten erhalten bei Tagesanbruch auf den Grangien, wenn keine Fastenzeit es verbietet, je ein Brot in ihren Ranzen und ziehen dann mit ihrer Schafherde auf die Weide. Zur angemessenen Stunde dürfen sie das Brot verzehren. Sollte davon ein Rest übrigbleiben, dann müssen sie diesen nach Hause zurückbringen.«[5] Der Hirtentätigkeit ging in der Regel eine anstrengende Knochenarbeit voraus, wie in den Gebirgsgegenden der Auvergne (Südfrankreich), wo die Bartbrüder bei Wasser, Brot und Milch viele Hektar Ödland in saftige Wiesen und Weiden umbrachen und schweigend die rauhen und langen Winter frierend ertrugen, um dann in den kurzen Sommern das Vieh auf die Almen zu treiben. Mochten sie mit ihrem Beispiel auch auf die Hirten und Senner als »Kulturpioniere« wirken und ihnen demonstrieren, wie man der Wildnis zu Leibe rückt, sie selbst hatten von ihren Plagen wenig Nutzen. Was zog also die kleinen Leute zu den Zisterziensern?

Der Dominikanerordensgeneral Humbert de Romans gab um 1274 auf diese Frage eine recht einleuchtende Antwort: »Die Konversen der Zisterzienser kommen oft aus dem Zustand der Armut zu diesem Status, um hier das zu finden, womit sie sich ernähren können. So geschieht es dann, daß ein Mann, der in seiner Familie nur Schwarzbrot ißt, als Konverse eintritt, um Weißbrot zu essen. Am Tage seiner Profeß, wenn er sich vor den Abt niedergeworfen hat und von ihm gefragt wird, was er sich wünsche, geschieht es dann, daß er antwortet: Weißbrot, und zwar oft! Und so suchen denn auch viele in diesem Orden Weißbrot. Man sollte ihnen aber begreiflich machen, zuerst das Reich Gottes zu suchen, dann aber die Güter der Höfe, so klein sie auch sein mögen, nicht ohne Genehmigung zugunsten ihrer Freunde und anderer Personen zu verschleudern. Man sollte ihnen klarmachen, daß sie nichts zum Vorteil ihrer Grangien unternehmen dürfen, so wie es der Fall bei jenen ist, die zur Vermeidung von Ausgaben für Gäste lügnerisch behaupten: Der Kellerer ist nicht da oder ähnliche Ausreden. In gleicher Weise lügen sie, wenn sie etwas verkaufen, indem sie angeben, die Ware sei besser, als sie wirklich ist, oder wenn sie bei Gerichtsverhandlungen das Gegenteil der Wahrheit aussagen . . .«[6]

Sicherlich suchten im 12. Jh. landlose Bauern, Tagelöhner und Dorfhandwerker nicht in erster Linie Weizenbrot, sondern überhaupt Brot, um ihren Hunger täglich stillen zu können. Was für sie die Zisterzen so anziehend machte, war die regelmäßige Versorgung mit Brot, unabhängig von der Jahreszeit und schlechten oder guten Ernten. Das wirft immerhin ein bezeichnendes Licht auf die labile Ernährungssituation der untersten Schichten der Landbevölkerung, die sich auch im 12. Jh. noch nicht stabilisiert hatte. Bernhard von Clairvaux soll einem sterbenden Konversen an seinen sozialen und religiösen Aufstieg mit den nachfolgenden Worten erinnert haben: »Du hattest weder Strümpfe noch Schuhe, halbnackt gingst du einher, Hunger und Durst quälten dich, als du zu uns flohst und dir dein Flehen das Tor der Abtei öffnete. Wir haben dich in deiner Armut um Gottes willen aufgenommen, und von da an bist du in Nahrung und Kleidung wie in allen übrigen Dingen den Schriftkundigen und Adeligen, die bei uns weilen, gleichgestellt gewesen.«[6a] Falls diese Trostworte authentisch sein sollten, dann übertreiben sie im letzten Passus, denn von einer Gleichstellung der Konversen mit den Vollmönchen kann keine Rede sein. Den Laienbrüdern folgten vielmehr Ausbeutung und Unterdrückung auf dem Fuße, das gesicherte Existenzminimum mußte teuer bezahlt werden. Wenn Kl. Schreiner behauptet, daß nicht Standesdenken, sondern Funktionen Mönche und Konversen »abschotteten«, dann entfernt er sich von der Quellenbasis. Wer hatte denn unter der von ihm bewunderten Zeitökonomie zu leiden? Doch nur Laienbrüder und Lohnarbeiter! Sie mußten die Arbeitsintensität steigern und die Effektivität erhöhen. Daher waren sogar Unterhaltungen verpönt, weil sie den Fleiß minderten. Die frommen »Armen in Christo« entpuppten sich als nüchterne Rechner und standesbewußte Feudalherren. Ihre hehren Ideale schmolzen in der Praxis dahin wie Schnee in der Märzensonne! In der englischen Zisterze Beaulieu buk man vier Brotsorten und braute vier verschiedene Biere, um Mönche, Bischöfe, Konversen und Arme nach ihrem »Stand« zu verköstigen. Weizenbrot erhielten erstere, »Knechtsbrot« aus Roggen, Gerste, Bohnen, Erbsen und Wikken letztere. Nahm es da wunder, wenn sich die Bartbrüder wehrten und rebellierten?

Ungehorsam stand an erster Stelle, aber auch tätlicher Widerstand war nicht selten. Zwischen 1168 und 1308 kam es zu 123 überlieferten offenen Rebellionen. Die Anlässe dafür waren oft unbedeutend. In Schönau in der Diözese Worms ging es 1168 um Stiefel: »Eine den Regeln des Ordens zuwiderlaufende Gewohnheit war durch die Unachtsamkeit beziehungsweise mehr durch unkluge Nachsicht der Oberen eingerissen: man gab jedes Jahr an Konversen und Mönche neue Stiefel ... Dieser fleischliche und eigensinnige Geist hatte sich derart an ihre wahnwitzige Forderung geheftet, daß es nicht mehr möglich war, das Übel zu unterdrücken, ohne großes Aufsehen zu riskieren. Zunächst murrten die Konversen insgeheim, dann aber nahm die Unzufriedenheit solche Ausmaße an, daß man eine offene Empörung befürchten mußte.«[7] Der Vorfall machte Schule, und wenige Jahre später mußte sich Eberbach mit dem gleichen Problem auseinandersetzen: »Die Frage neuer Schuhe wurde auch hier durch die Einflüsterung des Teufels aufgeworfen. Sie wurde zur Quelle unglückseliger Verwicklungen und großer Ausschreitungen, über die man besser weint denn berichtet.«[8]

1190 zerstörten ergrimmte Konversen ein Gebäude in Fontenay (Diözese Dijon), zwei Jahre darauf rebellierten sie in Quincy (Diözese Sens), 1193 in Furness (Yorkshire), 1194 liefen sie Moutier-en-Argonne (Diözese Châlons) davon, 1195 raubten sie dem Abt von Cwmhire (Wales) die Pferde, 1196 schlugen sie den Abt von Garendon (Diözese Coventry) halbtot, 1226 tötete ein Laienbruder den Abt in Baudeloo (Flandern). Die beiden letzten Fälle waren keine Ausnahme. Sie wiederholten sich 1232 in Hilda (Pommern), 1233 in Fontenay, Grandselve (Diözese Toulouse), 1238 in Eberbach, 1242 in Val-Bonoite (Diözese Lyon), 1246 in Heilbronn und 1269 in Eberbach. Es handelte sich um typische Formen hochmittelalterlicher Klassenkämpfe, wie sie auch auf den Grundherrschaften anzutreffen sind. Auf den Grangien reflektierten sie die Folgen der Marktwirtschaft, der die Zisterzienser je länger, je mehr ihre vita religiosa anpaßten, so daß »ihr Heroismus der Frühzeit vor der ökonomischen Realität sehr bald in Wind und Rauch zerstob« (A. H. Bredero).

Daß dabei die religiöse Berufung der Konversen die Arbeitsproduktivität gefördert und gegenüber den weltlichen Grundherrschaften erhöht habe, wie R. Roehl vermutet, ist fraglich. Die Konversen trieb der Hunger, und für die weltlichen Grundherrschaften besitzen wir kein Vergleichsmaterial. Dagegen versprach die rationalisierte Organisationsform, die den üblichen Eigenbetrieb mit Meiern und Ministerialen übertraf, höhere Effektivität. So stand jeder Grangie ein erfahrener Konverse, der magister grangie, vor, der monatlich dem klösterlichen Wirtschaftsaufseher, dem cellerarius, Rechenschaft zu geben hatte. Seine Kompetenzen reichten bis zum selbständigen Abschluß von Rechtsgeschäften, kleineren Grundstückserwerbungen und ähnlichem. Zwischen den einzelnen Konversen herrschte strenge Arbeitsteilung: Man differenzierte zwischen Ochsentreibern, Hirten, Schmieden, Bäckern, Zimmerleuten und Pflugführern, so wie man Verwalter für Scheunen, Milchkannen und Ackergeräte ernannte. Im Feldbau bemühte man sich, durch Flurbereinigungen zu rationalisieren. Die Mönche faßten, wie zum Beispiel in Eberbach, kleine Grundstücke, die zum Teil als Äcker, zum Teil als Weiden genutzt wurden oder als Brachen ruhten, zu einer neuen Flur zusammen und bepflanzten sie mit Reben. Das brachte den Vorteil einer günstig zu bestellenden Monokultur, wobei die Konversen die Produktionskosten niedrig hielten und das Kloster vor den Nachteilen der Fluktuation von Tagelöhnern und nachlässig ausgeführten Fronen bewahrten. Dennoch spielten schon in der Frühzeit Lohnknechte auf den Grangien eine wichtige Rolle, weshalb man bemüht war, ihre Abwanderung in nahe gelegene Städte, die Äbte wie Bernhard von Clairvaux verteufelten, zu verhindern.

In Burgund führten die Zisterzienser die Dreifelderwirtschaft ein, die sich hier allgemein seit der Mitte des 12. Jh. ausbreitete.

Bis zur Mitte des 12. Jh. erfaßte ganz Europa eine *Grün-dungswelle* des *Ordens*, die nach R. A. Donkin ohne Parallele in der Geschichte des Mönchtums dastehe. Von 1098–1124 zählte man 26 Neugründungen, von 1126–1151 aber schon 307, und 1152 verbot das Generalkapitel jede weitere Expansion. 1128 erreichten die weißen Mönche *England.* 1151 geboten sie bereits über 60 Abteien mit 1 500 Mönchen und 3 000 Laienbrüdern. Eine derart geballte Wirtschaftsmacht orientierte sich nicht mehr auf Ödland, sondern hielt Ausschau nach fruchtbaren Böden, die sie ihren Gütern zuschlagen konnte, um sie abzurunden.

H. Koller beobachtete bei einer Analyse von Schenkungsurkunden, daß seit 1150 Kulturland dominierte. 1146 ließen sich die Ödlandapostel in Niederlothringen und Brabant bereits in fruchtbaren Ackerbauzonen nieder. Rein ökonomische Überlegungen bestimmten die Ortswahl hier ebenso wie 1131 in den Ardennen (Orval). Um ihre Ziele zu erreichen, bedienten sie sich der List und der Gewalt, wenn die Bauern nicht freiwillig auf das verzichteten, was sie begehrten. G. Despy bringt hierfür ein bezeichnendes Exempel, das nicht Ausnahme, sondern die Regel war.

An der Sambre, einem Nebenfluß der Maas, errichteten die Zisterzienser 1147 eine Kolonie. Es handelte sich um ein Benediktinerkloster, das der Bischof von Lüttich den Mönchen zur Reform überantwortet hatte. Die Güter befanden sich in einem ausgezeichneten Zustand und erstreckten sich auch auf eine blühende Dorfsiedlung. Erste Sorge der Reformer war nun keineswegs die Rodung der verbliebenen Waldstücke und die Schaffung einer Grangie, sondern die Vertreibung der Bauern und die Enteignung ihrer Felder. Der Bischof versuchte auf gütlichem Wege die Bauern vor dem Schlimmsten zu bewahren und schlug Verkaufverträge vor, aber die Mönche ließen sich auf nichts ein, sondern zerstörten das Dorf und die Pfarrkirche zu Aulne.

Der englische Kleriker und Höfling Walter Map (um

1138 – um 1210) geißelte mit harten Worten ihren auch in seiner Heimat praktizierten Landraub: »Nach ihren Statuten sollen sie Einöden bewohnen, jene nämlich, die sie als solche vorgefunden oder erst dazu gemacht haben. Weil sie nach ihren Regeln keine Pfarreien besitzen dürfen, rotten sie Häuser und Kirchen aus und vertreiben die Pfarrkinder. Pfarreien zu haben verbietet die Regel, sie zu zerstören befiehlt sie dagegen nicht.«[9] War Gewalt nicht angebracht, dann griff man zu List und Betrug. Sie streuten dann etwa auf ein Feld, das ihnen in die Augen stach, vor dem Abendtau Salz und trieben nachts ihre Schafe darauf. Angelockt durch das Salz, weideten die Tiere das Land völlig ab, so daß es lange Zeit ohne Ertrag darniederlag. Der Besitzer verkaufte es darauf den Mönchen für billiges Geld. Walter Map kommentierte ihre Praktiken bissig: »Wohin sie auch kommen, alles muß ihnen weichen . . . sie speichern solchen Reichtum in ihren Klöstern, daß sie wie Noah sicher in ihre Arche gehen können, denn draußen ist nichts zurückgeblieben.«[10]

Sein Freund, Gerald von Wales, berichtet in seinem »Spiegel der Kirche« (Speculum ecclesiae) über ähnliche Vorkommnisse, etwa die Zerstörung einer Kirche und die Versalzung von Äckern. In Yorkshire mußten viele Bauern fliehen, um Grangien in ihren Dorfgemarkungen Raum zu geben. Ein Sprichwort machte die Runde: »Es gibt keine schlechteren Nachbarn als die weißen Mönche.«[11]

Genauso wie auf der britischen Insel gingen die Zisterzienser auch auf dem Festlande nach einem ausgeklügelten Plane vor: Erwarb eine Zisterze in einem Dorfe einige Hufen, dann errichteten die Mönche eine Grangie, von der aus sie ihren Besitz so lange erweiterten, bis das Dorf ihrer Kontrolle unterstand und sie nun nach ihrem Gutdünken schalten und walten konnten. Ließen es wirtschaftliche Erwägungen als günstig erscheinen, dann gaben sie Ackerland zugunsten von Weiden auf.

Insgesamt verstanden sich die weißen »Einsiedler« recht gut auf Bauernlegen und Dummenfang. Die kleinbäuerlichen Siedlungen machten es ihnen leicht, ganze Dörfer aufzulösen und Besitzrechte an sich zu bringen. Der Bau einer Zisterze hatte fast überall Angst und Unruhe unter der Landbevölkerung zur Folge. Die Bauernsöhne fürchteten die Übergabe ihres Erbes durch die Eltern an die Mönche, die Eltern ängstigten sich, daß ihre Kinder dem Druck der verhaßten Nachbarn erliegen und ihr Erbe aufgeben würden.

Seit der Mitte des 12. Jh. bewirtschafteten die Zisterzienser nur noch einen Teil ihrer Ländereien im Eigenbetrieb, während sie den anderen Teil in Pacht gegen Zinsen ausgaben.

Das galt vor allem für viele westdeutsche Abteien, die ihre Äcker an Bauern als Pachtland übergaben. Dadurch entstand eine gemischte Wirtschaftsform: Neben dem Eigenbetrieb standen Zinsgüter. Man kann allgemein sagen, je später ein Kloster gegründet wurde, um so weniger Eigenhöfe besaß es. Allerdings setzte sich dieser Trend erst im 13. Jh. voll durch. Man muß auch berücksichtigen, daß die Binnenkolonisation im Hochmittelalter insgesamt nur noch kleinere Räume, wie Allmenden, Almen, Moore und Sümpfe, erfaßte, weil eine großflächige Kolonisation nur noch in den Ostgebieten möglich war. Die pauperes Christi rückten in Lücken ein, wie in der Gascogne und in Aquitanien, wo »Gäste« auf Initiative des Hochadels und der Mönche Bastiden, das heißt Neuland, bebauten, die den Mönchen Naturalrenten als Pachtzinsen einbrachten, die diese sogleich auf städtischen Märkten in klingende Münze umsetzten.

Im Prinzip verhielten sich die Zisterzienser auch in den Gebieten *östlich von Saale und Elbe* nicht anders. Auch hier strebten sie nach Erwerb kultivierter Ländereien und Neubrüchen, die andere vor ihnen schon unter den Pflug genommen hatten. Leubus in Schlesien besaß bei seiner Gründung 1175 bereits 12 Dörfer, 3 Kirchen, eine Schenke, Obstgärten, Wiesen, Äcker und Einkünfte aus Breslau. Das 1171 gestiftete Doberan verfügte 1177 über 13 Dörfer, und die von Markgraf Otto von Meißen (1156–1190) 1162 gegründete Abtei Altzelle erhielt schon als »Morgengabe« 800 Hufen besten Ackerlandes. 1170 vereinnahmte sie noch die Güter des aufgelassenen Benediktinerklosters Zellwalde samt allen Zehnten abhängiger Dörfer. Ähnlich sah es in der Mark Brandenburg aus, wo Markgraf Otto I. (1170–1184) die Zisterze Lehnin 1180 reich mit Dörfern und Einkünften bedachte und sie zur Grablege seines Geschlechtes erkor.

Die ostdeutschen Zisterzienser zogen vor allem die Kolonistendörfer wie Magnete an. Sie waren mit nur geringfügigen Abgaben belastet, konnten sich aber auf der anderen Seite wenig auf Schutz und Schirm der Herren verlassen. Gerieten sie in ökonomische Schwierigkeiten, dann standen sie allein. Sofort waren die Zisterzienser zur Stelle und kauften ihre Güter auf. In dieser Absicht folgten sie dem Strom der deutschen Ostexpansion, keineswegs etwa, um Neuland unter den Pflug zu nehmen. Daher ist es auch nicht verwunderlich, wenn die Klöster den Wald bewahrten, um ihn für die Viehzucht zu nutzen. Ebensowenig bewährten sie sich als Pioniere einer neuen Agrartechnik in den slawischen Zonen, denn ihre Kontakte mit der einheimischen Bevölkerung blieben begrenzt. Das gilt nicht nur für Ostelbien, Pommern und Polen, sondern ebenso für Böhmen, wo sich zum Beispiel Osseg 1198 über Siedland setzte und nur in sehr geringem Maße deutsche Siedler hereinholte, die in 7–8 Dörfern um das spätere Karlsbad eine neue Heimat fanden. Von einer planmäßigen Germanisierung war in Böhmen ebensowenig zu verspüren wie in Großpolen.

Wie H. Chłopocka und W. Schich schreiben (Die Zisterzienser, S. 101 f.), geschah die Ansiedlung immer mit dem Ziel, die Zahl der Produzenten zu erhöhen, um die Renteneinkünfte zu vermehren; das heißt, daß sich die Grundherrschaften der Zisterzienser im Osten den Feudalherrschaften weitgehend anglichen und die Grangien zu Nebenbetrieben geworden waren. Zwangsläufig verringerte sich die Zahl der Konversen. In Polen traten sie nur noch als Gutsverwalter und Handwerker in Erscheinung. Oft handelte es sich um Slawen, während die Vollmönche deutscher Nationalität waren. Das heißt aber nicht, daß sie einen Fremdkörper im politischen und kulturellen Leben Polens bildeten. Sie unterstützten vielmehr die fürstlichen Interessen ihrer Wohltäter. Die Klöster Filehne, Obra, Paradies und Semnitz in den westlichen Grenzgebieten Großpolens waren Schachfiguren im politischen Kalkül polnischer Pans im Kampf gegen die brandenburgische Expansion. Selbstredend blieb da von den Ideen der CC nichts mehr übrig!

In Westeuropa florierte der *Eigenbetrieb* seit der zweiten Hälfte des 12. Jh. in spektakulärer Weise. Die Zisterzienser ergriffen instinktiv die ihnen durch die Monetarisierung des städtischen Marktes gebotenen Chancen und verlegten sich auf profitable Produktion und Geschäfte. In einem englischen Klagegedicht aus dem Ende des 13. Jh. zieh der Autor die Mönche der Faulheit und der Vernächlässigung des Ackerbaus. Sie schlügen sommers wie winters die Zeit mit Trinken tot. Ihre ganze Hoffnung setzten sie auf Viehzucht. Ochsen, Pferde und Schafe besäßen sie im Überfluß. Das stimmt in der Tat, nicht nur für England, sondern auch für Frankreich. Froidmont besaß im 13. Jh. über 5 000 Schafe, 255 Kühe, 450 Schweine, 250 Pferde und Maultiere. Jährlich belieferte das Kloster den Markt mit 7 000 Häuten. Clairvaux verfügte über 3 000, Zwettl pro Grangie über 2 000 Schafe. In England zählte Fountains 11 000, Jervaulx 12 000–15 000, Meaux 11 000 und Kirkstall 5 000 Schafe. Derartig große Herden lassen sich aber auch bei Prälaten und Baronen nachweisen. Der Bischof von Winchester besaß 29 000 und der Earl Henry Lacy 13 000 Schafe.

R. A. Donkin errechnete, daß vor der Mitte des 12. Jh. die Rinderzucht überwog, da ein großer Bedarf an Milchprodukten bestand und Zugvieh für Feldarbeiten und Transporte sowie Häute für Kleidung gefragt waren. Minderwertige Böden, wie in Nord- und Westengland sowie in Wales, ermöglichten die Haltung von Rindern. Erst gegen Ende des Jahrhunderts befand sich die Schafzucht wegen der Wollnachfrage in Flandern

und der Toskana im Vormarsch. In Wales, in Nord- und Süd-
britannien wurde das Schaf auf den Grangien tonangebend.
Schaffarmen schossen wie Pilze aus dem Boden, Wolle füllte
die Kasse der Mönche. Fertigwaren aus Gerberei und Walkerei
deckten den Eigenbedarf der Klöster, die zugleich einzelne Di-
strikte, wie Yorkshire, entvölkerten und viele enteignete Bauern
zu Konversen degradierten. Gezüchtet wurden kurzhaarige,
kleine, aber auch langhaarige, große Schafe, erstere in Yorkshire
und Schottland, letztere in Linconshire mit seinem milden
Klima und seinen saftigen Weiden. Sie belieferten die Webereien mit Rohmaterial. Nicht selten erwarben sie von benachbarten Viehzüchtern billige Wolle, die sie dann ihrerseits mit
erklecklichen Gewinnen an Flamen und Italiener weiterverkauf-
ten. T. R. Eckenrode errechnete, daß im 13. Jh. 100 Zisterzen
227 Sack Wolle ausführten, was einem Gewicht von
77 350 Pfund entsprach. Fountains, Rievaulx und Javauls standen mit durchschnittlich 50–70 Sack pro Jahr an der Spitze des
Wollexports. Dafür nahmen sie 400–500 Pfund Sterling ein.
Die Kehrseite war die Vernachlässigung des Getreideanbaus,
weshalb die Mönche Korn kaufen mußten. Aufwendige Bauten
sowie Landkäufe verschlangen viel Geld. 1210 verlangte die
Krone eine Abgabe von 25 000–30 000 Mark von den Zisterzen, was sie zur Kreditaufnahme bei Juden zwang. Die prospe-
rierende englische Tuchfabrikation benötigte weit mehr Wolle,
als die Zisterzienser liefern konnten. Man darf nicht vergessen,
daß einige Klöster, wie Beaulieu, mit ihrer Schafzucht nur den
Eigenbedarf deckten. Trotz Markt- und Messerechte spielten
daher die Zisterzienser bald nur noch eine geringe Rolle im Ex-
portgeschäft, das in die Hände der Bürger überging.

Das alles verdeutlicht, daß der Zisterzienser Eigenbetrieb
noch weit von frühkapitalistischer Wirtschaft und einer Ka-
pitalisierung der Agrikultur, wie in Italien im 14. Jh. in den
Halbpachten, entfernt war. Dennoch mischten die tüchtigen
Männer in der weißen Kutte bei der *Monetarisierung* der feudalen Wirtschaft kräftig mit.

Ihre Weine boten sie preisgünstig in ihren Zellen an, wie in Longpont, in Nordostfrankreich (Diözese Soissons), sehr zum Mißfallen des Bischofs, der alle Käufer mit der Exkommunikation bedrohte. Ungerührt von der Ungnade des Diözesanherrn legten sie in Städten wie Roy, Chaumy und Ham Verkaufslager für ihren Rebensaft an. Sie belieferten regelmäßig die Märkte der Normandie und Rouens, von wo aus sie ihre Emissäre über den Kanal nach England sandten. Ihre Ordensbrüder in Deutschland transportierten von Rhein und Mosel Weine auf eigenen Frachtschiffen bis an die Nordsee. Als Großproduzenten fanden sie sich bereits im 12. Jh. auf allen Märkten in der Nachbarschaft ihrer Zisterzen ein. Die Zeitgenossen fanden keinen Unterschied zwischen ihnen und Berufskaufleuten. Der Anschluß von Wanderpredigerhäusern in Westfrankreich an den Orden wurde von ihnen nicht allein aus disziplinarischen, sondern nicht weniger aus ökonomischen Überlegungen heraus betrieben. Die Abtei Dalon, 1114 von Girald von Salles gegründet, hatte sich 1120 unter ihrem Abt Roger (1120–1153) Cîteaux inkorporiert und in einer Entfernung von 180 km ein Priorat, Touches, errichtet, um die Salzsole ausbeuten und den Bedarf des Klosters decken zu können. Der Orden witterte nach dem Tode Rogers sogleich ein gutes Geschäft, weshalb er die Salinen von Konversen betreiben ließ und zugleich die Transportmöglichkeiten verbesserte, um das Salz an den Mann zu bringen.

Wie eine Spinne überzog der Orden die Wanderpredigergründungen mit seinen Netzen. 1147 wurde die fast 300 Filialen umfassende Kongregation von Savigny in den Orden inkorporiert. Sie bot dem Orden neue Basen in Frankreich, der Normandie, in England und Schottland. Die Novizen durften Kirchenpatronate, Zehnte und Renten behalten, da die neuen Oberen an ihnen zu partizipieren gedachten, ohne der Regel untreu zu werden. Geschäftstüchtige Äbte liehen Geld auf Renten und widmeten sich gar eifrig ersprießlichen Finanzoperationen, die Betrug und Wucher Tür und Tor öffneten. Das traf besonders bei der Deponierung von Edelmetallen, Schmuck und Geld zu. Wie R. Schneider zeigen konnte, handelte es sich dabei nicht nur um wirtschaftliche und finanzielle Beziehungen von Zisterzen untereinander, sondern um Geschäftsgebarungen bankmäßigen Formats. »Die volle wirtschaftliche Bedeutung der Depositenfrage für die Wirtschaftsverfassung der Zisterzienser läßt sich noch nicht abschätzen.« Zu welchen Methoden man dabei Zuflucht nahm, illustriert ein Fall im Gebiet von Leicester. Hier hatte ein Ritter einer Zisterze eine hohe Geldsumme als Deposite anvertraut. Er erkaufte sich die Gunst der habgierigen Gottesmänner durch Gold- und Silbereinlagen sowie opulente Geschenke. Als er schwer erkrankte, begab er sich in Obhut und Pflege der Mönche. Er ordnete seine Angelegenheiten und vermachte der Abtei testamentarisch seine gesamten Depositen im Falle seines Todes. Zum Leidwesen der entzückten Mönche erholte sich aber der Wohltäter wider Erwarten und dachte nicht mehr an ein Verlassen des irdischen Jammertales. Die frommen Brüder sahen sich um eine fette Beute betrogen. Deshalb dachten sie der Himmelfahrt ihres Schützlings durch Gift nachzuhelfen. Aber der wachsame Ritter merkte etwas von ihren teuflischen Absichten und rief insgeheim sein bewaffnetes Gefolge herbei, um ihn aus der Mördergrube zu befreien. Die überrumpelten Gottesstreiter setzten sich zwar zur Wehr, aber die Männer des Schwertes schlugen hart zu und befreiten ihren Herrn samt seiner Depositen »mit Schlägen und Blutvergießen«, wie Gerald von Wales erleichtert und aufatmend und voller Schadenfreude seinen Lesern berichtet, aus der Hand der sauberen Brüder.[12]

In ähnlicher Weise bereicherten sich übrigens auch Benediktinerklöster am Bodensee, wie Petershausen. So verbrauchte Abt Konrad (1127–1164) das von einem Laien hinterlegte Geld für den Bau seines eigenen Wohngebäudes. »Als der andere sein Geld zurückverlangte, schüchterte ihn Konrad mit schweren Vorwürfen ein, beschimpfte ihn und ließ ihm von alldem nichts als viel Ärger.«[12a] Nicht besser erging es dem Bi-

schof von Chur, dessen Depositen man erbrach, oder einem
Priester aus Konstanz, an dessen Ersparnissen sich die Mönche
vergriffen.

Die Zisterzienser wußten ihre flüssigen Einkünfte sehr wohl
zu nutzen. Geld sollte neues Geld oder Land einbringen. Not-
leidenden Bauern griffen sie mit Darlehen zu Wucherzinsen
unter die Arme, verlangten dafür als Sicherheit Äcker, Wiesen
und Weinberge als Pfänder und nahmen ihren Schuldnern alles
weg, wenn sie nicht zahlen konnten.

Unbeabsichtigt und ungewollt vermehrten sie mit solchem
Vorgehen die Zahl der sozial Entwurzelten, um die sie sich
nicht weiter kümmerten. Die reiche englische Abtei Beaulieu
beherbergte pro Nacht ganze 13 Arme. Nach Berechnungen
C. V. Graves schütteten die englischen Zisterzen weniger denn
5 % ihrer Einkünfte für Almosen aus und bestritten selbst
diese bescheidene Aufwendung nur selten aus der eigenen Tasche, sondern entnahmen sie Spenden von Gläubigen, die sie als
zinstragende Kapitalien verwalteten. Der Volksmund wußte
bald zu erzählen, daß die neuen Frommen die Armen verachteten, sie mieden und allein die Nähe und das Wohlwollen der
Vornehmen suchten. Von den stillen »Einödbauern« der Hel-
denzeit blieb keine Spur mehr übrig.

Cîteaux besaß Ende des 12. Jh. schon Häuser in Städten wie
Dijon und Beaune, Pontigny in Auxerre, Feuillant in Toulouse,
um nur drei Mutterabteien zu nennen. Das deutsche Kloster
Walkenried gebot über Stadthöfe in Goslar, Göttingen, Nord-
hausen, Würzburg, Osternrieck und Kelbra. Sie dienten ihm als
Stützpunkte für den städtischen Markt. In Kriegszeiten lagerte
man Getreide und Wein ein und suchte hinter den Stadtmauern
Sicherheit. Ebenso wie bei den sinnesverwandten Kartäusern
wurde die Handarbeit zur Farce, weil sie subalterne Halbmön-
che verrichteten und sie zum Ritual und Schreiben, ähnlich wie
bei den Cluniacensern, umstilisiert und uminterpretiert wurde.
J. Dubois brachte in diesem Zusammenhang einen in der Forschung bisher wenig beachteten Aspekt in Erinnerung: Die

Bewegungsmänner der neuen Orden, Zisterzienser, Prämonstratenser, Kartäuser, gehörten alle einer Bildungsschicht an, der nichts an einer wirklichen Rückwendung von der Zivilisation in die »Wildnis« lag wie den Wandereremiten. Sie hätten vielmehr in die Landklöster städtische Lebensweise verpflanzt, die einen gewissen Rationalismus zum Inhalt gehabt habe, der in der Baukunst und Wirtschaftsführung seinen Niederschlag fand.

Das waren beileibe keine Abwege, sondern weit eher Umwege, um die neue Ökonomie einzuholen. In Flandern und England bediente sich der Adel ihrer Finanzexperten, die den Geist städtischen Rechnens auf ihre Herrenhöfe übertragen sollten. Regelmäßige Kontrollen der Pächter und Zinser, der Froner und Tagelöhner, gehörten hierher.

Um 1180 verlor nach Duby die Landwirtschaft ihre alles beherrschende Position im Fortschrittstrend. Sie sei in eine subalterne Stellung gegenüber der Stadtwirtschaft hineingeraten. Nicht mehr Bauern hätten die Szene beherrscht, sondern Händler, Handwerker und Unternehmer. Diese Einschätzung mag in Details korrekturbedürftig sein, grosso modo entspricht sie aber dem Entwicklungstrend in Westeuropa.

Für das benediktinische Mönchtum ergab sich die zwingende Notwendigkeit, sich der ökonomischen Lage irgendwie anzupassen oder von der Bildfläche als mitgestaltender Faktor zu verschwinden. Das Mönchtum verfügte über einen Grundbesitz als fixes Kapital, das sich sehen lassen konnte. In Burgund betrug es 36 % des gesamten Areals bei einem Bevölkerungsanteil von nur 2–3 %. Seine Effektivierung durch Eigenbetrieb mit Konversen klappte zunächst überraschend gut und gestattete dem Orden ein Gleichziehen mit Bannherrschaften, ja ein Überholen in der Organisation auf dem Agrarsektor, aber auch im Gewerbe. Das zisterziensische Gewerbe bestritt in Frankreich im 12. Jh. weithin die Eisenerzeugung, besonders in der Champagne und in Burgund, aber auch in Lothringen. Es erfaßte sehr frühzeitig die Bedeutung der Metallurgie und die

Triebkraft des Wassers. Wassermühlen und hydraulische Pumpen gehörten zum Inventar der Abteien.

Natürlich basierte die *Wirtschaftsführung* nicht auf freier Lohnarbeit, sondern auf einer religiös verbrämten und verdeckten Arbeitsrente, die in der feudalen Ökonomik verblieb. E. Weber kritisiert deshalb die gesamte Wirtschaftsführung als unrationell, da sie die Arbeitskosten niedrig gehalten und von der privilegierten Abgabenfreiheit profitiert habe.[13] Dennoch war sie gegenüber dem alten grundherrlichen Wirtschaften zweckentsprechender und haushälterischer. Die Grangien faßten größere Flächen als die weltlichen und geistlichen Meierhöfe zusammen, die es in Deutschland auf 3–4 Hufen, das heißt 30–40 ha brachten. Eine Grangie von Salem im Hegau besaß 235 ha Ackerboden, in Bebenhausen bei Tübingen 193 ha, in Salem auf der Schwäbischen Alm 500 ha.

Die Ordensstruktur ermöglichte eine Weitergabe erprobter Modelle und die Erschließung peripherer Gebiete in ganz Europa. Das hob sie über die bekannten Wirtschaftskomplexe grundherrlichen Typs hinaus. Die hohe Produktivität der Grangien war nicht die Folge einer neuen Agrartechnik, sondern das Ergebnis durchdachter Organisation und rationeller Planung mit gezieltem Arbeitseinsatz eigener und fremder Kräfte unter Beachtung des Zeitfaktors (W. Rösener).

Man darf deshalb von einer Adaptionsvariante monastischer Lebensweise an den von der Stadtkultur bestimmten voll entfalteten Feudalismus sprechen. *Ihre Ideale von Armut* und Arbeit hierbei für bare Münze zu nehmen wäre unhistorisch.

Weber ist da voll zuzustimmen, wenn er schreibt: »Sie reklamierten die das *laborare* vollziehenden Konversen zu Brüdern, um sie in Wahrheit als rechtlose Arbeitsknechte auszubeuten.« B. Bligny nennt ihren Armuts- und Demutsanspruch einen Mythos, den es bei der Beschäftigung mit den Texten zu berücksichtigen gelte, wolle man nicht in die Irre gehen. Diese Entmythologisierung fällt den modernen Historikern zweifellos leichter als den hochmittelalterlichen Zeitgenossen, auch wenn ihnen der Zynismus dieser neureichen »pauperes« nicht verborgen blieb, sondern hinter ihren Phrasen tagtäglich durchschimmerte.

Den Zisterziensern kam bei der Propagierung ihrer vita religiosa ein Zufall zu Hilfe, den sie wie einen Fingerzeig des Himmels priesen: 1110 trat der zwanzigjährige burgundische Adelssproß *Bernhard* in Cîteaux ein und überredete ein Jahr später auch seine Brüder und Vettern zur Konversion. Zusammen mit ihnen legte er 1113 das Gelübde in der Abtei ab. 1115 erhielt er von seinem Vorgesetzten den Auftrag, in der Diözese Langres eine Zisterze einzurichten: *Clairvaux.* Bis zu seinem Tode 1153 leitete er sie und ordnete ihr 70 »Töchter« unter.

Bernhard hielt es aber nicht lange in klösterlicher Stille. Er durchreiste zehn Jahre lang Frankreich, um seine Pflanzstätten zu visitieren. Bald schon ging ihm der Ruf großer Heiligkeit voraus. 1130/31 begleitete er Papst Innozenz II. (1130–1143) auf seinen Reisen durch Frankreich und intervenierte zu seinen Gunsten während des Schismas in Rom, das die Wahl Anaklets II. (1130–1138) verursacht hatte. 1133 traf er persönlich in Rom ein, um die Kirchenspaltung zu beenden. Von nun an durchstreifte er ruhelos Italien, Frankreich, Belgien und Deutschland und griff in politische und theologische Konflikte ein. Eine ganze Flut von Briefen und Traktaten ergoß sich aus der Feder seines Schreibers über die lateinische Christenheit, die nicht nur Tagesfragen aufgriffen, sondern bewußt und gezielt bestimmte Kreise und Gruppen der kirchlichen und weltlichen Feudalität beeinflußten, um sie seinem Orden gefügig zu machen.

Viele Schriften faßte er in Predigtform ab, von denen die wichtigsten die Erklärungen des alttestamentlichen Hohenliedes, denen er einen mystischen Tenor zugrunde legte, bildeten. Eine Analyse seiner Werke kann hier nicht geboten werden. Es sollen nur einige Leitgedanken, die den Mythos speisten, herausgearbeitet werden.

Dem besten Kenner seiner Werke, J. Leclercq, fiel die Besessenheit für die freiwillige Armut auf. Bernhard meinte, daß sie den Mönchen Adel verliehe, weil sie als Kollektiv reich sein dürften, obwohl sie arm wären. Auf solche Weise überträfen sie alle bisherigen Religiosen, insonderheit die Cluniacenser. Zugleich folgten sie Christus nach, der die Seinen in den Himmel führe.

Die Betonung der Armut lag ganz auf der Freiwilligkeit, damit ja niemand auf den Gedanken käme, er meinte die wahren Armen, die er verachtete. Er schätze den Geburtsadel, da man bei einem armen Teufel aus dem Volke nie so recht wisse, ob er bei dem Entschluß, der Welt zu entsagen, nicht etwa aus der Not eine Tugend mache, während der Adelige in voller Freiheit wählen und seine Tugend unter Beweis stellen könne. Der Intimus des Heiligen, Gottfried von Auxerre, riet der misera plebs zur Nächstenliebe, um gemeinsam Not und Entbehrung bestehen zu können. Daher sollten sich die Nachbarn mit Brot aushelfen oder sich zu Tisch einladen, wenn jemand wegen Arbeit nicht zum Kochen käme. Vor allem aber sollten an Kirchen und Klöstern den Zehnt getreulich entrichten, ihre Schulden bezahlen, sich vor Aberglauben, Kartenlegen und Wahrsagen hüten.

Wichtig war den zisterziensischen Führungskräften in jedem Falle und zu allen Zeiten, daß ein jeder in seinem Stande blieb, daß die Sozialpyramide nicht durcheinandergeriet. Daher auch die strenge Vorschrift, daß innerhalb der klösterlichen Gemeinschaft ein tiefer Graben zwischen Mönchen und Konversen zu bestehen habe.

Bernhard sah im Volke nur eine zu führende unmündige, vernunftlose Masse, eine blökende Herde, der man Gehorsam und Demut beibringen mußte. Mensch sein durfte man erst in der Gemeinschaft der Mönche, in der geläuterten Gesellschaft von Heiligen, »denen alles gemeinsam ist, deren Seelen und Herzen eins sind, deren Gemeinschaftsleben auch im Tode keine Trennung kennt«[14]. Der Chronist des Klosters Petershausen bei Konstanz verglich die klösterliche Lebensart mit der Apostel-

gemeinschaft: »In ihr finden wir die Anhörung des Gotteswor-
tes, hier die heilige Speisung, hier das Gebet, das Zusammen-
wohnen und das gemeinschaftliche Leben der Brüder, hier die
Verachtung des Besitzes und die Verteilung der Güter nach den
Bedürfnissen eines jeden, hier die Beharrung im Gottesdienst
und das Almosengeben, hier die gemeinsame Speisung, die geistige Freude und die Einfachheit, hier das fortwährende Lob
Gottes und die ständige Danksagung, hier die einmütige Zustimmung der Menge, die Verachtung des Eigenbesitzes und
überhaupt alles, was in den Vorschriften der Väter gefunden, in
den klösterlichen Gepflogenheiten beobachtet wird. Und das
alles kommt auch sonnenklar in der Apostelgeschichte zum Ausdruck . . .«[14a].

Ein Geistesverwandter Bernhards, Heinrich von Marcy (um
1135–1189), der 1156 in Clairvaux seine Profeß ablegte und
1160 Abt der Filiale Hautecombe, nach dem Tode Gerhards
1176 Abt von Clairvaux wurde und 1180 zum Kardinalbischof von Albano avancierte, billigte nur den Mönchen wahre
Freiheit zu, weil sie vom Geist Gottes inspiriert seien und in
ihren Herzen das Bild Gottes reproduzierten. Das erwecke
Liebe und Freundschaft zu Christus und erhebe die Mönche zu
Bürgern des Gottesstaates, in dem für die Laien, dem ordo
laicorum, kein Platz sei. Bernhard belehrte seinerseits die Mönche, daß sie ihre volle Erfüllung der Entsagung nur in der Gemeinschaft, die Normen und Verhaltensweisen bestimme, fän-
den, keineswegs aber im Alleingang. Er mißtraute Religiosen,
die sich allein in die Einsamkeit begaben, um hier Gott zu suchen. Im Einsiedlertum sah er nur Gefahr und Versuchung, in
der Wanderpredigt eine verdammenswerte Abirrung von Zucht
und Ordnung. Seiner Meinung nach vermochte der einzelne
geistliche Fortschritte nur in der umhüteten und umhegten Gemeinschaft unter Aufsicht eines erfahrenen Seelenführers zu erlangen. Liebe zu Christus hatte für ihn nur Sinn, wenn sie mit
Gehorsam gepaart blieb.

C. W. Bynum macht darauf aufmerksam, daß es Bernhard

immer nur auf ein Fortschreiten des Mönches in der Liebe zum Heiland, nicht zum Nächsten angekommen sei. Die von Gottfried von Auxerre anempfohlene Nächstenliebe galt den Bauern, die nicht für einen Aufstieg in den Gottesstaat in Frage kamen, weil sie sich ganz im Irdischen bewegten, wo sie zu dienen und zu schuften hatten, wenn sie Aussicht auf Erlösung erlangen wollten. Bernhard dagegen betrachtete den Nächsten als Objekt für geistliche Personen, die ihn als Anfangsstufe für ihren Aufstieg zu eigener Vollkommenheit benutzten. Unter diesem Aspekt führte praktische Hilfe für den Nächsten nur zu Abweichungen vom Wege zur Vollkommenheit, zu Verzögerungen beim Aufstieg auf der Himmelsleiter. Bernhard riet deshalb den Brüdern, Hilfe nur in Ausnahmefällen zu leisten.

Der gleiche Geist durchwehte auch die Kartäuserkonstitutionen, die den Mönch zur Vollkommenheit in seiner Zelle mittels Askese und Gebet, nicht aber zur tätigen Armenpflege und Nächstenliebe erzogen. Damit war der Gegenpol zur Nachfolge Christi der Einsiedler umschrieben. Die neue Parole lautete Heilssuche durch Liebe zu Gott in der klösterlichen Kommunität! Der Konzentration der Liebe auf den Menschensohn Jesus folgte Schritt für Schritt der Aufstieg zur esoterischen Liebe. Folgerichtig verband Bernhard die Menschwerdung mit geistlicher Perfektionierung nach dem Vorbild und den Methoden einer Liebesmystik, die in drei Etappen verlief: 1. der Mensch liebt sich selbst, 2. der Mensch liebt Gott, aber im Eigeninteresse, 3. der Mensch gelangt zu reiner Gottesliebe, das heißt, er liebt nur noch durch Gott.

In seinen zwischen 1135 und 1153 entstandenen Hoheliedkommentaren charakterisierte er Gott ausschließlich als Quellgrund dieser Liebe, nicht von Allmacht und Gerechtigkeit. Der Mönch vermöge sich nur zum fleischgewordenen Wort – Christus – zu wenden, um irdische Liebe zu überwinden und zu läutern. Nur in der Liebe vermöge er Gott nachzueifern, nicht aber in dessen Macht und Weisheit. Mit einer derartigen Interpretation der biblischen Tradition verwies er die Nachfolge Christi in Armut und Niedrigkeit ins Abseits und machte sie suspekt. Nicht als Wanderapostel, der sein Brot durch Bettel oder Arbeit verdiente und es mit den Mühseligen und Beladenen teilte, folgte man dem Erlöser, sondern als freiwilliger Armer in einem wohlgeordneten Konvent, in welchem man einer durchdachten Liebeskontemplation huldigte, die die Tore in den Himmel öffnete. An diesem Punkte trennten sich Volksreligion auf der einen und monastische Theologie und Mystik auf der anderen Seite. Der Konservatismus der zisterziensischen Ideologen verwehrte ihnen das Begreifen der in Gesellschaft und Kirche nach vorn drängenden Kräfte, die um ein religiöses Selbstverständnis rangen. Die ökonomische Adaption stand im Widerspruch zur ideologischen Drapierung und reflektierte letztendlich den Versuch, die Progression für die Bewahrung des veralteten monastischen Erbes zu benutzen.

Bernhard war nicht nur Feind der Häresie, sondern auch eines jeden volkstümlichen Christentums. Er öffnete sich nur in seinem Kreis neuen Erfahrungen, gestand hier dem Individuum Eigenaktivität und Wert in der Gottessuche durch Gebet und Meditation zu, aber immer nur unter Leitung und Kontrolle des Abtes und der Gemeinschaft. Jeder Mönch sollte sein Gewissen erforschen und dem Gebet des Herzens Raum geben. Dann vervollkommneten sich der einzelne und das Kollektiv, dann sammelte man Verdienste, die auch den Laien wegen ihrer sündentilgenden Kraft zugute kamen. Beispielgebend sollte die Gemeinschaft der Vollkommenen die Welt zu Demut und Buße, zu Gehorsam und Unterwerfung unter Papst und Kirche aufrütteln. Cîteaux verschloß mit diesen Maximen die Augen vor der sozialen und geistigen Dynamik seines Jahrhunderts. Es verstand nicht die Ablösung der starren Ständehierarchie durch eine rationalisierte Theologie, die von der Funktion her die Glieder der ordines definierte und Übergänge sanktionierte, etwa predigende Mönche oder Theologie propagierende Laien. Diese modernisierte Gottesgelehrsamkeit bekämpften Männer wie Bernhard, sahen in ihr Werke des Teufels.

Im Zentrum seiner Religiosität stand die Erfahrung als Geschehen im passiven Subjekt, als Einwirkung einer außerhalb des Subjekts agierenden Kraft. U. Köpf hat in einer bahnbrechenden Monographie den Nachweis erbracht, daß für Bernhard die eigene Erfahrung den Erfahrungsschatz der Bibel übertreffen könne. Die Bibel verstand Bernhard als Erfahrungsbuch hervorragender Menschen der Vergangenheit. Das heißt, daß für ihn menschliche Subjektivität, nicht überlieferte, vernunftmäßig überprüfbare Offenbarung Grundlage der Theologie ausmachte. Bibelexegese verlangt demnach eigene religiöse Erfahrung, die aus dem Affekt, der Gemütsbewegung, nicht dem Intellekt, der Reflexion, geboren und gespeist wird. Das bedeutete, daß die Heilige Schrift nur im Erfahrungszusammenhang mit dem Subjekt Autorität genoß. Vermittler von Erfahrung war allein das Wort, das vorhandene Erfahrung interpretiert oder neue schafft. Die Sakramente mußten dann zurücktreten. Entscheidend blieb, daß Gottes Wirken aller menschlichen Tätigkeit und Mühe vorauseilte, allein den Glauben vom Menschen forderte, der ihn rechtfertigte: »Wer immer daher wegen der Sünde von Reue gequält wird und nach Rechtfertigung (iustitiam) hungert und dürstet, möge an dich glauben, der du die Sünder rechtfertigst, so daß der Gerechtfertigte allein durch den Glauben seinen Frieden in Gott erlangt.«[15]

Hier spricht, wie gesagt, nicht Luther, sondern Bernhard! Aber dieser verblüffende Gleichklang der Gedanken darf nicht vergessen machen, daß Bernhards »Sitz im Leben« das Kloster, die Kongregation der Erwählten war. Von hier aus blickte er auf Gott, die Kirche und die Welt. Von der »Freiheit eines Christenmenschen« wußte er nichts. Sein Ideal war der Rittermönch, der im Vorderen Orient das Heilige Land zurückeroberte. Den Ritterorden, insonderheit den Tempelorden, pries er 1128 in seiner Schrift »Über das Lob der neuen Ritterschaft« (De laude novae militiae) in den höchsten Tönen.

Bernhard kam aus dem ritterlichen Milieu und fühlte sich zeit seines Lebens als Gottesritter, der gegen Sünden und Dämonen kämpfte und um das himmlische Jerusalem stritt. Der Ritter sollte das irdische Jerusalem erobern, ohne ein fleischliches Leben in Hochmut und Stolz führen zu müssen, weil er ja als Mönch das Schwert führte. Bernhard hatte Hunderte von Rittersöhnen in seine Klöster gelockt und sie zu ritterlichen Mönchen erzogen, jetzt wollte er die kampfbereite Adelsjugend in die weiße Kutte mit Schwert und Schild stecken und sie für einen neuen Kreuzzug begeistern, um die Schmach in Syrien, wo der Feind sein Haupt erhob, zu rächen. Ihnen billigte er das Recht zum Töten zu, weil sie für Christus stritten. Ihre Art zu leben, zu kämpfen und zu sterben unterschied sich seiner Meinung nach von jener weltlicher Standesgenossen. Sie vereinigten in ihrer Person die Tapferkeit der Krieger und die Sanftmut der Mönche. Die Templer repräsentierten sich als Idealtyp des wahren Religiosen, denn sie leisteten ein Gehorsams-, Keuschheits- und Armutsgelübde (absque omni proprio). Der Gedanke eines Martyriums um Gottes willen sollte die Anwärter ködern, um ihnen die Heilsgewißheit schmackhaft zu machen. »Wenn jene selig zu nennen sind, die in Gott sterben, müssen dann nicht die, die für den Herrn den Tod erleiden, viel mehr selig werden?«[16]

Die weltlichen Ritter interessierten sich nur für Ruhm, Beute, Ehre und Frauenlob. Deshalb mußten sie sich mit dem Sündengefühl herumschlagen. Der Templer brauchte beim Töten keine Sünde zu fürchten, denn er zog für Gott sein Schwert und verteidigte die Christenheit. Bernhard gestand damit den Ritterorden ein eigenständiges Kriegsrecht zu, das er aber zunächst auf reine Defensive begrenzte. Die »Heiden«, will sagen die Muslime, sollten nur dann erschlagen werden, wenn sie auf andere Weise nicht von Unterdrückung und Belästigung der Christen Abstand nahmen. Wenn alle Mittel versagten, dann sollten sie hingeschlachtet werden wie das blöde Vieh!

Bernhard gestand allen denen das Waffenführen zu, denen Gott diese Aufgabe zugewiesen hatte. Deshalb sollte der Erbbesitz der Christenheit, Jerusalem, mit Waffengewalt behauptet werden. Die Templer schienen dafür prädestiniert. Sie mußten auf prunkvolle Ausrüstung verzichten und alles militärischer Zweckmäßigkeit unterordnen. Die neuen Ritter »kämmen sich nie, waschen sich selten, pflegen den Bart nicht, riechen nach Staub, sind von Harnisch und Hitze schmutzig«[17].

1145 erreichte die Kunde vom Fall Edessas den Westen und löste eine neue Kreuzzugsbewegung aus. Zentren der Aktivitäten waren Rom und Paris. König Ludwig VII. von Frankreich wollte sogleich das Kreuz nehmen und den Zug in einen heiligen Krieg umstilisieren. Bernhard verwies aber den Monarchen diesbezüglich auf den Papst, dem allein die Entscheidung darüber zustehe. In dem nun beginnenden Tauziehen trat eine politische Gruppe in den Vordergrund, die N. A. Sidorova theokratische Partei nannte. Sie rekrutierte sich aus dem Papst, einigen Kardinälen, den Zisterziensern und Prämonstratensern sowie einer Reihe von Bischöfen. Sie schrieb die Unterordnung der weltlichen Gewalten unter die Hierokratie auf ihre Fahnen. Den »harten« Kern der Partei bildeten die Zisterzienser mit ihrem Wortführer Bernhard. In Frankreich stützte sie sich auf die Lehensträger und deren Regionalismus, der dem königlichen Zentralismus zuwiderlief. Aufgrund ihrer Verlautbarungen, Erklärungen sowie politischen Schach- und Winkelzügen ergibt sich ein Programm, das um folgende Forderungen kreiste:

1. Vorherrschaft der Kirche über den Staat. »Die Kirche verfügt über beide Schwerter, das geistliche und das weltliche, das eine wird für die Kirche, das andere von der Kirche gezogen, das eine von der Hand der Priester, das andere von der Hand der Ritter, aber jeweils auf den Wink des Priesters oder auf den Befehl des Papstes.«[18]

2. Bewahrung des kirchlichen Bildungsmonopols in Abwehr rationalisierter Theologie und städtischer Profanschulen

3. Rückeroberung des Heiligen Landes mit Hilfe der Ritterorden

4. Bekämpfung der kommunalen Bewegungen und Stabilisierung bischöflicher Stadtherrschaften
5. Vernichtung aller Ketzer
6. Unterwerfung der Ostkirche unter den römischen Primat mit dem Ziel der Eroberung Konstantinopels.

Der Hilferuf der Kreuzfahrerstaaten kam der Partei sehr gelegen. Sie betrieb eifrig die Einschaltung des Papstes, der 1145 als ein Schüler Bernhards namens Eugen III. (1145–1153) die cathedra Petri bestieg. Er stellte sich denn auch prompt an die Spitze der Bewegung und richtete am 1. 12. 1145 einen Kreuzzugsaufruf an Ludwig VII., in welchem er seine legitime Initiative zum Ausdruck brachte. Die Propagierung übertrug er jedoch im März 1146 Bernhard. Eugen dachte allein an eine Beteiligung von Franzosen und Italienern. Er rückte die militärische Leistung in den Vordergrund und befahl, ganz im Sinne Bernhards, in der Ausrüstung Luxus zu meiden und allein an militärische Belange zu denken. Als Lohn versprach er den Kreuzfahrern Nachlaß der Sündenstrafen, derer sie sonst beim Jüngsten Gericht gewärtig sein müßten. Aber nicht sein Appell mobilisierte die Massen, sondern die Enzyklika Bernhards, die zum erstenmal nicht von einem Papst, sondern von einem Abt ausging. Die Fama wußte bald zu berichten, daß nicht Eugen, sondern Bernhard Papst sei, weil sich alle, die ein Anliegen hatten, an ihn um Rat wandten. Ein Körnchen Wahrheit lag darin.

Bernhard stürzte sich mit wahrem Feuereifer in die ihm übertragene Aufgabe. Er appellierte nicht nur an die Rittersöhne, sondern auch an die großen Sünder: »Gott will nicht euren Tod, rief er aus, sondern eure Bekehrung und euer Leben, weil sich die jetzige Gelegenheit nicht gegen, sondern für euch bietet. Was ist es denn anderes, als eine ausgezeichnete Gelegenheit für göttliche Errettung, wenn Mörder, Räuber, Ehebrecher, Meineidige und andere mit Verbrechen Belastete vom Allmächtigen für würdig befunden werden, sich in seinem Dienste zu Menschen zu erheben, die Rechtes tun? Ihr braucht euch also nicht zu fürchten, ihr Sünder, denn der Herr ist gnädig. Wollte er euch bestrafen, dann würde er euren Dienst auf keine Weise verlangen und auch keine Opfergaben annehmen. Und ich sage euch wieder und wieder: Erwägt die Reichtümer der guten Werke und achtet auf den höchsten Rat des Mitleids!«[19]

Inzwischen hatte schon ein entlaufener Zisterziensermönch Radulf in Flandern und den Rheinlanden das Kreuz gepredigt, wobei er die Blicke aller auf die Juden lenkte, die man als Erzfeinde Christi niedermetzeln solle, was auch, ähnlich wie 1096, befolgt wurde. Dagegen schritt Bernhard sofort ein. Er schalt Radulf, daß ihn weder Gott noch ein Mensch gesandt habe und ihm kein Predigtrecht zustehe. Er tadelte die Anmaßung des Predigtamtes, die Mißachtung der Bischöfe und die Rechtfertigung des Judenmordes. Das waren deutliche Seitenhiebe gegen schweifende Eremiten. Bezüglich der Juden belehrte er seine Zuhörer: »Sie sind nicht zu verfolgen, nicht zu töten, ja nicht einmal zu verjagen.«[20] Sie galten ihm als Zeugen der Passion des Herrn. Ihre Strafe bestehe in ihrer Zerstreuung und Knechtung. Erst am Weltende würde ihre schließliche Bekehrung erfolgen. Der liberale Tenor darf nicht verschleiern, daß Bernhard die antijüdischen Vorurteile seiner Zeit teilte und die Pariastellung der Juden innerhalb der christlichen Gesellschaft als rechtens empfand und billigte. Er opponierte allein gegen spontane Übergriffe des Volkes, unbefugtes Predigen und Verlassen der Klöster. Das lag auf einer Linie mit dem Verbot für alle Zisterziensermönche, sich an der Jerusalemfahrt, die er den Laien so ans Herz legte, zu beteiligen. Ortsbeständigkeit (stabilitas loci), Gehorsam und Versenkung in die Passion Jesu galten ihm als wahre Mönchstugenden, nicht aber Pilgerfahrten in die Ferne, die die Kuttenträger den wachsamen Augen ihrer Äbte entzogen und sie den Gefahren ungeistlichen Lebens und Denkens aussetzten.

J. Leclercq bedauert den mangelnden Realismus in der Kreuzzugsvorstellung Bernhards. Aber das war kein Ausrutscher, sondern nur die Übersteigerung mystischer Ideen, die

zum Grundzug seiner Religiosität und so zu seinem Wesen gehörte. Der Aufbruch der »Jugend«, d. h. des ritterlichen Adels,
sollte das Gelobte Land in Sicht bringen. In seiner Militanz und
Verblendung ging er so weit, nach dem gescheiterten Unternehmen 1149/50 an einen Sturm auf Konstantinopel zu denken.
Das Fiasko von 1149 und die Rückkehr der dezimierten und
deprimierten Truppen des französischen und deutschen Königs
hatte ihn schwer getroffen und aus dem seelischen Gleichgewicht gebracht. Sein Ansehen litt gewaltig, sein Stolz und sein
Ehrgeiz waren tief verletzt.

Unüberhörbar fragten die Menschen nach dem Eingreifen
Gottes in den Ablauf der Welt. Die Niederlage galt vielen als
Gottesurteil, das Eugen III. mit der Sündhaftigkeit der Teil-
nehmer zu entkräften suchte, aber damit nur seine Rat- und
Hilflosigkeit unter Beweis stellte. Von allen Seiten hagelte es
Vorwürfe, Verdächtigungen und Anschuldigungen. Be-
trügereien auf der Fahrt zu Lasten des Kirchenvolkes, Raub,
Plünderungen und Unzucht hätten die Kreuzritter begleitet. Der
anonyme Annalist von Brauweiler stellte die provokatorische
Frage, ob der Kreuzzugsappell überhaupt Gottes Wille gewesen sei. Der Annalist von Würzburg wurde noch deutlicher:
Pseudopropheten, Söhne Belials, Zeugen des Antichrists hätten
die Gläubigen zu einem Zug gen Jerusalem verführt. Gerhoh,
Propst von Reichersberg (1132–1169), bezweifelte, daß jemand erkennen könne, ob es der Wille Gottes sei, einen Hei-
denkrieg zu beginnen. Seiner Meinung nach hätte sich 1146 das
Wirken des Antichrists gezeigt. Theologisch gesehen verlor
damit die Kreuzzugsidee den Boden unter den Füßen, denn niemand vermochte mehr zu wissen, ob ein Kreuzzug im Dienste
Christi oder des Satans stand! (E. D. Hehl)

Bernhard spielte den Demütigen und Gottergebenen. In
seinem Traktat »Über die Betrachtung« erklärte er dem Papst:
»Ich achte es gering, wenn ich von jenen (den Kritikern) verurteilt werde, die das Gute schlecht und das Schlechte gut machen, die das Licht durch Finsternis, die Finsternis durch Licht

ersetzen. Und wenn es notwendig sein sollte, daß eins von zwei Dingen geschieht, dann ziehe ich es vor, wenn die Leute gegen uns und nicht gegen Gott murren. Ich halte es für einen Vorzug, wenn mich Gott würdigt, als seinen Schild zu dienen.«[21]

So einfach entledigte er sich seiner Verantwortung! Man brauchte die Ereignisse nur in die richtige Perspektive zu rükken, und schon verwandelte sich die Niederlage in ein Mittel zum Fortschreiten in der persönlichen Heiligkeit! Der italienische Ordensbruder Johannes von Casa Maria steuerte in einem Trostbrief an Bernhard noch weitere Argumente in dieser Richtung bei, die auch den Prügelknaben des gescheiterten Zuges ein Pfläschterchen auf ihre Wunden versprachen: Der Kreuzzug, man höre und staune, war ein Erfolg, wenn auch ganz anders als beabsichtigt! Hätten sich nämlich die Teilnehmer wie gute Christen aufgeführt, dann wäre Gott mit ihnen gewesen. Der Herr aber hätte ihr Versagen vorausgesehen, weshalb er ihnen Verfolgung, Not und Tod gesandt habe, um sie geläutert in das Gottesreich aufzunehmen. Viele Ritter hätten in der Stunde des Todes diese Absicht erkannt und wären glücklich gewesen, im Lande der göttlichen Passion ihren Geist aufgeben zu können, da sie nunmehr keine Gelegenheit mehr erhielten, wieder sündhaft zu werden. Johannes der Täufer und der heilige Paulus hatten dem Zisterzienserabt im Traume diesen göttlichen Schachzug erklärt und ihm die Botschaft zuteil werden lassen, daß die Gefallenen die Reihen der Engel vermehrt hätten.

Die göttliche Gnade, die hinter der Katastrophe so plötzlich aufleuchtete und das glückliche Ende garantierte, genügte einem Manne wie Bernhard doch nicht so recht. Ihn wurmte das Desaster, das ihn vom Hochgefühl seiner Macht und seines Einflusses so jäh in die Tiefe der Enttäuschung und Verzweiflung gestürzt hatte. In dem erwähnten Traktat spekulierte er, daß der Gott des Alten Testament den Stämmen Israels erst beim dritten Anlauf den Sieg über den Stamm Benjamins geschenkt habe. Israel hatte Gott vertraut und war damit gut gefahren. Müßten nicht die Christen das gleiche tun? Spreche nicht Gott durch seinen Mund zu ihnen? Warum sollte man da nicht nochmals das Kreuz predigen?

Ähnliche Überlegungen hegte die theokratische Partei. Der berühmte Königsabt Suger von St. Denis und Petrus Venerabilis von Cluny sowie Bischof Gottfried von Langres projektierten ein neues Orientunternehmen, das über Konstantinopel führen sollte, um ein für allemal den unsicheren Kandidaten am Bosporus auszuschalten. Gegen Byzanz wollte man zwar keinen Glaubenskrieg führen, aber einen christlichen Friedensbrecher und Verräter gebührend bestrafen. Die Kriegspartei wählte Bernhard zu dem Führer des neuen Zuges, was dieser sogleich Eugen III. wissen ließ. Im gleichen Atemzug verlangte er vom Papst, daß er sich für die Sache engagiere. »Er sollte das weltliche Schwert der Kirche zur Verteidigung der Kreuzfahrerstaaten ziehen, einen neuen Kreuzzug verkünden, Byzanz mit seinem geistlichen Schwert treffen und mit seinem weltlichen in die Knie zwingen« (Hehl).

Eugen war unwohl zumute. Ein zweites Fiasko konnte er sich gar nicht leisten. Deshalb beriet er sich mit Suger, der für die Sicherstellung der militärischen und politischen Organisation sorgen sollte. Von einem Aufruf an alle Christen durch den Mund des Papstes war von vornherein keine Rede mehr. Die Kardinäle der römischen Kurie taten das Ihrige, um die politischen Voraussetzungen – die Aussöhnung des deutschen Königs Konrad III. (1138–1152) mit König Roger II. von Sizilien (1101–1154) – zu hintertreiben. In Frankreich rührte sich kein Finger, der Adel zeigte Bernhard die kalte Schulter. Er klagte laut: »Wehe über unsere Fürsten. Im Lande des Herrn verrichteten sie nichts Gutes. In ihrem eigenen, in das sie rasch zurückkehrten, verübten sie unglaubliche Bosheiten und empfanden kein Mitleid über die Reue des Joseph (= Bernhard).«[22] Der Abt registrierte verbittert, daß er an die Grenzen seiner Macht gestoßen war. Es handelte sich hierbei nicht um eine Tragödie eines einzelnen, der den Bogen überspannt hatte und gescheitert war, sondern seine persönliche Niederlage kündigte schon den Niedergang des benediktinischen Mönchtums insgesamt an. Das Dreiständeschema löste sich im 12. Jh. auf, der Stand des Stadtbürgertums konstituierte sich und entwickelte sich zum Widerpart und Totengräber des Ordens von Cîteaux, dessen Wirtschaftssystem im 13. Jh. an der neuen Agrarstruktur im Gefolge einer monetarisierten Ökonomie zerbrach, in welche keine Konversen mehr hineinpaßten, sondern die Pächter und Lohnarbeiter erheischte. Zwar profitierte Cîteaux noch eine Weile von dieser Entwicklung, aber antiquierte Rentenwirtschaft und Verschuldung untergruben seine Basen.

Der Bernhard geistesverwandte Kölner Abt Rupert von Deutz (1120–1130) bezeichnete schon 1128 Städtegründungen als Kainswerk. Kein Patriarch, kein Heiliger habe jemals eine Stadt erbaut, weil das Gott mißfalle. Sei doch Jericho auf seinen Befehl hin zerstört worden. Der Tyrann Nimrod habe Babylon und Ninive gegründet, Götzenkult eingeführt und Irrtum zum Gesetz im Dienste der Tyrannen erhoben. Die Stadt sei auf solche Weise zum Sitz des Teufels geworden. Die Frommen aber erwarteten eine Stadt, die der Herr erbauen würde. Bis dahin stifteten sie nicht Städte, sondern Altäre, um Gott zu helfen, den Satan aus seinen Häusern zu verjagen. Das erhebe sie zu Himmelsbürgern, zu denen die Mönche zählten.

Bernhard teilte diese Stadtfeindlichkeit. Er bemühte sich, Studenten aus dem Babylon seiner Zeit, aus Paris, herauszuführen und in seinen Klöstern unterzubringen – ein sinnloses Verlangen, denn die Scholaren suchten in den städtischen Schulen gerade jene Freiheit des Geistes, die ihnen die Mönche verwehrten! Kein Wunder, daß auf ideologischem Gebiet die ländlich profilierte Frömmigkeit zunehmend der Lächerlichkeit verfiel. Sie war nicht einmal mehr imstande, die geistige Unruhe der ganz Armen, des städtischen Plebs, zu besänftigen. Ihr Armutsmythos zerstob vor den Realitäten wie Schall und Rauch. Die Zisterzienser wirtschafteten mit anderen Worten auch geistig ab, man brauchte sie nicht mehr. Scholastische Magister, Ketzer und Rigoristen verkündeten, daß jeder für sein Seelenheil selbst sorgen müsse, daß man es weder kaufen noch durch Mönchsgebete erlangen könne. Das hieß, daß das Kloster überflüssig wurde und daß mit den Zisterziensern das goldene Zeitalter der Mönche zu Ende ging.

Bernhard hatte versucht, die neuen Anforderungen an die vita religiosa mit einer Erneuerung des Klosterwesens zu erfüllen. Er beabsichtigte, daß sein Orden Zeugnis ablegte von der Armut der Mönche, sei es in Kleidung, Ernährung oder Architektur. Aber er merkte nicht, daß die Menschen jenseits des Klaustrums nicht mehr mit asketischem Heroismus der weißen Brüder zufriedenzustellen waren, sondern daß sie Antwort heischten auf die Frage nach wahrer Armut der Gemeinschaft. Als der Abt in Südfrankreich dem Stadtvolke predigte und den armen Jesus als leuchtendes Beispiel vorführte, da fragten ihn seine Zuhörer, wie es denn käme, daß seine Reittiere wohlgenährt seien und die Mönche Not doch gar nicht kannten. Als darauf Bernhard seine Kutte zurückschlug, um seine mageren und ausgemergelten Schultern zu zeigen, da blieb sein Ausweis ständiger Kasteiungen wirkungslos, weil die kleinen Leute nicht Hungerakrobaten in reichen Klöstern, sondern eine arme Kirche verlangten. Eine solche Kirche benötigte aber kein benediktinisches Mönchtum. In diesem Widerspruch kulminierte die in der katholischen Forschung viel debattierte »Krise des Mönchtums im 12. Jh.«. Es war keine »Wohlstandskrise« mit positiven Wirkungen auf die Lebenskraft der Klöster, wie J. Leclercq meinte, sondern es handelte sich eindeutig um mißglückte Anpassungsversuche an eine sich wandelnde Sozialstruktur, die mehr und mehr vom Stadtbürgertum geprägt wurde. Der aufbrechende Stadt-Land-Antagonismus drängte die grundherrschaftlich organisierten Orden mit ihren auf Statik, Beharrung und Ortsgebundenheit basierenden Regeln in die Ecke und bot im 13. Jh. der sozialen Dynamik der Bettelmönche breite Bewährungsfelder.

Bernhard von Clairvaux war nicht so weltfremd, um nicht

die heraufziehenden Gefahren zu erkennen. Die Wurzel allen
Übels sah er sehr wohl im wachsenden Reichtum der Anstalts-
kirche und in der Verweltlichung der römischen Kurie. Aber
seine angepriesenen Heilmittel gegen die schleichende Krankheit gingen nur die Symptome, nicht die Ursachen an. Wir wissen, daß er zusammen mit der locker gefügten theokratischen
Partei in Frankreich für eine dezentralisierte Kirchenorgani-
sation eintrat. Die jurisdiktionellen Ansprüche der Bischöfe
sollten vom Papst und den Klöstern geachtet werden. Eingriffe
der Kurie in Diözesanbelange sollten Ausnahmen, nicht die
Regel bleiben. Bernhard belehrte und ermahnte Eugen eindring-
lich: »Bedenke vor allem, daß die heilige römische Kirche, der
du nach göttlichem Willen vorstehst, Mutter, nicht Herrin der
Kirche ist. Du bist aber nicht Herr der Bischöfe, sondern einer
von ihnen, nämlich ein von Gott geliebter Bruder und ein ihn
fürchtender Teilhaber.«[23] Deshalb wetterte er auch gegen das
Legateninstitut, das die Autorität der Bischöfe erheblich ein-
schränkte.

Diese Bischofsfreundlichkeit ist verständlich, wenn man berücksichtigt, daß er nach und nach alle Episkopate mit seinen
Mönchen besetzen wollte, um die Bistumssprengel von Spanien
bis Polen, von Italien bis Schottland in den Griff zu bekommen.
Zwischen den Zisterzen und den Bischofskirchen sollte eine
enge Verbindung hergestellt werden. Der Zisterzienser auf dem
Throne Petri sollte das reformierte Episkopalsystem absegnen.
Aber damit hatte Bernhard die Rechnung ohne den Wirt gemacht. Die Kardinäle brüskierten ihn, wo immer es anging, und
wiesen ihn in die Schranken. Sein Dezentralismus lief dem römischen Zentralismus zuwider. Die Verwirklichung seiner Vorstellungen hätte zur Versteinerung territorialer Kirchenprovin-
zen im Rahmen von Fürstentümern, wie in Frankreich,
geführt. Daran konnte auch dem Königtum nicht gelegen sein.

Dennoch besaß Bernhard trotz seines Konservatismus ein
scharfes Auge für die Gebrechen der Kirche. In den »Betrach-
tungen« hielt er sie Eugen III. ungeschminkt vor. Er fragte ihn,

was der Pomp der Kurie solle. Habe nicht Paulus Gold und Silber abgelehnt? Sei seine Verwendung schon nicht zu umgehen, dann solle man sie so benutzen, als besäße man sie nicht. Wer sich aber an ihnen erfreue, der widerspräche den Worten der Apostel. Der Papst dürfe nie vergessen, daß die Apostel zum Dienen, nicht zum Herrschen ausgesandt wurden. »Erkenne, daß dein Erbe im Kreuz Christi und in vielen Mühen besteht. Glücklich zu nennen ist jener, der sagen kann: Ich habe mich mehr als alle anderen geplagt. Das bringt Ruhm, nicht aber Nichtigkeit, Schlaffheit und hochfahrendes Wesen.«[24] Übe der Papst sein Amt aus, dann müsse er daran denken, daß der Mensch nackt, arm, elend und kläglich die Welt betrete und nicht für Ehren, sondern für Arbeit und Mühen geboren sei. Bernhard riet seinem so hoch gestiegenen Ordensbruder, des Ursprungs von Cîteaux gewärtig zu sein und als Demütiger mit Demütigen Umgang zu pflegen. Das schlimmste Gift und das gefürchtetste Schwert sei die Herrschbegierde. Gelänge es dem Papst nicht, sie zu überwinden, dann liefe die gesamte Hierarchie ins Verderben.

Bernhard kannte sehr wohl die kritischen Stimmen aus dem Volke, aus den Reihen der Ketzer, die er Eugen ins Gedächtnis rief: Er gleiche mehr einem Hirten der Dämonen denn der Gläubigen. In Rom finde man wohl Honoratioren, kaum aber Heilige. Den Papst umgäben Ungläubige und Verderber, was Bernhard aus eigener Kenntnis bestätigt. »Es sind Wölfe, keine Schafe, und du bist ihr Hirt!«[25] Der Nachfolger des heiligen Petrus weise sich nicht durch Gold und Geschmeide, durch Seide, Weihrauch und ein großes Gefolge von Dienern, sondern durch Armut und Demut aus. Kehre er nicht um, dann folge er Kaiser Konstantin, nicht aber dem Apostel. Das päpstliche Amt sei prophetischer, nicht juristischer Natur.

Die Schärfe der Kritik eines führenden Ideologen der Hierokraten am Apparat der Machtkirche reflektiert indirekt die Wucht und die Breite der zeitgenössischen Opposition zum Herrenchristentum. Der Gegensatz zwischen apostolischer Verkündigung und kirchlicher Interpretation forderte die Satten *und* die Hungrigen heraus, denn die reicher gewordenen Reichen und die ärmer gewordenen Armen in den Städten, aber auch auf dem Lande, verlangten ungestümer denn je eine arme Kirche und wahre Nachfolge Jesu. Die Stunde der Armutsapostel hatte geschlagen.

Abschied von der Machtkirche – die Armutsapostel

Der hellhörige und wachsame Zisterzienserabt Bernhard von Clairvaux riet in einem Brief den Gläubigen, vor wortgewaltigen Bußpredigern auf der Hut zu sein: »Darum, o Vielgeliebte, warne und ermahne ich euch, da ich in eurer Mitte weile, ja keinen fremden oder unbekannten Prediger aufzunehmen, wenn er nicht von unserem höchsten oder von eurem Bischof gesandt und ihm die Erlaubnis zum Predigen erteilt wurde.«[1] Diese eindringliche Warnung kam nicht von ungefähr, war nicht aus der Luft gegriffen. Bernhard hatte eine bestimmte Person im Auge: den *Wandermönch Heinrich.*

Seine Wege hatten ihn seit 1101 in die Westschweiz und nach Westfrankreich geführt, von Lausanne nach Le Mans. Le Mans war eine Gewerbestadt. Kleine Handwerker, Weber, Fleischer, Bäcker, Schuster, Schneider, Tischler, Kerzenmacher, Münzer, Gold- und Hufschmiede, bestimmten das soziale Bild. Sie alle profitierten in der zweiten Hälfte des 11. Jh. von der politischen Anarchie, die in der Grafschaft Maine herrschte. 1070 vereinigten sie sich gegen den Vizegrafen Gottfried von Mayenne, den späteren Bischof von Angers (1095–1101), mit dem niederen Adel der Umgebung zu einer Schwurgemeinschaft, um sich des zunehmenden Steuerdruckes zu erwehren. De facto handelte es sich 1070 mehr um eine Friedenseinung denn eine Kommune: feudaler Willkür sollten Grenzen gesetzt werden. Gräfliche Büttel, derer man habhaft wurde, hängte man auf oder verstümmelte sie. Ganz im Geiste der Gottesfriedensbewegung mobilisierten die Eidgenossen einen »Kreuzzug« mit Kruzifixen, Fahnen und singenden Priestern gegen die Burg eines Landadeligen. Bauern, auch Frauen, schlossen sich der Prozession an. Aber das Unternehmen scheiterte genauso kläglich wie alle vorausgegangenen Friedensfahrten, von denen wir hörten. 1072 traf Herzog Wilhelm, der Eroberer Englands (1066–1087), mit einem starken Heer vor den Stadtmauern ein. Er sicherte den Aufrührern Straffreiheit zu, erkannte die Festlegungen der Gemeinde, ihre »consuetudines«, an, fertigte ihr aber keinen städtischen Freiheitsbrief aus. So gärte es weiter, Mißstimmung und Unmut grassierten.

1092 rebellierten Männer und Frauen gegen den Grafen Hugo V. (1091–1092), der die Herrschaft im Maine ohne Zustimmung seines Oberlehensherrn, dem Herzog der Normandie, an sich gerissen hatte. Der normannenfreundliche Bischof von Le Mans, Hoël (1085–1095), belegte seine Diözese mit dem Interdikt, was Handwerker und Kaufleute dem Grafen ankreideten. In der Chronik der Bischöfe von Le Mans lesen wir: »Gastwirte, Kneiper (caupones), Fleischer, Bäcker, aber auch Marktweiber und andere Leute, die aus der Umgebung zusammenströmten, um Handel zu treiben, murrten gereizt gegen die Feinde des Bischofs, da sie sich ihretwegen um die Früchte ihrer Geschäfte gebracht sahen.«[2] Die Menge zwang den Grafen, den designierten Bischof Hoël in die Stadt einzulassen, um den materiellen Schaden, den das Interdikt verursacht hatte, zu beheben.

Im Gefolge der Kirchenreform blickte man auch in Le Mans kritischer als bisher auf den Klerus, insonderheit auf das Domkapitel, deren Mitglieder sich bisher jeder Kanonikerreform widersetzt und statt dessen ein behagliches und geruhsames Leben in Wohlstand geführt hatten. Die Bürger sahen je länger, je mehr Armut und sittliche Reinheit als Synonyme an, weshalb ihnen Besitz und Standeskleidung der Domherren in die Augen stachen, ja deren Unwürdigkeit für ihr geistliches Amt reflektierten. Der hochgelehrte und weitgereiste Bischof Hildebert von Lavardin (1097–1125) dachte ebenfalls an eine Reform des Kapitels, um den Stein des Anstoßes zu beseitigen. Da er selbst eine Reise nach Rom antreten mußte, erhoffte er sich 1116 Hilfe von erwähntem Heinrich, von dessen Wortgewalt er

schon viel gehört hatte. Deshalb erteilte er ihm die Predigterlaubnis. Stand doch der Aschermittwoch ins Haus, und die
vorösterliche Fastenzeit erheischte feurige Bußprediger.

Heinrich hatte seinerseits schon zwei Boten in Pilgergewän-
dern, mit Stab und Kreuzesfahne, in die Stadt entsandt, wo sie
das Volk wie Engel Gottes begrüßte. Auf ihr Ersuchen erteilte
Hildebert ihrem Meister die erbetene Predigterlaubnis.

Die Wirkung seines Auftretens war gewaltig und überstieg
alle Erwartungen. Männer und Frauen, aber auch Geistliche,
saßen zu seinen Füßen und hingen an seinen Lippen. Heinrich
führte seinen gebannt lauschenden Zuhörern in grellen Farben
das Erdenleben des Heilands vor, dem die Priester in allem folgen sollten, statt dessen aber in Üppigkeit schwelgten und ihr
hohes Amt verrieten. Da brach der lang angestaute Groll los:
Man verprügelte die Seelenhirten, wo immer man ihrer habhaft
wurde, erklärte sie zu Heiden, brach alle Beziehungen zu ihnen
ab, verkaufte ihnen weder Lebensmittel noch Gegenstände des
täglichen Bedarfs. Mit einem Wort: Man mied sie wie Aussätzige. Die aufgebrachten Handwerker und Händler bewarfen
sie mit Steinen und drohten ihnen mit der Zerstörung ihrer Häuser. Das Domkapitel entzog darauf Heinrich das Predigerrecht,
aber weder er noch die wild gewordenen Laien hielten sich an
das Verbot. In dieser Situation kehrte Hildebert in seine Stadt
zurück. Er hoffte durch sein Eintreffen die Gemüter beruhigen
zu können und die Bewegung in normale Bahnen zu lenken.
Aber in dieser Hoffnung wurde er arg enttäuscht. Der Chronist
berichtet: »Als der Bischof in die Stadt einzog und den Gruß
des lebendigen Gottes in väterlicher Liebe mit Mund und Hand
dem Volke geben wollte, da verschmähte es den bischöflichen
Segen, und die Leute schrien: Deine Wege zu kennen verlangt
uns nicht. Deinen Segen zu erhalten verlangt uns nicht. Segne
den Dreck und weihe den Dreck! Wir haben einen Vater, einen
Bischof, einen Helfer, der dich an Ehrbarkeit und Weisheit
übertrifft. Diesem widersetzen sich deine Kleriker, widerspre-
chen seiner Lehre und verachten ihn wie einen Kirchenschän-

der. Sie fürchten nämlich, daß er ihre Verbrechen und Irrlehren mit seinem prophetischen Geist an den Tag bringt, daß er ihre Wollust der Leiber mit besserem Wissen geißelt. Dies alles sprudelte sogleich aus ihren Mündern hervor. Sie wagten es, mit ungewohnter Kühnheit den Mann Gottes an der himmlischen Predigt zu hindern. Der Bischof aber ertrug gottergeben diese Schmach.«[3]

Heinrich hatte sich in der Zwischenzeit nicht mit Polemik begnügt, sondern war zur Tat geschritten. In dem zwischen 1133 und 1135 verfaßten Traktat eines nicht näher identifizierbaren Mönches Wilhelm gegen den »Häresiarchen (Erzketzer) Heinrich« heißt es bezüglich des Ehesakramentes: »Allein die Übereinstimmung beliebiger Personen stiftet eine Ehe ohne alle Feierlichkeiten und kirchliche Segnungen. Diese Übereinkunft kann nur durch Ehebruch gelöst werden.«[4] Heinrich wollte mit anderen Worten die Ehe aller juristischer und sakramenteller Fesseln ebenso entledigen wie materieller und sozialer Vorbedingungen, um sie zu vermenschlichen und sie allein auf die Liebe zweier Partner zueinander zu begründen. Wie er sich das konkret vorstellte, zeigte er in Le Mans, wo er Dirnen dazu bewog, sich ihrer Haare und Kleider zu entledigen und sie zu verbrennen. Seine Anhänger sammelten Geld, um den reumütigen Sünderinnen ordentliche Gewänder zu erstehen und sie mit einer bescheidenen Mitgift zu verheiraten. In diesem Punkt ist die Nähe zu den Wanderpredigern, vor allem zu Robert von Arbrissel, ganz offensichtlich. Ebenso deutlich ist aber auch die Rückbesinnung auf das Evangelium, das nicht nur die Geistlichkeit, sondern desgleichen die Laien wörtlich begreifen sollten. Räumte die Hierarchie allein Jungfrauen und Witwen Sonderrechte ein, so bemühte sich der bärtige Eiferer um Dirnen und Zöllner wie einst Jesus von Nazareth. Wie dieser nahm er sich gerade ihrer an und eröffnete den Verachteten und Ausgestoßenen die Rückkehr in ein ehrsames Familienleben. Leider erfahren wir nicht, ob die »Sanierung« von Dauer war. Sie zeigt nur, daß sein Reformverständnis dem kirchlichen zuwiderlief.

Es beschränkte sich auch nicht auf Eheprobleme. Der Chronist vermeldet, daß er »viel Ähnliches« ins Werk gesetzt habe. Diesen vagen Hinweis erhellt der Traktat. In ihm lesen wir seine Forderung, daß »Bischöfe und Priester weder Geld besitzen noch Ehren annehmen dürfen«[5], was für die geistlichen Symbole Ring, Mitra und Hirtenstab galt. Unwürdige Priester sollten die Fähigkeit verlieren, Sakramente zu spenden und bei schweren Vergehen ihre Binde- und Lösegewalt einbüßen.

Über allem stände das Wort des Herrn, dem man mehr gehorchen müsse denn den Menschen. Jesus habe an alle Gläubigen appelliert, hinauszuziehen und zu lehren, nicht aber sich an Priester zu wenden, um zu beichten und Buße zu tun. »Sprach doch der Apostel Jakobus: Bekennet einander eure Sünden.«[6]

R. Manselli möchte Heinrich in Le Mans von dem Verdacht jeder Häresie ausnehmen und ihn ganz der Wanderpredigergeneration zuordnen. Er beruft sich dafür auf den Brief des Kapitelklerus an Heinrich, in welchem ihm vorgeworfen wird, daß er Zwietracht zwischen Volk und Geistlichkeit gesät und die misera plebs zu Aufruhr mit Schwertern und Knütteln gegen die Mutter Kirche in der Nachfolge Christi angestiftet habe. Aber sowohl Worte als auch Taten des Gerügten wiesen bereits im Maine über das Auftreten orthodoxer Bußprediger hinaus.

M. Lambert erkannte, daß Heinrich das Priestertum als Verwalter der Sakramente nicht nur zurückdrängte, sondern überhaupt ausschaltete: die Ehe sollte ohne Sakrament gestiftet, die Beichte und das Lehramt (magisterium) »demokratisiert«, der Gehorsam der Laien nicht an kirchlichen Geboten, sondern allein am Evangelium gemessen werden. Schließlich ist die rigorose Armutsforderung für die Seelenhirten unübersehbar. Armut, nicht sakrale Weihe, begründete Priestertum. Sie allein entschied über Würde oder Unwürde des Amtsträgers. Mochten auch Heinrichs Ziele und Vorstellungen in Le Mans noch verschwommen und unklar gewesen sein, so zeichneten sich dennoch schon die Konturen eines armen Wanderpriestertums ohne

238 Der Traum von der Kirche der Armen

sakramentelle Fundierung und Institutionalisierung ab. Diese
Entkirchlichung trennte Heinrich bereits 1116 vom orthodoxen
Kirchenverständnis und damit von der reformierten Machtkirche gregorianischer Prägung, auch wenn er sich dessen selbst
noch gar nicht voll bewußt gewesen sein sollte.

Nach der Rückkehr Hildeberts schlug er sein Domizil in der
Vorstadt von Le Mans auf. Der Bischof zitierte ihn vor seine
Kurie, um zu erfahren, wes Geistes Kind er eigentlich sei und
welche geistlichen Weihen er besäße. Heinrich erklärte, daß er
den Rang eines Diakons bekleide. Diakone gab es schon in der
Jerusalemer Urgemeinde, wo sie die Armenfürsorge regelten.
In den römischen Gemeinden und in der frühchristlichen Kirche fungierten Diakone als Gehilfen der Bischöfe beim Gottesdienst und bei der Armenpflege. In der Regel sollte es sieben
Diakone geben, die dem Bischof Verwaltung und Fürsorge-
pflichten abnahmen. Sie hatten von Amts wegen beachtliche
Anteile an der Diözesanleitung und qualifizierten sich als Kandidaten für den Bischofsstuhl. Demzufolge hätte Heinrich eine
hohe Sprosse in der hierarchischen Aufstiegsleiter erklommen.
Hildebert hegte jedoch Zweifel, weshalb er ihn aufforderte, mit
ihm zusammen die Psalmen des Hochamtes oder wenigstens ein
Marienlied zu rezitieren. Das brachte den kühnen Prediger in
arge Verlegenheit. Kleinlaut gab er zu, dazu nicht in der Lage
zu sein. Hildebert verbot ihm darauf jedes weitere Auftreten in
seiner Diözese und befahl ihm, sich aus dem Staube zu machen.
Widerspruchslos gehorchte Heinrich. Trotz seines unrühmli-
chen Abganges bewahrten ihm viele Städter ihre Gunst, ja folgten ihm auf seinen steinigen Pfaden in die Grafschaft Toulouse.

1119 beschäftigte sich ein Konzil mit seinem Wirken in Südfrankreich und erklärte es als ketzerisch. Heinrich ließ sich dadurch aber nicht beirren. Er war jetzt seiner Sache ganz sicher,
gewann Selbstvertrauen und näherte sich einem südfranzösischen Ketzerapostel, *Peter von Bruis*, dem er auf seinen Wanderungen begegnet war. Nunmehr brach er alle Brücken zur Kirche ab und machte mit seiner Devise, Gott mehr zu gehorchen

als den Menschen, Ernst. In Le Mans war er noch nicht so weit gegangen. Wurde er nach der Autorität gefragt, auf die er sich berufe, dann antwortete er: Der Herr, der befahl, hinauszugehen und die Völker zu belehren. Er fühlte sich jetzt vom Geist erfüllt und über alle Zweifel erhaben. Alpha und Omega war ihm das Neue Testament. Die Schriften der Kirchenväter wie Augustin und Hieronymus lehnte er in Diskussionen als Autoritäten ab und bestritt ihre Heilsnotwendigkeit. Mit Berufung auf das Markusevangelium (16, 16) verwarf er die Kindertaufe, da ihr das Glaubenselement beim Täufling abgehe. Starben Kinder vor Erreichen des vernünftigen Alters, dann erlangten sie seiner Meinung nach trotzdem das Seelenheil, da die Erbsünde nur Adam und Eva berühre. Jeder Mensch sei für sein eigenes Seelenheil voll verantwortlich, jeder trage sein eigenes Los. Sündenvergebung existiere nicht, denn das wäre ja göttliche Ungerechtigkeit. Obwohl Heinrich den Taufritus als solchen nicht abschaffte, so entkleidete er ihn dennoch des sakramentellen Charakters und benutzte weder Chrisma noch Öl, sondern allein Wasser, so wie es die Bibel berichtete. Hier manifestierte sich die Absage an das sakramentgestützte Priestertum augenscheinlich. Fiel dieser Pfeiler der Kirche, dann brach sie in sich zusammen.

Was für eine Kirche schwebte dann Heinrich vor? Zunächst eine ohne Gotteshäuser. Schaudernd schreibt unser Gewährsmann Wilhelm: »Über die Kirchen aber lehrst du, daß sie nicht aus Holz oder Stein zu erbauen seien, so daß ich dich fragen muß, ob du eine andere Art von Kirchen oder überhaupt keine gestattest.«[7] Für Heinrich repräsentierte sich die evangelische Kirche in der Gemeinde der Heiligen, wie sie Paulus beschrieben hatte: ». . . stellt euch nicht gleichwie vormals, da ihr in Unwissenheit nach den Lüsten lebtet, sondern nach dem, der euch berufen hat und heilig ist, seid auch ihr heilig in allem euren Wandel. Denn es steht geschrieben: Ihr sollt heilig sein, denn ich bin heilig« (1. Petr. 14 – 16).

Diese Kirche bedurfte keiner hölzernen und steinernen Gebäude, da sie nicht an einem festen Ort, in einem Hause, sondern allein in den Heiligen des Herrn gegenwärtig war. Getreu dem Evangelium ließ sich Heinrich durch die Paulusworte nicht dazu verführen, seinen Anhängern Sündlosigkeit zu bescheinigen. Die Heiligen waren für ihn nicht Vollkommene, sondern potentielle Sünder, die ständig zur Umkehr, zur Buße aufgerüttelt werden mußten. Dazu benötigte er jedoch keine Priesterkaste, keine Sakramente, sondern allein den geisterfüllten, armen Prediger sowie den Glaubensbruder, dem man seine Verfehlungen reumütig bekannte und von ihm vergeben erhielt. Der Kleriker des tradierten Kirchenverständnisses wurde nicht nur überflüssig, sondern sogar heilshemmend. Hätte Heinrich das griechische Original des Neuen Testamentes zur Verfügung gestanden, dann wäre es ihm möglich gewesen, den ursprünglichen Sinn von kleros als Volk Gottes zu erkennen und das Wort für seine Gemeinde zu reaktivieren. So aber benutzte er die Aussagen über die Urgemeinde zur Verwerfung des Klerus, der die christlichen Normen pervertierte. Sein evangelischer Imperativ duldete keine materialisierte und institutionalisierte Kirche. Er konzipierte eine Geist- und Laienkirche als deren Gegenpol.

Wilhelm diffamierte Heinrich als Diener des Antichrists, weil er nur die Bibel, nicht aber die Tradition gelten ließ. Das rief den Erzbischof von Arles auf den Plan, der ihn 1134 dem Konzil zu Pisa vorführte. Der Intimus Bernhards von Clairvaux, Gottfried von Clairvaux, behauptet, daß hier Heinrich seine Lehren abgeschworen und sich als büßender Mönch nach Cîteaux zurückgezogen habe. Auf jeden Fall gelang ihm die Flucht aus der Klosterhaft, und 1139 agitierte er schon wieder mit Billigung des Grafen in Toulouse. Nach Ausweis des anonymen Chronisten von Le Mans verursachte er mit seinen ungestümen Predigten in der Stadt so arge Verwirrung, daß »immer weniger Christen die Schwellen der Kirchen betraten und immer mehr die heilige Messe mißachteten, den Priestern, den Opfer- und Erstlingsgaben und den Zehnten die gebührende Reverenz verweigerten.«[8] Vor allem Weiber jubelten ihm zu.

Das führte zum Eingreifen des Papstes und Bernhards. 1145 brachen der päpstliche Legat Alberich von Ostia und der Zisterzienserabt nach Südfrankreich auf, um dem Spuk ein Ende zu machen. Heinrich räumte den beiden Ordnungshütern kampflos das Feld. Nach 1145 verloren sich seine Spuren. Er befürchtete wohl in Toulouse eine erneute Arretierung, weshalb er das Weite suchte. Seine Anhänger aber blieben ihm treu. Die Quellen erwähnen sie noch 1152. Dennoch war er kein Sektengründer. Vielmehr säte er unter den Bürgern südfranzösischer Kommunen nur ein unstillbares Verlangen nach einer vergeistigten Glaubensgemeinschaft ohne Klerus und Hierarchie, ohne Reichtum und Besitz. Nicht Dogmen sollten das Gerüst der neuen Kirche bilden, sondern evangelische Gesinnung. Dieses Geist- und Liebeschristentum entbehrte eines organisatorischen Zentrums, blieb individuellen Interpretationen offen und fand allein im Antiklerikalismus seinen Zusammenhalt. Es gewann aber durch das Auftreten des bereits erwähnten *Peter von Bruis*, der schon Heinrich in seinen Bann gezogen hatte, an Profil und Breitenwirkung.

Peter war ein armer Leutpriester aus den provencalischen Alpen, der seit etwa 1105 barfuß und langbärtig durch die Gebirgsdörfer Embruns, Dies und Gaps zog. Seine Oberen verfolgten sein Gehabe mit Unmut und Sorge und entzogen ihm schließlich die priesterlichen Befugnisse. Seit etwa 1112 entpuppte er sich als radikaler Ketzermeister. Wahrscheinlich hatte er in Bruis, seinem Geburtsort oder seiner Pfarrei, aus Italien eingeschleppte häretische Lehren aufgenommen. Anders als bei Heinrich läßt sich bei ihm nur der Rückgriff auf das »reine« Neue Testament feststellen. Glauben genossen nur die Evangelien, nicht die Apostelbriefe, weil er ihre Echtheit bezweifelte. Gleiches gilt für alle anderen Schriften des biblischen Kanons. Er argumentierte, daß die Kirche kein Zeugnis für die Echtheit nichtevangelischer Überlieferung ablegen könne, weshalb ihnen keine Verbindlichkeit gebühre. Über die Argumente Peters sind wir vor allem durch einen Traktat des Cluniacenser-

abtes Petrus Venerabilis unter dem Titel »Gegen die petro-
brusanische Ketzerei« aus dem Jahre 1134 unterrichtet.

Wie Heinrich lehnte er die Kindertaufe als wertlos ab. Ob
Heinrich erst 1132 von Peter seine Argumente übernommen
hat, scheint fraglich, da beide die Begründung aus Markus 16, 15–16 herleiteten. Parallelen gibt es auch in der Verwerfung von Kirchenbauten und Altären, weil allein die Gläubigen die Kirche ausmachten. Peter ging in den Schlußfolge-
rungen aber weiter als sein Eleve: man müsse die steinernen
Kirchen niederreißen, die Kruzifixe, die keine Verehrung verdienten, zerschlagen und verbrennen. Wen verwundert es dann
noch, meint Petrus Venerabilis, daß dieser Häresiarch auch
noch »die Verwandlung des Leibes und Blutes Christi durch die
Wirkung des göttlichen Wortes sowie den priesterlichen Meß-
dienst leugnet und behauptet, daß alle sakramentellen Vorgänge am Altar, die die Gottesdiener vollziehen, unnütz und
überflüssig seien«[9]? Petrus predigte, daß Kirchengesang und
-musik Gott nicht ehrten, sondern verhöhnten. Totenfürbitten
blieben wirkungslos, da jeder Christ für sein Heil selbst verantwortlich sei. So weit hatte sich Heinrich nicht vorgewagt.
Seine Anhänger zündeten auch keine Kirchen an, rissen keine
Altäre nieder und verbrannten keine Kreuze wie die Petrobrusaner. Diese zerrten Mönche aus ihren Zellen, sperrten sie in
Löcher und zwangen sie, Weiber zu ehelichen. Am Karfreitag
machten sie aus zerschlagenen Holzkreuzen ein Feuer und brie-
ten sich darauf Fleisch. 1133 endete Peters Leben in einem dieser Feuer, in das ihn empörte Zuschauer in St. Gilles stießen.

Die handgreifliche Entmaterialisierung und Entsakralisie-
rung des Ketzermeisters fand vor allem in den volkreichen Städten Südwestfrankreichs Applaus. Handwerker und Ritter in
Toulouse, Arles, St. Gilles verfolgten die neue Sekte mit Sympathie, weil sie keinen Zehnt verlangte und keiner Gebäude
bedurfte. In den Kommunen hatten sich bereits damals Elemente einer Rationalität und Zweckbestimmung des Handelns
entwickelt, die einer »Geistkirche« aufgeschlossen gegenüber-

standen. Die Petrobrusaner versprachen genauso wie die Heinricianer dem Stadtbürgertum eine »wohlfeile Kirche« (F. Engels), die in gewissem Sinne schon die protestantische »Rechtfertigung allein durch den Glauben« antizipierte (A. Borst). Dennoch blieben die bärtigen und streitbaren Apostel Kinder ihrer Zeit. R. Manselli hebt mit vollem Recht hervor, daß in ihren Geistgemeinschaften die guten Werke verdienstlich blieben, und zwar für jeden einzelnen als Ausweis für das Jenseits, nur eben nicht für andere, d. h. für Tote. Das reflektiert ein individuelles Verantwortungs- und Leistungsbewußtsein, das zur bürgerlichen Mentalität der Handwerker und Kaufleute genauso gehörte wie die Vision einer armen, »reinen« Kirche. Beide konzentrierten sich im Antiklerikalismus, in der Ablehnung des bepfründeten Priesters, der gleichsam Verdienste gegen Entgelt kanalisierte. Deshalb konnte sich die Botschaft Peters auch wie ein Lauffeuer verbreiten, von Narbonne nach Arles, von Toulouse in die Gascogne. Im Umland von Bordeaux registrierte der Sittenprediger Gottfried Babion (1136–1158) voller Unmut leere Kirchen, Verachtung der Pfarrer, Verspottung liturgischer Gewänder. Ganz im Geiste Peters griff das Volk auch hier die Diener des Herrn tätlich an, verfolgte die Flüchtenden bis in die Kirchen, in welchen es Feuer legte, die Altäre schändete und alles raubte, was nicht niet- und nagelfest war. Exkommunizierte der Klerus die Übeltäter, dann brüsteten sich die Gemaßregelten mit der Bestrafung, weil sie nur der Erhöhung ihrer Persönlichkeit diente. Zehntverweigerungen gehörten ebenso zur Regel wie die Verachtung der Priester. Simonie und laxe Sitten hatten sie um jede Autorität gebracht. Sie verdienten sich durch Zauberpraktiken und Beschwörungen ein »Zubrot«, veränderten Heiligenlitaneien zu Dämonenanrufungen, tauften Wachsfiguren, um Menschen Unglück zu bringen, verkauften geweihte Hostien an Dirnen, um diesen Kunden zuzuführen, oder beglückwünschten als Beichtväter Ehebrecher wegen ihrer Erfolge bei schönen Damen. Bei einem solchen Niedergang des Pfarrklerus, an dem die

Kirchenreform spurlos vorbeigegangen zu sein schien, wird es verständlich, daß Peter nicht Reform, sondern Vernichtung der alten Kirche forderte und das Volk zur Tat aufrief. J. Fearns belegte, daß Peter alles aufgriff, was er an antikirchlichen Gedanken vorfand, daß er sich demnach keineswegs nur der Evangelien bediente. Fand die Ablehnung der Kindertaufe noch in der Bibel eine Stütze – Jesus ließ sich erst mit 30 Jahren taufen –, so fehlte sie durchaus für die Verschmähung der Eucharistie, des Alten Testamentes, der Kreuzesverachtung und der Ablehnung der Kirchenväter. Hier standen eher Missionare aus Italien Pate, die als Händler oder Weber über die provencalischen Alpen in den Languedoc einsickerten. Sie führten bogomilisches Gedankengut in ihrem Gepäck mit sich. Wie wir schon beobachten konnten, gab es bereits in der ersten Hälfte des 11. Jh. Kontakte zum Westen, die sich seit 1100 durch Kreuzzüge und Levantehandel verstärkten und verdichteten, so daß man eine mündliche Mission des Bogomilismus in Rechnung stellen darf. Auf diese Weise erreichten sie das Ohr Peters, ohne ihn aber zu einem Adepten der bulgarischen Häresie zu machen. Vor allem akzeptierte er keineswegs ihren Dualismus, denn sonst hätte es sich Petrus Venerabilis nicht verkniffen, ihn als »Manichäer« zu verteufeln. Auch behielt er das Sakrament der Taufe bei, entkleidete es jedoch des liturgischen Gepränges. Dagegen darf die Feindschaft gegen Kirchengebäude, Kruzifixe, das Abendmahl und das Alte Testament als Rezipierung östlicher Ketzerlehren verstanden werden. Die im Hintergrund stehende Devise »Alles durch den Glauben« könnte an weitere Parallelen denken lassen, aber Unterschiede sind offensichtlich. Peter akzeptierte allein die vier Evangelien, nicht den Kanon wie die Bogomilen. Die soziale Basis seiner Lehre war die Stadt, nicht das Land wie in Bulgarien. Dennoch beweist das Auftreten der Petrobrusaner die Fortexistenz bogomilischer Elemente in der lateinischen Ökumene, die als Katalysatoren für die Konzipierung originärer Vorstellungen von einer Geistkirche dienten. In dieser Hinsicht stand Peter auch nicht allein.

1114 waren in der Nähe von Soissons, in dem Dorfe Bucy-le-Long, zwei Bauern aufgetaucht, Klement und Eberhard, die Christus einen Scheinleib zuschrieben, die Wandlung beim Abendmahle leugneten, den Mund des Priesters einen Höllenschlund nannten, Ehe und Kindertaufe verabscheuten und fleischliche Nahrung verschmähten. Bogomilische Gedankensplitter sind unverkennbar. Hinzu kamen rigoroser Asketismus und Apostelnachfolge, die wir bei den Petrobrusanern in dieser Form nicht finden. Wie Peter endeten die beiden Eiferer in den Händen des Mobs wegen vermuteter Gotteslästerung. Ihr Doketismus (Jesus besaß nur einen Scheinleib) rückte sie nach M. Lambert recht nahe an die Ketzer von Arras und damit an die Bogomilen. Das heißt aber, daß die gnostische Tradition im 12. Jh. unübersehbar an Boden gewann. Zunächst meldete sich aber fast zur gleichen Zeit, 1112, in Flandern ein evangelisch inspirierter Laie, *Tanchelm*, lautstark zu Wort. Wahrscheinlich gehörte er zu den Räten des Grafen Roberts II. von Flandern (1093–1111), welcher der Kirchenreform aufgeschlossen gegenüberstand. Tanchelm hatte mit Billigung seines Herrn ein wachsames Auge für den Lebenswandel der Geistlichkeit. Als ihm zugetragen wurde, daß in Antwerpen ein Pfarrer mit seiner eigenen Nichte im Konkubinat lebte, erhob er öffentlich seine Stimme gegen solche Verkommenheit. In Zeeland lauschten Bauern und Fischer seinen vernichtenden Worten. Von da aus begab er sich nach Flandern und Brabant und schließlich nach Antwerpen, wo er gleichfalls offene Ohren für seine Anklagen fand. Dreh- und Angelpunkt seiner Kritik bildete wie bei Heinrich und Peter der Antiklerikalismus. Für ihn hatte sich die Kirche in ein Bordell verwandelt.

Unsere wichtigste Quelle, ein Brief der Utrechter Kanoniker an Erzbischof Friedrich I. von Köln (1100–1132) aus den Jahren 1112–1114, erzählt, daß Tanchelm behauptet habe, in einer wahren Kirche benötige man weder Papst, Erzbischöfe, Bischöfe noch Kleriker, sondern allein Gläubige. In den niederländischen Küstenstrichen hätten sich vor allem Frauen und

Mädchen um ihn geschart. Sein Einfluß habe einen Grad erreicht, der es ihm gestattete, in aller Öffentlichkeit in Häusern und auf freiem Felde zu predigen und sich nicht nachts in dunklen Winkeln zu verkriechen. Er sei wie ein König aufgetreten, dem man Fahne und Schwert als Herrschaftssymbole voraustrug. Das Volk habe seinen Predigten wie einem Engel Gottes gelauscht. Er verkündete, daß die von Priestern gespendeten Sakramente wirkungslos seien und die Kirche kein Anrecht auf Zehnten habe. Ähnlich wie Peter von Bruis ging er gewaltsam gegen Geistliche vor und vertrieb sie von den Altären. Er fühlte sich wie ein biblischer Prophet vom Geiste erfüllt und als ein auf die Erde entsandter Gott. Sein Badewasser verteilte er an seine Zuhörer, die es als wunderwirkende Substanz für Leib und Seele verwandten. Schließlich hätte er sich mit einem Marienbilde verlobt und die Gläubigen aufgefordert, ihm Geschenke darzubringen: »Er stellte zwei Kästen links und rechts vor dem Bilde auf und sagte: Hier spenden die Männer, dort die Weiber. Ich werde dann sehen, welches Geschlecht mir und meiner Braut mehr Liebe und Eifer erweist! Und siehe da, das tolle Volk wetteiferte mit Geschenken und Gaben. Die Frauen brachten Goldringe und Halsbänder herbei, so daß er durch wahnsinnige Gottlosigkeit eine gewaltige Geldsumme zusammenbrachte.«[10]

Sein Auftreten machte Schule und reizte einen Dorfschmied namens Manasses zur Nachahmung. Er gründete mit zwölf Gleichgesinnten eine Bruderschaft (Gilde), deren Mitglieder sich Apostel nannten und in ihrer Mitte eine Frau aufnahmen, welche die Jungfrau Maria symbolisieren sollte. Die Fama wußte zu berichten, daß sich jeder dieser wiedererstandenen Jesusjünger mit ihr sexuell verband.

Tanchelm erlag 1115 den Schwertstreichen eines erbitterten Priesters. Seine Erinnerung lebte nicht nur in Antwerpen, sondern auch im Gebiet um Middelburg weiter. Bischof Godebold von Utrecht (1114–1127) beauftragte deshalb den Abt des Klosters Middelburg, in den Küstengebieten gegen die ruchlose

Ketzerei Tanchelms zu predigen. 1124 zog Norbert von Xanten in Antwerpen gegen die Häresie zu Felde, weil er sah, daß die Laien zehn Jahre und mehr dem Abendmahl ferngeblieben waren und die empfangenen Hostien in Kisten oder Löcher geworfen hatten. Angeblich hätte er die Sünder rasch zur Räson gebracht.

Aus unseren Quellen wird deutlich, daß Tanchelm weder ein Sektengründer noch ein radikaler Gregorianer war, sondern als heterodoxer Wanderprediger wirkte. Wie Heinrich und Petrus von Bruis vertrat er ein hierarchieloses Laienchristentum, das geisterfüllte und -begabte Apostel führten und lenkten. Daher brauchte Manasses keinen Widerspruch Tanchelms zu fürchten, als er eine Genossenschaft gründete. Wie Tanchelm hatte auch ihm der Geist die Zunge gelöst. Tanchelms »Kirche« darf als heterodoxer Gegenpol zur orthodoxen Eremitenkirche begriffen werden, die in Zeeland, Brabant und Flandern die Armen aktivierte, ihnen Trost und Hoffnung spendete, sie aus der seelischen Verlassenheit herausführte, in welche sie ein korrupter Klerus gestoßen hatte. Seelsorge beinhaltete für Tanchelm ein gerüttelt Maß an Magie, so wie sie die Volksreligiosität verlangte. Hierher gehört die Verwendung des Badewassers als Heilmittel. In Italien verließen im 13. und 14. Jh. Männer und Frauen ihre Häuser, wenn ruchbar wurde, daß eine als heilig betrachtete Person die Augen schloß. Wie Wilde stürzten sich die Menschen auf den noch warmen Leichnam, um durch Berührung an seinen Wunderkräften teilzuhaben. In dem allgemeinen Durcheinander zerrte man dem Toten die Kleider vom Leibe, riß ihm Haare und Nägel aus. Wer sich der Bahre des Toten nicht zu nähern vermochte, versuchte wenigstens irgendwelche Gegenstände auf ihn zu werfen, damit sie als Talismane verwertbar wurden. Als 1274 in Marseille die provencalische Begine Douceline von Digne starb, »da strömte das Volk voller Eifer herbei, um ihren Körper zu sehen und zu berühren und ihr auf solche Weise seine große Ehrerbietung zu bezeugen. Alle, die in der Lage waren, einige ihr gehörende Utensilien zu erhaschen, trugen sie als Reliquien davon. Alle aber berührten die Leiche mit Rosenkränzen, Fingerringen und Kappen. Einige machten sich sogar mit Messern daran, ihre Gewänder in Stücke zu schneiden und sie so aufzuteilen. Bald mußte man fürchten, daß auch noch der heilige Leib in Stücke gerissen wurde.«[11]

Pilger scharrten mit ihren Händen Erde von Heiligengräbern zusammen, um der wunderbaren Ausstrahlung der Beerdigten teilhaft zu werden. Ganz besonders begehrt war das Wasser, mit dem man die Leiche gereinigt hatte. Einige Tropfen bezahlte man mit Gold. In der Regel goß man aber einen Krug Wasser über das Grab und fing es wieder auf, um durch seinen Genuß die Kraft des Heiligen auf sich selbst zu übertragen.

Unser Badewasserbericht gehört in diesen Zusammenhang, geht also nicht auf üble Nachrede zurück. Sie entsprach der Volksfrömmigkeit, die sich mit Hilfe der Magie bestimmter Naturkräfte, über welche Auserwählte geboten, versichern wollte. Körperliche Kontakte schienen hierfür das probateste Mittel zu sein. In dieser Hinsicht trennten sich Volksreligion und spiritualistische Häresie, wie wir ihr im 11. Jh. begegneten. Letztere lehnte ja gerade jede Materialisierung des »Heiligen« ab, das sie verinnerlichte. Ganz anders Tanchelm, welcher in den Kategorien der Volksreligion dachte und aus ihr heraus handelte. Hierher gehört auch die Vermählung mit dem Marienbilde. Das Volk dachte in Symbolen und Riten. Sinnliches und Übersinnliches flossen ineinander. Die Vergottung Tanchelms entsprach seiner Mentalität, der auch Franz von Assisi seinen Tribut zollte, wenn er sich mit »Frau Armut« vermählte, auch wenn diesem Akt eine andere Sinngebung zugrunde lag, nämlich die Demonstration von Armut und Machtlosigkeit, die Ablehnung jeder Form von Gewalt über Menschen, um dem neutestamentlichen Opferlamm nachzueifern, das anderen das Leben gebracht hatte.

In der Volksreligion blieb das gesprochene Wort und das Vorbild des Priesters, der Charisma und magische Kräfte besitzen mußte, entscheidend. Die Bauern und Fischer Zeelands verehrten in der Eucharistie eine magische Substanz, die aber von »reinen« Spendern gereicht werden mußte, um Wirkkraft zu zeigen. Ob Tanchelm mit ihr ähnlich verfuhr wie mit seinem Badewasser, wissen wir nicht. Das Volk suchte Schutz vor dem Bösen und persönliche Erlösung. Der pomphafte Aufzug Tanchelms schien ihm beides zu gewährleisten. Die Geldspenden dienten nicht der Bereicherung des Häresiarchen, sondern der Entsagung materieller Güter, die einer heilsamen Armut im Wege standen.

R. Manselli meint, daß Frauen in der Volksreligion eine Hauptrolle gespielt hätten. Wie den Wanderpredigern strömten sie auch Tanchelm zu. W. Mohr vermutete, daß das in den Quellen erwähnte »geistliche Werk« (opus spirituale) an Mädchen und Ehefrauen als Laienapostolat zu verstehen sei, das in der Familie für Tanchelm warb und auf eine Art innerer Mission hinauslief. Die Vita Norberts von Xanten spricht aber eindeutig von fleischlichen Verbindungen des Ketzers mit seinen Novizinnen. Die meisten Forscher setzen die Nachricht auf das Konto von Verleumdung und klerikaler Phantasie. Berücksichtigt man jedoch den Volksglauben, dann reiht sich diese Seite in die Vorstellung von der Heilkraft des Wundermannes, dessen mittelbare oder unmittelbare Berührung Segen bringt. Dieser uralte Glaube wucherte in den Randgebieten der christlichen Ökumene weiter. Das beweist nicht zuletzt der Fall des bretonischen Rittersohnes *Eon von Stella*, der 1145 gegen Klerus und Kirche wetterte, aber nicht in Demut und Niedrigkeit, wie sein Landsmann Robert von Arbrissel, sondern im Bewußtsein des vergotteten Missionars.

Ihm hatte es die Gebetsformel »Durch den (eum – daher sein Name Eon), der kommen wird, um die Lebenden und die Toten und die Welt durch das Feuer zu richten« angetan. Holzfäller, Köhler und Waldbauern lauschten begierig seinen Verheißungen, die ihnen Erlösung aus ihrem irdischen Elend prophezeiten. Sie griffen zu Knütteln und Mistgabeln, fielen über die erschrockenen Einsiedler her, verbrannten ihre Klausen und machten ihnen den Garaus. Wahrscheinlich wollten sie in ihnen Vertreter der alten Ordnung treffen, die dem neuen Äon im Wege standen. Bald traten die grimmigen Scharen Eons aus dem Schatten der bretonischen Wälder in die lichten Fluren, wo sie Kirchen und Klöster plünderten. Eon verteilte die Beute unter den »Armen«, die er wie Jesus in Bethsaida speiste (Luk. 9, 10, 17). Seine Haufen verehrten ihn als wiedergekehrten Heiland mit dem Richtschwert. Er selbst umgab sich wie Manasses mit Jüngern, denen er Namen von Aposteln, Propheten, aber auch Engeln (Seraphim) verlieh. Als Insignie göttlicher Allmacht trug er einen Stab, der die Form eines Y hatte, mit sich. Zeigte die Gabel nach oben, dann gebot Gottvater über zwei Drittel der Welt und Eon über ein Drittel, zeigte sie nach unten, dann bestand ein umgekehrtes Machtverhältnis. Seine Operationsbasis blieben die bretonischen Wälder, in die er nach jedem »Gerichtsgang« zurückkehrte.

Zwischen 1145 und 1148 durchstreifte er nicht nur das bretonische Herzogtum, sondern wagte auch Einfälle in die west- und ostfranzösischen Provinzen. Bei diesen Plünderungszügen kam ihm seine ritterliche Schulung und seine Kampferfahrung zugute. 1148 erreichte ihn dann sein Schicksal. Er hatte sich zu weit nach Osten vorgewagt und wurde zusammen mit seinen engsten Vertrauten von den Kriegern des Erzbischofs von Reims dingfest gemacht. Das gerade in Reims tagende Konzil brachte seinen Fall zur Sprache. Die Synodalen meinten einen Verrückten vor sich zu haben und verurteilten ihn zu lebenslanger Klosterhaft in St. Denis. Dort starb er kurz darauf. Die aufgegriffenen Schüler sollten ihren Glauben an die Göttlichkeit ihres Meisters abschwören, sonst drohte ihnen der Scheiterhaufen, den einige bestiegen.

Dramatischer und primitiver als bei Tanchelm verlief diese originelle, eschatologisch bestimmte Mission von Randgruppen in der Bretagne. Dennoch ist ein Gleichklang von Emotionen und Motivationen feststellbar. Die Auflehnung gegen veraltete und verkrustete Sozialstrukturen, die in krassem Gegensatz zu dem elenden Dasein der »Waldleute« Üppigkeit und Glanz demonstrierten, vollzog sich nicht in Form antikirchlicher Parolen, sondern handgreiflich und spontan, wie das Überschäumen des Antiklerikalismus in den Städten, aber gebündelt und gesteuert durch einen charismatischen Führer. Mit der apostolischen Armutsbewegung hatte dieser Aufbruch der Vergessenen nichts zu tun. Es handelte sich vielmehr um einen Armenaufstand, der nicht die materielle Armut als christliche Norm verkündete, sondern ihr ein Ende setzen wollte. Für die Gefolgsleute Eons hatte eine Rückkehr zur evangelischen Armut gar keinen Sinn, denn sie lebten am Rande des Existenzminimums, waren im Verständnis der Evangelien Bettelarme, ptochoi, die nicht ärmer werden konnten, wollten sie nicht sterben. Der Erlöser mußte sie satt machen, wenn er seine »Göttlichkeit« unter Beweis stellen wollte. Eon entstammte dem von Magie und Aberglauben gespeisten Milieu seiner Anhänger, das von der Hochreligion kaum berührt worden war. A. Borst erkannte, daß das ihn inspirierende Gebet nicht aus der Messe, sondern aus einer Beschwörungsformel (Exorzismus), wie sie bei der Weihe des Taufwassers zu Ostern üblich war, seinen Ursprung hatte. Die Stabsymbolik mit der vorgeblichen Gewaltenteilung beruhte auf heidnischem, nicht christlichem Erbe. Die darin eingespeiste Enderwartung aktivierte das Gefolge, weil sie es am »Gericht« beteiligte und die Wende auf Erden nicht erst im Jenseits vollziehen wollte.

Hochreligion und Volksreligion hatten zur Eschatologie ein ganz unterschiedliches Verhältnis. Die Rückprojizierung des »zeitlosen« Endes in die nahe Zukunft oder unmittelbare Gegenwart blieb der das herrschende System stützenden Hochreligion immer suspekt und verdammungswürdig, noch dazu, wenn die Wende Menschen, nicht Gott zu vollziehen versuchten.

Die von uns beleuchteten Randgruppen gehören mit ihren religiösen Wünschen und Sehnsüchten ebenso zur »Vielfalt des 12. Jahrhunderts« (P. Lehmann) wie die evangelischen und dualistischen Häresien, die sich zwischen Hoch- und Volksreligion bewegten und eine sich differenzierende Sozialstruktur mit allen ihren Antagonismen reflektierten.

Selbstredend blieb die Misere, in welche die Machtkirche mehr und mehr hineinschlitterte, einsichtigen Männern nicht verborgen. Bernhard von Clairvaux glaubte das Heilmittel in der Reinigung der Kurie von Luxus und Weltlichkeit gefunden zu haben, der deutsche Propst Gerhoh von Reichersberg (1132–1169) in der Vereinnahmung kirchlichen Besitzes durch die Regularkanoniker. Dieses Rezept war nicht neu, sondern ging schon auf die Anfänge des Kanonikats im 11. Jh. zurück. Gerhoh kritisierte nur den Weltklerus unbekümmerter und verlangte unbeschwerter die Übergabe seines Reichtums an die Kanoniker. Gerhohs Herkunft aus einem Ministerialengeschlecht erklärt die Feindschaft gegenüber dem Hochadel, der die Kanonikerstifte zu beherrschen suchte. Wenn Gerhoh die Armut glorifizierte, dann hatte er den einzelnen, nicht das Kollektiv im Auge. Der Gemeinschaft gestattete er Reichtum, gegen den die Armen in der Welt nicht murren durften. Wer von ihnen die Kirchenordnung angriff, galt ihm als Glied Satans.

Ganz anders betrachtete demgegenüber sein italienischer Amtsbruder *Arnold von Brescia* († 1155) die Dinge. Er studierte in Paris, wo er dem jungen Philosophen Peter Abaelard begegnete, dem er sich anschloß. Bernhard von Clairvaux nannte ihn einen Knappen und Schildträger des Goliath. Wegen seiner Kritik an der Moral des Klerus mußte er Frankreich verlassen und in seine Heimatstadt Brescia zurückkehren, wo er die Priesterweihe empfing und Kanoniker wurde. In seiner Eigenschaft als Vorsteher des dortigen Augustinerkonvents legte er das Wohlleben der Geistlichkeit, vom Papst bis zu den Mönchen, schonungslos bloß. Echtes Christentum bedeutete für ihn einen pausenlosen Missionsfeldzug gegen das Verlangen nach irdischen Gütern, das beim Klerus zum Verhängnis wurde, weil es in die Apostasie führte. Als einziges Heilmittel galt ihm die apostolische Armut der Kirche nach dem Beispiel des erdenwandelnden Christus mit seinen Jüngern. Die Kirche sollte jeder weltlichen Tätigkeit entsagen und nur in der geistlichen Sphäre ihr Bewährungsfeld suchen.

Der empörte Bischof von Brescia beklagte sich auf der Lateransynode von 1139 in Rom bitter über diesen mißratenen Kanoniker und erreichte, daß ihn Papst Innozenz II. (1130–1143) als »Kirchenspalter« (Schismatiker) verdammte. Arnold kam der Maßregelung durch die Flucht nach Frankreich zuvor, wo er sich mit Abaelard solidarisierte und ihm auch nach dessen Verurteilung 1140 in Sens die Treue hielt. Er dozierte auf dem Genovevaberg in Paris vor armen Scholaren, die sich ihren Lebensunterhalt mit Betteln verdienen mußten und den Idealtyp des apostolischen Klerikers demonstrierten. Arnold hatte aber weder die Philosophie noch die Theologie des großen Scholastikers gefesselt, sondern allein dessen Ideen über christliche Vollkommenheit des Priesters. Für Abaelard stand und fiel die Lehre und Belehrung mit der Autorität des Geistlichen beim Laien. Als Analogie führte er die Sendung Christi durch den Vater an, in welcher Gewinnsucht und Pfründehunger keinen Platz hatten. Ruhe und Reichtum verdarben die Kirche bis ins Mark. Es sei Zeit, daß die Bischöfe mit gutem Beispiel vorangingen, den Luxus aufgaben, einfach lebten, sich von Brot, nicht von Fleisch und Fisch sättigten.

Das waren Töne, die bei Arnold auf fruchtbaren Boden fielen. Wahrscheinlich beeinflußte ihn auch ein Traktat Abaelards über Ethik, in welchem Absichten (Intentionen) den Wert oder Unwert von Handlungen bestimmten. Jeder Mensch sei für sein Seelenheil selbst verantwortlich und könne sich nicht auf die kollektive Erlösungstat Christi berufen. Das gelte insonderheit für den Priester. Nur der Würdige könne gültige Sakramente spenden. Diesen Satz machte sich Arnold zu eigen: Wer sich nicht durch Armut und Askese ausweise, sei ein schlechter Diener Gottes, ja vielleicht sogar ein Knecht des Antichrists. Besitz sei Verrat am Evangelium. Die wahre Kirche manifestiere sich in der Apostelnachfolge, nicht in Hierarchie und kirchlicher Rechtsprechung. Er verwarf die Konstantinische Schenkung als päpstliche Fälschung. Sein Argument: Kaiser Konstantin sei bereits Christ gewesen, als er Papst Silvester (314–335) begegnete. Die Schenkung stelle eine lügnerische und ketzerische Fabel dar, die nur die Kaiser beeindrucken sollte. Priester, die sich zur apostolischen Lebensweise bekehrten, hätten Anspruch auf den Zehnt, denn wer am Altar diene, der solle auch vom Altar ernährt werden.

Für Bernhard von Clairvaux bedeutete das alles einen Skandal. Er bestürmte den französischen König, diesen »Schildknappen« Abaelards auszuweisen. Arnold floh nach Zürich, wo er sich dem päpstlichen Legaten für Böhmen und Mähren, Kardinal Guido von Castello, anvertraute. Dieser nahm ihn in die Zucht und brachte ihn zur Unterwerfung unter den Papst. Dadurch war der Weg nach Rom frei, wo er 1145 eintraf und die Verzeihung Eugens III. als reuiger Sünder erhielt. Etwa zwei Jahre verbrachte er mit wenigen Begleitern in den Katakomben der Via Appia, um sich in Buße, Gebet und Kontemplation zu üben.

Arnold hatte sich zu einer Zeit nach Rom begeben, da es unter Kaufleuten, Handwerkern und Plebejern gärte. Die genannten Schichten waren der päpstlichen Stadtherrschaft überdrüssig und blickten voller Neid auf die lombardischen Kommunen, die Konsuln und Freiheiten besaßen, welche die Macht der Bischöfe auf ein Minimum reduzierten. In einer Erhebung wählten Kaufleute und Handwerker einen Senat aus ihrer Mitte, der die heilige Stadt regieren sollte. 1144 verlangte er vom Papst die Aufgabe seiner weltlichen Machtbefugnisse. Er sollte sich mit dem Zehnt und den Opferspenden der Gläubigen begnügen. Radikalere Gruppen trennten sich von den gemäßigten Kräften der Oligarchie, die hohe Posten in der päpstlichen Kurie bekleideten. Die Situation hatte sich so weit zugespitzt, daß es der neu gewählte Papst Eugen III. vorzog, die Stadt zusammen mit den Kardinälen und hohen Geistlichen bei Nacht und Nebel zu verlassen. Sein Amtsvorgänger, Lucius II. (1144–1145), war im Straßenkampf gefallen.

Nunmehr wandten sich Handwerker und Stadtarme auch gegen die bürgerliche Oligarchie und den reichen Klerus. Sie stürmten die Peterskirche und bauten sie zu einer Festung aus. Der päpstliche Verwalter der Stadt, der Präfekt, wurde abgesetzt. Es sollte sich aber bald erweisen, daß in Rom nicht nur Kaufleute und Handwerksmeister, sondern auch kleine Leute von der Kurie lebten, die alsbald einen Ausgleich mit Eugen III. wünschten, der Ende 1145 zustande kam. Die Kommune erhielt wohl den päpstlichen Segen, aber der Präfekt durfte sein Amt wieder ausüben. Das schuf neuen Zündstoff, der sich 1146 entlud und Eugen III. zur Flucht nach Viterbo zwang, von wo aus er mit dem Senat verhandelte. Der Preis für ein Einvernehmen war die Auslieferung des kleinen Städtchens Tivoli an die Römer, die sich von den dortigen Bürgern in ihren Geschäften beeinträchtigt sahen. Aber das Opfer lohnte sich nicht. 1147 hielt es der Papst für besser, Italien zu verlassen und in Frankreich Zuflucht zu suchen, wo er bis zum Sommer 1148 weilte, gestützt und gefördert von seinem ehemaligen Lehrer Bernhard von Clairvaux. Mit seiner Hilfe spann er Fäden zu einflußreichen italienischen Feudalgeschlechtern wie den Grafen von Tuskulum und dem König von Sizilien. Der römische Senat suchte seinerseits Anlehnung an den deutschen König Konrad III. (1138–1152), der ihm aber die kalte Schulter wies. Was bedeutete diesem adelsstolzen Staufer schon eine italienische Stadtrepublik, die im Widerstreit zum Papst stand und mit Bann und Interdikt bedroht war! Das ließ es dem Senat ratsam erscheinen, Frieden mit Eugen III. zu machen. 1149 war es dann soweit. Der Senat schwor dem Papst die Treue, garantierte der Kurie die Sicherheit und erstattete Eugen die Regalien (Hoheitsrechte) zurück. Der Senat blieb aber oberstes Regierungsorgan, so daß eine Art Doppelherrschaft entstand, die über kurz oder lang neue Kämpfe heraufbeschwören mußte.

In diese Periode fiel das Auftreten Arnolds, der nach der

Demütigung von 1145 in sich gegangen war und bis etwa 1147 als stiller Büßer gelebt hatte. Nunmehr erhob er auf dem Kapitol und dem Campidoglio seine Stimme. Der englische Philosoph und Bischof von Chartres, Johannes von Salisbury (1118–1180), schildert uns sein Auftreten wie folgt: »Schon schmähte er in aller Öffentlichkeit die Kardinäle: ihr Konvent sei wegen ihrer Hoffart, Habgier und Heuchelei sowie vielerlei anderer Schändlichkeiten keine Kirche Gottes, sondern ein Schacherhaus und eine Räuberhöhle. Die Kardinäle spielten im christlichen Volk die Rolle von Schriftgelehrten und Pharisäern. Auch der Papst sei nicht das, wofür er sich ausgebe: ein apostolischer Mann und Seelenhirt, sondern ein Blutgieriger, der Mord und Brand seiner Gesellen mit seiner Autorität decke, ein Zwingherr der Kirchen, ein Schrecken der Unschuldigen, ein Prälat, der sich mit nichts anderem beschäftige, als sich zu mästen und die Schatullen anderer zu leeren, um die seinen zu füllen. Er erklärte, der Papst sei derart apostolisch, daß er den Aposteln weder in der Lehre noch im Lebenswandel nachfolge. Deshalb schulde man ihm keine Ehrerbietung.«[11a] Nicht nur Stadtarme und Frauen applaudierten dergleichen Reden, sondern nicht minder die niedere Geistlichkeit, die Not litt und schon 1145 zum radikalen Flügel der kommunalen Bewegung abgeschwenkt war.

Konsequenter und resoluter als in Frankreich trat Arnold in Rom für eine Kirche der Armen ein. Das bedeutete eine revolutionäre Wendung, die das mittelalterliche Standesdenken umkehrte, die Hierarchie disqualifizierte, die Armen zu Gliedern der Kirche erhob und den »Reinen« die Leitung übertrug. Die Sakramente behielten wohl ihre Funktion, aber die Priesterweihe wurde überflüssig, weil sich der Seelenhirt nicht durch ein Sakrament, sondern durch apostolische Nachfolge auszuweisen hatte. Das bedeutete die Einführung eines Laienpriestertums.

Eugen III. belegte 1148 Arnold als Ketzer mit dem Kirchenbann und bedrohte seine »Leutpriester« mit Absetzung. Der römische Senat stellte sich aber hinter die Gerügten, denn die Arnoldsche Kirche gefiel auch den Besitzbürgern, weil sie sie wenig kostete. Arnold hatte sich mit der kommunalen Bewegung solidarisiert, war ein städtischer Ketzer geworden. Dennoch ging es ihm nicht um ein politisches Programm, etwa die Schaffung einer Republik, als deren Tribun er wirken wollte, sondern um die Reform der Kirche (A. Frugoni). Der Strudel der Ereignisse riß ihn mit sich fort. Arnold wurde zum Herold des demokratischen Flügels der Kommune, der den Senat durch einen Rat der 100 ersetzen wollte. Während sich der Senat aus Großkaufleuten, Stadtadeligen (Capitani) und Advokaten rekrutierte, sollte das neue Organ aus Handwerkern und Plebejern gebildet werden.

Zunächst stand aber die Beseitigung der Doppelherrschaft auf der Tagesordnung. 1150 verließ Eugen III. noch einmal Rom und verschanzte sich in Tivoli. Er hatte auf die Hilfe König Konrads III. gehofft. Aber weder dieser noch sein Nachfolger Kaiser Friedrich I. (1152–1190) dachten an eine kostspielige und gefahrvolle Intervention. Da bot der römische Senat dem deutschen Monarchen die Kaiserkrone an. Unter der Federführung Arnolds hatten die Senatoren schon 1149 Konrad III. Briefe gesandt, in welchen sie das römische Volk als Tradenten der Kaiserkrone vorführten. Sie forderten, daß das Kaisertum aus der Verbindung mit dem Papsttum gelöst werden müsse, weil den Kaisern durch die Päpste schwerer Schaden zugefügt worden sei. Die kaiserlichen Rechte erhielten ihre Begründung aus dem Neuen Testament. Im März des Jahres 1152 richtete der Wortführer der arnoldistischen Gruppe im Senat, Wezel, ein Schreiben an Friedrich I., in dem er monierte, daß der neue Herrscher die Bestätigung seiner Wahl nicht in Rom eingeholt habe, obwohl doch die kaiserliche Gewalt allein durch das römische Volk vergeben werden könne. Das Kaisertum und alle mit ihm zusammenhängenden Regalien gehörten den Römern, die kein Gesetz daran hindern werde, sich einen Kaiser frei zu wählen.

Eugen III. warnte den deutschen Hof im September des gleichen Jahres vor den 2000 Anhängern Arnolds aus den untersten Schichten, die im November einen Rat von 100 Männern, zwei Konsuln und einen Kaiser küren wollten, der über das Volk der Römer gebieten sollte. An diesem Punkte divergierten die Interessen des Besitz- und Kleinbürgertums. Ersteres beabsichtigte wohl dem Papst das Stadtregiment zu entziehen, ihn aber nicht zu einem stadtrömischen Bischof zu degradieren. Der Glanz der Kurie lockte jährlich Tausende von Pilgern und Würdenträgern aus aller Herren Länder in die Heilige Stadt, die Geld mitbrachten, den Handel förderten und dem Handwerk einen goldenen Boden garantierten.

Die Habenichtse, die Straßenkehrer, Tagelöhner, Fuhrknechte und Bettler, die Eugen III. voller Verachtung »einen Haufen von Tölpeln, ohne die Einsicht des Adels und der Großen«[12] nannte, partizipierten nur wenig an diesem Goldstrom und hatten deshalb nicht viel zu verlieren, aber durch radikale Lösungen viel zu gewinnen. Für sie wurde die Kirche der Armen zu einem Politikum. Die Beseitigung der päpstlichen Stadtherrschaft bedeutete für sie nur eine erste Stufe im Ringen um die Macht. Wenn das Volk von Rom die Kaiserkrone vergeben durfte, dann war es auch fähig, alle Regierungsgeschäfte in eigene Hände zu nehmen. N. A. Bortnik machte wahrscheinlich, daß für Arnold der Kaiser nur eine Repräsentativfigur darstellte, die jeder Exekutivgewalt entbehrte. Das heißt, daß der linke Flügel um Arnold über die bürgerlichen Zielsetzungen nach einer weiteren Demokratisierung hinausdrängte, was breiten Schichten ein Mitregieren erlauben sollte. Daran lag aber der Oligarchie nichts. Ein Rat der 100 war nicht in ihrem Sinne. Noch hielt das Bündnis mit Handwerkern und Plebejern, welche die Schubkraft der ganzen Bewegung ausmachten, um Eugen III. zu Zugeständnissen zu veranlassen, aber größeren Belastungen war es nicht gewachsen. Als nach dem Tode Eugens Hadrian IV. (1154–1159) die cathedra Petri bestieg und zum erstenmal das Interdikt über Rom verhängte, ging die großbürgerliche Fraktion in die Knie und wies 1155 Arnold aus, um durch das Interdikt nicht fetter Einnahmen durch das Ausbleiben der Pilger verlustig zu gehen. Inzwischen näherte sich der deutsche König Friedrich I. mit einem kleinen Ritterheer von 1 800 Mann Rom, um sich die Kaiserkrone vom Papst aufsetzen zu lassen. Er nahm Arnold in Tuszien gefangen und übergab ihn dem päpstlichen Präfekten, der ihn durch den Strang hinrichten ließ.

Haben wir es demnach bei Arnold mit einem seltenen Fall politischer Häresie zu tun? Dafür spricht, daß seine Anhänger nach seinem Tode keine Sekte, sondern lediglich eine Gruppe von Sympathisanten bildeten und sich rasch zerstreuten. Arnold hatte, wie wir sahen, die kommunale Bewegung nicht ausgelöst, sondern war in sie hineingezogen worden, hatte sich ihrer dann aber bedient. Eindeutig orientierte sein Reformprogramm auf die gesamte katholische Christenheit, nicht auf die Besserung einer Stadt. Dogmatisch gesehen war es keine Häresie, aber es konzipierte einen neuen Kirchenbegriff, der keine Hierarchie und kein sakramental fundiertes Priestertum kannte. Am Kirchenbegriff schieden sich seit eh und je die Geister. Arnold zerschnitt das Band zur Papstkirche. Das setzte ihn zugleich von den orthodoxen Wanderpredigern ab, deren immanente Kritik nicht zum Bruch mit der hierarchischen Kirche führte und deren Wirksamkeit das Land, nicht die Stadt erfaßte. Arnold dagegen predigte in Städten, in Paris, Zürich, Brescia und Rom. In gewissem Sinne war seine Kirche der Armen ein Vorgriff auf die bürgerlichen Ketzereien des 13. und 14. Jh., die sich von den bäuerlich-plebejischen unterschieden.

Glücklicherweise erlauben uns die Quellen einen Einblick in den sozialen Umkreis von Arnolds Wirksamkeit und damit in das Kräfteparallelogramm der Kommune. Dabei muß man aber den Sonderstatus Roms beachten. Rom war nicht allein der Sitz des »monarchischen Mittelpunkts« der katholischen Welt (Fr. Engels), sondern ebenso eine Konsumentenstadt, die sich von den produzierenden Kommunen der Lombardei und Tos-

kana unterschied. Noch im 14. Jh. wiesen die römischen Zoll-
register als einzige Exportartikel Kälber und Käse aus, und die
Geldmagnaten waren nicht Bankiers, Adelige, Kirchenfürsten,
sondern Viehzüchter! Im 12. Jh. spielten Geldleiher, wie die
Frangipani und Pierleoni, die gleiche Rolle. Hinzu kamen antike
Traditionen, die nie ganz verblichen und in den Köpfen der Senatoren und Arnoldisten die Vision eines Volkskaisertums aufkommen ließen, die bei Tageslicht betrachtet auf eine konstitu-
tionelle Monarchie hinauslief. Der Rat der 100 und die beiden
Konsuln als kollektives Führungsorgan hätten sich schon mit
einem »Bürgerkaiser« arrangiert. Die Gretchenfrage blieb nur,
wer zum populus Romanus, zum römischen Volke, gehören
sollte! Das war keine definitorische Schulübung, sondern eine
Machtfrage. Daß sie die Plebejer nicht zu ihren Gunsten beantworten konnten, liegt auf der Hand. Die Herrschaft des Besitz-
bürgertums im Senat entsprach dem historisch Erreichbaren.
Sie brach mit dem Tode Arnolds nicht zusammen, sondern profitierte vom Streit zwischen Kaiser und Papst. Alexander III.
(1159–1181) vermochte erst nach langen Verhandlungen mit
dem Senat 1178 in Rom wieder Fuß zu fassen. Aber hier gab es
keine Reformer vom Schlage eines Arnold von Brescia mehr.
Arnold hatte die Gunst der Stunde genutzt und sein religiöses
Programm mit Hilfe der römischen Kommune durchsetzen und
verbreiten wollen. Die erhoffte Resonanz in den mittel- und
norditalienischen Städten blieb jedoch aus. Für sie war Rom
eine Stadt wie jede andere, ein Handelspartner oder -rivale, ein
politischer Bundesgenosse oder Feind. Das »Volk« bewegte die
Feindschaft zu Tivoli, später zu Tuskulum mehr als die päpstliche Mißwirtschaft. Die italienischen Stadtrepubliken dachten
nicht im Traume an eine wie immer geartete Zentralisierung,
sondern wachten eifersüchtig über ihre Selbständigkeit, die
auch in locker geknüpften Bündnissen, wie der lombardischen
Liga, nicht Schaden litt. Dezentralisation und Rivalität dominierten und verhinderten selbst regionale Konzentrationen.
  Vielleicht beabsichtigte Arnold mit seinem Kaiser von des

Volkes Gnaden die Schaffung einer Integrationsfigur, um Kirchenreform und Friedenswahrung in Italien durchzusetzen. Wezel hatte nämlich in seinen Briefen von 1149 und 1152 an Konrad und Friedrich betont, daß ein aus den Fesseln des Papsttums befreites Kaisertum Italien und das Reich souveräner regieren könnte. Die Papstwahl sollte wieder ganz in den Zuständigkeitsbereich des Kaisers fallen, so wie einst vor der gregorianischen Reform. Das berechtigt, von einer Politisierung des Arnoldismus zu sprechen, die aber das ureigenste Anliegen des feurigen Predigers nicht verschleiern darf. A und O blieb die Überwindung der Machtkirche. Die römischen Vorgänge und der Thronwechsel in Deutschland schienen Chancen zu bieten, um mit dem Aufbau der neuen Kirche beginnen zu können. Vieles bleibt im dunkeln, auf wichtige Fragen geben die Quellen keine Antwort.

Festzuhalten gilt es das Faktum, daß sich das aufbegehrende Stadtbürgertum in seinen Aktionen gegen die Feudalität nicht mit politischen Forderungen begnügte, sondern sich einer antiklerikalen Ideologie bediente, die ihr Männer wie Arnold lieferten, die ihre Ausbildung nicht mehr in Kloster- und Bischofsschulen genossen hatten, sondern in Frankreich zu Füßen gefeierter Magister saßen, die in Städten ihre geistige Heimat suchten und fanden. Der selbstbewußte Stand der Bürger forderte eine erneuerte Kirche, die seiner Lebenshaltung gerecht wurde. Den Römern war die Arnoldsche Laienkirche willkommen, da sie sie wenig kostete und ihnen die weltliche Sphäre überließ.

Laienapostolat und apostolische Armut fanden nicht nur in Rom und Italien zustimmendes Echo, sondern trafen sich auch in deutschen Städten mit Stimmen, die den evangelischen Umkreis verließen und den Antiklerikalismus mit Antidogmatismus untermauerten.

1144 wandte sich der Propst des Kanonikerstiftes Steinfelden am Niederrhein, Everwin, mit einem Hilferuf an Bernhard von Clairvaux, da ihn die Entdeckung von Ketzern in seiner näheren und weiterer Umgebung konsternierte und er von dem Abt Aufklärung und Rat erhoffte. Bereits 1143 hatte man in *Köln* und *Bonn* eine Anzahl Verdächtiger ausgehoben. Erzbischof Arnold I. (1138–1151) hielt im Kölner Dom über sie Gericht. Da ihm ihre Aussagen zweideutig vorkamen, zögerte er mit einem Urteil. Er befahl ihnen deshalb, sich einer Wasserprobe zu unterziehen, um ihre Unschuld nachzuweisen. Gefesselt warf man sie in den Rhein. Da sie sofort untergingen, galten sie als makellos, weil nach damaliger Meinung Wasser nur reine Leiber aufnahm. Man ließ sie daher ihrer Wege ziehen.

Anders erging es ihren Gesinnungsgenossen in Bonn. Hier erlitten drei von ihnen den Feuertod. Viele Sympathisanten flohen daraufhin aus der Stadt. Die Hierarchie war hellhörig geworden. Ihren Häschern gingen 1144 viele Ketzer mit einem ihrer »Bischöfe« in die Netze. Arnold I. beschloß, mit ihm und weiteren »Ketzermeistern« eine öffentliche Disputation zu veranstalten, zu welcher er Theologen, aber auch Laien hinzurief. Die Festgenommenen erklärten, daß sie sich dem Erzbischof unterwürfen, wenn sie in dem Streitgespräch unterliegen sollten. Anderenfalls wollten sie lieber sterben als ihrer Überzeugung untreu werden. Arnold versuchte die Diskussion in die Länge zu ziehen, seinen Räten, denen auch Everwin angehörte, ging es aber nur um ihre Bekehrung. Nach drei Tagen stürmte ein Volkshaufen in den Sitzungssaal, bemächtigte sich der zwei Häresiarchen und verbrannte sie auf der Stelle.

Everwin als Augen- und Ohrenzeuge überlieferte in seinem Brief an Bernhard ein getreues Spiegelbild der vita religiosa der Kölner Ketzer. Die Verhörten erklärten stolz, daß allein in ihnen die Kirche wohne, da nur sie den Spuren Christi folgten und das Leben der Apostel weiterführten. Weltliche Güter begehrten sie nicht, weder Acker, Vieh noch Geschenke, denn Christus sei arm gewesen und habe seinen Jüngern keinen Besitz erlaubt. Daran sollten sich ihre Richter erinnern: »Ihr häuft Geschenke auf Geschenke, Äcker auf Äcker und verlangt nach den Gütern dieser Welt, und das tun nicht nur die Laien, sondern auch jene, die ihr für die Vollkommensten haltet, die Mönche und Kanoniker, die vorgeben, Güter nicht als persönliches Eigentum, sondern nur als Gemeinbesitz zu verwalten. Dennoch verfügen sie darüber.«[13] Ihr Leben verläuft dazu im krassen Gegensatz: »Wir sind die Armen in Christo, die ohne Heim von Stadt zu Stadt fliehen gleich einer Schafherde inmitten von Wölfen. Wir erleiden wie die Apostel und Märtyrer die gleichen Verfolgungen und führen ein heiliges und entbehrungsreiches Leben in Fasten und Askese, in Gebet und Arbeit, bei Tage und bei Nacht ohne Unterbrechung.« Ihre Richter und Häscher klagten sie mutig an: »Wir ertragen das alles, weil wir nicht von dieser Welt sind. Ihr aber liebt diese Welt, denn ihr habt mit ihr Frieden geschlossen und seid von dieser Welt. Ihr stammt von jenen Pseudoaposteln ab, die das Wort Christi verfälschten und das für sich begehrten, was ihm gehört. Die falschen Propheten brachten euch und eure Väter vom rechten Weg ab. Wir aber und unsere Väter vom Geschlecht der wahren Apostel verharren in der Gnade Christi und werden darin bis zum Ende der Zeiten verbleiben.«[14]

Mit diesen Worten definierten die Kölner Ketzer die fleischliche und die evangelische Kirche. Anders als Arnold von Brescia attackierten sie die Hierarchie nicht offensiv im Lichte der Öffentlichkeit, sondern im Heimlichen und Verborgenen. Sie präsentierten sich dem Volke als Apostelnachfolger, die in allem das Evangelium imitierten. Deshalb nannten sie kirchliche Gebräuche und Riten, die sich nicht auf die Apostel berufen konnten, Aberglauben. Das Evangelium betrachteten sie im richtigen Gespür für seinen tieferen Sinn als Buch für die Armen, die sich auf Erden als Fremde fühlten und das Kommen des Gottesreiches ersehnten. Ihr deutlich erkennbares eschatologisches Bewußtsein distanzierte sie von Arnolds Laienkirche.

Den Kölner Frommen ging es um weit mehr als um eine enthierarchisierte Glaubensgemeinschaft. Sie propagierten und praktizierten eine vita religiosa, die sich nicht mehr mit ka-

nonisierten Schriften begnügte, sondern ebenso Apokryphen zu
Rate zog und eine mündliche Tradition wieder aufnahm, die im
11. Jh. in Orléans, Arras und Monteforte ihre Spuren hinterlassen hatte. In Köln wurde 1144 der östliche Dualismus in ganzer
Schärfe sichtbar. Darauf weisen schon die Speisetabus hin:
Milch- und Fleischprodukte waren vom Genuß ausgeschlossen.
Ihre Haltung zu den Sakramenten, vor allem zur Eucharistie,
umgingen die Examinierten mit Schweigen und bemerkten lediglich, daß sie täglich bei Tisch ihre Speisen nach Art des Heilands und seiner Jünger durch ein Vaterunser konsekrierten.
Auch seien sie durch Handauflegung im Feuer und im Geiste
getauft. Man nenne einen solchen Mann einen Erwählten
(electus), dem die Kraft innewohne, an andere diese Taufe wei-
terzuvermitteln und seine Zuhörer (auditores) zu Gläubigen
(credentes) zu erhöhen. Die landläufige Ehe verdammten sie
und ließen nur eine Art Josephsehe zwischen zwei jungfräulichen
Partnern gelten. Ihre Geschichte führten sie bis auf apostolische
Zeit zurück und behaupteten, daß ihre Gemeinden seit jenen
Tagen im geheimen blühten und in Byzanz (in Graecia) sowie
in anderen Ländern weiterlebten.

Klarer und nachdrücklicher tritt hier der bogomilische Einfluß zutage als bei Petrus von Bruis. Nicht nur der ethische Rigorismus und die Ablehnung der Sakramente, sondern nicht
minder die Gliederung der Sekte in Vollkommene, Hörer und
Gläubige zeigt uns die Richtung, wo wir die Ursprünge suchen
müssen. Das gnostische Welt- und Seinsverständnis trugen Missionare, Kaufleute und Kreuzfahrer vom Osten nach dem Westen. Es überschnitt und überkreuzte sich mit eigener Bibellek-
türe. Fleischverzicht konnte sowohl die Wiedergeburt paradie-
sischen Urzustandes wie die Abstinenz von der Schöpfung des
bösen Gottes meinen und Zeugnis für einen radikalen Dualismus ablegen. Gleiches gilt vom Verzicht auf Ehe und Zeugung.
Die stillen Frommen wollten rein und unbefleckt bleiben. 1163
tauchte dann in Köln der Name *Katharer* (griech. die Reinen)
zum erstenmal auf.

Wir beobachteten, daß sich die spätantiken Gnostiker nicht mit weltlichen Dingen beschmutzen wollten, weshalb sie alle irdischen Annehmlichkeiten und Freuden mieden. Eine Sektenschrift aus dem syrisch-ägyptischen Milieu des 2. oder 3. nachchristlichen Jahrhunderts drückte dieses Streben so aus: »Entflieht der Raserei und der Fessel der Weiblichkeit und erwählt euch die Rettung der Männlichkeit! ... Ihr seid gekommen, um eure Fesseln zu lösen.«[15] Unter diesen Voraussetzungen wurde Askese zum aktiven Protest gegen das Böse in der Welt, das die Macht über den Menschen verlor. Der Gnostiker stieg von Selbsterkenntnis zur Gotteserkenntnis auf. Eine direkte Ideenübertragung zu den Balkanhäresien ist recht unwahrscheinlich, auch wenn sie der bulgarische Forscher I. Dujčev in Erwägung zieht und Bogomil in diese Tradition einbaut. Es dürfte in der Hauptsache eine spiritualisierte Auslegung der Evangelien, der Apokryphen und einiger Kirchenväter stattgefunden haben, die den mittelalterlichen Dualismus speisten. Im Westen blühte er im 11. Jh. im verborgenen, stieß dann aber 1144 in Köln in breiter Front an die Oberfläche. Betrachtet man allein die Geisttaufe, dann befindet man sich mitten im dualistischen Mythus der Menschwerdung: Das Schicksal der Seele entschied sich im urzeitlichen Geschehen und wurde ihr vorherbestimmt. Der Sündenfall verlor dann seine Bedeutung, da Sünde nicht vom Diesseits, vom Menschen, sondern vom Jenseits, von göttlicher Hybris, herrührte. Das heißt, daß für den mittelalterlichen Dualisten das Übel nicht dem Menschen, sondern der Selbstüberhöhung göttlicher Wesen entsprang (M. Loos). Dagegen vermochte selbst die Taufe nichts auszurichten. Die Getauften blieben »Kinder des Mammon«. Allein die Geistübertragung durch Handauflegung brachte die Erlösung und hob die Versündigung der Engel, die vom Vater abgefallen waren, auf. Der Spender des »Trostes« (consolamentum) mußte einen untadeligen Lebenswandel führen und sich als Träger des göttlichen Lichtfunkens in der Finsternis täglich bewähren. Der »Vollkommene« (perfectus) sollte den Hörern zeigen, wie man die Berührung mit der »Welt« auf ein Minimum reduzierte und wie man die Gebote des teuflischen Weltschöpfers mißachtete, indem man Fleischgenuß, Ehe und Sakramenten den Rücken kehrte. Die Kenntnis der »Schöpfungslehre« und »Weltentstehung« (Kosmogonie) belastete Hörer und Gläubige nicht. Sie führten ein weltliches Leben, hatten Familie und Besitz und brauchten erst im Alter auf dem Sterbebett die Geisttaufe zu empfangen. In praxi zeichneten sie sich jedoch durch redlichen Lebenswandel aus, arbeiteten und beteten fleißig und wirkten wie die Vollkommenen nachhaltig auf ihre Umwelt, die wie sie auf eine Reform und Erneuerung der Kirche hoffte und ein Reich des Friedens ersehnte.

Der Widerhall der Katharerbotschaft verbreitete sich mit Windeseile. *1145* drang er an die erschreckten Ohren Lütticher Kleriker, die sich sogleich schriftlich an den Papst wandten. Sie vermuteten, daß der Ursprung der Ketzerei in der Champagne liege. Ihre Anhänger lebten ehelos, weigerten sich zu schwören und würden von Bischöfen und Vollkommenen geleitet.

Vor *1147* tauchten sie im *Perigord* (Südwestfrankreich) auf. Genau wie ihre Glaubensbrüder in Köln lebten sie nach dem Vorbilde der Apostel, aßen weder Fleisch noch tranken Wein, beugten täglich hundertmal die Knie im Gebet, nahmen kein Geld an, sangen nicht das Gloria Gottes, sondern sprachen nur: Gott, Dein ist das Reich. Sie forderten Armut für alle, weshalb ihnen Almosen als überflüssig erschienen, lehnten die Messe ab und ersetzten das Sakrament der Eucharistie durch den Ritus des Brotbrechens. Kruzifixen und Heiligenbildern erwiesen sie keine Verehrung. Sie sagten vielmehr: »O wie elend sind jene, die dich (das Kruzifix) anbeten!«[16] Unser Gewährsmann, der Mönch Heribert, empörte sich ganz besonders über ihre Verführungskünste, denen nicht nur Adelige, die ihre Güter aufgaben, erlagen, sondern ebenso Priester, Mönche und Nonnen. Bernhard von Clairvaux beobachtete diese Apostasie des weiblichen Geschlechts ebenso auf seinen Missionsreisen nach dem Süden 1145 und 1147: »Frauen verließen ihre Gatten und Männer ihre Gattinnen, um sich ihnen anzuschließen. Kleriker und Priester, die ihre Herde und ihre Kirche im Stich ließen, sind oft ohne Tonsur, aber langbärtig unter diesen Webern und Weberinnen zu finden. Bedeutet das nicht ein Niederreißen aller Ordnung? Sind hier nicht Füchse am Werk?«[17] Zornig fragte der Zisterzienserabt, wie diese Leute es wagen könnten zu behaupten, Nachfolger der Apostel zu sein, ohne glaubhafte Zeugnisse ihres Sendungsauftrages vorzuweisen. »Wo zeigt ihr denn das apostolische Auftreten und die apostolische Lebensweise, mit denen ihr euch so prahlt? Die Apostel erhoben ihre Stimme laut und in aller Öffentlichkeit, ihr aber verkriecht euch in dunklen Winkeln. Sie flogen wie Wolken daher, ihr aber verbergt euch in der Dunkelheit und in unterirdischen Gemäuern. Was vermögt ihr also an Ähnlichem mit ihnen vorzuweisen?«[18]

Aus Erfahrung wußte Bernhard, daß diese Pseudoapostel lieber starben, als daß sie sich bekehrten. Deshalb hielt er es für besser, sie dem Schwerte zu überantworten, bevor sie das Volk verwirrten und zu ihren Irrtümern verführten. Bernhard sorgte sich, daß man in ihnen nicht etwa Märtyrer vermutete, denn »einige verfallen in bewunderndes Staunen, daß sie nicht nur geduldig, sondern anscheinend sogar freudig den Tod erleiden«[19]. Das bewies seiner Meinung nach nur die Macht des Teufels, der nicht nur ihre Leiber, sondern auch ihre Herzen beherrschte. »Deshalb haben sie nichts gemein mit dem Bekennermut und der Standhaftigkeit der wahren Märtyrer, denn deren Todesverachtung entsprang echter Frömmigkeit, ihre aber aus einem verhärteten Herzen.«[20]

Aus diesen besorgten Worten spricht die Furcht der Kirche vor der Resonanz der Ketzer unter dem Volke. Ihr Glaubenseifer löste ihnen die Zunge. Der Mönch Heribert erfuhr, daß niemand von ihnen so ungebildet gewesen sei, um nicht binnen acht Tagen, nachdem er sich ihnen angeschlossen hatte, so bibelfest zu werden, daß ihn noch Beispiele und Argumente hätten widerlegen können. Das heißt wohl, daß ihn die Vollkommenen in ihre Lehre anhand des Neuen Testamentes und der Apokryphen einführten. Sie selbst demonstrierten durch ihr Auftreten die Einheit von Wort und Tat. Dem hatte der Pfarrklerus wenig entgegenzusetzen.

Wer waren ihre Anhänger und Sympathisanten? Heribert nennt Adelige und Geistliche aller Stände. Das Itinerar ihrer Verbreitung bis zur Jahrhundertmitte führt überwiegend Städte auf: Köln, Bonn, Lüttich, Toulouse, vielleicht bereits Albi. Ausdrücklich werden Weber erwähnt. Wolltuchweberei entwickkelte sich im 11. Jh. in Köln zu einem qualifizierten Exportgewerbe. Kölner Tuche waren billig. Im 12. Jh. führte man sie bis Venedig, Ungarn und Kiew aus. Köln war insgesamt ein wichtiger Handelsknotenpunkt. Der Austausch beschränkte sich nicht nur auf die Rheinroute in die Champagne, sondern dehnte sich bis zur Elbe aus. Drei Messen pro Jahr führten Kaufleute aus nah und fern in die Rheinmetropole. Sie boten nicht nur Waren, sondern auch neue Lehren feil. In Südfrankreich, in Toulouse, waren die Weber die ergebensten Anhänger der dualistischen Apostel. In ihren Werkstätten hielten sie ihre Andachten ab. Da bekanntlich viele Frauen in diesem Handwerk tätig waren, ist ihr hoher Anteil an der Häresie nicht verwunderlich. In den Städten prallten Armut und Reichtum viel unvermittelter aufeinander als auf dem Lande. Daher fand der Armutsgedanke und das Bild vom nackten Jesus, dem es gelte, nackt zu folgen, in den religiösen Bewegungen des 12. Jh. großen Anklang. Die imitatio Jesu, die Nachahmung des Erdenwandels Jesu, drückte die Verachtung des Reichtums und der Reichen durch die »Armen«, das heißt Handwerker und Plebejer, aus. Andererseits erhofften sich Frauen und Männer, die die Alltagssorgen satt hatten, durch die vita apostolica eine Befreiung von Herrschaftsstrukturen und Gemeinschaftsnormen. Der Zisterzienserabt Gottfried von Auxerre erfuhr von aufgegriffenen Nonnen, die sich den Ketzermissionaren angeschlossen hatten, daß sie des Klosterlebens überdrüssig geworden waren und sich deshalb dem freien Wanderleben der bärtigen Apostel zugesellt hatten. Bei ihnen gab es keine Unterwerfung unter eine Oberin, keine Regeltreue, keinen Chordienst, keine Disziplinierung – mit einem Wort, keine Klosterzucht.

Hildegard von Bingen (1098–1179) schildert die Art und Weise, auf die sich die perfecti den Frauen näherten: »Sie sagen: es ist nicht erlaubt, daß ihr mit uns Männern geht. Aber da ihr keine gelehrten Führer (rectos doctores) besitzt, so schenkt doch uns Gehör. Befolgt das, was wir euch lehren und vorschreiben, dann werdet ihr erlöst.«[21]

Was galt da noch irdischer Mammon, wenn Armut frei machte! Der Reiche wurde nicht nur zur Perversion christlicher Botschaft, sondern er verlor überhaupt seine Existenzberechtigung. Nicht mehr der Mönch oder Einsiedler als Armer in Christo erlöste das Volk, wie Rupert von Deutz (um 1076–1129) noch glaubhaft zu machen versuchte, sondern der wahre Arme ohne Heim und Acker, ohne Schutz und Schirm, der Entblößte. Allein ihr verwahrlostes Äußeres bedeutete eine drastische Anklage gegen die etablierte Gesellschaft, die Hildegard von Bingen ebenso verteidigte wie Bernhard von Clairvaux. Sie schrieb: »Wir müssen sorgfältig darauf achten, was der heilige Jakobus vom Reichen und vom Armen gesagt hat. Der Reiche will aufgrund seines Reichtums geehrt werden und seine Macht gefürchtet wissen. Dann darf man von ihm Hilfe in der Not erwarten. Der Arme hingegen wird aus Liebe zu Christus, und weil er unser Bruder ist, aufgenommen. Aber man darf beide nicht gleich behandeln, weil sie nicht gleich sind.«[22] Sperre man doch auch nicht Ochsen und Schafe in einen Stall. Gott wolle nicht, daß sich die Stände vermischen und die Niederen über die Höheren aufstiegen.[23] Anderenfalls würde sich der Reiche beschweren, und den Armen befiele Furcht. Der Abt von Clairvaux und spätere Kardinalbischof von Albano, Heinrich von Marcy, formulierte noch pointierter: Der wirklich Freie ist der Mönch, denn ihn umweht der Geist Gottes. Für ihn ist der Gottesstaat, den Christus verhieß, vorgesehen, nicht für den Laien, den ausgemachten Feind der Priester, und schon gar nicht für den rebellierenden Armen! Wenn Reichtum und

Macht als Zeichen göttlicher Gnade und Erwählung galten, dann befanden sich die Großen dieser Welt und ihre Paladine in einer Vorzugsposition bei der Erringung des Heils. Sie bauten Kirchen und spendeten Almosen. Sie allein waren in der Lage, sich aller Reichtümer zu entledigen und sich geistliche Verdienste zu erwerben.

Für den Franziskanerordensgeneral Johannes Bonaventura (1221–1274) war die Klassenspaltung der Gesellschaft eine göttliche Offenbarung. Wenn Mönche und Priester die Reichen ehrten, dann brachten sie für ihn damit nur ihre Übereinstimmung mit der gottgewollten Ordnung zum Ausdruck. Ein bekehrter Reicher nutze der Kirche mehr als ein demütiger Armer. Der fromme Reiche wirke missionarisch, der gottergebene Arme bleibe hingegen ohne jede Ausstrahlung. Darin irrte aber der heilige Bettelmönch, der mit seiner Logik nur die Begründungen seiner Vorgänger aus dem 12. Jh. wiederholte. Hätten die Armutsapostel keinen Widerhall gefunden, dann hätten sich weder Bernhard noch Hildegard über sie den Kopf zu zerbrechen brauchen. Hildegard sah sich im Gegenteil gezwungen, an den Klerus zu appellieren, nicht Mietlinge zu dulden, die geldgierig und gefräßig ihre Herde um Hab und Gut brachten. Aber wie sollten sie dazu bewegt werden, sich der Güter der Welt zu enthalten, denen sie verfallen waren? Die Berufung zum Seelenhirten war längst zum Beruf geworden, in dem man Auskommen und Sicherheit fand. Was bedeutete da schon die vielgepriesene Kirchenreform, die der Hierarchie doch nur als willkommenes Mittel zur Bereicherung galt! Männer wie Bernhard von Clairvaux und Abt Suger von St. Denis (1122–1151) spielten sich die Bälle zu, wenn es galt, Einfluß und Besitz auf krummen Wegen zu erwerben. Zusammen mit machtgierigen Bischöfen brachten sie Klöster und Eremitengemeinschaften, die sich ihnen nicht freiwillig unterwarfen, in ihren Besitz, vertrieben Mönche und Nonnen und inkorporierten sie unter fadenscheinigen Vorwänden in ihre Orden, Abteien oder Tafelgüter.

Wer wollte da schon bei solchen Vorbildern vom Pfarrklerus verlangen, daß er nackt dem nackten Christus folge, nicht wissend, wo er des Nachts sein müdes Haupt zum Schlafe hinlegte? Nicht nur fehlender Mut zur Aufgabe der Existenz, sondern auch Standesbewußtsein verhinderten eine Nachfolge im Sinne der Evangelien. Aber gerade auf sie pochten die Laien. In Italien verlangten sie in den Städten den Frömmigkeitsnachweis durch persönliche Verdienste, nicht durch edle Abstammung und Sippenheiligkeit. Deshalb wandte sich ihre Gunst dem heiligen Laien, nicht mehr dem kanonisierten Bischof oder Fürsten zu. Buße und Askese des Handwerkers und Kaufmanns übertrumpften Adel und Priesterweihe. Die Gläubigen in Stadt und Land maßen ihre Gottesmänner an Armut und Leistung. Liebäugelten Ritter und Fürsten mit einer armen Kirche, so Handwerker, Plebejer und Bauern mit einer Kirche der Armen für die Armen. Bürgerliche und plebejische Ketzerei waren zwar noch eng miteinander verflochten, aber dennoch waren schon erste getrennte Töne zu vernehmen. In der zweiten Hälfte des 12. Jh. gewannen evangelische Strömungen an Boden, die vom Auftreten der Wanderprediger, dem Mönch Heinrich und dem Kanoniker Arnold von Brescia geprägt worden waren. Wandermission, Laienapostolat und individuelle Armut galten als ihre Devisen. Sie fanden in den Predigten des Lyoner Kaufmannssohnes Waldes einen neuen Anwalt und Sektengründer wider Willen. Seine Gemeinden verharrten nicht mehr im Zustand isolierter und amorpher, regional eingebundener Gruppen frommer Laien, sondern nahmen diesseits und jenseits der Alpen den Charakter einer Volkskirche an, die die Hierarchie moralisch und organisatorisch herausforderte und auf allen Gebieten des religiösen Lebens zur Reaktion zwang.

Aufbruch der Laien – die Waldenser

Um 1250, zu einem Zeitpunkt, als die Waldenser bereits zu den etablierten mittelalterlichen Häresien gehörten und im Begriff waren, zur größten ketzerischen Massenbewegung Mittel- und Westeuropas aufzusteigen, fühlte sich der Dominikaner und Inquisitor Stephan von Bourbon veranlaßt, sich mit den Anfängen des Waldensertums zu beschäftigen. Danach war Waldes ein reicher Lyoner Kaufmann, der sich außerordentlich für religiöse Fragen interessierte. Aus diesem Grund hatte er sich von zwei Geistlichen, Stephan von Anse und Bernard Ydros, Teile der Bibel und einige Erbauungsschriften in die Landessprache übersetzen lassen. Nachdem er sich eingehend mit den Aufzeichnungen beschäftigt hatte, faßte er 1177/78 den Vorsatz, »die evangelische Armut zu leben, wie die Apostel sie gelebt hatten. Er verkaufte als Zeichen der Weltverachtung sein Gut und warf den Armen sein Geld als Dreck hin. Er eignete sich das Recht zum apostolischen Dienst an und begann die Evangelien zu verbreiten, indem er alles verkündete, was er auswendig gelernt hatte. Er predigte auf Straßen und Plätzen, rief eine große Anzahl von Männern und Frauen zu sich und forderte sie auf, ihm nachzueifern.«[1] Stephan von Bourbon verurteilte diese Handlungsweise, registrierte jedoch sehr aufmerksam, daß zahlreiche ihm bekannte waldensische Irrtümer zu diesem Zeitpunkt noch nicht vertreten wurden. An einer Stelle vermerkte er: »Später vermischten sie sich in Südfrankreich und der Lombardei mit anderen Häretikern, nahmen deren Lehren auf und propagierten sie und wurden seitdem zur gefährlichsten Häresie für die Kirche.«[2]

Der von Stephan beobachtete Entwicklungstrend ist zwar ungenau, umreißt jedoch einschließlich der darin enthaltenen inhaltlichen Probleme, wie etwa das Wesen der vita religiosa des Waldes, das Verhältnis der frühen Waldenser zur Kirche und zu den zeitgenössischen Ketzern, die Perspektiven für die waldensische Bewegung, wesentliche Grundfragen, die für das historische Verständnis des frühen Waldensertums von Bedeutung sind.

Die Forschung hat sich seit langem immer wieder mit den Anfängen des Waldensertums beschäftigt. Ihr stand dabei nur ein begrenzter Fundus von Quellen aus kirchlicher Feder zur Verfügung, der, wie der Bericht Stephans von Bourbon, zumeist erst sehr viel später geschrieben wurde und zahlreiche Legenden und Entstellungen enthielt, die nur sehr schwer herauszudestillieren waren. Einen neuen Ansatz erhielten die Untersuchungen, als A. Dondaine in den vierziger Jahren in den Archiven bisher unbekannte Dokumente fand. Als besonders wichtig erwiesen sich das von Waldes akzeptierte Glaubensbekenntnis und einige Schriften waldensischer Provenienz, vor allem der liber antiheresis des Durandus von Osca, eines engen Kampfgefährten von Waldes.[3] Im Zusammenhang mit diesen Quellenfunden nahm die Erforschung des frühen Waldensertums einen bemerkenswerten Aufschwung, an dem unter anderen G. Gonnet, R. Manselli, Chr. Thouzellier, A. Molnár und K. V. Selge maßgeblich Anteil hatten. Auf den gewonnenen Erkenntnissen basieren im wesentlichen die folgenden Ausführungen.

Als Waldes – der Vorname Petrus ist eine Zugabe der Quellen seit der Mitte des 14. Jh. – sich 1177/78 endgültig entschloß, nach der von ihm erstrebten vita religiosa zu leben, war er kein jugendlicher Heißsporn mehr. Sein Geburtsdatum ist unbekannt, es dürfte aber vor 1150 gelegen haben, denn er war inzwischen verheiratet und Vater zweier Töchter. Man wird ihn auch als erfolgreichen Kaufmann und angesehenen Bürger der Stadt Lyon bezeichnen können, denn nachweisbar besaß er Eigentum an Häusern, Wald, Wiese, Acker sowie zwei Backstuben und außerdem Bargeld. Ein Wucherer, wie die um 1220 von einem unbekannten Prämonstratenser verfaßte Chronik von Laon wissen will,[4] dürfte er allerdings nicht gewesen sein, wenngleich damit Geldgeschäfte nicht ausgeschlossen werden sollen. Bei aller wirtschaftlichen Prosperität hatte sich in Städten von der Struktur Lyons zu diesem Zeitpunkt der Geldverleih als selbständiger Gewerbezweig bei Christen noch nicht herausgebildet. Genausowenig wie wirtschaftliche Not kommt eine Affekthandlung als Ursache für den Bruch in seinem Leben in Frage. Alles deutet daraufhin, daß er seinen Schritt planmäßig und durchdacht vorbereitete. Seine Frau stellte er materiell sicher, indem er ihr einen Teil seiner Liegenschaften übereignete. Seine beiden Töchter kaufte er in das Stift Fontevrault ein, das damals vor allem weiblichen Angehörigen aus dem Adel offenstand. Die Aufträge zur Übersetzung der Bibel, für die die beiden Geistlichen als Entgelt eine Backstube erhielten, zeugen ebenfalls von langfristiger Vorbereitung.

Obwohl die Quellenlage sehr dürftig ist, läßt sich die gleiche Zielstrebigkeit bei der Predigertätigkeit von Anfang an beobachten. Als wandernder Prediger wollte Waldes in seiner Heimat, der Stadt Lyon und Umgebung, wirken. Es gibt keinen Hinweis darauf, daß Waldes, dessen geistiger Horizont schon von Berufs wegen weit über die Grenzen der Stadt hinausging, daran gedacht hatte, größere Regionen mit seiner Tätigkeit zu erfassen. Erst mit der gewaltsamen Vertreibung aus der Erzdiözese Lyon 1182/83 sollte sich das ändern. Bemerkenswerterweise hatte er in Lyon, das bis dahin keine nennenswerten Aktivitäten von Wanderpredigern gekannt hatte, sofort beträchtliche Resonanz. Auf Straßen und Plätzen fand er sein Publikum. Das berichtet nicht nur Stephan von Bourbon. Männer und Frauen strömten ihm zu, und sehr rasch entwickelte sich eine kleine Predigergemeinschaft.

Damit erhebt sich die Frage nach dem Anliegen und der Motivation. Infolge der Quellenlage ist die Erörterung dieser Problematik vorrangig auf die Person von Waldes zugeschnitten. Das ist an sich berechtigt, da der ehemalige Lyoner Kaufmann immer die unbestrittene Autorität der Bewegung blieb und sie formte. Dennoch sollte die Popularität des Wirkens, der Anklang bei der Bevölkerung, darüber nicht aus dem Auge gelassen werden, da sie natürlicherweise die Motivation erst zur gesellschaftlichen Relevanz führt.

In der legendenumwobenen Überlieferung kling als Motiv die Abkehr von materiellem Reichtum und Laxheit, die Besinnung auf wahres christliches Leben an, das in Form der Bußpredigt realisiert werden sollte. Am profiliertesten bringt das die allerdings in ihrem Aussagewert umstrittene Chronik von Laon zum Ausdruck. Danach wurde Waldes durch die Bekanntschaft mit der damals populären Alexios-Legende zu seinem Schritt veranlaßt. Ein reicher Römer hätte über Nacht Besitz und Familie verlassen und wäre als armer Pilger nach Palästina gezogen. Nach seiner Rückkehr bettelte er unerkannt vor seinem eigenen Haus und konnte damit seine eigene Familie zu Barmherzigkeit und Besinnung auf christliches Leben bewegen. Waldes war bereit, Ähnliches zu tun. Anläßlich einer Hungersnot, die für Lyon 1176 nachweisbar ist, verteilte er sein Geld unter die Armen der Stadt. Der Chronist legt Waldes in diesem Zusammenhang die Worte in den Mund »Niemand kann zwei Herren dienen, Gott und dem Mammon« (Matth. 6,24). Ähnlich ist die Begründung angelegt, die er für sein Verhalten gegeben haben soll. »Mitbürger und Freunde. Ich habe nicht, wie ihr glauben möget, den Verstand verloren, sondern ich räche mich an meinen Feinden, die mich so zu ihrem Sklaven gemacht haben, daß ich mehr an den Gelderwerb als an Gott gedacht habe . . . Ich weiß, daß mich viele verurteilen, da ich all das in der Öffentlichkeit gemacht habe. Aber ich habe das sowohl meinetwegen als auch euertwegen getan; meinetwegen, um denen, die mich reich sahen, zu zeigen, daß mir an Geld nichts mehr gelegen ist, euertwegen, damit ihr lernt, euch auf Gott zu verlassen und nicht auf Reichtum zu hoffen.«[5]

In Auswertung dieser und anderer zahlreicher Belege hat eine Reihe von Historikern das Streben nach Armut als Hauptmotiv des frühen Waldensertums hervorgehoben. R. Manselli betont, daß Waldes alle Menschen zu Armut veranlassen wollte, einer Armut, die unabdingbar für das Erlangen des Heils sei. Diese These ist als Hauptmotiv nicht unbestritten geblieben. Vor allem wegen des noch zu erörternden Verhältnisses von Armutsauffassung und Predigerideal hat K. V. Selge dagegen polemisiert. Aber im gesellschaftlichen Kontext erscheint sie gar nicht so abwegig. Wie bereits ausführlich dargelegt, spielt die Auseinandersetzung mit der real existierenden und rasch anwachsenden Armut im 12. Jh. eine immer größere Rolle im sozial-religiösen Denken. Vor allem die großen Städte waren davon betroffen. Zuletzt hat M. Mollat auf diese Problematik aufmerksam gemacht. Städtische und kirchliche Armenfürsorge waren erst im Entstehen begriffen. Bereits existierende Hospitäler konnten die Not nur sehr begrenzt lindern. Das galt auch für Lyon. A. Molnár wies in direktem Zusammenhang mit dem waldensischen Armutsideal darauf hin, daß Armenhäuser der Stadt zu dieser Zeit keineswegs auch nur für den dringendsten Bedarf ausreichten, und seit langem weiß man, daß Hungersnöte, wie die von 1176 in Lyon, im Hochmittelalter verheerende soziale Folgen haben konnten. Aus dieser Sicht läßt sich das Armutsideal von Waldes ursprünglich nicht so sehr als Abkehr von Gewinnstreben und Reichtum an sich deuten, sondern eher als eine in origineller Religiosität vorgetragene Verantwortung für die Gesamtkommune. Das Verständnis der stadtbürgerlichen Oberschichten für das Wesen der städtischen Bevölkerung als einheitliche Bürgergemeinde unter Einbeziehung auch der armen Schichten entwickelte sich nur schrittweise. Gerade Lyon gehörte, wie H. Bitsch darlegte, zu den Städten, die im 12. Jh. zwar ökonomisch beträchtlich prosperierten, aber in der Konstituierung eines Bürgertums mit spezifischem Bewußtsein relativ weit zurückgeblieben waren. Damit soll das Armutsideal keineswegs als Hinwendung zur karitativen Tätigkeit, die möglicherweise zu Beginn bei Waldes eine gewisse Rolle gespielt hat, abgetan werden, sondern lediglich auf den gesellschaftlichen Hintergrund Bezug genommen werden. Ihre eigentliche Wirksamkeit und Kraft erhielt die waldensische Gemeinschaft von Anfang an durch die Laienpredigt, und das Armutsideal wurde zum Attribut dieser religiösen Aktivität.

Nach Waldes war jeder Christ, der sich dazu berufen fühlte, berechtigt, das Evangelium zu verkünden, gleichgültig, ob er dazu von der Kirche bestellt war oder nicht. Die Berufung ergab sich aus seiner vorbildlichen Lebensweise nach dem Beispiel der Apostel. Hier lag der tiefere Inhalt des Armutsideals, wie zuletzt K. V. Selge herausgearbeitet hat. Die waldensische Gemeinschaft verstand sich als Fortsetzer des Auftrages an die Apostel, zu predigen, nicht ansässig zu werden und nichts auf den Weg mitzunehmen als einen Stab, kein Brot, keine Tasche und kein Geld (Mark. 6,7–9 u. a.). Chronisten, die die frühen Waldenser beschreiben, heben diese Lebensweise übereinstimmend hervor. Danach waren sie sehr einfach gekleidet, genauso wie die arme Bevölkerung in Stadt und Land. Als Prediger traten sie sehr bald paarweise in Erscheinung und lehnten einen festen Wohnsitz ab. Reichtümer besaßen sie nicht, da Vermögen unvereinbar mit ihrer Berufung wäre (in Anlehnung an Matth. 6,19–34). Dabei wollten die Waldenser nicht unbedingt am Hungertuch nagen. Sie lehnten die Arbeit für sich selbst ab, weil das von der Predigertätigkeit ablenke. Dieser Grundgedanke, den Waldes immer mit besonderer Harnäckigkeit verfocht, verband sich mit der Auffassung, daß die Christen verpflichtet wären, ihre Prediger zu ernähren. Am deutlichsten hat das der engste Mitstreiter von Waldes, Durandus von Osca, im liber antiheresis formuliert.

Die Begründung des Rechts auf Predigt wurde das zentrale und bewegende Element in der vita religiosa von Waldes. Sie gruppierte sich um den Satz »Man muß Gott mehr gehorchen als den Menschen« (Apg. 5,29). Nicht nur Waldes, auch seine Mitstreiter haben ihn mit aller Hartnäckigkeit vertreten. In der Konsequenz bedeutete dies vor allem, daß sie ihren Missionsbefehl direkt von Christus erhalten hätten. Er ist ihr Herr, und kein Mensch, also Priester, Prälat oder Papst, kann ihnen diesen Auftrag streitig machen. Dabei leugnete Waldes nie die Kirche oder die Hierarchie. Er akzeptierte ihre Funktion und wollte sie niemals in Frage stellen. Aber für sich selbst und seine Gemeinschaft nahm er diesen besonderen Auftrag in Anspruch und war zu keinen Konzessionen bereit. Mit nahezu naiver Selbstverständlichkeit rechnete er damit, daß die Kirche seine Haltung akzeptieren würde.

Aus der Sicht des Hochmittelalters war diese Auffassung nicht ganz ungewöhnlich. Der Grundsatz, daß nur der ordinierte Priester predigen durfte, galt zwar allgemein, war aber unter dem Druck der Ereignisse oft genug durchbrochen worden, wie im Zusammenhang mit dem Investiturstreit, der Kreuzzugsbewegung oder der Wanderpredigerbewegung gezeigt werden konnte. Waldes stand in dieser Traditionslinie. R. Manselli hat auf die Ähnlichkeit der vita religiosa des Waldes mit der des Pseudo-Mönches Heinrich verwiesen, die sich aus der gemeinsamen Leitlinie »Man muß Gott mehr gehorchen als den Menschen« ergäbe. K. V. Selge hat demgegenüber ein geistiges Erbe abgelehnt. Wenn auch eine direkte Abhängigkeit nicht schlüssig zu beweisen ist, erscheint es doch unwahrscheinlich, daß der religiös interessierte Kaufmann von den Lehren der Anhänger Heinrichs nichts gehört haben sollte. Das »Obedire oportet magis Deo quam hominibus« (Man muß Gott mehr gehorchen als den Menschen) gehörte dem Wesen nach zu zahlreichen hochmittelalterlichen sozial-religiösen Bewegungen, ob es nun einen antiklerikalen Akzent erhielt oder lediglich, wie bei Waldes, einen gewissen Freiraum für Laien schaffen sollte.

K. V. Selge hat die vita religiosa des Waldes als Ausdruck der Hinwendung laikaler Kräfte zu Religion und religiöser Tätigkeit gewertet. Lokalisiert war diese Entwicklung vor allem in der Stadt. Im konkreten historischen Kontext würde das die Einordnung des frühen Waldensertums in die Problematik kommunaler Bewegungen nicht ausschließen. Der Emanzipationskampf des Stadtbürgertums erfaßte alle Bereiche. Auch wenn die politische Selbstverwaltung den wichtigsten Teil darstellte, so schloß er doch die Entwicklung einer eigenen Kultur und einer bürgerlich profilierten Religiosität ein. Seit dem 12. Jh. entstanden in den Städten Europas religiöse Gemeinschaften in den verschiedensten Formen, die sich um ein möglichst eigenständiges Leben bemühten. Hierzu gehören in Oberitalien die Humiliaten, in den niederländisch-rheinischen Städten die Beginen- und Begardenkonvente, weiter zahlreiche Bruderschaften auf der Basis des Zunfthandwerkes oder anderer städtischer Gruppen. Ein antiklerikaler Akzent, wie etwa bei den städtisch orientierten Katharern Südfrankreichs, ist freilich nicht erkennbar. Aber häretisch formulierter Antiklerikalismus kann nicht als Vorbedingung für die Zuordnung zur kommunalen Bewegung angenommen werden. Selbst der politische Kampf gegen die kirchlichen Stadtherren war voller Kompromisse, und aus feudalen Fesseln haben sich die Städte im Mittelalter nie grundsätzlich lösen können.

Lyon war im 12. Jh. ökonomisch eine aufblühende Fernhandelsstadt. Hier kreuzten sich die Handelsrouten von der Champagne nach den südfranzösischen Mittelmeerhäfen und von Südfrankreich nach Oberitalien. Die Bevölkerung wuchs durch Zuzug rasch an. Politisch waren die Bürger der Stadt relativ machtlos. Eine Verfassung besaß die Stadt zur Zeit des Waldes nicht. Erst 1193, als der Erzbischof von Lyon der Stadt einige Rechte verpfändete, läßt sich ein relativ geschlossenes Handeln der Bürger erkennen. Stadtherren waren der Erzbischof und das mächtige Domkapitel, deren Interessen vor allem beim Landesausbau im Lyonnais lagen. Zahlreiche Kriege mit anderen feudalen Kräften bestimmten während des 12. Jh. das Geschehen. Die Stadt hatte darunter schwer zu leiden. Wiederholt wurde sie von den Feinden des Erzbischofs geplündert und hatte zudem zusätzliche Abgaben an die Kriegskasse zu zahlen. Attraktiv war die Kirche von Lyon mit ihrer machtpolitischen Orientierung für die Bürger nicht. Waldes füllte mit seiner Bewegung die entstandene Lücke und übernahm Funktionen, die die Kirche nicht oder nur ungenügend ausübte. K. V. Selge spricht in anderem Zusammenhang davon, daß die Waldenser einem religiösen Bedürfnis der Bevölkerung nach intensiverer Predigt nachkamen. Tatsächlich war dieses »allgemeine Bedürfnis« in dieser Form vor allem in den Städten angesiedelt und verband sich mit der Absicht, eigenständig und selbständig zu wirken. Die Waldenser wie auch die Humiliaten übernahmen diese Funktionen als Selbstverständlichkeit. Sie lehnten die feudale Kirche nicht ab, brachten aber mit der Nichtunterordnung die »städtische Besonderheit« innerhalb der feudalen Gesellschaft zum Ausdruck. Politische Emanzipation der Kommunen, die bekanntlich nicht in erster Linie auf revolutionären Wegen durchgesetzt, sondern sehr oft durch Verträge und Kauf von Privilegien schrittweise realisiert wurde, und die waldensische Interpretation des Satzes »Man muß Gott mehr gehorchen als den Menschen« war objektiv von dem gleichen Grundanliegen getragen. Und der für die Entwicklung des frühen Waldensertums bestimmende Konflikt entzündete sich auch an der Problematik des Verhältnisses zur Kirche und der von Waldes gewollten Privilegien. Die Auseinandersetzung wurde zunächst lokal ausgetragen. Das entsprach dem Charakter des frühen Waldensertums. Waldes beschränkte sich auf Lyon und Umgebung. Seine Erfolge waren beträchtlich. Überall fand er begeisterte Zuhörer. Die Belege über die soziale Zusammensetzung seiner Anhänger sind dürftig. Allgemein wird angenommen, daß sich unter seinen Mitstreitern sehr bald einige ehemalige Kleriker befanden. Seine Anhänger kamen vor allem aus dem einfachen Volk der Stadt Lyon und der Umgebung. Aber auch unter dem reichen Stadtbürgertum scheint Waldes Sympathie gehabt zu haben. Der Erzbischof war bereit, die Armutsbewegung zu tolerieren, verbot jedoch die Predigt. Gerade gegen dieses Verbot wandte sich Waldes hartnäckig und war zu keinem Kompromiß bereit. Zwischen 1177/78 und 1182 wurden wegen dieser Problematik die Fronten zwischen

Kirche und der waldensischen Gemeinschaft so ausgebaut, daß Kompromisse später unmöglich schienen.

Zunächst suchte Waldes mit zwei Begleitern in Rom sein Recht. 1179 erschien er vor dem 3. Laterankonzil. Sein Auftritt war nur eine Randerscheinung der Tagung, der nicht einmal in den Konzilakten vermerkt wurde. Der englische Prälat Walter Map berichtet in seinen Memoiren, daß er den Auftrag erhalten hatte, sich mit den Waldensern zu beschäftigen. Im Examen stolperten die Waldenser über die Trinitätsformel, indem sie bekannten, daß sie an Gottvater, Gott-Sohn, den Heiligen Geist und an die Mutter Christi glaubten. Sie wurden verspottet und mit dem Bemerken entlassen, ihre Armut könnten sie beibehalten, aber predigen dürften sie nur bei besonderen Anlässen und mit Genehmigung des örtlichen Klerus. Bemerkenswert an der Entscheidung ist nicht so sehr die Ablehnung, sondern die Atmosphäre. Map zeichnet ein Bild, das Arroganz und Unverständnis gegenüber den Waldensern widerspiegelt. Er rümpft die Nase über die ungebildeten Laien, die sich anmaßten zu predigen, obwohl sie keine Kenntnisse dafür besäßen. Maß sah aber auch eine Gefahr für die feudale Kirche heraufziehen. »Jetzt sind sie noch demütig und tun so, als ob sie nicht einzutreten wagten. Wenn wir sie aber hereinlassen, werfen sie uns hinaus.« Sicher waren, wie in den neueren Untersuchungen übereinstimmend festgestellt wird, nicht alle Kleriker derart konservativ, aber die Haltung der Mehrheit der hohen Geistlichkeit drückte diese Auffassung aus. Die Diskrepanz zwischen Prälaten und Volk schien 1179 insgesamt noch unüberbrückbar.

Nach Lyon zurückgekehrt, mußte Waldes 1180 vor der dort tagenden Synode erscheinen. Den Vorsitz führte der päpstliche Legat Heinrich von Marcy, später Kardinal und Bischof von Albano. Der Anlaß war, noch einmal öffentlich zu überprüfen, ob Waldes rechtgläubig war und nicht etwa katharische Lehren vertreten würde. Die Befragung stand unter dem Zeichen des Kampfes gegen die dualistische Häresie. Waldes wurde ein

Glaubensbekenntnis vorgelegt, das auf einem Dogmenformular aus dem 6. Jh. basierte.[7] Der ehemalige Kaufmann akzeptierte alle katholischen Positionen und gab keine Veranlassung, ihn der katharischen Häresie zu verdächtigen. Aus dem Bekenntnis sollen hier nur die Abschnitte genannt werden, die in der weiteren Geschichte des Waldensertums eine Rolle spielten. Waldes bekannte sich zur Einheit der Kirche und ihrer Schlüsselgewalt. Die Sakramente wirken objektiv und seien nicht von der Würdigkeit des Priesters abhängig. Die Totenfürbitte sei nützlich und sinnvoll.

Bemerkenswert ist, wie sich nach dem Glaubensbekenntnis Waldes mit seiner Gemeinschaft in die Kirche einzuordnen beabsichtigte. Waldes wollte auch weiterhin die absolute Armut befolgen, auf alle Reichtümer verzichten. Gleichzeitig bemerkte er, daß dies nicht der einzige Weg zur Erlangung des Heils sei. Auch die Reichen könnten erlöst werden, wenn sie die Gebote befolgten und Barmherzigkeit übten. Und schließlich distanzierte er sich von allen Häretikern, mit denen er nichts gemein haben wollte. Die Schlußpassage enthält eine Reihe von Problemen, die in der Literatur unterschiedlich akzentuiert dargestellt werden. Mit keinem Wort erwähnt das Bekenntnis die Laienpredigt. Zu Recht hat K. V. Selge betont, daß Waldes damit diesem entscheidenden Bestandteil seines Wirkens nicht abgeschworen hat. Auch G. Wendelborn und andere Historiker schließen sich dieser Auffassung an. A. Molnar hebt hervor, daß Heinrich von Marcy mit Waldes gar nicht über diese Frage diskutieren wollte, sondern beabsichtigte, die Waldenser als spezifische Gemeinschaft in die Kirche einzuordnen. Sie sollte nach einem besonderen Ratschlag Gottes (velut a Domino consultum) leben. Dem päpstlichen Legaten kam es, wie Molnár weiter ausführt, darauf an, sich mit dem Armutsbegriff auseinanderzusetzen und zu verhindern, daß eine arme Kirche als allgemeingültig formuliert wurde. Innerhalb dieser besonderen communitas könnte, wie es 1179 das Laterankonzil bereits bestätigt hatte, mit Genehmigung des Klerus auch gepredigt werden. Die eigentliche Auseinandersetzung war offengeblieben.

Die auch weiterhin auf die Erzdiözese Lyon begrenzte Predigergruppe suchte zwar den Kontakt zum Erzbischof, wehrte sich jedoch nach wie vor gegen jede Einmischung und Bevormundung. Einen praepositus, der die Gemeinschaft beaufsichtigen sollte, lehnten Waldes und seine Mitstreiter kategorisch ab. Der Erzbischof begegnete den Waldensern, die wachsende Erfolge zu verzeichnen hatten und neue Prediger gewinnen konnten, mit immer größerem Mißtrauen. Besondere Empörung erregte, daß auch Frauen begannen, das Evangelium zu verkünden. 1182/83 beendete der Erzbischof die Aktivitäten der Waldenser. Wegen Usurpation des Predigeramtes und Ungehorsams gegenüber dem Klerus ließ er sie exkommunizieren und aus der Erzdiözese verbannen. Fluchtgebiete wurden Südfrankreich und Oberitalien.

Die Ausweisung aus Lyon hatte für die waldensische Gemeinschaft weitreichende Folgen. Die vita religiosa war von Waldes zwar grundsätzlich formuliert, der Wirkungskreis der Prediger jedoch regional begrenzt. Es gibt keinen Hinweis darauf, daß Waldes vor 1182 gezielt außerhalb seiner engeren Heimat wirken wollte, wenn man von quellenmäßig nicht abgesicherten Versuchen anläßlich seiner Romreise absieht. Auch bei der Ausweisung selbst ist kein überregionales Zusammenwirken der Bischöfe erkennbar. Die Vertreibung hatte nicht, wie die Provinzialsynode hoffen mochte, den Untergang der Gemeinschaft zur Folge, sondern war der eigentliche Auftakt zum überregionalen Aufschwung. Es begann die Umformung von der lokal bezogenen Gruppe zur weiträumig aufgebauten sozial-religiösen Bewegung. Bereits vom äußeren Verlauf der waldensischen Mission ist zunächst die Herausbildung verschiedener Zentren erkennbar. Die Mehrheit der Prediger zog es offensichtlich in die benachbarten südfranzösischen Regionen, wo die kirchliche Aufsicht relativ locker organisiert war.

In der neueren Literatur gilt es als sicher, daß die Kirchenprovinz Narbonne neuer Konzentrationspunkt wurde. Hier traten die Waldenser relativ häufig offen in Erscheinung. 1190 diskutierten sie mit Klerikern offen über ihre Ziele. Es wird die Existenz einer ganzen Reihe waldensischer Schulen vermutet, die nicht allein als Treffpunkt für die Prediger dienten, sondern auch Zentren für die Ausbildung neuer Meister wurden. Die Schulen bildeten das eigentliche Rückgrat des Waldensertums. Hier verständigte man sich über die Lehren, pflegte den Erfahrungsaustausch und legte die weitere Mission fest. Zuletzt hat K. V. Selge wieder dafür plädiert, das Gebiet von Narbonne als Ausgangspunkt für das Vordringen der Waldenser in die übrigen südfranzösischen Städte, nach Nordspanien, wo sich im ausgehenden 12. Jh. um Aragon ein eigenes kleines Waldenserzentrum herausbildete, und nach Lothringen zu sehen. Eine wesentlich kleinere Gruppe missionierte in Oberitalien. Die Anfänge sind nicht genau erkennbar. Selge vermutet sie schon kurz nach 1183 in Verona. Genauer faßbar werden sie allerdings am Ende des 12. Jh., dann aber bereits in zahlreichen lombardischen Städten, vor allem in Mailand. Von Oberitalien begann bis Anfang des 13. Jh. die Mission nach der Toskana und nach Kalabrien. Die Waldenser waren, zumindest was die Zentren Südfrankreichs und Oberitaliens betraf, in die ökonomisch prosperierenden Territorien Europas vorgestoßen. Hier hatten sie sich fortan mit den herrschenden sozialen und ideologischen Spannungen und Konflikten auseinanderzusetzen. Waren sie in Lyon die erste sozial-religiöse Bewegung gewesen, so hatten in der neuen Heimat andere Bewegungen und Häresien die anstehenden Probleme einer eigenständigen städtischen Entwicklung auch auf religiösem Gebiet bereits aufgegriffen. In den Landschaften zwischen Narbonne und den Pyrenäen mit Schwerpunkt Grafschaft Toulouse beherrschten die dualistischen Katharer die religiöse Szenerie. Sie konnten sich etwa zugleich mit den Waldensern etablieren, aber unvergleichlich schneller ausbreiten. Ihre Resonanz bei der Bevölkerung vor allem in den Städten, aber auch im Adel, besaß eine derartige

Kraft, daß der katholische Klerus nicht im entferntesten in der Lage war, den Aktionsradius der Ketzer einzuschränken. Die hier auftauchenden Waldenser waren zwar vor kirchlichen Verfolgungen relativ sicher, sahen sich aber mit religiösen Auffassungen konfrontiert, die sie auch zum Überdenken ihrer eigenen vita religiosa veranlaßten.

Noch stärker wirkte sich die Mission in den oberitalienischen Städten aus. Hier agierten neben Katharern und einigen kleinen häretischen Gruppen, die sich auf Hugo Speroni (Speronisten) und auf Arnold von Brescia (Arnoldisten) zurückführten, mit den Humiliaten sozial-religiöse Gemeinschaften, die den Waldensern sehr ähnelten.

Der Formierungsprozeß der Humiliaten – sie wurden so wegen ihrer erdfarbenen Kleidung genannt – ist wenig bekannt. Doch gilt es als sicher, daß sie sich etwa zeitgleich mit den Waldensern in der zweiten Hälfte des 12. Jh. in mehreren oberitalienischen Städten herausgebildet haben, wobei Mailand den Ton angab. Religiös profiliertes Armutsgelübde und Laienpredigt waren genauso wie bei den Waldensern erklärtes Anliegen, aber wesentlich anders praktiziert. Die Humiliaten blieben ortsansässig und gründeten stabile Gemeinschaften in den Vorstädten der großen Kommunen. Die hier lebende, im Durchschnitt sehr arme Stadtbevölkerung gab die soziale Basis für die Humiliaten ab, obwohl sich unter den Predigern auch Vertreter anderer Schichten und insbesondere Kleriker befanden. Aus späteren Quellen lassen sich auch für die Frühzeit zwei Organisationstypen rekonstruieren. Einmal entstanden Konvente, in denen sich die Humiliaten, die weiterhin in ihren Privathäusern lebten, regelmäßig trafen und Predigten hörten. Verbunden war der Beitritt zum Konvent in der Regel mit dem Bekenntnis zu einem Leben in Armut nach dem Evangelium, zum Verzicht auf Gewinnstreben und dem Gelübde, sexuell enthaltsam zu leben. Im Unterschied zu den Waldensern verlangten die Humiliaten von ihren Laienpredigern nicht die Auflösung der Ehe, dafür aber Handarbeit. Wanderpredigt war unbekannt.

Der andere Organisationstyp bemühte sich konsequent um die Durchsetzung einer neuen vita religiosa. Dabei lebten Männer und Frauen gemeinsam in Gemeinschaftshäusern, die von einem Vorsteher, einem Laien, geleitet wurden. Handarbeit war Pflicht für alle Insassen. Sie stellte die materielle Existenzgrundlage dar. Dabei wurden neue Eigentumsvorstellungen realisiert. Die Werkstätten, Produktionsinstrumente und die Rohstoffe – zumeist beschäftigte man sich mit der Tuchherstellung – waren Eigentum des gesamten Konvents. Die Humiliaten verpflichteten sich bei Aufnahme in die Gemeinschaft zu einem Leben in materieller Armut und Bedürfnislosigkeit. Den Überschuß ihrer Handarbeit spendeten sie als Almosen. Sie selbst trugen nur sehr einfache Kleidung aus ungefärbter Wolle als Zeichen dafür, daß sie jeden Luxus verurteilten. Zudem führten sie ein eigenes religiöses Leben. Sie hielten Predigten, beschäftigten sich eingehend mit dem Evangelium und hörten gegenseitig die Beichte.

Armut der Prediger wurde nicht mit völliger Besitzlosigkeit gleichgesetzt, sondern mit Einschränkung der Bedürfnisse auf das Notwendigste. Der bei den Waldensern vorhandene Gedanke, daß die Anhänger verpflichtet wären, für den Unterhalt der Wanderprediger zu sorgen, kam hier gar nicht erst auf. Ihre Lebensweise begründeten die Humiliaten ebenfalls mit dem Hinweis auf die Bibel und sahen in ihr die Vorbedingung für das Erlangen des Heils. Gemeinsam mit den Waldensern war ihnen der unerbittliche Kampf um das Predigtrecht, das nicht an ein Amt gebunden war, sondern an eine Berufung, die sie sich durch ihr vorbildliches Leben erworben hatten. Mit ihrer vita religiosa hatten sich die Humiliaten weitgehend den materiellen und sozialen Bedingungen des Lebens in den Vorstädten angepaßt, wo vor allem die Produzenten und Hilfsgewerbe der Tuchproduktion zu Hause waren. Die stabilitas loci ihrer Religiosität entsprach der Seßhaftigkeit der Werkstättenarbeiter beziehungsweise sollte sie entwickeln helfen. Sie führten dabei nahe an das Ideal späterer religiöser Gemeinschaftsformen städtischer Handwerker heran. Bereits H. van Mierlo hat auf die geistige Verwandtschaft zwischen den Organisationsformen der Humiliaten und denen der kurze Zeit später entstandenen Beginen- und Begardenkonvente im niederländisch-rheinischen Raum verwiesen. Demgegenüber erscheint der antihäretische Akzent der Humiliatenbewegung zweitrangig. Wie zuletzt Chr. Thouzellier und K. V. Selge betonten, wandten sich die Humiliaten gegen katharische Lehren, die in den Vorstädten sehr leicht Boden finden konnten. Aber dominierend für den Formierungsprozeß dürfte diese Stoßrichtung kaum gewesen sein. Wichtiger erscheint das Verhältnis zum Klerus und zur Kirche. In nahezu allen lombardischen Städten war die geistliche Hierarchie schon aus politischen Erwägungen nicht sehr populär. Ständig fürchteten auch die großen Kommunen Eingriffe der Prälaten in die Selbstverwaltung. Und seit dem 11. Jh. war die Opposition gegen den reichen und korrupten Klerus nie verstummt. Die Humiliaten paßten sich in diese Grundrichtung ein, ohne zu dem radikalen Flügel, der durch Katharer, Arnoldisten und Speronisten bestimmt wurde, zu gehören. Sie akzeptierten die Kirche grundsätzlich, argumentierten zwar zuweilen gegen den Reichtum und das unchristliche Leben einzelner Prälaten, orientierten sich jedoch an der Eigenständigkeit ihrer Bewegung. Hier waren sie zu keinem Kompromiß bereit. Mit der gleichen Unerbittlichkeit wie Waldes kämpften sie um das Recht der Laienpredigt und erschienen damit insgesamt ebenfalls als Teil des Kampfes der Kommunen um vollständige Autonomie. Das Papsttum war auch hier zunächst zu keinen Zugeständnissen bereit. 1184 wurden sie genauso wie die Waldenser wegen Ungehorsams gegen die Kirche – bezogen auf die Anmaßung zur Predigt – aus der Kirche ausgeschlossen. Die gemeinsame Verurteilung begünstigte die Annäherung zwischen Waldensern und Humiliaten in den letzten Jahrzehnten des 12. Jh.

Den waldensischen Wanderpredigern waren die genannten sozial-religiösen Bewegungen Südfrankreichs und Oberitaliens überlegen. Insgesamt gilt das für den Grad der inneren Organisation. Sowohl die Katharer als auch die Humiliaten hatten eine Struktur entwickelt, die eine Stabilität ermöglichte, wie sie die waldensische vita religiosa mit der Ablehnung jeder Unterordnung auch innerhalb der Gemeinschaft nicht zu erlangen vermochte. Aber wichtiger noch erscheint, daß zumindest die Häresien mit ihren antiklerikalen Auffassungen Aussagen machten, die den Interessen der Bevölkerung entsprachen. Die waldensische Formel »Man muß Gott mehr gehorchen als den Menschen« mit der gleichzeitigen Tolerierung der Kirche und der Geistlichkeit blieb demgegenüber blaß, bot jedoch auch wegen ihrer dehnbaren Interpretationsmöglichkeit den Waldensern Entwicklungschancen. Der Zeitraum zwischen 1182 und etwa 1218 wurde zu einer Periode der Auseinandersetzung innerhalb der waldensischen Bewegung, bei der es um Fragen der Rezeption anderer religiöser Ideologien und Organisationsformen ging, in deren Ergebnis die waldensische vita religiosa an Profil gewinnen sollte.

Im Mittelpunkt waldensischer Aktivität blieb die freie Laienpredigt. Kirchliche Traktate konzentrierten sich auch nach 1184 wohl in Anlehnung an das Urteil des Konzils von Verona auf diesen Aspekt kirchlichen Ungehorsams. Der Zisterzienser Bernard von Fontcaude[8] verwandte dafür in seiner Polemik breiten Raum. Das wider den Willen der Kirche angeeignete Predigtrecht hätte verheerende Folgen. Unabhängig von seinen Voraussetzungen würde jeder Laie auf öffentlichen Plätzen predigen. Besonders mißfiel ihm die Teilnahme von Frauen. Weiter polemisierte er gegen das Armutsideal der Waldenser, die nicht arbeiteten, sondern auf Kosten anderer lebten. Ähnlich akzentuiert ist auch die Schrift des Theologen und Zisterziensers Alanus von Lille[9], während sich Joachim von Fiore vor allem mit der Ablehnung der Handarbeit beschäftigte.[10] Darüber hinaus werden aber auch neue Töne hörbar. Bernard von Fontcaude weiß zu berichten, daß die Waldenser die Totenfürbitte ablehnten. Almosen, Fasten, Messen und Gebete wurden als nutzlos für die Verstorbenen angesehen. Einige Prediger begründeten das damit, daß sofort nach dem Tod über Himmel und Hölle entschieden würde. Schließlich vermerkte Bernard, daß viele Waldenser nicht zum Gebet in die Kirche gingen, da Gott dort nicht wohnen würde. Sie täten das lieber im Freien oder in ihren Wohnhäusern. Auch Alanus von Lille kennt diese neuen Lehren, vermerkt aber zusätzlich, daß die Waldenser die allgemeine Absolution für ungültig halten, die Lüge eine Todsünde sei, die Todesstrafe in jedem Fall unvereinbar mit den Evangelien, desgleichen die Eidesleistung. Außerdem beichteten die Waldenser gegenseitig, da für sie dazu kein Priester notwendig wäre.

Die Gründe für die unterschiedlichen Darstellungen zwischen Bernard und Alanus sind nicht deutlich erkennbar. Die Frage, wieviel Prediger die neue Lehre vertraten, ist ebenfalls nicht zu beantworten. In der neueren Literatur ging vor allem Christine Thouzellier davon aus, daß sich das Waldensertum nach 1182 relativ einheitlich entwickelte. K. V. Selge hat diese Weiterführung der vita religiosa des Waldes als »genuin waldensisch« bezeichnet und von anderen radikaleren Auffassungen als »orthodox waldensisch« abgesetzt. Die Ablehnung der Totenfürbitte und auch des Fegefeuers ergibt sich aus dem Charakter der Predigt als einem Aufruf, bereits auf Erden ein vorbildliches Leben zu führen. Das Verwerfen der Todesstrafe und des Eides resultieren aus dem Bibelverständnis, wobei die massive Konfrontation mit den gleichen Lehren der Katharer stimulierend gewirkt haben könnte. Besonderes Interesse mußte die Laienbeichte erwecken. Selge setzt auch hier, deutlicher als zuvor in der Literatur, die Akzente in der Interpretation und bezieht die später nachweisbare Taufe und das Spenden der Eucharistie gleich mit ein. Laien war es, wie auch R. Zerfaß anhand umfangreichen Materials hervorhebt, durchaus erlaubt, in Notfällen zu taufen, die Eucharistie zu spenden und nach Abnahme der Beichte die Absolution zu erteilen. Gegen die seit dem 12. Jh. von der katholischen Hierarchie stärker geforderte Durchsetzung des priesterlichen Privilegs erscheint damit die waldensische Praxis als reaktionärer Rückgriff auf Möglichkeiten, denen nicht mehr die Zukunft gehörte (K. V. Selge). Die Motivation zum Spenden der Sakramente ergibt sich beim »orthodoxen Waldensertum« nicht aus einer antiklerikalen Grundstimmung. Die neuen Auffassungen waren aber in Frankreich und Oberitalien schon vor dem Auftreten der Freunde des Waldes populär. Wie bereits dargelegt, hatte der Pseudo-Mönch Heinrich nicht nur verkündet, daß man Gott mehr gehorchen müsse als den Menschen, er leugnete auch die Totenfürbitte und wandte sich aus einer geistig verstandenen Religiosität gegen den Bau von Kirchengebäuden. A. Dondaine hatte deswegen schon 1955 Heinrich als Vorläufer des Waldensertums bezeichnet, und R. Manselli baute diese These, die Selge ablehnt, aus. Auch die Katharer hatten, wenn auch unter völlig anderen Prämissen, diese neuen waldensischen Lehren vorher schon popularisiert. Die Kirchen etwa galten ihnen als Heimstätten des Bösen. Es ist bekannt, daß einige waldensische Prediger mit aller Konsequenz gegen die Katharer auftraten, aber warum sollten sie sich alten Traditionen öffnen und nicht Ketzerlehren, die in ihr Konzept paßten. Die Prediger hatten sich als fähig erwiesen, eine Reihe von Auffassungen, die bereits im Volk bekannt waren, in ihr Lehrsystem aufzunehmen. Übrigens war das ein Weg, der in der Geschichte bei der Herausbildung ideologischer Strömungen und Systeme immer wieder zu beobachten ist. Den neuralgischen Punkt erreichte die Entwicklung allerdings nicht auf diesem Sektor, sondern in der Bestimmung des Verhältnisses zum Klerus und zur katholischen Kirche.

Bereits Bernard von Fontcaude unterstrich in seiner Polemik gegen die Waldenser, daß das priesterliche Amt entscheidend sei und nicht das persönliche Verdienst. Niemand habe das Recht, dieses von Gott verliehene Amt zu diffamieren. Direkte donatistische Lehren der Waldenser erwähnte er allerdings nicht. Dagegen berichtete Alanus von Lille von den Waldensern, die nur Gott gehorchten. Damit wurde der Hauptsatz des Waldes grundsätzlich verschärft. Ein Loslösen von der Kirche als logische Konsequenz wäre möglich gewesen. Allerdings beschränkten sich die Prediger auf die Unterscheidung zwischen würdigen und unwürdigen Klerikern. »Einige Häretiker sagen, daß man den guten Prälaten, denen, die nach Leben und Amt Nachfolger der Apostel sind, gehorchen muß, nicht aber denen, die nicht nach der Weise der Apostel leben...«[11] Sie können nicht konsekrieren, nicht lösen und binden. Und von dieser Position aus begründeten die Waldenser, selbst priesterliche Funktionen übernehmen zu können und die Sakramente zu spenden, denn sie führten das vorbildliche Leben. In Metz vertraten 1199 aus Montpellier vertriebene Waldenser ebenfalls die Auffassung, man habe nur Gott zu gehorchen. Daher dürften sie dem Bischof und sogar dem Papst Widerstand entgegensetzen. Konsequent predigten sie und hielten gemeinsame Veranstaltungen ab.[12] M. D. Lambert sieht hier zu Recht Ansätze für die Entwicklung einer Gegenkirche.

Ähnliche Tendenzen machen sich in Oberitalien bemerkbar. In Piacenza predigten Anfang der neunziger Jahre Waldenser, niemand könne das Heil erlangen, wenn er nicht den Waldensern folgt, ihr Anhänger oder Freund ist. Die päpstlichen Dekrete und kirchlichen Ordnungen lehnten sie ab, desgleichen die Kirchenväter. Diese gewollte Konfrontation führte dann auch folgerichtig zu der Behauptung, daß sie die Sakramente spenden könnten, nicht mehr als Ausnahme, sondern als Selbstverständlichkeit formuliert. Die antiklerikale Aggressivität ist hier nicht eindeutig zu erklären. In Frage kommt Einfluß anderer Häresien, vor allem der Arnoldisten. Aber auf jeden Fall dürften sich die in dieser Zeit außerordentlich zugespitzten Spannungen zwischen Kommune und Erzbischof zunächst stimulierend ausgewirkt haben, die bereits über viele Jahre das lokale Geschehen bestimmten und für antikirchliche Forderungen einen günstigen Nährboden abgaben. Kommunale Bewegung und Vorstellungen über eine Religiosität, die nicht an den

Stadtherren gebunden war, verliehen wahrscheinlich den Waldensern die offensive Note. Obwohl auch in anderen oberitalienischen Städten bei Waldensern antiklerikale Lehren eine Rolle spielten, erreichten sie nicht diese Aggressivität.

Über die normalen waldensischen Lehren ging zu Beginn des 13. Jh. eine Gruppe von Predigern weit hinaus, die in Katalonien und in Südfrankreich beheimatet war. »Niemand könne selig und vollkommen werden, wenn er nicht als Armer stürbe.«[13] Zudem nahmen sie für sich das alleinige Recht in Anspruch, taufen zu dürfen, denn sie wären die Jünger Christi. Der antiklerikale Akzent ist unverkennbar, die donatistische Interpretation wird bis an den Ausschließlichkeitsanspruch herangeführt. Dennoch sind die Lehren antiklerikal wie auch antikatharisch. In ihrem Missionsgebiet dominiert die dualistische Häresie. Die Betonung der Taufe als Wassertaufe wirkt antikatharisch. Darüber hinaus warfen die Waldenser den Katharern schon lange vor, daß sie selbst Eigentum besäßen, vor allem aber ihren Anhängern oft erst kurz vor dem Tode das Consolamentum unabhängig von deren bisherigem Lebenswandel erteilten. Diese waldensische Sonderlehre dürfte sich vor allem in der Konfrontation mit den dualistischen Häretikern profiliert haben, allerdings auch im antiklerikalen Sinn. Um 1200 wurden sie aus der waldensischen Gemeinschaft ausgeschlossen, blieben aber bei ihren Auffassungen und entwickelten sich wahrscheinlich zu einer nicht unbedeutenden Gruppe von Wiedertäufern, die auch zum Ausbau einer eigenen Hierarchie mit Bischöfen an der Spitze schritt. Um 1230 hatte sich der antikirchliche Akzent noch verstärkt. Sie bezeichneten die Kirche als Räuberhöhle und den Papst als die Hure der Apokalypse.

Verzweifelt wehrten sich die gemäßigten Kräfte innerhalb des Waldensertums gegen die Radikalisierung. Am deutlichsten weist das der bereits genannte liber antiheresis des Durandus von Osca aus, der die ursprüngliche vita religiosa des Waldes verteidigte, gegen die Angriffe der Kirche, aber auch gegen die häretischen Lehren. Ausführlich begründet Durandus, wie bereits erwähnt, die Wanderpredigeridee. Die neuen »genuin-waldensischen« Lehren nahm er nicht auf, argumentierte aber auch nicht dagegen. Nicht umgehen konnte er die zentrale Frage des Verhältnisses zur Kirche und zum Klerus. Die waldensischen Positionen entwickelte er in Polemik mit den Katharern, genauso wie es seine Freunde brauchten. »In ihren Augen (der Katharer) kann die Geistlichkeit niemals in Anspruch nehmen, die Kirche von Gott empfangen zu haben, denn sie besteht aus Simonisten, Mördern, Ehebrechern und Huren. Sie verfolgt die Freunde Gottes, was den Aposteln völlig fremd war.«[14] Durandus widerspricht der kritischen Wertung nicht direkt, sondern verlangt, die Waldenser sollten in der Diskussion mit den Katharern darauf verweisen, daß sie mit diesen Priestern nichts gemein hätten und deshalb selbst Verfolgungen ausgesetzt wären. Durandus lehnt die Kirche aber nicht ab und läßt auch kaum donatistische Töne anklingen. Er funktionierte vielmehr das waldensische Sendungsbewußtsein um, indem er den Kampf gegen die Katharer als Hauptaufgabe hervorhob. »Der Sohn des höchsten Vaters hat sein Volk nicht gänzlich verlassen. Als er das Verhalten der Prälaten sah, das bestimmt ist von Habgier, Simonie, Hochmut, Raubgier, Prahlsucht und anderen Verbrechen, als er erkannte, daß durch ihre Art der Lebensführung auch die göttlichen Geheimnisse in Gefahr geraten waren, wählte er, ähnlich, wie er zu Beginn seines Predigens ungebildete Fischer gewählt hatte, nun auch Dich, Herr Waldes. Er vertraut Dir an, daß Du gemeinsam mit Deinen Freunden die Unfähigkeit des Klerus im Kampf gegen den Irrglauben wieder gutmachst.«[15] Durandus behielt diese Position bei, gelangte aber trotz der kritischen Formulierungen niemals zu antiklerikalen Konsequenzen.

Die in den Quellen wiedergegebenen Positionen lassen die Frage aufkommen, inwieweit die ursprüngliche vita religiosa auseinanderzufallen drohte. In der neueren Forschung sprach sich wohl Chr. Thouzellier am deutlichsten für eine »relative Homogenität« der Gesamtbewegung aus, verbunden allerdings mit einer unverkennbaren Weiterentwicklung der Lehren. Der waldensische Leitgedanke, wonach man Gott mehr gehorchen müsse als den Menschen, besaß eine außerordentliche Variationsbreite. Die allgemeine waldensische Lehre, daß man die Kenntnis von der Kirche, den Auftrag aber von Gott hätte, daß Christus das direkte Oberhaupt der Gemeinschaft wäre und man nur dessen Missionsbefehle nach Mark. 16, 15 befolgt, rief nicht nur Angriffe der Kirche hervor. Objektiv wurden damit auch die Waldenser zur Auseinandersetzung mit der konkreten Situation in der klerikalen Hierarchie des 12. Jh. gezwungen. Daran konnte auch die immer wieder beteuerte Treue zur Kirche nichts ändern. Als Sendboten Christi war es den Predigern auf die Dauer nicht möglich, einer kritischen Wertung des Klerus auszuweichen. Der Schritt von der moralischen Verurteilung, wie sie Durandus aussprach, zu donatistischen Auffassungen mag theoretisch sehr groß sein, aber kaum praktisch. Das wurde bereits im Zusammenhang mit den Problemen des Investiturstreites deutlich. Und alle Waldenser hielten an ihrem besonderen Auftrag fest.

Für die Beurteilung des ideologischen Differenzierungsprozesses innerhalb des Waldensertums erscheint aber noch ein anderer Aspekt bemerkenswert. Die Gemeinschaft des Lyoner Kaufmanns ging nach 1182 nicht unter, sondern vermochte sich relativ rasch auf die neue Situation in den von sozialen Konflikten und antiklerikalen Spannungen angereicherten Gebieten Südfrankreichs und Oberitaliens einzustellen.

Ihre Anhänger kamen vor allem aus den einfachen Volksmassen in den Städten, Handwerkern, Gesellen, städtischer Armut, und den Bauern, Tagelöhnern, Hirten, aus den umliegenden Dörfern. Damit war die Basis gefunden, die auch in den folgenden Jahrhunderten das Reservoir des Waldensertums bilden sollte. Von einer Bekehrung reicher Bürger, soweit es in dieser Hinsicht überhaupt Erfolg gegeben hatte, ist nichts mehr zu spüren. Die Prediger stammten selbst aus dem Volk, einschließlich einer anfangs beträchtlichen Zahl ehemaliger niederer Kleriker. Sowohl in Oberitalien als auch in Südfrankreich waren oppositionelle Bewegungen gegen die Kirche in den verschiedensten Formen üblich. Sie reichten von politischen Aktionen zur Zurückdrängung klerikaler Macht, über Verweigerung des Kirchenzehnten bis zu unverhohlener Verachtung des Priesters. Aus dieser Situation resultierte nicht zuletzt die Verbreitung des Katharertums besonders in diesen Landschaften. Die Anhänger der Waldenser gehörten sicher nicht zu den bewußtesten Gegnern der Kirche, fanden in der Gemeinschaft jedoch ebenfalls eine Kraft, die, wenn auch in gemäßigter Form, die Distanz zur kirchlichen Allmacht auf religiösem Gebiet betonte. Mit ihren konkreten Lehren zeigten sich die Waldenser gegenüber ihren Anhängern sehr anpassungsfähig. Die Quellen sind dazu wenig aussagekräftig, aber das Beispiel der Waldenser in Piacenza wies auf diesen Zusammenhang hin. Es wurden mehr und mehr die Prediger in ihrer Gesamtheit, die das Waldensertum unter dem Einfluß der jeweiligen konkreten Situation in den verschiedenen Städten und Territorien formten und weiterentwickelten. Gruppen, wie die um Durandus von Osca, die sich vor allem mit den Katharern auseinandersetzten, gaben keinesfalls die alleinige Stoßrichtung der Gemeinschaft an.

Im Vergleich zur geographischen Ausdehnung und zur Resonanz war das Waldensertum um 1200 in seiner inneren Struktur merkwürdig zurückgeblieben und hatte in dieser Hinsicht den Übergang von der spontanen Bewegung zur stabilen Gemeinschaft noch nicht vollzogen. Inhaltlich bedeutete das ein tieferes Verständnis über Wesen und Ziele zukünftigen Wirkens. Die Initiative ging, auch das zeugt vom Wachsen der Gemeinschaft, nicht von Waldes und seinen nächsten Freunden, sondern von den oberitalienischen Waldensern unter Führung von Johannes von Ronco aus. Dieser hatte sich bereits seit langem hervorgetan. Er stammte aus einem Ort in der Nähe von Piacenza und war mit großer Sicherheit an der Herausbildung der radikalen Lehren in dieser oberitalienischen Kommune führend beteiligt. Um 1205 plädierte er dafür, an die Spitze der lombardischen Waldenser einen praepositus (Vorsteher) zu stellen, der von den Predigern entweder auf Frist oder Lebenszeit gewählt werden sollte. Außerdem trat er dafür ein, den Waldensern auch das Arbeiten zu erlauben, ein Zugeständnis an die bisherige humiliatische Praxis. Waldes wandte sich strikt dagegen.[16] In der Wahl eines Leiters sah er die Verletzung des Prinzips, wonach Gott mehr gehorcht werden müsse als den Menschen. Tatsächlich zeigte sich im Vorstoß der Lombarden etwas Neues. Die Predigerbewegung war auf dem Wege, sich zu etablieren und damit auch ohne den Begründer auszukommen. Hinter Johannes von Ronco stand eine ganze Gruppe von Waldensern, die ihn auch ohne Genehmigung zum praepositus wählte. Waldes schloß daraufhin, kurz vor seinem Tode, die Lombarden aus. Das Geschehen vermochte er damit nicht mehr rückgängig zu machen. Die italienische Gruppe entwickelte sich eigenständig weiter, ging in die Geschichte unter der Bezeichnung »Lombardische Arme« ein im Gegensatz zu den französischen Waldensern, die mehr und mehr »Arme von Lyon« genannt wurden. Damit hatte sich erstmalig der radikale Flügel des Waldensertums mit vorherrschend donatistischen Auffassungen organisiert, konnte sich rasch ausbreiten und bald die Mehrheit der oberitalienischen Gemeinschaft für sich gewinnen.

Wenn der Versuch, die waldensische Gemeinschaft zu reformieren, im ersten Anlauf scheiterte, so war das nicht der Halsstarrigkeit eines gealterten Waldes zuzuschreiben. Dahinter stand das Programm einer gemäßigten südfranzösischen Führungsgruppe. K. V. Selge hat von dem Unbehagen des Durandus über die Radikalisierung gesprochen und hier den Ausgangspunkt für dessen Rekonziliation kurz nach dem Tode von Waldes gesehen. Ausgelöst wurde das Ausscheiden der Gemäßigten aus dem Waldensertum allerdings durch die flexiblere Haltung der Kirche, vor allem Papst Innozenz' III.

Zu Beginn des 13. Jh. war die Kurie fest entschlossen, alle Mittel einzusetzen, um die Häresien auszurotten und ihnen die soziale Basis zu entziehen. Dazu war ihr Terror und Krieg genauso recht wie die gezielte Einordnung der städtischen Armutsbewegungen als institutionalisierte Abteilungen in die Kirche. Recht bereitwillig öffneten sich die gemäßigten Gruppen dieser Rekonziliation. 1201 ließ Innozenz III. die nicht vom Waldensertum beeinflußten Humiliaten wieder in die Kirche aufnehmen. Sie durften nach ordensähnlichen Regeln, die ihre bisherigen Gewohnheiten zusammenfaßten, leben. Man erlaubte ihnen ihr Armutsgelübde, die Handarbeit, die Ablehnung des Kleiderluxus und die Verwendung ihrer überschüssigen Einkünfte für Almosen. Auch die außerhalb von Konventen lebenden Humiliaten konnten ihre bisherige Lebensweise beibehalten. Vom Eid entband man sie grundsätzlich nicht, verfügte jedoch, daß sie nicht leichtfertig schwören sollten. Dem Klerus gegenüber hatten sie sich zu Gehorsam zu verpflichten, blieben jedoch innerhalb ihrer Konvente relativ selbständig. Das schwierige Problem der Predigt wurde im Kompromiß gelöst. Die Humiliaten durften ihre Prediger selbst bestimmen, dem Klerus stand jedoch das Überprüfungsrecht zu, und geschickt lancierten die Bischöfe solche Prediger, die das Vertrauen der Kirche besaßen. Auf der Basis dieser Festlegungen entwickelten sich relativ stabile Gemeinschaften, die teilweise bis in das 16. Jh. bestanden. Diese Lösung war für die hochmittelalterliche Kirchengeschichte von grundsätzlicher Bedeutung. Erstmalig fand die Kurie einen Weg, um auf städtische Armuts- und Laienpredigerbewegungen einzugehen und sie in die Gesamtkirche zu integrieren. Das von Innozenz III. gesetzte Signal wirkte auch auf die gemäßigten Waldenser. 1208 erhielt Durandus von Osca nach eingehender Überprüfung von der Kurie die Genehmigung für eine neue vita religiosa innerhalb der katholischen Kirche.[17] Durandus akzeptierte das ihm vorgelegte Glaubensbekenntnis, das dem des Waldes von 1180 glich. Die antikatharische Stoßrichtung entsprach dem bisherigen Wirken des Durandus. Ausdrücklich verurteilte er alle seit 1118 von den Waldensern neu aufgenommenen Lehren. Er erkannte Eid und Todesstrafe, Totenfürbitte und Fegefeuer an, lehnte das eucharistische Notopfer ab, da nur die Priester kraft ihres Amtes das Recht hätten, die Sakramente zu spenden. Eindeutig wandte er sich gegen donatistische Lehren. In der für das frühe Waldensertum entscheidenden Frage rückte er von Waldes ab. Er gab das Prinzip, man habe Gott mehr zu gehorchen als den Menschen, auf und gelobte gegenüber dem Klerus Gehorsam. Dafür erhielten Durandus und seine Anhänger das Recht, ihre bisherige Lebensweise beizubehalten. Die Regeln für die neue Gemeinschaft mit dem Namen »Katholische Arme« bestätigten den Verzicht auf Eigentum, die Versorgung durch Almosen und vor allem die Wanderpredigt unter Kontrolle des Klerus. Ihre Hauptaufgabe sollte auch weiterhin dem Kampf gegen die Katharer gelten.

Die Preisgabe des freien Predigtrechts aus göttlichem Auftrag bedeutete Verrat am Waldensertum. In der Literatur wird oft darauf verwiesen, daß sich Durandus nie von den Positionen des Waldes entfernte, alle Radikalisierungstendenzen innerhalb der Gemeinschaft abgelehnt hätte. K. V. Selge sieht in den Regeln der Katholischen Armen eine Fortführung der vita religiosa des Waldes und verweist insbesondere auf das Beibehalten der waldensischen Lebensweise und des religiösen Habitus. Die Wertung erscheint insofern problematisch, als es schwer zu beweisen ist, daß das Waldensertum durch diese Charakteristika groß wurde. Im Mittelpunkt stand wohl immer der göttliche Auftrag. Waldes wollte zwar nie den Bruch mit der Kirche, aber seine Bewegung lebte von dem Sendungsbewußtsein dieses Auftrags. Die darin enthaltene Distanz zur etablierten Geistlichkeit war freilich im Vergleich zu anderen sozialreligiösen Bewegungen sehr verschwommen ausgedrückt, aber sie wurde vom Volk verstanden. Der Sonderweg, den die Waldenser behaupteten, mußte bei jedem Auftritt der Prediger als Affront gegen die Priester erscheinen, vielleicht gerade, weil keine direkte Feindschaft propagiert wurde, zu der die Massen, die nicht den Katharern und Arnoldisten folgen wollten, auch nicht ohne weiteres bereit waren. Die Waldenser besaßen in den Ketzerzentren eine Perspektive, weil sie in diese Lücke stießen. Der weitere Verlauf beweist, daß die Aufgabe des von der Kirche unabhängigen Predigtrechts keine Zukunft besaß.

Durandus und seine Anhänger, es waren fast ausschließlich Kleriker, konnten zunächst in Mailand und anderen oberitalienischen Städten unter Waldensern und Humiliaten erfolgreich für die Rückkehr in den Schoß der Kirche werben. Danach wandten sie sich gegen die südfranzösischen Katharer. Bald standen sie zwischen den Feuern. Von den Dualisten, aber auch von den Waldensern wurden sie als Feinde betrachtet, und die katholischen Bischöfe beargwöhnten ihre Aktivitäten gleichfalls. Sie beschwerten sich wiederholt bei der Kurie darüber, daß die Katholischen Armen wie Waldenser auftreten würden, ihren ehemaligen Glaubensgenossen Unterschlupf gewährten, kurz äußerst verdächtig wären. 1212 gründeten die Katholischen Armen in der Diözese Elne ein Doppelkloster mit je einem Haus für die Prediger und einem für die Frauen, die sich als Laien vorwiegend karitativer Tätigkeit zuwandten. Die ökonomische Basis gaben auch weiterhin Spenden ab und nicht der Grundbesitz. Von Elne aus führte man den Kampf gegen die Katharer und verfaßte Traktate. Durandus schrieb einen »Liber contra Manicheos«[18] und sein Mitstreiter Ermengaud von Beziers die Schrift »contra hereticos«[19]. Größere Bedeutung erlangte das Kloster Elne nie. Es blieb eine kleine Gemeinschaft, die bereits Mitte des 13. Jh., als das Waldensertum einem neuen Aufschwung zusteuerte, mit den Augustiner-Eremiten verschmolz.

Nicht anders erging es einer zweiten Gruppe unter Bernard Prim, die sich 1210 von den Waldensern lossagte. Unter der Bezeichnung »Wiederversöhnte« wurde sie in den Schoß der Kirche aufgenommen. Es handelte sich dabei ebenfalls vorwiegend um ehemalige Kleriker. Bernard hatte zunächst in Südfrankreich an den Auseinandersetzungen mit den Katharern teilgenommen und später in der Lombardei gepredigt. Vor dem

Papst legte er ein ähnliches Glaubensbekenntnis wie Durandus ab. Allerdings verlangte man von ihm prononcierte Zustimmung zum alleinigen Privileg des Klerus, die Sakramente zu spenden. Vermutlich hatte Bernard, obwohl er das bestritt, allzu häufig davon Gebrauch gemacht. Des weiteren mußte er sich gegen den Vorwurf, er ließe Frauen predigen, verteidigen und vor allem gegen die These, die römische Kirche wäre nicht die Kirche Gottes. Wahrscheinlich hat Bernard diese radikale Auffassung nie vertreten und wurde lediglich damit konfrontiert, weil sie in seinem oberitalienischen Missionsgebiet immer häufiger auftrat. Die Wiederversöhnten gelobten Gehorsam gegenüber der Kirche und erhielten dafür das Recht, unter Aufsicht der Geistlichkeit zu predigen. Als Hauptanliegen wurde ihnen gleichfalls die Auseinandersetzung mit den Ketzern vorgegeben. In Anlehnung an die Praxis der Lombardischen Armen wurde nicht die Wanderpredigt, sondern die Handarbeit Grundlage der Gemeinschaft. In Häusern lebten sie mit etwa acht Insassen gemeinsam. Ihre Heimat war wahrscheinlich Cremona. Genauso wie den Katholischen Armen begegnete die Geistlichkeit den Wiederversöhnten mit großem Argwohn. Man warf ihnen das Tragen waldensischer Sandalen und verdächtigen Umgang mit Frauen vor. Innozenz III. mußte sich energisch für die neue Gruppe, die den rekonzilierten Humiliaten ähnelte und genauso gewertet werden sollte, einsetzen. Lange konnte sich Bernard Prim nicht halten. Kurze Zeit später löste sich die Gemeinschaft auf und schloß sich dem Bettelorden an. Rekonziliierte Humiliaten, Katholische Arme und Wiederversöhnte tendierten in die gleiche Richtung. Sie kamen religiösen Genossenschaften, Bußbruderschaften städtischer Prägung, so wie sie sich in der folgenden Zeit herausbilden sollten, sehr nahe. Speziell motivierte Kleriker scharten Laien um sich und führten ein von der Kirche geleitetes Sonderdasein.

Das Absondern der gemäßigten Gruppen und deren Anfangserfolge bei der Rückführung von Waldensern in den Schoß der Kirche schwächte zwar zunächst das Waldensertum in Südfrankreich und Oberitalien zahlenmäßig, erzeugte auch Verbitterung, so bei den Lombardischen Armen über das Wirken des Durandus, aber insgesamt wirkte sich dieser Schrumpfungsprozeß ideologisch günstig aus. Die jetzt bei der Gemeinschaft verbliebenen Prediger waren dem waldensischen Leitsatz »Man muß Gott mehr gehorchen als den Menschen« zutiefst verpflichtet, ganz gleich, wo sie wirkten. Trotz zunehmender Verfolgung wuchs im Unterschied zu den Rekonzilierten ihre Anhängerschaft wieder rasch an. An der sozialen Basis, die sie ansprachen, hatte sich nichts geändert. Es waren vor allem die einfachen Menschen in Stadt und Land, Handwerker, Gesellen, Bauern, Hirten, denen sich die Prediger zuwandten. Hier fanden sie dankbare Zuhörer, ein Reservoir für neue Prediger und die Unterkünfte für ihre Schulen und Treffpunkte. Nur in wenigen Ausnahmefällen zählten auch vermögende Bürger und Adlige zum Kreis der Sympathisanten.

Stephan von Bourbon charakterisierte zwar gehässig, aber sehr plastisch am Beispiel der Kleidung das Milieu, in dem die Waldenser wirkten. Danach zogen sie die Tracht verschiedener Stände und Handwerke an. »Einmal wurde ein Großer unter ihnen gefangen, der Gewänder vieler Handwerke bei sich hatte ... Merkte er, daß man ihn in einer Gestalt suchte, verwandelte er sich in eine andere. Einmal trug er Gewand und Kennzeichen eines Pilgers, ein anderes Mal Stab und Gerät des Büßers. Hier gab er sich als Flickschuster aus, dort als Barbier oder Schnitter. Die anderen tun auf ähnliche Weise das gleiche.«[20] Die Zeit, wo sich die Waldenser bereits äußerlich offen zu erkennen gaben, ging unter dem Druck der Verfolgungen zu Ende. Man hatte sie in der Frühzeit insbesondere an ihrem Schuhwerk sehr leicht erkennen können. Sie trugen Holzschuhe oder Sandalen, die auf der Oberseite so ausgeschnitten waren, daß ein Kreuzzeichen sichtbar wurde. Jetzt versteckte man dieses Predigersymbol. Wenn man vor allem Kleidungsstücke wählte, die vagierenden Berufen zuzuordnen waren, so resultierte das zunächst aus der Tätigkeit als Wanderprediger, aber gleichzeitig orientierte es auf die Bevölkerungsgruppen, mit denen man in Verbindung kommen wollte. Die Zahl der ehemaligen Kleriker unter den Predigern hatte nach 1210 beträchtlich abgenommen. Die Waldenser waren jetzt in der Lage, ihren wieder steigenden Bedarf an Predigern aus den Laien des einfachen Volkes zu decken.

Auch die Gleichberechtigung der Frau innerhalb der Waldensergemeinschaft und der Zustrom weiblicher Anhänger blieb erhalten. Die Rekonziliation der Humiliaten sowie der Gruppen um Durandus von Osca und Bernard Prim hatte zwar auch zahlreiche Frauen erfaßt, aber am waldensischen Prinzip des gleichen Predigtrechts nichts geändert. In seiner verdienstvollen Untersuchung konnte G. Koch die Kontinuität dieser Entwicklung bis in das späte Mittelalter nachweisen. Frauen wurden unter den gleichen Bedingungen wie die Männer ausgebildet. 1218 gehörten sowohl in Oberitalien als auch in Südfrankreich Frauen als Selbstverständlichkeit zu den Anhängern wie auch zu den Predigern. Das geht aus vielen Einzelzeugnissen hervor. Die Selbstverständlichkeit der Gleichstellung unterstreicht die im Rescriptum gebrauchte Anrede, wonach die Lombarden den fratribus ac sororibus, amicis et amicabus transalpes ihre Grüße und Botschaften vermitteln. Die Aufnahme in die Gemeinschaft mit dem Recht der Predigt war für die weiblichen Anhänger nach wie vor attraktiver als eine untergeordnete Tätigkeit in orthodoxen religiösen Gemeinschaften wie etwa bei den Rekonzilierten.

Seit dem beginnenden 13. Jh. dürfte sich auch die Struktur des Waldensertums entschieden gefestigt haben. Die Zeit der spontanen Entwicklung war vorüber. Der Tod von Waldes, um 1205, sowie die Aussonderung der Gemäßigten hatte endgültig die Voraussetzungen für eine kollektive Meinungsbildung unter den Predigern und die Herausbildung von Führungsgremien geschaffen, die das Überleben der waldensischen Bewegung über die Jahrhunderte hinweg garantierte.

1218 wird die neue Qualität für uns sichtbar. In Bergamo trafen sich Vertreter der Lombardischen Armen und der Armen von Lyon beziehungsweise Ultramontanen, wie sie auch genannt wurden, mit dem Ziel, das Schisma zu überwinden. Die Konferenz ist gut belegt, da ein Rescriptum erhalten geblieben ist, mit welchem die Lombarden ihre Brüder in Deutschland über die Ergebnisse der Verhandlung informierten.[21]

Vor allem fallen im Vergleich zum frühen Waldensertum die neuen Strukturen auf. Jede Partei war durch sechs Delegierte vertreten, die jeweils im Auftrag einer commune, der Gesamtheit der Prediger, sprachen. Die französische Seite wurde von zwei Leitern (rectores) geführt. Das Anliegen des Treffens bestand darin, die Streitpunkte zu klären und damit eine Gesamtversammlung aller waldensischen Prediger vorzubereiten.

Es ist nicht einfach, die Bedeutung der neuen Elemente in der Organisation des Waldensertums vergleichend zu werten. Zu Recht ist in der Literatur immer wieder darauf verwiesen worden, daß die Einführung des Rektorenamtes einen entscheidenden Stellenwert einnimmt. Die lombardischen Positionen hatten sich durchgesetzt, und die oberitalienischen Waldenser waren nur deshalb nicht mit ihrem Leiter erschienen, um die Verhandlungen nicht zu gefährden. In der Lombardei war es nach der Wahl von Johannes von Ronco üblich geworden, den Vorsteher auf Lebenszeit zu bestimmen. Dagegen hatten die Ultramontanen Einwände, und in Bergamo legte man fest, daß das Gesamtcommune darüber entscheiden solle, ob es einen Vorsteher (praepositus) auf Lebenszeit oder Leiter (rectores) für zwei Jahre einsetzen wolle. An der Notwendigkeit einer institutionellen Spitze zweifelte niemand mehr.

Obwohl der Aufgaben- und Verantwortungsbereich der neuen Leiter nicht deutlich wird, bedeutete diese Entwicklung einen Neubeginn in der Geschichte des Waldensertums. Bis zum Tode von Waldes lebte die Bewegung von der Autorität und dem Charisma ihres Begründers. Trotz der Grundlehre »Man solle Gott mehr gehorchen als den Menschen« hatte sein Wort innerhalb der Gemeinschaft entscheidendes Gewicht, auch wenn er den ideologischen Differenzierungsprozeß nicht aufhalten konnte. Die Frage, wie es nach seinem Tode weitergehen sollte, ließ Waldes immer offen.

In den vorangegangenen Kapiteln wurde deutlich, daß viele sozial-religiöse Bewegungen mit dem Tod oder Verschwinden ihres Begründers auseinanderfielen. Auch den Waldensern drohte dieses Schicksal. Durandus von Osca, Bernard Prim und andere, so unzufrieden sie mit der Radikalisierung gewesen sein mochten, faßten erst nach dem Tode von Waldes den Entschluß, in den Schoß der Kirche zurückzukehren, obwohl Innozenz III. bereits 1201 mit seiner neuen Politik begonnen hatte. Die Institutionalisierung des Rektorenamtes bedeutete eine organisatorische und leitungsmäßige Zusammenfassung der Kräfte auf neuer Basis. Der Prozeß verlief parallel mit der historisch notwendigen ideologischen Entthronisierung von Waldes, die von den Lombarden zielstrebig betrieben wurde. Das Rescriptum bietet dafür eine Reihe von Beispielen.

Ausführlich legten die oberitalienischen Delegierten die Positionen von Waldes, die inzwischen durch die Geschichte überholt waren, bloß und forderten von den Ultramontanen die Distanzierung. »Waldes hat gesagt, daß weder zu meinen Lebzeiten noch nach meinem Tode jemand in der Gemeinschaft der Ultramontanen oder der Lombarden praepositus werden solle.«[22] Die neuen Vereinbarungen wurden angefügt. Ähnlich verfuhr man in der Frage der arbeitenden Prediger, obwohl das Problem insofern sekundär geworden war, als zahlreiche oberitalienische Waldenser bereits so von ihrer Predigttätigkeit in Anspruch genommen waren, daß sie ihren Lebensunterhalt nicht mehr selbst bestreiten konnten. »Waldes hat gesagt, wenn auch in allen anderen Fragen zwischen mir und den oberitalienischen Brüdern Friede und Eintracht herrscht, so können sie doch keinen Frieden haben, wenn sie nicht ihre Arbeiterkongregationen auflösen, und zwar so, daß nicht ein einziger mit dem anderen zusammenbleibt.«[23]

Die Ultramontanen mußten auch diese Kritik an Waldes

über sich ergehen lassen. Vereinbart wurde in Bergamo, daß die Gemeinschaft der oberitalienischen Waldenser bestehen bleiben sollte. Allerdings dürfte sie nicht die Predigttätigkeit einschränken. Als die französische Delegation zur Gegenoffensive schritt und eine Sonderstellung für Waldes beanspruchte, stieß sie bei der Gegenseite auf schroffe Ablehnung. Die Lombarden verweigerten ihre Zustimmung zu dem Bekenntnis, Waldes wäre aufgrund seiner Verdienste bereits im Paradies. Sie wollten keine Seligsprechung, sondern ordneten ihn in den Rang aller Christen ein. Man wisse nicht, ob er vor dem Tod Gott für alle Fehler Genugtuung gegeben habe. Die Ultramontanen empörten sich über diesen Zweifel und wollten eher die Verhandlungen abbrechen als Zugeständnisse machen. Damit gab es ein neues Streitobjekt.

Es wäre sicherlich falsch, die Haltung der Lombarden gegenüber Waldes lediglich mit kleinlichen und ungerechtfertigten Rachegefühlen wegen des einstigen Ausschlusses abzutun, obwohl Ressentiments nicht ausgeschlossen werden sollen. A. Molnár schreibt dazu: »Das, was Waldes in den letzten Jahren seines Lebens bei seinen unermüdlichen Reisen in Begleitung seines Gefährten Vivet geleistet hatte, durfte nicht als gültiges und verbindliches Muster unter allen Umständen und für immer erachtet werden. Dieser sachlich tiefer gehende Vorbehalt gegen eine Überbewertung starker Persönlichkeiten konnte leider von den Lombardischen Armen nicht anders ausgedrückt werden als im Rahmen des Verdienstdenkens der zeitgenössischen Religiosität« (S. 96 f.). Die oberitalienischen Waldenser prosperierten seit dem Schisma auf der Grundlage der von ihnen gemachten Vorschläge viel stärker als die von Verfolgungen heimgesuchten französischen Waldenser. Die Auseinandersetzung mit der Sonderrolle von Waldes war nicht nur ideologischer Nachholebedarf für die Bestätigung des eigenen Weges, sondern bedeutete auch Anerkennung der Mechanismen, die große sozial-religiöse Bewegungen benötigen, um zumindest auf längere Zeit erfolgreich wirken zu können. In diesem Zusammenhang kam der Institution des commune ein vielleicht noch höherer Stellenwert zu.

In den Verhandlungen der Delegationen spielte das commune der Prediger ständig eine entscheidende Rolle. Die Parteien fühlten sich nicht nur als Beauftragte der waldensischen Gemeinschaften, sondern strebten auch einen Gesamtkongreß aller Prediger an. Es ist unklar, wann sich diese Aufwertung der Predigergenossenschaft vollzogen hat. Allgemein wird angenommen, daß Zusammenkünfte zumindest im regionalen Rahmen immer in gewissen Abständen stattfanden, wohl aber schon aus räumlichen Gründen keine Treffen der gesamten Bewegung. Waldes, der wahrscheinlich Südfrankreich nie verlassen hatte, kannte die Entwicklung in den einzelnen Territorien vermutlich aus Briefen und durch Sendboten. Zuweilen erfolgte das, wie aus der Herausbildung radikaler Strömungen zu entnehmen ist, zudem relativ spät. Hinsichtlich konzeptioneller Arbeit wird man diesen Predigertreffen allerdings keine allzu große Bedeutung beimessen dürfen. Waldes entschied selbst. Alles spricht dafür, daß das commune erst nach 1205 seine grundsätzlichen Befugnisse erhielt. 1218 war es in seiner Zusammensetzung deutlich definiert. Ihm gehörten alle bestätigten Prediger an. Die in Ausbildung Befindlichen (nuper conversi) und die Hörer (amici) waren ausdrücklich ausgeschlossen. Das commune entschied offensichtlich mit Mehrheitsbeschluß, und zwar sowohl über die Besetzung der Ämter wie auch über die wichtigsten Glaubensfragen. Die Delegationen in Bergamo vereinbarten wiederholt, anstehende Fragen dem Gesamtcommune zum Befinden vorzulegen. Das commune hatte sich zum bestimmenden Organ innerhalb des Waldensertums herausgebildet. Mit seiner Autorität war es in die Lücke getreten, die das Ausscheiden von Waldes gerissen hatte. A. Molnár hat darauf verwiesen, daß das commune nicht nur hinsichtlich seines Begriffs, sondern auch seines elitären Charakters und seiner Funktion mit dem städtischen commune, der coniuratio, vergleichbar ist. Das gilt für den Alleinvertretungsanspruch, den elitären Charakter und das Selbstbewußtsein. Ein zeitgenössischer Chronist weiß zu berichten, daß sich unter den Lombardischen Armen nach 1218 die Meinung verbreitete, Waldes hätte sein Amt von der Gemeinschaft der Prediger erhalten.

Auch auf unterer Ebene wurde ein neues Organ, das offensichtlich sowohl bei den Lombarden als auch bei den Ultramontanen bereits existierte, bestätigt und damit verfestigt, die Sakramentsverwaltung. Aus dem Kreis der zukünftigen Prediger, der Novizen, aber auch aus der besonders treuen Anhängerschaft, den amici, sollten Personen als Diener (ministri) ausgewählt werden, die für die fractio panis verantwortlich waren. Die Institutionalisierung ist nicht eindeutig zu interpretieren. Es wurde oben darauf verwiesen, daß die Waldenser grundsätzlich in Notfällen die Eucharistie spendeten. Eine Regelung, wem diese Aufgabe zukäme, liegt nahe. Was im Einzelfall passieren konnte, hat Petrus Martyr in gehässiger Form glossiert. Als Johannes von Ronco einmal das Opfer vollzog, hätte ein Huhn den großen Kelch voll Wein umgestoßen, und die anwesenden Frauen hätten auf dem verschütteten Wein herumgetrampelt.[24] Aber es ging wohl nicht allein darum. Die Lombarden waren teilweise bereits um 1200 regelmäßig zum Abendmahl zusammengekommen. Aus späteren Berichten ist bekannt, daß man sich in feierlicher Form am Gründonnerstag traf, Gebete zur Sündenvergebung sprach sowie siebenmal das Vaterunser und anschließend das Abendmahl vollzog. Auch französische Waldenser organisierten zunehmend eigene Eucharistiefeiern. K. V. Selge betont, daß für die Ultramontanen die Sakramentsverwaltung nach wie vor einen Notfall darstellte. Er kann sich dabei vor allem auf die zahlreichen Belege stützen, wonach Ultramontane lieber den katholischen Priester in Anspruch nahmen. A. Molnár hingegen hebt mehr die ständigen Verfolgungen hervor, die, wenn auch wider Willen, zur Eigenhilfe zwangen.

Die gesamte Problematik lenkt auf das entscheidende Moment, die Fixierung des Verhältnisses zur Kirche und zum Kle-

rus. Nach dem Rescriptum war das der entscheidende Streit-
punkt, der sich an der Transsubstantationslehre entzündete.
Nach Auffassung der Lombarden konnte nur ein würdiger
Priester die Wandlung von Brot und Wein erreichen, während
für die Ultramontanen bereits der ordo entscheidende Voraussetzung war. In dieser Frage gab es zwischen beiden Seiten keinen Kompromiß. Dahinter stand die grundsätzliche Wertung der
Kirche. Bei der Mehrheit der Lombarden hatte sich der donatistische Standpunkt durchgesetzt. Der wahre Priester wurde am
Urchristentum gemessen, an Armut und vorbildlicher Religiosität. Die Lombarden gingen diese Problematik auch grundsätzlich an. Sie traten den Armen von Lyon entgegen: »Wir fragen
euch, ob ihr einen Brauch oder eine Anschauung, von der ihr
nicht offen durch die göttliche Schrift beweisen könnt, daß sie
die Kirche Christi gehabt hatte und haben müsse, beibehalten
und uns zu ihrer Annahme zwingen wollt oder nicht.«[25] Die
Ultramontanen beteuerten, daß das nicht beabsichtigt sei,
waren aber von den Konsequenzen völlig überrascht. Sie zeigten sich keinesfalls bereit, diesen Weg mitzugehen. Die antiklerikale Strömung in den oberitalienischen Führungskreisen
scheint größer gewesen zu sein, als dies das Rescriptum aus-
drückt. In einer Reihe von Traktaten und Berichten über die
Waldenser wird übereinstimmend festgestellt, daß besonders
die Lombarden ihre Abneigung, ja Feindschaft gegenüber der
Kirche verstärken. Die Römische Kirche ist nicht die Kirche
Christi, weil sie nicht in der Bibel verankert ist. Sie ist Kirche
des Bösen, eine Bestie und Dirne. Aber auch bei den Armen
von Lyon gewannen im 13. Jh. antiklerikale Meinungen zunehmend an Raum.

In Bergamo verhandelte man noch über weitere Fragen, die
für unseren Zusammenhang weniger von Bedeutung sind.
Beide Seiten bekannten sich zu Taufe und Ehe, wobei zu letzte-
rer festgestellt wurde, daß sie nicht leicht aufzulösen sei, eine
deutliche Stoßrichtung gegen den Entwicklungsweg von Waldes und wahrscheinlich auch anderer Wanderprediger.

Der weitere Gang der Ereignisse nach der Konferenz von Bergamo ist unbekannt. Allgemein wird auch in der neueren Literatur angenommen, daß das vorgesehene commune der Lombarden und der Ultramontanen wegen der strittigen Fragen gar nicht stattgefunden hat. Einen schlüssigen Beweis dafür gibt es allerdings nicht, und A. Molnár läßt daher nicht zu Unrecht diese Frage offen. Sicher ist, daß die Differenzen zwischen den beiden Parteien nicht beseitigt waren. Lombardische Arme und Ultramontane entwickelten sich nebeneinander weiter. Während der französische Zweig weiter in Frankreich missionierte, suchten die Lombarden neue Anhänger in Italien und weiteren Teilen Mitteleuropas. Bilanziert man die Ereignisse, so wird deutlich, daß das frühe Waldensertum von den Anfängen bis etwa 1218 sehr komplizierte Entwicklungsphasen durchlaufen mußte, bis es gültige und tragfähige Strukturen und Inhalte gefunden hatte. In der Literatur ist es üblich, die Orientierung über Rechtmäßigkeit beziehungsweise Entartung der Bewegung aus den Handlungen beziehungsweise Äußerungen seines Begründers zu gewinnen. Die Berechtigung für dieses Verfahren ist an sich legitim und schon deshalb unumstritten, weil Waldes etwa 25 Jahre lang die Gemeinschaft leitete. Das Problem besteht jedoch darin, wie die Akzente der vita religiosa des Waldes gesetzt werden. In der neueren Forschung rückt bei der Analyse des Anliegens neben den Leitgedanken »Man müsse Gott mehr gehorchen als den Menschen« immer stärker die wiederholt gegebene Erklärung, daß Waldes Kirche und Geistlichkeit respektiere und sich nicht von ihr trennen wolle, in den Vordergrund.

Die Belege, vor allem der Ausschluß verschiedener andersdenkender Gruppen, brauchen nicht noch einmal wiederholt zu werden. Sie sind sehr schwerwiegend. Seit der Entdeckung des »liber antiheresis«, der den ursprünglichen Grundgedanken von Waldes am nächsten kommt und eigentlich nur durch die antikatharische Stoßrichtung modifiziert wird, plädiert daher die neuere Forschung für eine direkte ideologische Traditionslinie Waldes – Durandus von Osca. Das gilt sowohl für die Historiker, die das Armutsideal als entscheidendes Motiv für waldensisches Handeln ansehen, wie zuletzt Chr. Thouzellier und M. D. Lambert, wie auch für K. V. Selge, der die Laienpredigt für bedeutungsvoller hält. Die Rekonzilierung wird zum neuralgischen Punkt. In den Gemeinschaften des Durandus und des Bernard Prim entstanden die Keimformen, die zu den Bettelorden hinführten. Waldes erscheint als Vorläufer von Franz von Assisi beziehungsweise des Dominikus. Nur eine hart und verständnislos reagierende Kirche hinderte ihn daran, einen Aufstieg innerhalb der Kirche zu nehmen, wie das wenige Jahrzehnte später dem Bettelorden möglich war. Diese Traditionslinie erklärt jedoch die waldensische vita religiosa nur in einem bestimmten historischen Zusammenhang, der objektiv notwendig gewordenen Hinwendung der Kirche zur Stadt und der Spezifik städtischer Religiosität, wo sich letztlich waldensisches Ideal und Regeln der Bettelorden treffen mußten.

Es existierte aber noch eine andere Traditionslinie, die direkt nach Bergamo und auch zu den Lombarden führt. Waldes betrachtete die Aussage, daß man Gott mehr gehorchen müsse als den Menschen, immer als den eigentlichen Kernsatz und die Betonung der Treue zur Kirche nur als Erläuterung, gewiß im Sinne einer schroffen Abgrenzung von Häretikern, hat sie aber niemals mit der Preisgabe des Leitgedankens verbunden. Hier unterschied er sich grundsätzlich von Durandus von Osca und Bernard Prim. Waldes mußte spätestens nach 1182 die Sprengkraft dieses Kernsatzes erkannt haben. Wenn er in den folgenden 20 Jahren nie davon abrückte, so war das auch ein Programm. Und Waldes dürfte gewußt haben, daß er unter diesen Bedingungen keine Versöhnung mit der Kirche erreichen würde. 1201 hatte Innozenz III. mit der Rekonzilierung der Humiliaten neue Weichen gestellt. Waldes reagierte nicht.

So schmal der Pfad war, den die vita religiosa des Waldes vorzeichnete, er erwies sich als attraktiver und erfolgreicher als der Weg der gemäßigten Gruppen nach dem Tod des Begründers. Es erhebt sich die Frage nach dem Sinn von Laienpredigt, Aufruf zur Buße, Abwendung vom luxuriösen Leben, Vorbildrolle der Prediger und so weiter. Überblickt man die wechselvolle Geschichte des frühen Waldensertums, so drängt sich das Bild einer Kirche für die Armen auf. Im Zusammenhang mit der Wertung der Anfänge in Lyon wurde auf diese Problematik bereits hingewiesen.

Für die Zeit nach 1182 ist die Hinwendung zu den einfachen Menschen in der Stadt und später in den Dörfern noch deutlicher zu erkennen. Die Prediger, selbst aus dem Volk stammend, suchten ihre Anhänger, wie bereits dargelegt, in diesen Bevölkerungsschichten. Sympathisierende reiche Bürger oder Adlige blieben die Ausnahme, und die Waldenser legten offenbar auf solche Kreise keinen großen Wert. Dagegen entwickelten sich bis 1218 sehr intensive Beziehungen zu den Anhängern aus der armen Bevölkerung. Die Freunde, die amici, standen treu zu ihren Predigern, versorgten sie, gewährten ihnen Unterkunft, verwalteten die Schulen, gingen teilweise regelmäßig zur Seelsorge und ließen sich als Prediger ausbilden. Sehr rasch formten sich soziale Beziehungen, die auch ohne nennenswerte Organisation den Charakter eines Systems anzunehmen begannen. Geschuldet war das der Aktivität Hunderter von Predigern. Im Alltag, im Auftreten jedes Waldensers, nahm es Gestalt an. Dieses Eigenleben sollte im Kern als Kirche der Armen verstanden werden. Hauptgrundlage war der Satz »Man solle Gott mehr gehorchen als den Menschen«. Er schuf die Distanz zur herrschenden feudalen Kirche. Seine Aufgabe hätte das Waldensertum in seiner Existenz bedroht. Es ist immer wieder zu Recht betont worden, daß das Waldensertum während des gesamten Mittelalters niemals eine Gegenkirche aufbauen wollte. Das war auch gar nicht notwendig, denn im 12./13. Jh. existierte mit den Katharern bereits eine entsprechende Institution. Aber mit ihrer Religiosität erfüllten die Waldenser die Bedürfnisse der einfachen Menschen, die nicht bereit waren, den bewußten Bruch mit der herrschenden Kirche zu vollziehen, aber auf den Charakter ihrer vita religiosa als Volksreligiosität nicht verzichten wollten. Es erscheint daher nicht zufällig, wenn in den Ketzerzentren Südfrankreichs und Oberitaliens sowohl die schroffe dualistische Ketzerei wie auch Waldenser, Humiliaten und ähnliche Strömungen ihre Anhänger fanden. Die waldensische Kirche der Armen wollte die feudale Kirche ebensowenig beseitigen wie die städtischen Kommunen die feudale Ordnung, aber beide beabsichtigten, nach eigenem Willen zu leben. Der Leitgedanke von Waldes, den das Waldensertum übrigens auch im späten Mittelalter nie aufgab, war breit interpretationsfähig. Die radikalen Prediger und die Lombarden bewiesen das. Es scheint problematisch, alle weitgehenden donatistischen oder antiklerikalen Formulierungen als nicht waldensisch zu klassifizieren. Seit dem Ende des 12. Jh. lebte die Bewegung nicht mehr allein durch die Idee von Waldes, sondern die waldensischen Prediger in ihrer Gesamtheit bestimmten das Profil der vita religiosa zunehmend mit.

Die »Kirche für die Armen« mit der Institutionalisierung, wie die Konferenz von Bergamo sie beschlossen hatte, war ein Ergebnis der langen Entwicklungslinie von Armutsbewegungen des 12. Jh. Zu Beginn dominierten Spontanität, zeitweiliges Aufbegehren, rasche Radikalisierung und ebenso baldiger Rückgang. Am Ende standen Kontinuität, Stabilität und ein notwendiges Minimum an Organisiertheit. Es war das Verdienst von Waldes, die neue Phase eingeleitet und beharrlich weiterverfolgt zu haben. Er wurde damit ein Repräsentant städtischer Selbständigkeitsbestrebungen auf religiösem Gebiet. Nicht den Oberschichten, sondern den einfachen Menschen wandte er sich zu, und dieser sozialen Orientierung ist letzendlich sein Erfolg zuzuschreiben. Sein Hauptverdienst bestand aber wohl darin, daß er zahlreiche Prediger gewinnen konnte, die seine Gemeinschaft zu einer bedeutenden sozial-religiösen Bewegung formierten. Am Ende wuchsen sie über ihn hinaus und schufen mit den notwendig gewordenen Reformen die Voraussetzungen für einen weiteren Aufschwung des Waldensertums.

Im 13. Jh. breitete sich das Waldensertum in Mittel- und Westeuropa aus. Im 14. Jh. entwickelte es sich zu einer Massenbewegung. Zentren wurden neben Oberitalien Österreich, Oberdeutschland, das Oberrheingebiet, Südböhmen, die Mark Brandenburg, Pommern, die Westalpen, die Dauphiné, Apulien, Kalabrien und andere Territorien. Nicht mehr allein die sozial-ökonomisch entwickelten Zentren, sondern auch zurückgebliebene Landschaften wie die Alpentäler, zahlreiche kleine Orte und viele Dörfer wurden Missionsgebiete der Waldenser. Fast immer waren es Leute aus dem einfachen Volk, Handwerker, Gesellen, städtische Arme, Bauern, Knechte, Mägde, die sich zu den Waldensern bekannten. Das Waldensertum trat niemals mit spektakulären Ereignissen in Erscheinung. Seine Kontinuität wurde durch das unermüdliche Wirken der Prediger, die wie zu Beginn des 13. Jh. vor allem regional zusammengefaßt waren, bewahrt. Die Bewegung drückte jetzt eine spezifische Form der Volksreligiosität aus, in deren Mittelpunkt das vorbildliche einfache und volksverbundene Leben der Prediger stand. Das Waldensertum bewahrte die Grundgedanken von Waldes, die radikalen Tendenzen verstärkten sich, aber einen absoluten Bruch mit der Kirche vollzog man auch jetzt nicht. Andererseits wurden neue Lehren aus anderen Häresien aufgenommen. Zu Beginn des 15. Jh. ging eine Reihe von Waldensern im revolutionären Hussitentum auf. Trotz heftiger Verfolgungen und Masseninquisitionen überstand die Kirche der Armen das Mittelalter und bildete sich zu Beginn des 16. Jh. in eine reformierte Kirche um, deren Schwerpunkt in Piemont lag. Im 19. Jh. endlich wurde sie vom italienischen Staat anerkannt, missionierte in Oberitalien und konnte sich als regional orientierte Kirche bis zur Gegenwart behaupten.

Stadt und Land – Orthodoxie und Häresie

Die katharische Gegenkirche

In der Mitte des 12. Jh. setzte in Westeuropa ein völlig neuer Trend in der hochmittelalterlichen Häresiebewegung ein. War bis zu diesem Zeitpunkt das immer wieder neue Entstehen kleinerer sozial-religiöser Bewegungen charakteristisch gewesen, so begann jetzt mit dem Aufstieg der Katharer der beispiellose Siegeszug einer Häresie, die sich innerhalb weniger Jahrzehnte zu einer Gegenkirche mit Massenanhang entwickelte. In den vierziger Jahren schien es sich, wie bereits dargestellt,[1] lediglich um kleine Gruppen zu handeln, die in Köln und Flandern sowie in verschiedenen Landschaften Frankreichs agierten, aber offensichtlich war die Ketzerei bereits damals weiter verbreitet, als die Überlieferung das ausweist. E. Griffe hat für Südfrankreich wahrscheinlich gemacht, daß die Katharer im Gebiet zwischen Toulouse und Albi die direkten Fortsetzer der Predigten des Pseudo-Mönchs Heinrich wurden und beträchtliche Resonanz erlangten. Ähnlich kann angenommen werden, daß die Häresie auch in verschiedenen Städten Italiens Anhänger gefunden hatte. Zwanzig Jahre später, als Kleriker wiederum auf Katharer aufmerksam wurden, gab es bereits ein viel dichteres Netz. In Köln verurteilte man 1163 Ketzer aus Flandern zum Feuertod. Etwa zur gleichen Zeit versuchten ungefähr dreißig flandrische Häretiker in England zu missionieren, allerdings ohne Erfolg. Sie wurden gefaßt und verbrannt. Einen erneuten Anlauf nahmen die ansonsten sehr missionsfreudigen Ketzer nicht. In Frankreich entdeckte man zu gleicher Zeit katharische Gruppen im südlich der Loire gelegenen Perigord und in der Gascogne. Vor allem konnten sie nach wie vor im Gebiet zwischen Toulouse und Albi wirken. Hier waren sie so stark konzentriert, daß sich in Nordfrankreich für die Häretiker bald der Name »Albigenser« einbürgerte. In Italien breitete sich die Häresie in einer Reihe von Städten relativ ungehindert aus, begünstigt durch den Krieg Friedrichs I. Barbarossa zur Unterwerfung der lombardischen Städte (1158–1162) und ein Schisma. Diese Auseinandersetzungen boten den Katharern die Möglichkeiten zu wirkungsvoller Predigt. 1162 ließ Barbarossa Mailand zerstören. Als 1167 der Erzbischof wieder in die Stadt einzog, mußte er feststellen, daß die Häresie sich unter der Stadtbevölkerung ausgebreitet hatte. Mailand entwickelte sich von diesem Zeitpunkt an zu einem Zentrum des Katharertums in Italien. Offensichtlich zeigen auch die kirchlichen Belege der sechziger Jahre über verurteilte Katharer beziehungsweise registrierte Ketzerzentren nur die Spitze eines Eisberges an. Einblick in die Vitalität und Dynamik der Häresie vermittelt ein zufällig erhalten gebliebenes Protokoll eines Katharerkonzils, das 1167 in St.-Felix-de-Caraman, einem kleinen Ort in der Nähe von Toulouse, stattgefunden hatte.[2] Nach diesem Protokoll gab es damals bereits eine feste Organisation der Häresie mit einer hierarchischen Struktur. Am Konzil nahmen neben südfranzösischen Gemeindeleitern die katharischen Bischöfe von Nordfrankreich, Oberitalien und Albi teil, und man beschloß den weiteren strukturellen Ausbau der Gemeinschaft. Neu gegründet wurden die Katharerbistümer Toulouse, Carcassonne und Agen. Wenige Jahrzehnte später zogen die italienischen Häretiker nach. Bistümer entstanden in Bagnolo mit dem Missionsschwerpunkt Mantua, in Concorezzo bei Mailand, in Desenzano und zuletzt in Florenz und Spoleto.

Die geographische Aufgliederung der Bistümer spiegelt neue Akzente in der Ausbreitung der Häresie wider. Das nordfranzösisch-flandrisch-rheinische Gebiet, anfänglich ein Zentrum, hatte wahrscheinlich infolge rigoroser Verfolgungen an Substanz und damit an Bedeutung verloren. Daran sollte sich auch in der Folgezeit wenig ändern. Das Schwergewicht des Katharertums verlagerte sich nach dem Süden. In Italien, vor allem aber in Südfrankreich, etablierte sich die katharische

Gegenkirche. Die Einrichtung von Bistümern wurde durch die Hinwendung breiter Volksmassen zur Häresie erforderlich.

Die historische Forschung beschäftigt sich seit langem mit den Ursachen dieses Siegeszuges und kam dabei zu recht divergierenden Wertungen. Die Schwierigkeit besteht vor allem darin, daß der Aufbau einer eigenen Kirche im Unterschied zur Bildung kleiner Ketzergruppen viel tiefgehender ist und folglich ein ganzer Komplex von Ursachen und Wirkfaktoren berücksichtigt werden muß, der die verschiedensten Bereiche des gesellschaftlichen Lebens, die sozialen, ökonomischen, politischen und ideologischen Verhältnisse und Konflikte, berührt. Hinzu kommt, daß in einer entwickelten Feudalgesellschaft die Herauskristallisierung einer Gegenkirche nicht einfach aus der Interessenlage einer Klasse oder Schicht resultiert. Es ist im folgenden nicht möglich, auf alle in Frage kommenden Probleme und Detailfragen einzugehen. Es sollen vielmehr allein einige soziologische Aspekte in das Blickfeld gerückt werden.

Alle bisherigen hochmittelalterlichen Ketzereien waren spontan entstanden. Sie konzentrierten sich auf einige wenige, wenn auch zentrale Probleme der Kritik an den Dogmen und am Klerus, die zumeist auch innerhalb der Orthodoxie nicht unumstritten waren. Dauerhafte Strukturen und Organisationsformen bildeten sich, wenn überhaupt, nur zögernd heraus. Die Instabilität war immer präsent. Selbst die von Waldensern in jahrzehntelangem Kampf erworbene strukturelle und ideologische Profilierung erscheint im Vergleich zu den Katharern vage. Von einer Gegenkirche kann nicht die Rede sein. Demgegenüber besaß das Katharertum einen völlig anderen Charakter. Wie bereits bemerkt, handelte es sich hier nicht um eine westeuropäische Neubildung, sondern sowohl im Lehrsystem, dem religiösen Dualismus, als auch in den organisatorischen Strukturen um die vollständige Übernahme der bogomilischen Häresie. Auf dem Balkan existierte diese Gegenkirche seit langem. Setzt man den Beginn des mittelalterlichen christlich geprägten Dualismus mit dem Auftreten der Paulikianer während des 7. Jh. in Kleinasien an, wie das in der Literatur allgemein üblich ist, so ergibt sich damit eine etwa 500jährige Entwicklungszeit. In ihr wurden umfangreiche Erfahrungen im Kampf mit der orthodoxen Kirche gesammelt, vor allem aber das eigene religiöse Selbstverständnis ausgebildet. Darauf konnten die lateinischen Katharer zurückgreifen. Unter diesem Gesichtspunkt war die heterodoxe Infiltration ein progressives Phänomen, auch wenn sich der Dualismus im ostkirchlichen Raum unter ganz anderen sozialen Bedingungen entwickelt hatte. In Kleinasien und auf dem Balkan hatte er sich als bäuerliche Bewegung in der Übergangsperiode zum Feudalismus formiert und war diesem sozialen Milieu auch in der Folgezeit verbunden geblieben. Demgegenüber lagen die Missionsschwerpunkte in Westeuropa in fortgeschrittenen städtischen Zentren. Aber dieser Milieuwechsel sollte sich nicht nachteilig auswirken. Das Katharertum verstand es, sich geschickt den neuen gesellschaftlichen Bedingungen anzupassen, und wurde von den Zeitgenossen nie als Fremdkörper empfunden. Der Vorteil einer religiös und strukturell ausgeformten Alternative zur katholischen Kirche sollte sich bald zeigen.

Über die katharische vita religiosa sind wir dank zahlreicher Überlieferungen relativ gut informiert. Es sind vor allem drei Quellengruppen, die Auskunft geben. An erster Stelle stehen katharische Originalhandschriften. Man wußte seit langem, daß die Ketzer eigene Bücher besaßen, schon um neue Häretiker auszubilden, aber auch um eigene Standpunkte zu fixieren. Während die Forschung früher annahm, daß es sich dabei vor allem um bogomilische Anleihen handelte, wird heute eine direkte Tradierung relativ gering veranschlagt. Die westeuropäischen Katharer schrieben bereits seit dem Ausgang des 12. Jh. eigene Bücher. Zumeist gingen sie verloren. 1939 fand A. Dondaine mit dem Liber de duobus principiis eine dieser Arbeiten in der Bibliothek von Florenz, die zwar aus dem 13. Jh. stammt, aber auf ältere Vorlagen zurückgeht.[3] Chr. Thouzellier konnte aus dem Liber contra Manicheos des Durandus von Osca einen katharischen Traktat relativ geschlossen herausschälen.[4] Die zweite Quellengruppe umfaßt die antikatharischen Traktate. Sie suchten die häretischen Lehren zu widerlegen und wollten damit dem katholischen Klerus Argumente zur Auseinandersetzung mit den Ketzern in die Hände geben. Zu den frühesten Traktaten zählen für Südfrankreich der Liber antiheresis des Durandus von Osca (um 1190), die Summa quadripartita des Alanus von Lille (um 1190) und der Liber antiheresis des Ebrard von Bethune (ausgehendes 12. Jh.). Die Mehrheit der antikatharischen Traktate ist von großer Sachkenntnis getragen. Einigen Autoren dienten katharische Schriften als Ausgangspunkt für ihre Polemik. Andere Verfasser waren ehemalige Katharer. Hierzu zählen Bonacursus von Mailand und Rainer Sacconi, aber auch Peter Martyr kannte die Auffassungen der Ketzer aus eigenem Erleben. Eine dritte Quellengruppe mit spezifischem Aussagewert, die seit dem beginnenden 13. Jh. an Bedeutung gewann, sind die Inquisitionsberichte und -protokolle. Über das katharische Lehrsystem informieren sie nur begrenzt, dafür geben sie einen ausführlichen Einblick in das Denken und die Motive einzelner Ketzer. Y. Dossat hat in Analysen dieser Zeugnisse bemerkenswerte Aussagen über die religiöse Vorstellungswelt der einfachen Anhänger treffen können.

Die katharische vita religiosa basiert auf der Lehre von einem religiösen Dualismus. Es wird von der Existenz zweier unabhängiger Welten, Götter und Prinzipien ausgegangen. Einmal gibt es die jenseitige unsichtbare Welt, die von einem guten Gott beherrscht wird und das »Gute« verkörpert. Ihr ist die irdische materielle Welt entgegengesetzt. Sie wird von einem bösen Gott regiert und manifestiert das »Böse«. Der Herrscher dieser Welt ist der Schöpfer der Materie. Dieser kosmische Dualismus wurde in zwei Varianten vorgeführt. Nach der radikalen Lehre, die für das Mittelalter zuerst die Paulikianer vertraten, stehen sich beide Götter und Welten gleichwertig und unversöhnlich gegenüber. Nach der gemäßigten Richtung, der die Bogomilen verpflichtet waren, ist die Welt des guten Gottes das Ursprüngliche. Sie ist der des Satans überlegen und wird in dem kosmischen Kampf letztlich siegen.

Die westeuropäischen Katharer kannten beide Richtungen. Obwohl der gemäßigten Richtung theoretisch ein gewisser religiöser Optimismus eigen ist, hatte das Bekenntnis zu einer der beiden Auffassungen bei den Katharern weder prinzipielle Konsequenzen noch praktische Bedeutung. Hinter der jeweiligen Entscheidung standen vielmehr konkrete Beziehungen der katharischen Führungsschichten zu den noch existierenden radikalen beziehungsweise gemäßigten Kirchen auf dem Balkan und in Byzanz. Die frühen Katharer vertraten den gemäßigten Dualismus. 1167 kam der Bogomile Niketas nach Westeuropa. Er gehörte der Bogomilenkirche von Konstantinopel an, die die radikale Variante vertrat. Ein Papst der Bogomilen, wie die ältere Literatur zuweilen behauptete, war er nicht. Eine solche Institution hat es bei den häretischen Dualisten nie gegeben. Über die Bischofskirche nach altchristlichem Vorbild kamen sie niemals hinaus und wollten es wohl auch nicht. Niketas verkündete den erstaunten Katharern, zunächst in Oberitalien, danach in Frankreich, daß sie dem falschen Glauben anhingen. Auf dem Konzil von St.-Felix-de-Caraman weihte er sie neu und verpflichtete sie auf die radikale Richtung. In der folgenden Zeit blieben die südfranzösischen Katharer dabei. In Italien aber flammte der Streit bald wieder auf. Ursache waren die Einflüsse gemäßigter Balkanbogomilen. Die Katharerbistümer Concorezzo, Bagnolo und Vicenza orientierten sich auf die gemäßigte Variante, während Desenzano, Florenz und Spoleto auf die radikalen Häretiker von Konstantinopel eingeschworen waren. Zwischen beiden Gruppen gab es außerordentlich scharfe Auseinandersetzungen. Dennoch handelte es sich dabei lediglich um interne Differenzen, die zwar die katharische Führungsschicht in Mitleidenschaft zogen, den grundsätzlichen Charakter des Katharertums als antikatholische Kirche jedoch nicht beeinträchtigten.

Im Mittelpunkt katharischer Religiosität stand das Verhältnis zu den Beziehungen zwischen den beiden Welten, woraus dann auch die Erlösungskonzeption erwuchs. Der Schöpfer und Herrscher der materiellen Welt hatte Engel in sein Reich gelockt und in die von ihm geschaffenen Lebewesen – Mensch und Tier – eingesperrt, wodurch diese zugleich ihren Ursprung vergessen hatten. Der Fall der Engel – auch als Sündenfall bezeichnet – wurde von den Katharern, wie auch von den Bogomilen, plastisch und recht unterschiedlich ausgemalt, etwa als Ergebnis einer Verführung oder einer Rebellion gegen den guten Gott. Durch den Sündenfall existiert der Gegensatz zwischen gut und böse auch in der diesseitigen Welt. Erlösung bedeutete für die Katharer Befreiung der Engel aus der Gefangenschaft und ihre Rückführung in die jenseitige Welt. Voraussetzung dafür ist die Erkenntnis über die Zusammenhänge zwischen den beiden Welten sowie eine Religiosität, die die materielle Welt des Satans meidet. Ihr Wissen schöpften sie aus den Evangelien. Dabei spielte Christus eine gewisse, aber nicht die entscheidende Rolle. Er wurde als besonders frommer Mensch, als von Gott gesandter Engel und wohl erst unter katholischem Einfluß als Sohn Gottes bezeichnet. Die Hauptquelle für die Bestätigung ihrer Auffassung und die Begründung ihrer Religiosität fanden sie vor allem im Neuen Testament. Während die ältere Forschung annahm, daß sich die Katharer vorwiegend auf apokryphe Schriften stützten, hat Chr. Thouzellier aus katharischen Texten eine Fülle von Bibelzitaten zusammengestellt, die den Ketzern als Beweisführung dienten. Lieblingsschrift war wegen seiner gnostischen Gedankengänge das Johannesevangelium. Die Betonung des Gegensatzes von Licht und Finsternis, von gut und böse, der Verwerflichkeit der materiellen Welt, die sich durch die gesamte Schrift zieht, entsprach den Interessen der Häretiker (zum Beispiel Joh. 1, 9; 3, 19/20; 7,7). Aber auch die anderen Evangelien zogen sie zur Begründung heran. Das Unkraut unter dem Weizen, nach Matthäus 13, 24–28, galt ihnen als Beweis dafür, daß der Satan in die jenseitige Welt eingedrungen war und den Sündenfall von Engeln bewirkt hatte.

In Lucas 11, 39/40 sahen sie einen Beweis für die doppelte Herkunft des Menschen. Als außerordentlich zugkräftig erwies sich Jakobus 4,4, wonach Freundschaft mit der Welt Feindschaft mit Gott bedeutet. Häufig beriefen sich die Katharer auch auf Paulus, indessen scheint diese Orientierung nach den von Thouzellier herausgegebenen Quellen nicht so intensiv gewesen zu sein wie bei den Paulikianern und Bogomilen und den Ketzern des 11. Jh. Dafür bemühten sie sich, das Alte Testament zu erschließen, was insofern eine Neuerung bedeutete, als für die Bogomilen dieser Teil der Bibel als Machwerk des Satans galt. Die Methoden der Häretiker waren einfach, aber offensichtlich überzeugend. Sie zogen aus der gesamten Bibel die Zitate heraus, aus denen sich die Ablehnung der materiellen Welt, des Reichtums und der Gewalt belegen ließen und die zum anderen auf die jenseitige Welt des Gottes orientierten.

Die gesellschaftliche Relevanz der katharischen Religiosität, die sie auch für Westeuropa interessant machte, erschließt sich aus ihrer Wertung der diesseitigen Welt. Theoretisch galten ihnen alle materiellen Werte als Werk des Satans, der die Menschen damit immer wieder neu verführte. Das betraf sowohl den Reichtum als auch die weltliche Macht und die Gewalt. Bei den Paulikianern und den frühen Bogomilen dominierte auch noch die religiöse Ablehnung von Luxus, Herrschaft und Ausbeutung. In der Folgezeit, und für die Katharer ganz charakteristisch, erhielt die Auseinandersetzung mit der materiellen Welt ein spezielles Profil. Ohne von den Grundsätzen Wesentliches aufzugeben, rückte die Kritik an der feudalen Kirche in den Vordergrund. Sie war ein Werk des Satans und hinderte die Menschen an der Erkenntnis über den wahren Weg zur Erlösung. Der böse Gott hatte ihr die Macht und den Reichtum gegeben. Die Konstantinische Schenkung sahen die Katharer als Markstein auf diesem Entwicklungsweg an, den die Kirchenväter ausgebaut hatten. Der Papst und der Klerus waren das Sprachrohr des Bösen. Den von der katholischen Kirche propagierten Heilsweg prangerten sie als falsch an. Sie lehnten alle Sakramente als wert- und wirkungslos ab, verspotteten Kirchenbauten und Liturgie. Mit der Kreuzes- und ähnlich der Heiligenverehrung würde Materie angebetet, also unmittelbar eine Schöpfung des Bösen. Gegenüber weltlicher Gewalt und weltlichem Reichtum verhielten sich die Katharer keineswegs so aggressiv. Für sich selbst lehnten sie das jedoch konsequent ab. Sie wollten als Personen und als Kirche weder Macht noch politischen Einfluß und Reichtum. Und sie blieben auch bei ihrer Weigerung zu schwören und zu töten. Dafür duldeten sie bei den credentes, ohne zu zögern, Reichtum und wandten sich auch in Predigten nicht gegen die weltlichen Feudalmächte, sofern diese die Katharer nicht verfolgten. In der Literatur ist diese Haltung oft als Anpassung und Opportunismus bezeichnet worden. Im direkten Vergleich mit der Frühzeit der dualistischen Häresie ist das auch berechtigt. Aber man darf auch nicht außer acht lassen, daß es sich bei der Lehre um eine religiöse Ideologie handelte und damit eigentlich von Anfang an die Auseinandersetzung um die »wahre Kirche« im Vordergrund stand.

Die häretischen Dualisten wollten eine eigene Kirche, und sie besaßen das Instrumentarium dafür nicht nur in der Lehre, sondern auch in der Struktur und im Kult. Bereits bei den Bogomilen hatte sich eine Grundstruktur herausgebildet, die von den Katharern übernommen wurde. Zwei Hauptgruppen zeichneten sich ab. Katharer im engeren Sinne, also Mitglieder der »wahren Kirche«, waren nur die Vollkommenen, die männlichen perfecti und die weiblichen perfectae. Ihre Zahl ist nicht bekannt. A. Borst vermutet, daß es nie mehr als 10 000 gewesen sind. Wahrscheinlich ist diese Schätzung zu hoch gegriffen, aber sie läßt doch den Massencharakter der Bewegung im Vergleich zu den bisherigen lateinischen Ketzereien erkennen. Von den perfecti hoben sich deutlich die credentes, die Gläubigen, ab. Borst beziffert die Stärke auf etwa 100 000. Beide Gruppen verhielten sich wie äußerer und eingeweihter Kreis zueinander. Die bei den bisherigen Häresien vorhandene Differenzierung zwischen den eigentlichen Bewegungsmännern, den Predigern, und den Anhängern, den Zuhörern, hatte mit dieser Gliederung bei den Katharern eine neue Qualität erreicht. Sie entsprach etwa dem Verhältnis von Priestern und Laien innerhalb der katholischen Kirche. Die perfecti stellten die religiöse Elite dar, die die katharische vita religiosa theorisierte und praktizierte.

Die Aufnahme in die katharische Gemeinschaft, die »wahre Kirche«, erfolgte durch einen feierlichen Akt, dem zentrale Bedeutung zukam. Von diesem Zeitpunkt an unterschied sich der Katharer grundsätzlich von den übrigen Christen. Im Mittelpunkt des Ritus stand das consolamentum, die Geisttaufe. An einer solchen Veranstaltung nahmen unter Leitung des Bischofs oder des ältesten Katharers des Ortes beziehungsweise der Umgebung alle perfecti teil sowie als passive Zuschauer auch die credentes. Nach mehrfachen Gebeten, der Sündenvergebung und der Erklärung des Novizen, in die Gemeinschaft aufgenommen werden zu wollen, wurde das consolamentum erteilt. Man legte dem Kandidaten das Johannesevangelium auf das Haupt, und nacheinander berührten die anwesenden perfecti mit der rechten Hand den Kopf des Novizen.[5] Damit übertrugen sie den wahren Geist der Erkenntnis auf ihn, der jetzt ebenfalls perfectus geworden war. In der Bewertung der Geisttaufe sind in der Literatur Vergleiche zur katholischen Taufe gezogen worden. Äußerlich sind Ähnlichkeiten unverkennbar. Möglicherweise verspotteten die Katharer auch deshalb die Wassertaufe so scharf. Dennoch gingen die Häretiker von anderen Prämissen aus. Das consolamentum bedeutete nicht nur das Übertragen der Erleuchtung über den wahren Heilsweg, sondern nahm die Katharer auch in eine Pflicht, die eher einem Gelübde ähnelte. Dieser Leistungsgedanke, der bei den asketischen Dualisten von Anfang an existierte, ging nie verloren.

Die Aufnahme in die katharische Kirche setzte das Befolgen strenger asketischer Regeln voraus. Deren Verletzung bedeutete, daß die Geisttaufe nicht wirklich vollzogen worden war, aber nicht nur für den Sünder, sondern auch für alle diejenigen, die von ihm das consolamentum erhalten hatten. Es sind einige solcher Konfliktsituationen bekannt. Hierzu gehört die erneute Geisttaufe beim Übergang von einer dualistischen Richtung zur andern. Niketas erteilte den französischen Katharern das consolamentum neu, und in Italien geschah dies aus dem gleichen Grund in der Folgezeit sehr häufig. Aber auch direkte Vergehen gegen die Askese bedeuteten, daß alle, die von dem Sünder getauft worden waren, das consolamentum neu erhalten mußten. Sehr genau beobachtete man daher die Glaubensgenossen. Zumeist ging man zu zweit und vermied insbesondere bei der Mission unter Frauen den Kontakt ohne Zeugen. Diese hierarchische Abhängigkeit der Katharer stellte das einzige, aber zugleich sehr wirkungsvolle Bindeglied zwischen der individuell orientierten Erlösung und der organisierten Glaubensgemeinschaft dar.

Rigorose Askese, umfangreiche kultische Übungen und Missionsarbeit bildeten den Hauptinhalt der katharischen vita religiosa. Theoretisch hatten die Katharer möglichst alle Berührungen mit der materiellen Welt zu meiden. Tatsächlich besaßen die Normen, die nahezu vollständig von den Bogomilen übernommen worden waren, bereits kultischen Charakter und wurden kaum noch weiterentwickelt. Die Katharer lehnten für sich selbst und ihre Kirche Reichtum und Luxus ab, verbanden das Armutsideal jedoch nicht mit der Forderung nach völliger Besitzlosigkeit wie die waldensischen Prediger. Sie trugen einfache Kleidung, die meist aus einem mönchskuttenähnlichen Rock und einem Filzhut oder einem Überwurf mit Kapuze bestand. Sehr oft lief man barfuß. Im Mittelpunkt der Enthaltsamkeit stand die Nahrungsaskese. Den Vollkommenen war es verboten, tierische Produkte, Fleisch, Eier, Käse und Milch, zu essen. Dahinter stand die religiöse Vorstellung, daß in allen Lebewesen Engel eingesperrt wären. Real dürfte bei der Herausbildung dieser Enthaltsamkeit aber auch eine drastisch zugespitzte Anpassung an die kärgliche bäuerliche Nahrung eine Rolle gespielt haben. Als Nahrungsmittel waren Brot, Früchte,

Fisch und Wasser, in begrenztem Maße Wein, erlaubt. Während der Fastenzeiten, montags, mittwochs und freitags, sowie der von der katholischen Kirche übernommenen jährlichen Fastenzeiten, vor Weihnachten, Ostern und nach Pfingsten, begnügten sich die Katharer mit Brot und Wasser. Überliefert ist, daß sich ein Katharer auf Wasser, in dem eine Nuß lag, beschränkte. Andererseits ist bekannt, daß Häretiker auf Reisen von den strengen Fastenregeln befreit waren.

Außerdem hatten die Katharer unbedingte geschlechtliche Enthaltsamkeit zu üben, da die menschliche Fortpflanzung die Gefangenschaft der Engel nur verlängern würde. Die Aufnahme in die katharische Kirche schloß die Ehe aus. Verboten war den perfecti das Schwören und Töten, sowohl von Menschen als auch von Tieren.

Der Tagesablauf wurde durch religiöse Übungen bestimmt, vor allem von häufigen Gebeten am Tag und in der Nacht. Zwischendurch arbeiteten die perfecti, was an anderer Stelle erläutert werden soll. Vor allem aber agierten sie, um den Kontakt zu den credentes zu halten und neue Anhänger zu gewinnen. Zentrale Bedeutung besaßen die katharischen Gottesdienste, die in den Wohnungen der Anhänger, in Kellern, Scheunen und Hütten monatlich oder später sonntäglich abgehalten wurden. Sie führten die ganze Gemeinde, auch die credentes, zusammen. Der Kult war einfach. Im Mittelpunkt stand die Predigt, die der Bischof oder ein perfectus in enger Anlehnung an die Bibel hielt. Umrahmt wurde die Veranstaltung durch Gesang und häufige Gebete, wobei das pater noster eine besondere Rolle spielte. Häufig traf man sich zur fractio panis, zur Brotbrechung. Dabei verteilte der älteste anwesende Katharer die Brotstücke nach entsprechenden Gebeten an die Teilnehmer der Zeremonie. Wesentlich andere Kultformen hatten sich in der Häresie nicht entwickelt.

Stärker als der Kult, auf den die häretischen Dualisten schon wegen ihrer Ablehnung der materiellen Welt und des Pomps verzichteten, hatte sich die katharische Hierarchie entwickelt.

Der Bischof wurde anfänglich von allen perfecti gewählt. Ihm zur Seite standen zwei Assistenten, der filius major und der filius minor. Sehr bald wurde es üblich, daß der filius major als designierter Nachfolger galt. Die Aufgaben dieser hierarchischen Leiter bestanden in der Visitation der Diözese und der Sorge um den »rechten Glauben«. Sie besaßen weder Privilegien noch eine besondere Kleidung oder entsprechende Symbole. In Südfrankreich bemühten sich die Bischöfe und angesehensten perfecti vor allem um die adligen perfectae und um den Kontakt zu den Rittergeschlechtern. Unterhalb der episkopalen Hierarchie sind verschiedentlich Diakone nachweisbar, deren Aufgabenkreis nicht deutlich zu erkennen ist. Vermutlich waren sie in großen Bistümern für einzelne Städte oder Regionen verantwortlich.

Das Bild der katharischen vita religiosa und der hierarchischen Struktur entspricht dem einer elitären Mönchskirche, die sich von der übrigen Welt abgesondert hat. Daß die perfecti und perfectae keine isolierte religiöse Elite blieben, sondern eine Kirche mit Massenanhang wurden, dafür sorgte die Institution der credentes. Der Status der Gläubigen ist nicht genau zu definieren, und die Katharer haben das auch nie getan. Bei den frühen Bogomilen lag der Gliederung ein sozialer Dualismus zugrunde. Die perfecti kamen vor allem aus Mönchskreisen, während die credentes Bauern waren. Bei den Katharern hatte sich diese Akzentuierung verwischt. Für einige Anhänger galt der Status zweifellos als Übergangszeit auf dem Weg zum perfectus beziehungsweise zur perfecta. Dem Wesen nach handelte es sich jedoch auch bei den Katharern um eine selbständige Gruppe.

Ein Aufnahmezeremoniell hat es für die credentes nie gegeben. Sie galten nicht als Mitglieder der katharischen Kirche und durften daher das pater noster nicht beten. Sie nahmen an der fractio panis und an den Gottesdiensten teil. Ihre Kenntnisse über die katharische Lehre waren gering. Die perfecti machten den credentes keinerlei religiöse Vorschriften. Sie durften ihre bisherige Lebensweise beibehalten, führten Ehen und lebten in ihrem sozialen Milieu. Es gab zahlreiche credentes, insbesondere in Südfrankreich, die reich waren und staatliche Funktionen ausübten. Niemand verlangte von ihnen, sich auch nur zu mäßigen. Falls es notwendig wurde, leisteten sie den Eid. Eine kontraktliche Bindung zwischen den Gläubigen und den Volksmassen bestand mit dem melioramentum, einem Vertrag, wonach der perfectus dem credens versprach, ihm auf dem Totenbett das consolamentum zu erteilen. Dieser Brauch hat bereits in den zeitgenössischen polemischen Schriften und später auch in der Literatur zu Spekulationen Anlaß gegeben.

Erzogen die Katharer ihre Anhänger damals zur Lauheit? Übten sie um der Zahl ihrer Anhänger willen Opportunismus? Aus dem Zusammenhang gerissen, erscheint die Skepsis berechtigt. Tatsächlich handelte es sich hier aber um einen Teil eines Systems von Beziehungen, das bereits die Bogomilen kannten. Entscheidend war der persönliche Kontakt. Die perfecti versorgten die credentes seelsorgerisch in den erwähnten Formen und bemühten sich, in individuellen Gesprächen Einfluß zu nehmen und Ratschläge zu erteilen. Wenn sie dabei die gesellschaftliche Realität akzeptierten, so entsprach das einer langen Tradition, in der die dualistische Kirche hatte erfahren müssen, daß sie nicht dagegen angehen konnte. Die perfecti ließen in der Regel den Erfolg des Sterbeconsolamentum auch offen. Allgemein drückte sich das bereits in der Begrüßungsformel aus. Der Gläubige gebrauchte dabei den Satz »Bittet Gott für mich Sünder, daß er mich zum guten Christen mache«, womit der Erfolg des consolamentum gemeint war.

Die credentes sahen in den perfecti verehrungswürdige Christen, ja fast Heilige, und kamen ihnen mit großer Ehrerbietung entgegen. Sie fielen vor ihnen auf die Knie, beteten sie nahezu an und erwiesen ihnen die verschiedenartigsten Reverenzen. Außerdem versorgten sie die Katharer materiell, überbrachten Nahrung, stellten ihre Häuser für Zusammenkünfte zur Verfügung, sorgten bei Reisen für die Unterbringung der Prediger und schützten sie zudem noch vor der Verfolgung durch die katholische Kirche. Einzelne credentes wurden zu speziellen Aufgaben herangezogen, in der Spätzeit etwa als Verwalter katharischer Vermögen, als Reisebegleiter beziehungsweise als Fluchthelfer bei drohender Inquisition. Im Kontext erweist sich damit das melioramentum weniger als geschäftlicher Vertrag, sondern als Ausdruck enger sozialer und ideologischer Beziehungen zwischen der Elite und den treuen Anhängern, auf die die katharische Kirche nicht verzichten konnte und wollte.

Die katharische vita religiosa erscheint, bezogen auf die sozial-ökonomische Situation in den Handels- und Gewerbezentren Westeuropas, eher weltfremd denn attraktiv. Man spürt sowohl beim religiösen Grundanliegen als auch in der praktischen Religiosität, daß sich die Häresie in bäuerlich-ländlichem Milieu entwickelt hatte und das Bogomilentum zudem von ehemaligen Mönchen geprägt worden war. Die entstandenen religiösen Inhalte und Formen waren erstarrt, und die Häresie hatte den Charakter der Mönchskirche nie überwinden können.

Rigorose Absage an die materielle Welt, das erscheint als Anachronismus in einer Gesellschaft, die auf ökonomische Prosperität, Warenproduktion, Reichtum, kurz auf eine positive Auseinandersetzung mit der diesseitigen Welt orientiert ist. Dennoch war die katharische vita religiosa für Westeuropa so abwegig nicht. Im Selbstverständnis der Volksmassen, aber auch von Teilen der herrschenden Klasse galt strenges religiöses Leben nach festen Regeln nach wie vor als Ideal. Seit dem 11. Jh. hatte man das von Priestern und Mönchen immer wieder gefordert. Religiöse Asketen und arme Prediger erlangten innerhalb kurzer Zeit große Popularität. Mit ihrer vita religiosa knüpften die Katharer an diese sozial-religiösen Bewegungen an, boten aber zugleich auch mehr. Ihre Gegenkirche versprach kompromißloser als bisherige Häresien eine Alternative zur feudalen Machtkirche. Dabei kam dem Siegeszug eine breite, sozial unterschiedlich motivierte antiklerikale Stimmung zustatten. Die seit dem 11. Jh. existierenden Spannungen und Konflikte zwischen Kirche und feudaler Welt, die in den vergangenen Kapiteln ausführlich behandelt wurden, hatten zwar zu Teillösungen geführt, waren jedoch noch keinesfalls überwunden worden. Im Wesen betraf dies das Verhältnis Kirche – Stadtbürgertum, berührte aber auch die Beziehungen zu Adel und Bauern. Die offizielle Kirche war nach wie vor nicht in der Lage, sich grundsätzlich auf die neuen, mit der Formierung der städtischen Kommunen entstandenen gesellschaftlichen Veränderungen einzustellen. Trotz aller progressiven Strömungen innerhalb der Orthodoxie hielten die dominierenden Kräfte an der Kurie und in den Bistümern an konservativen Positionen fest.

J. Le Goff und G. Duby haben in Erinnerung gebracht, daß die kirchliche Gesellschaftslehre vom Ordo-Gedanken getragen wurde, der die Gesellschaft in drei Stände teilte, die bellatores, die oratores und die laboratores. Für die sozialen und politischen Ambitionen des Stadtbürgertums ließ diese Auffassung grundsätzlich keinen Raum. Arrogantes Auftreten, Mißtrauen und Feindseligkeiten gegenüber den Kommunen waren nicht nur konkreten Konflikten zwischen Prälaten und Bürgern geschuldet, sondern entsprachen auch dieser Ideologie. An der Herausbildung einer eigenständigen städtischen Religiosität bestand seitens der Kirche kaum Interesse. Dieses Problem stellte sich, wie die Geschichte der hochmittelalterlichen sozialreligiösen Bewegungen beweist, generell. In den Zentren städtischer Prosperität mußte sich diese Spannung jedoch besonders auswirken. Nicht zufällig gab es gerade in den italienischen Kommunen immer wieder Bemühungen um die Herausbildung eigener, nichtfeudaler religiöser Einrichtungen. Zudem begünstigten in Italien und Südfrankreich einige Spezifika die antiklerikalen Stimmungen über das »normale« Maß hinaus. In Italien führten die Kommunen während des gesamten 12. Jh. lange und erbitterte Kämpfe um die Unabhängigkeit und den Ausbau ökonomischer und politischer Macht. Dabei hatten sie sich mit dem römisch-deutschen Kaiser, mit der Kurie und mit lokalen Feudalherren auseinanderzusetzen. Zusätzlich sorgten Kämpfe zwischen rivalisierenden Städten um die Vorherrschaft für Konfliktstoff. In diesem oft undurchsichtigen Ringen um machtpolitische Interessen wechselten häufig die Fronten und Bündnisse. Dabei stellte das Reformpapsttum für die Kommunen insofern immer eine latente Gefahr dar, weil es, gleichgültig ob als Gegner oder als Verbündeter, ständig darum bemüht war, in dem alten Konflikt Bischof – Stadt verlorene Positionen wiederzuerhalten oder neue auszubauen. Der Zündstoff für Kontroversen war recht unterschiedlich. Die Bischöfe suchten bei sozialen Spannungen innerhalb der Kommune für eine Gruppe Partei zu ergreifen, um sie auf ihre Seite zu ziehen. Sie kämpften um den Ausbau der kirchlichen Immunitäten und die Erweiterung des Kirchenbesitzes und waren bestrebt, Einfluß auf die städtische Gerichtsbarkeit zu erlangen. Dabei scheute sich die Kurie nicht, kirchliche Strafmittel einzusetzen. Zahlreiche Städte standen unter dem Kirchenbann. Die Stadtbevölkerung reagierte auf diese Politik mit heftigem Widerstand. Für die Ketzer ergab diese Atmosphäre bereits seit dem 11. Jh. einen günstigen ideologischen Nährboden.

Etwas anders sah die Situation in Südfrankreich aus. Hier wurde der Antiklerikalismus nicht nur von den Kommunen, sondern ausgeprägter noch vom niederen Adel getragen, wo er sich, wie E. Griffe formuliert, bis zum Haß steigerte. Die Gründe waren sozial-ökonomischer Art. In detaillierten Untersuchungen hat die regionalgeschichtliche Forschung nachgewiesen, daß die ökonomische Basis des niederen Adels nicht, wie in den meisten anderen Gebieten Europas nördlich der Alpen, auf Lehens-, sondern auf Allodialbesitz beruhte, den die einzelnen Geschlechter bereits seit langem besaßen. Eigenwirtschaftliche Nutzung läßt sich kaum nachweisen. Die Familien lebten vielmehr von den fixierten Renten des an Bauern verpachteten Landes. Ihr Anteil am wachsenden Mehrprodukt blieb damit relativ gering. Fortschreitende Erbteilung hatte diese Einkünfte

bereits im beginnenden 12. Jh. so geschmälert, daß sie keine aus-
reichende feudale Existenzgrundlage mehr boten. Während
sich in Nordfrankreich das Erstgeborenenrecht durchsetzte,
blieb im Süden das Erbrecht aller Nachkommen bestehen, das
sich jedoch nicht mehr realisieren ließ. Als Ausweg entwickelte
sich die pariage, die anteilmäßige Nutzung der Einkünfte durch
die Erben. Für einen Besitz lassen sich bis zu dreißig cosei-
gneurs nachweisen.[6]

Zu den Großfamilien zählten auch die Herrschaften von
Lombers, Verfeil und Fanjeaux, spätere Zentren des Katharertums. Dieser niedere Adel hatte während des 12. Jh. nur ein
bescheidenes Auskommen. Vergleiche machen wahrscheinlich,
daß das materielle Lebensniveau nicht über dem der wohlhabenden Bauern lag. Bei der zahlenmäßigen Stärke des niederen
Adels gab es nur in begrenztem Maße standesgemäße Auswege.
Im ausgehenden 11. Jh. hatte der erste Kreuzzug als Abzugs-
ventil gewirkt, ebenso die Anfänge der Reconquista in Spanien.
Vasallendienste waren nur beschränkt möglich. Der Eintritt in
ein Kloster war mit Gütertradierungen verbunden, die sich viele
Familien nicht mehr leisten konnten. Zahlreiche Adlige waren
in die Städte abgewandert. Diese Ventile konnten die soziale Situation nicht mehr ändern. Seit dem 12. Jh. spitzten sich die
Widersprüche merklich zu. Die katholische Kirche begann in
Durchsetzung der Kirchenreform, ihre verlorengegangenen Besitzungen und Einkünfte zurückzufordern und ihre Selbständigkeit gegenüber dem Adel zu verwirklichen. Der Hochadel
verzichtete nach längerem Drängen auf die Einmischung in
kirchliche Belange sowie auf die Abgaben nach dem Tod eines
Bischofs. Wie kompliziert dieser Prozeß war, zeigt sich schon
daran, daß sich die Grafen von Toulouse zu dieser Preisgabe
erst 1138 bereit erklärten. Der niedere Adel blieb hartnäckig.
Lehensmänner der Kirche widerstanden den Bemühungen der
Bischöfe und Klöster, usurpiertes Kirchenland wieder zurückzuführen. Und es ist den örtlichen Kirchenmännern wohl bis
zum 13. Jh. nicht gelungen, alle Ansprüche zu realisieren.

Zum Hauptproblem entwickelte sich jedoch die Nutzung des Kirchenzehnten, da sich an seiner Entfremdung nahezu alle allodialen Großgrundbesitzer beteiligt hatten. Synoden, unterstützt von Rom, scheuten während des gesamten 12. Jh. keine ihnen zu Gebote stehenden Mittel, um die Verfügungsgewalt über den Kirchenzehnt zurückzuerlangen. Appelle, Mahnungen, Exkommunikation für die Adligen, Interdikte für das Territorium der Herrschaft wurden ständig wiederholt. Bereits in der Mitte des 12. Jh. setzten Synodalbeschlüsse den Raub von Kirchengut und kirchlichen Einkünften mit Häresie gleich. Auf den Kampf gegen die Entfremdung dieses Besitzes scheint zeitweise ein größeres Gewicht gelegt worden zu sein als auf die Auseinandersetzung mit den Ketzern. Die Erfolge waren minimal. Der niedere Adel wollte und konnte nicht auf diese finanziellen Mittel verzichten, selbst nicht um den Preis wiederholter Exkommunikation. Diese Konfrontation blieb im wesentlichen Ausgangspunkt für die Hinwendung der Geschlechter zum Katharertum. Nicht zufällig gehörten einige der wiederholt gemaßregelten Familien, so die Herren von Laurac und von Villemur, später zu den eifrigen Beschützern der Häretiker. Es existierte auch ein direkter Zusammenhang zwischen dem Aufstieg der katharischen Gegenkirche und der weiteren Entfremdung kirchlicher Einkünfte, wie noch auszuführen ist.

Im gesellschaftlichen Bewußtsein schlug sich dieser Konflikt in vielfältigen Äußerungen von Haß und Verachtung gegenüber der Geistlichkeit nieder. Kleriker wurden bekämpft, sogar bedroht, vor allem wenn sie versuchten, gegen die Ketzer aufzutreten. Drastisch zugespitzt, aber doch symbolisch für die weitverbreitete Stimmung ist die Überlieferung eines Zeitgenossen, wonach man für die Ablehnung verabscheuungswürdiger Handlungen statt des bisher üblichen Ausspruchs »Lieber wäre ich ein Jude« jetzt den Satz formulierte »Lieber wäre ich ein Kaplan«.[7]

Waren die Voraussetzungen für die Aufnahme einer Alternativlösung zur herrschenden Kirche in den Hauptmissionsgebieten günstig, so trug andererseits das Katharertum durch geschickte Anpassung dazu bei, daß es bei den einzelnen Klassen und Schichten Resonanz fand. Auf den ersten Blick scheint sich die Häresie nicht näher bestimmen zu lassen. Katharer agierten in Westeuropa in Städten, kleineren Orten und Adelsburgen, aber auch auf den Dörfern. Unter den perfecti und den Gläubigen entdeckt man Angehörige aus der ärmeren Stadtbevölkerung, den wohlhabenden Bürgern, den Bauern, dem Adel und dem Klerus. Eine differenzierte Betrachtung konkretisiert dieses Bild jedoch. In den Ketzerzentren Italien und Nordfrankreich sowie im deutschen Reich war das Katharertum eindeutig eine städtische Häresie mit vorwiegender Anhängerschaft von Handwerkern und aus ärmeren städtischen Schichten. Nur in Südfrankreich tritt uns die ganze Vielfalt sozialer Gruppierungen entgegen. Da zudem hier das Katharertum als Gegenkirche seine reifste Ausprägung erfuhr, soll bei der folgenden Darstellung das Schwergewicht auf dieser Region liegen, während die anderen Gebiete nur am Rande Erwähnung finden werden. Für Südfrankreich deuten sich bei der Mission der Katharer zwei Entwicklungslinien an, die städtische Verankerung und die Verbindung mit dem Adel. Beide Linien berührten und ergänzten sich. Wie G. Koch bereits für die weiblichen Katharer und deren Anhang nachgewiesen hat, besaßen sie jedoch eine beträchtliche Eigenständigkeit.

In den vierziger Jahren präsentierte sich das Katharertum als städtische Häresie, wie bereits dargestellt wurde. Auch in der folgenden Zeit ging dieser Akzent nicht verloren. Das gilt auch für Südfrankreich. Wenn dabei auch der Schwerpunkt in den kleinen Orten und Städten zwischen Albi und Toulouse lag, so hatten sich sehr zeitig Katharer in Albi und bald in größerer Zahl auch in Toulouse festgesetzt. Da wir bei der Information über die Ausbreitung der Häresie vor allem auf Inquisitionsberichte angewiesen sind, sind die Belege bis in die ersten Jahrzehnte des 13. Jh. im Vergleich zur Masse der Anhänger relativ dürftig. Dennoch gilt als sicher, daß im ausgehenden 12. Jh.

das Katharertum in zahlreichen Städten Südfrankreichs beheimatet war. Das Schwergewicht lag in den Grafschaften
Toulouse und Albi und in den Vizegrafschaften von Béziers
und Carcassonne. Das südfranzösische Missionsgebiet reichte
bis an die Pyrenäen, während im Osten die Linie Béziers–Albi
die Grenze der Katharerkonzentration darstellte. Die städtische Orientierung wurde während des Albigenserkreuzzuges
deutlich sichtbar. Die Invasoren ergriffen nach der Belagerung
jeder Stadt alle Katharer, deren sie habhaft werden konnten,
und verbrannten sie. In Minerve waren es 140, in Casses 60, in
Lavaur, einschließlich der Burg, 400. Dabei ist einzukalkulie-
ren, daß die Kreuzritter bei ihren Zügen nicht in der Lage
waren, gründlich aufzuspüren. Selbst wenn man einräumt, daß
zahlreiche Katharer vor den Heerscharen in den befestigten
Städten Schutz suchten, ist die Konzentration in den Kommunen offensichtlich.

Die vorhandenen Belege über die soziale Zusammensetzung
der perfecti und credentes bestätigen dieses Bild. Während die
ersten perfecti in Südfrankreich vermutlich ehemalige Kleriker
und Mönche waren und dieser Einfluß auch in der Folgezeit nie
versiegte, kam später die Masse der perfecti und natürlich erst
recht der credentes aus den mittleren und unteren Schichten der
städtischen Bevölkerung. Ph. Wolff, einer der besten Kenner
südfranzösischer Stadtgeschichte, hob für Toulouse vor allem
den Zustrom von Handwerkern, besondern Webern, hervor,
ähnliches gilt für die anderen Städte, wie Albi, Carcassonne,
Narbonne, Béziers, Villemur, Montauban, als gleichermaßen
große Kommunen und kleine Orte. Erwähnt werden insbesondere Schneider, Schuhmacher, Gerber, Kürschner, Müller, Bäk-
ker, Fischhändler, Zimmerleute, Metallhandwerker und andere
Berufszweige und natürlich immer wieder Weber. Dabei ist zu
beachten, daß die Überlieferung deswegen lückenhaft ist, weil
es kein Zeitgenosse für notwendig hielt, die namenlosen Handwerker und Gesellen besonders zu erwähnen, wenn nicht ein
außergewöhnlicher Umstand dazu zwang.

Außerdem fanden offensichtlich auch zahlreiche Anhänger aus der Kaufmannschaft zur Häresie. Ihr Anteil ist genauso schwer zu bestimmen. Wir stoßen auf diese Gruppe, wenn es sich um namhafte perfecti handelt, und bei späteren mit der Inquisition verbundenen Güterkonfiskationen. Die städtische Oberschicht liebäugelte ebenfalls mit der Häresie und fand bald sehr feste Beziehungen. Für Toulouse sind sechs zur politischen Führungsschicht der Stadt zählende alteingesessene Geschlechter bekannt, von denen mindestens ein Angehöriger Katharer wurde. Ähnliches gilt für die aufstrebenden neureichen Familien, allerdings nicht in gleichem Maße. In den anderen Städten ergibt sich das gleiche Bild. E. Griffe verallgemeinerte das für das beginnende 13. Jh., indem er feststellte, daß die städtische Aristokratie tief im Katharertum verwurzelt war.

Die Charakterisierung des Katharertums als städtische Häresie ergibt sich jedoch nicht allein aus der Hinwendung der Stadtbürger, sondern genauso aus der Gestaltung der katharischen vita religiosa unter den neuen gesellschaftlichen Bedingungen. Das muß deswegen hervorgehoben werden, weil auch adlige Katharerinnen zum Teil in den Städten lebten. Die Katharer bildeten in den Kommunen keine Randgruppe. Vielmehr paßten sie die klösterliche Lebensform den städtischen Bedingungen an. Gleich den übrigen Bürgern wohnten sie, für alle sichtbar, nicht abgesondert, sondern mitten in der Stadt. Nachweisbar sind einzeln lebende Katharer, die nur über die Gottesdienste mit der Gemeinschaft in Verbindung standen. Die Mehrheit schloß sich jedoch in Konventen zusammen. Durchschnittlich fünf bis zehn Katharer, teilweise bis zu zwanzig, lebten in besonderen Häusern nach den genannten Regeln und streng nach Geschlechtern getrennt. Zumeist waren diese Häuser Stiftungen von credentes oder Bürgern, die den Katharern nahestanden. Geleitet wurden die Konvente von einem angesehenen perfectus oder einer perfecta, aber oft auch von den katharischen Familienmitgliedern der Stifter. Angaben über die Zahl solcher Gemeinschaften sind kaum überliefert. Für Mirepoix wurden fünfzig genannt. Sicherlich ist das weit übertrieben und trifft auch keinesfalls den Durchschnitt, aber mehrere solche Häuser kann man für jede Stadt annehmen. Vom Gesamtbild her waren die Konvente fest in das städtische Leben eingeordnet. Trotz zeitweiliger weiter Reisen hielten die Katharer vom Wanderpredigerdasein nichts mehr. Sie orientierten sich auf die stabilitas loci.

Noch nicht geklärt ist die Frage, wieweit sich in den städtischen Konventen die unterschiedliche soziale Zusammensetzung widerspiegelte. G. Koch hat an einigen Belegen nachgewiesen, daß Handwerker nicht immer in solchen Gemeinschaften lebten, weil sie Mittel für die Häuser nicht aufbringen konnten. Wahrscheinlich gab es Katharerhäuser, in denen die Angehörigen aus dem Handwerk dominierten, und andere, wo die wohlhabenden Bürger die Mehrheit der Insassen stellten. Derartige Ansätze zu sozialer Differenzierung lassen sich auch in anderer Hinsicht erkennen. Die Katharer aus den erwähnten alteingesessenen Geschlechtern von Toulouse besetzten führende Positionen innerhalb der katharischen Hierarchie. Darüber hinaus kamen nachweislich in der Blütezeit der Häresie die katharischen Bischöfe oft aus den Reihen der wohlhabenden Bürger und des Adels. Diese Wandlung ist insofern bemerkenswert, weil der erste Katharerbischof von Mailand, Markus, ein auch in Südfrankreich angesehener perfectus, von Beruf Totengräber war.

Mit den katharischen Konventen waren religiöse Institutionen von städtischem Zuschnitt entstanden. Die etwa parallele Herausbildung der oberitalienischen Humiliatengemeinschaften und die etwas später folgende Verbreitung von Beginen- und Begardenhäusern im flandrisch-niederländisch-rheinischen Raum, die äußerlich ähnlich waren, weisen auf den allgemeinen Hintergrund dieser städtebürgerlichen Bedürfnisse hin. Die katharischen Konvente waren mit der Stadt über die verwandtschaftlichen Beziehungen, aber auch durch die vita apostolica, die den Vorstellungen des Bürgertums von einer armen Kirche entsprach, voll verbunden. Sie übten keine politische Macht aus und verlangten weder Kirchenzehnt noch Grundbesitz. Die seelsorgerische Funktion übten sie, wie in den Beziehungen zu den credentes deutlich geworden war, spartanisch, jedoch effektiver als die katholische Geistlichkeit aus. Was den Bürgern aber noch wichtiger war, die Katharer predigten mit aller Schärfe gegen die feudale Kirche, mit der die Städte sowieso in ständigem Streit lagen. Den Bürgern, auch denen, die dem katholischen Glauben treu geblieben waren, galten sie als gute Christen, die ein vorbildliches religiöses Leben führten. Immer wieder betonte man dies gegenüber den Vorhaltungen von Prälaten, die Städte würden gefährliche Ketzer beschützen. Von theologischen Streitfragen wußte der Durchschnittsbürger wenig, hatten doch bis zum ausgehenden 12. Jh. die Kleriker noch Schwierigkeiten, das Wesen der Häresie über den Antiklerikalismus hinaus zu erfassen. Die städtische Bevölkerung beeindruckte das praktizierte Lebensideal. Wenn die perfecti mit ihrer ärmlichen Kleidung bleich und abgemagert und ständig betend durch die Stadt liefen, dann wurde der Gegensatz zu den Prälaten im herrschaftlichen Palast offensichtlich. Mit Empörung und Opposition quittierten die Städte auch jeden Versuch, die Ketzer zu verfolgen, nicht allein weil es sich um Mitbürger handelte, vielmehr da hier ein Ideal bedroht schien, mit dem man sich identifizierte oder das man mehr akzeptierte als die Lebensweise der Prälaten. Darüber hinaus bildete das Katharertum einige Praktiken aus und gab zudem Auffassungen Raum, die den Interessen der Stadtbürger entgegenkamen. Sie standen in einem gewissen Widerspruch zur dualistischen Lehre und sind daher in der Forschung unter den verschiedensten Aspekten diskutiert worden. Soweit es die religiösen Übungen zuließen, verdienten sich die Katharer ihren Lebensunterhalt selbst. Nachweisbar ist handwerkliche Tätigkeit, Kindererziehung, Krankenpflege, in verschiedenen Fällen aber auch Handel und Geldleihe. Die Hinwendung zur produktiven Arbeit und zum Handel erweckt den Anschein, als wären die Katharer von ihrer rigorosen Verurteilung der materiellen Welt abgerückt. Verstärkt wird die Vermutung noch durch die fortlaufende Kritik ihrer Gegner, die katharische Kirche wäre reich. Wahrscheinlich hat es eine Anpassung an die städtische Lebensweise auch in dieser Hinsicht gegeben, was übrigens die Attraktivität der Häretiker in den Augen der Handwerker und Kaufleute noch erhöht haben dürfte. Aber eine Einordnung dieser »Neuerungen« relativiert das Problem beträchtlich. Bereits die Bogomilen lehnten körperliche Arbeit nicht grundsätzlich ab. Insbesondere Handwerk und Handel lassen sich nachweisen. Ideologisch wirkte hier wohl das Vorbild der Urkirche. Nach der Masse der Zeugnisse galt diese Tätigkeit jedoch immer nur als Nebenbeschäftigung, der bereits durch die umfangreichen religiösen Übungen enge Grenzen gesetzt waren. Die Belege, nach denen die perfecti auf Lebensmittelspenden der credentes angewiesen waren, sind häufiger als die über regelmäßige produktive Arbeit. Das Auftreten von Katharern im Handel und auf Märkten ist nur in Einzelbeispielen überliefert und dazu auch noch im Zusammenhang mit Missionstätigkeit.

Ähnlich ist es um die Vorwürfe bestellt, wonach die katharische Kirche durch Geldgeschäfte reich geworden wäre. Die früheste Kritik am Reichtum der katharischen Kirche stammt von Durandus von Osca. Vermutlich störte den waldensischen Prediger der Besitz von Häusern, da er auf die Wanderpredigt eingeschworen war. Seit dem Beginn des 13. Jh. verfügte die katharische Kirche tatsächlich über beträchtliches Geldvermögen, das bewahrt und zielstrebig erweitert wurde. Nur zu einem geringen Teil kam es aus eigenen Geschäften. Vorwiegend handelte es sich um Schenkungen von credentes und katharischen Gönnern, worum sie zuweilen anläßlich ihrer Gottesdienste dringlich baten. Dieser Entwicklung lagen äußere Umstände zugrunde. Man benötigte dringend Geld, um den Schutz vor stärker werdenden Verfolgungen zu organisieren. Es wurde zur Finanzierung der Flucht, zur Bezahlung von Informationen über bevorstehende Inquisitionen, aber auch als Bestechungsgeld zur Befreiung gefangener Katharer verwandt. Mit einem Wandel der katharischen vita religiosa hatte das wenig zu tun. Diese Wertung schließt ein, daß eine Entwicklung der dualistischen Häresie zur reichen Kirche durchaus im Bereich des Möglichen lag. Die spätmittelalterliche bosnische Mönchskirche lebte vom Handel mit den agrarischen Produkten der Bauern und machte Handelsgeschäfte mit den Venezianern.

Spezielle Attraktivität erlangte das Katharertum in den Städten, weil es von den credentes und natürlich auch von den katholischen Bürgern keinerlei Beschränkung in der wirtschaftlichen Tätigkeit verlangte. Als hemmend hatte sich vor allem das Zinsverbot der katholischen Kirche ausgewirkt. Obwohl die Realität in den größten Kommunen dieses Verbot schon seit langem außer Kraft gesetzt hatte, die Kurie zur Nutzung ihrer Einkünfte selbst auf Geldtransaktionen angewiesen war, fand sie vorrangig in Italien, aber auch in Südfrankreich immer wieder Gelegenheit, gegen den Wucher vorzugehen. Geldleihe war jedoch unter den Bedingungen der Warenproduktion unumgänglich, auch wenn damit die sozialen Konflikte verschärft wurden. Die Katharer akzeptierten den Wucher, der übrigens auch von katholischen Kaufleuten betrieben wurde, ohne einen speziellen Grund zu haben. Das Problem reiht sich vielmehr in die Gesamthaltung der Katharer ein, das städtische Leben hinzunehmen, wie es war, und auf dieser Basis ihre Lehre zu entfalten, ohne dabei von den Grundideen abzuweichen. In dieser Konzeption lag ihr Erfolg.

Die ungehinderte Ausbreitung des Katharertums war aber nur möglich, weil die Katharer zugleich auf dem Land bei dem Adel missionieren konnten. Die Beziehungen des französischen Adels zu den Katharern entwickelten sich in mehreren Stufen und waren sowohl von politischen Ambitionen als auch von spezifischen Interessen an der katharischen vita religiosa bestimmt. Zunächst, das gilt besonders für die sechziger und siebziger Jahre des 12. Jh., dominierte die Absicht, die Häretiker als Gegengewicht gegen die katholische Kirche zu fördern und zu unterstützen. Der niedere Adel gestattete den perfecti, im Schutz seiner Burgen ungehindert zu predigen. Kein Kleriker konnte in der Auseinandersetzung mit den Katharern auf die Unterstützung des Landadels rechnen. In der Folgezeit missionierten die perfecti in der herrschenden Feudalklasse, wobei der niedere Adel im Mittelpunkt stand. Neuere Schätzungen haben ergeben, daß insgesamt die Missionserfolge quantitativ geringer waren, als allgemein angenommen wird. Eine größere Anzahl von Geschlechtern beließ es bei der Schutzfunktion. Bei den übrigen Familien fand oft nur ein Mitglied den Weg zur Häresie. Zudem fällt ein anderer Entwicklungstrend auf. Die männlichen Adligen entschieden sich zumeist nur für den Status eines Gläubigen, während anteilmäßig relativ viele adlige Frauen perfectae wurden.

Etwas anders sah die Situation im Hochadel aus. Territorialherren in den Ketzerzentren waren vor allem die Grafen von Toulouse und die Vizegrafen von Béziers und Carcassonne. Politisch agierten sie nahezu selbständig gegenüber der französischen Krone. Ihre politischen Interessen waren nach Spanien gerichtet. Die Vizegrafen von Béziers waren sogar Lehensmänner von Aragon. Die Macht dieser Territorialfürsten blieb jedoch auch gegenüber dem niederen Adel, der über allodialen Grundbesitz verfügte, eingeschränkt. Zunächst beachteten die Grafen die Entwicklung der Häresie offensichtlich sehr wenig. Graf Raimund V. von Toulouse versuchte, gegen perfecti und deren adlige Beschützer vorzugehen. 1181 ließ er Lavaur belagern. Aber solche kurzfristigen militärischen Aktionen verfehlten ihre Wirkung. Seit dem ausgehenden 12. Jh. erreichten die Häretiker jedoch auch die Höfe dieser Großen. In zunehmendem Maße dürften sie im gräflichen Gefolge Anhänger gefunden haben. Die lückenhafte Überlieferung vermittelt aufschlußreiche Beispiele. Graf Raimund VI. (1194–1222) weigerte sich, dem Wunsch der Kurie nach Ketzerverfolgung nachzukommen, nicht nur, weil er die Opposition des niederen Adels fürchtete. Seine vier geschiedenen Frauen hatten alle

Kontakt zu Katharern. Eine von ihnen reiste in ständiger Begleitung einer katharischen Hofdame. Aus dem Gefolge des Grafen kam 1208 der Mörder des päpstlichen Legaten von Castelnau. Die Chronisten wissen zu berichten, daß Raimund VI. ständig einen perfectus um sich hatte, der ihn auf seinen Kriegszügen begleitete, um ihm notfalls das consolamentum erteilen zu können. Nach diesen Darstellungen war Raimund ein credens. Es ist nicht sicher, wo bei diesen Zeugnissen die Verleumdung beginnt. Die Kurie war vor allem über die Passivität des Grafen bei der Verfolgung der Katharer empört und ließ ihn deswegen wiederholt exkommunizieren. Graf Raimund-Roger von Foix besaß ebenfalls enge Verbindung zu den Ketzern. Seine Frau Philippa und seine Schwester Esclarmonde wurden perfectae. Eine andere Schwester näherte sich den Waldensern. Er selbst soll zu den credentes gehört haben. Der Vizegraf von Béziers und Carcassonne, Raimund-Roger Trencavel, in dessen Territorium das Katharertum besonders stark verbreitet war, zählte zwar zu den häretisch Unverdächtigen, war aber militärisch viel zu schwach, als daß er sich auch nur im Ansatz gegen die Katharer hätte durchsetzen können. Auch in seinem Gefolge gab es einflußreiche credentes.

Die Hinwendung des Adels zu den Katharern resultierte zunächst aus dem Bestreben, die politische und ökonomische Macht der katholischen Kirche im Lande einzuschränken und die weitere Realisierung der Ideen der Kirchenreform zu verhindern. Für die Geschlechter bedeutete die Häresie keine Gefahr im Glauben, sondern eine reale Alternative zur herrschenden Kirche, die sich von den christlichen Idealen entfernt hatte. Mit der Begegnung von Katharern und Prälaten sollte das bewiesen werden.

Bereits die erste Veranstaltung dieser Art machte das deutlich. 1165 fand in Lombers, einem kleinen Ort in der Nähe von Albi, der erste öffentliche Disput statt. Eingeladen hatten die Herren von Lombers, und erschienen waren, neben einer großen Volksmenge auch aus Albi, prominente Adlige, darunter die Gräfin von Toulouse, sowie sieben Bischöfe mit dem Erzbischof von Narbonne. Die Prälaten wollten über die dualistische Lehre diskutieren und die Katharer der Häresie überführen. Die perfecti wichen aus und verlegten sich auf eine vernichtende Kritik an der katholischen Kirche. Die Bischöfe wären Heuchler und Wölfe. Sie trügen reichverzierte Kleidung und edelsteinbesetzte Ringe an den Fingern. Das wäre gegen die Weisungen Christi.[8] Die Sympathie der Zuhörer gehörte den Katharern. Als die Prälaten die perfecti als Ketzer verurteilen wollten, kamen sie nicht durch: Formal, weil die Ketzer ein rechtgläubiges Bekenntnis ablegten, de facto, da sich kein Vertreter der weltlichen Gewalt gefunden hatte, die Verurteilung zu vollstrecken.

Auch in den folgenden Jahrzehnten fanden solche Diskussionen immer wieder statt. Das bekannteste Streitgespräch ist das von Pamiers 1206, an dem sich auch Waldenser beteiligten und von katholischer Seite Dominikus. Die Kleriker hatten bei solchen Auseinandersetzungen kaum Erfolg. Sie vermochten die Katharer weder zu bekehren noch vom Volk und den Beschützern zu isolieren. Der Adel sah sich in seiner Auffassung über die Häresie bestätigt und fühlte sich offensichtlich in einer Schiedsrichterfunktion. Dahinter standen natürlich auch die handfesten ökonomischen Beweggründe.

Nahezu parallel zur Ausbreitung des Katharertums nahmen die Usurpationen des Kirchenzehnten drastisch zu. E. Griffe, der sich mit dieser Problematik eingehend beschäftigte, vermerkte, daß in der Diözese Toulouse im letzten Viertel des 12. Jh. die Nutzung des Kirchenzehnten durch den Adel allgemein üblich geworden war. In anderen Bistümern dürfte die Situation ähnlich gewesen sein. Nach zeitgenössischen Berichten eignete sich der Adel drei Viertel des Zehnten an und überließ dem Kaplan nur ein Viertel, was gerade für dessen Existenz reichte. Der übrige Säkularklerus ging leer aus. Auf diese Weise zählte Bischof Fulcrand von Toulouse (1179–1200) unfreiwillig zu den armen Klerikern, da er nur über die geringen

Einkünfte der kleinen Eigenwirtschaft des Bistums verfügte. Zahlreiche Pfarrkirchen verfielen. Man suchte diese Entwicklung aufzuhalten, indem man sie Klöstern unterstellte. Der Effekt blieb gering.

Nach den ersten Erfolgen im Albigenserkreuzzug nahm die Kirche den Kampf um den Kirchenzehnt wieder auf. 1212 verlangte Simon von Montfort die ordnungsgemäße Entrichtung dieser Abgabe. Nach dem Sieg der königlichen Truppen über den südfranzösischen Adel mußte sich Graf Raimund VII. 1229 im Vertrag von Meaux ausdrücklich verpflichten, für den Einzug des Kirchenzehnten zum Nutzen der Kirche zu sorgen. Diese ausdrücklichen Anordnungen unterstreichen das Ausmaß des Streitobjektes. Zugleich weisen zahlreiche Belege aus, daß es noch lange dauerte, bis diese Weisungen in allen Territorien Südfrankreichs realisiert wurden.

Neben der Auseinandersetzung um den Zehnt nahmen auch die Bestrebungen des Adels, Kirchenbesitz zu konfiszieren, zu. Einige wenige Beispiele sollen dies demonstrieren. Graf Raimund VI. eignete sich wiederholt Besitzungen und Einkünfte von Klöstern an. Die Abtei von Gilles führte deswegen einen langen Streit mit ihm, und erst von seinem Sohn erhielten die Mönche die Einkünfte wieder zurück. Ähnlich ging es anderen Klöstern. In Lescure in der Diözese Albi besaß die Kurie ein Lehen, das an Ritter gegen einen jährlichen Zins ausgegeben worden war. Diese Adligen begünstigten die Häretiker und stellten 1204 die Zahlungen an Rom ein, und die Proteste der Kurie konnten daran nichts ändern. Streitigkeiten zwischen weltlichem Adel und Kirche um Einkünfte und Besitzungen waren zu dieser Zeit in ganz Europa üblich und nicht an das Auftreten von Häretikern gebunden. Dennoch ist unbestritten, daß die Predigten der Katharer über die Notwendigkeit einer armen Kirche diese Auseinandersetzungen in einem Maße befruchteten und profilierten wie nirgendwo sonst. Die obengenannten Auswirkungen auf die südfranzösische Kirche belegen das. Die Hinwendung des niederen Adels zur Häresie geschah auch nicht spontan und überall gleichzeitig. Die Anfänge lagen im Lauragais, einer Landschaft zwischen Toulouse und Albi. Hier fanden die Katharer offensichtlich zuerst Gehör und Schutz beim Adel.

Über die genannten sozial-ökonomischen Gründe hinaus fand der Adel auch die Möglichkeit, mit der katharischen Häresie spezielle religiöse Ambitionen auszudrücken. Der Weg führte über die adligen perfectae. Die Anlässe für die Hinwendung dieses Personenkreises zur Häresie waren zunächst recht verschiedenartig. Es handelte sich vor allem um Witwen, unverheiratete Frauen und zum Teil um junge Mädchen. Für diese Frauen war im Mittelalter der Übergang zu einem regulierten religiösen Leben nicht ungewöhnlich. Und es gab auch während der Blütezeit des Katharertums in Südfrankreich nach wie vor Adlige, die sich für das Leben in einem katholischen Kloster entschieden. So wollte die erste von Raimund VI. geschiedene Frau zunächst dem Zisterzienserorden beitreten, ehe sie dann Katharerin wurde. Für viele Geschlechter verbot sich dieser Weg jedoch von selbst. Einmal stand dem die antiklerikale Stimmung entgegen, zum anderen waren die damit erforderlichen Dotationen für viele Familien des niederen Adels unerschwinglich. Zudem verlangte die Kirche in solchen Fällen die Rückgabe der unrechtmäßig angeeigneten kirchlichen Einkünfte. Alles das entfiel, wenn die Frauen perfectae wurden. Dabei dürfte der Betätigungskreis für die Frauen innerhalb der katharischen Kirche größer gewesen sein als hinter Klostermauern.

Für die weiblichen Adligen galten mit der Aufnahme in die Häresie die gleichen Vorschriften wie für die perfecti. Sie lebten in einem Konvent zusammen mit anderen Glaubensgenossinnen. Dabei deutete sich an, daß die Geschlechter nach Möglichkeit eigene Häuser einrichteten, wobei die Stifterfamilie zumeist die Vorsteherin stellte. So ließ Graf Raimund-Roger von Foix in Pamiers einen Konvent bauen, in dem seine ehemalige Frau Philippa, seine Schwester Esclarmonde, die Witwe geworden war, und seine Tante gemeinsam lebten. Esclarmonde fungierte als Vorsteherin, während Philippa bald die Leitung einer anderen Gemeinschaft übernahm. Die zum mittleren Adel gehörige sehr reiche Familie Niort gründete in Laurac einen Konvent, der in zwei Generationen von Familienangehörigen geleitet wurde. Zumindest einige der Gemeinschaften entwickelten sich zu Adelskonventen in Familienbesitz. Die Geschlechter versorgten die Frauen mit Lebensmitteln, und die perfectae beschäftigten sich neben ihren religiösen Übungen vor allem mit Kindererziehung. Die weiblichen Adelskonvente entwickelten sich relativ rasch zu Zentren ritterlicher Religiosität. Regelmäßig trafen sich hier die milites, die credentes geworden waren. Sie hörten gemeinsam mit den perfectae die Predigten, die von angesehenen perfecti, oft Diakonen oder Bischöfen, gehalten wurden, nahmen an der fractio panis teil und brachten den katharischen Frauen ihre Ehrerbietung dar. Einige dieser Gemeinschaften erlangten dabei besonderes Ansehen. Dazu gehörte der von Esclarmonde von Foix geleitete Konvent in Pamiers, in dem viele adlige Frauen aus der Umgebung lebten. Für die Rittergeschlechter dieser Region wurde er zu einer Art Kultzentrum. Die Predigten hielt ein angesehener perfectus, der spätere Katharerbischof von Toulouse, Guilabert des Castres. Gemeinschaften mit ähnlicher Anziehungskraft lassen sich zumindest im Ansatz verschiedentlich nachweisen, etwa für Laurac, Fanjeaux, Montréal und so weiter.

Mit dieser Art der Hinwendung zur Häresie suchte ein Teil des Adels eine Religiosität, die er in der katholischen Kirche nicht mehr fand. Dabei war die katharische vita religiosa nicht so abwegig, wie es auf den ersten Blick erscheinen mag. Die Troubadour-Lyrik hatte die Verehrung der Frauen in den Vordergrund gerückt. Dieses Ideal bot das Katharertum, eingebettet in das religiöse Elitedenken, dem Adel ebenfalls. Die Ritter, auch die katholisch gebliebenen, kamen den Frauen mit großer Ehrerbietung entgegen. Die credentes behandelten viele von ihnen wie Heilige. Für die Frauen bedeutete der Empfang des consolamentum eine gesellschaftliche Aufwertung, die ihnen weder das Leben im Familienclan noch die Religiosität hinter Klostermauern zu geben vermochte. Der Status einer perfecta eröffnete die Perspektive religiös-geistiger Betätigung und die Autorität einer Vollkommenen. Es ist noch wenig darüber bekannt, welchen Einfluß diese Frauen mit ihren Ratschlägen auf das Wirken der ritterlichen credentes nahmen. Aber die Untersuchungen über die Niorts haben deutlich gemacht, daß Esclarmonde Niort die religiös-geistige Entwicklung ihrer Familie maßgeblich mitbestimmt hat. Für die Zeitgenossen galt zudem bereits die Teilnahme an der öffentlichen Diskussion als gewaltige Neuerung. In der katharischen Gemeinschaft war das üblich. Den Kontrast zu Auffassungen des katholischen Klerus veranschaulicht eine kleine Begebenheit. An dem Disput zwischen Katharern und katholischen Prälaten 1207 in Pamiers beteiligte sich auch Esclarmonde von Foix. Ein Mönch wies sie daraufhin mit den Worten zurück »Geht hinweg zu Euerem Spinnrocken, Herrin, es kommt euch nicht zu, in dieser Versammlung zu sprechen«[9].

Mit dem Aufbau dieser Ketzerzentren wurde ein Netz dichter geknüpft, dessen Anfänge bereits in der Frühzeit des Katharertums lagen. Die Katharerbischöfe residierten nicht in den großen Städten. Der Sitz der Diözese von Albi befand sich in Lombers und der von Toulouse in Lavaur. Das war zunächst aus Sicherheitsgründen geschehen, bildete jedoch eine wichtige Voraussetzung für die Liaison zwischen Adel und den Spitzen der katharischen Hierarchie.

Von Waldensern und katholischen Kritikern ist den Katharern wiederholt vorgeworfen worden, sie würden sich mit den Mächtigen des Landes verbünden. Das entsprach zweifellos nicht den Ambitionen der Masse der perfecti. Aber sie wichen den Verbindungen auch nicht aus, sondern pflegten sie in der Folgezeit besonders. Eine Adelskirche wurde das Katharertum damit nicht. Es gibt keinen Beleg dafür, daß die Katharer besondere Maßnahmen oder Schritte eingeleitet hätten, die den

Interessen des Adels entsprachen. Dagegen hebt sich deutlich ab, daß die südfranzösischen milites in der Häresie die günstigste Ideologie für ihr soziales und ideologisches Anliegen erblickten und von dieser Seite her eine spezielle, auf den niederen Adel zugeschnittene vita religiosa entstand. Die katharische Kirche lag nicht in den Händen der milites, aber sie war für die Ritter überschaubar, regional gebunden und mit Personen aus den eigenen südfranzösischen Kreisen besetzt. Das wirkte um so stärker, als der geistig-kulturelle Gegensatz zum Norden Frankreichs außerordentlich groß war.

Nach 1230, als die Inquisition in Südfrankreich die Katharer überall systematisch ausrottete, verlor das Netz von Kultzentren an Bedeutung. Es wurde durch den Aufbau eines einzigen Platzes, der zugleich als sicherer Flucht- und zentraler Kultort galt, ersetzt: Montségur. Die zur Grafschaft Foix gehörende Festung lag am Nordabhang der Pyrenäen auf einem felsigen Berg und galt als uneinnehmbar. Seit etwa 1203 existierte hier ein kleiner Konvent adliger perfectae. Seit den dreißiger Jahren des 13. Jh. sammelten sich in Montségur die verfolgten Katharer. Ungefähr 200–300 perfecti und perfectae fanden hier Zuflucht, darunter auch Bischöfe. Die Leitung der Reste der südfranzösischen Katharerkirche war in dieses Bergmassiv verlegt worden. Von hier aus hielt man die Kontakte zu den Katharern im gesamten Territorium, gab Unterstützung, organisierte den Widerstand gegen die Inquisition. Darüber hinaus entwickelte sich Montségur aber auch zum Zentrum katharischer Religiosität. Zahlreiche credentes besuchten die Katharer, nahmen an der fractio panis und an den Gottesdiensten teil und spendeten der bedrängten Kirche reichlich. Mehrere hundert Ritterfamilien, die vor den königlichen Truppen geflüchtet waren, hielten sich hier auf, schlossen mit den Katharern Verträge über das consolamentum auf dem Totenbett ab. Das Leben auf Montségur glich, ehe die Festung 1244 von den Truppen der französischen Krone gestürmt wurde, einem verlorenen Häretikerlager. Für unseren Zusammenhang ist interessant, daß die Katharer im Unterschied zu anderen Häresien auch in Bedrängnis immer bestrebt waren, soweit möglich, den Ausbau eines zentralen Kultortes zu organisieren. Voraussetzung für eine solche Entwicklung war im konkreten Fall das Bündnis mit dem Adel. Allgemein entsprach das jedoch der profilierten mönchischen Lebensweise, auf die sich die Ketzer festgelegt hatten. Hier zeigten sich auch, wie noch angedeutet werden soll, Unterschiede zur Entwicklung der Ketzerei in Italien.

Die Geschichte des französischen Katharertums untergliedert sich in mehrere Etappen. Der erste Abschnitt von Beginn bis 1209 ist gekennzeichnet durch den Siegeszug der Häresie, den Aufbau einer Gegenkirche, die fest in der südfranzösischen Gesellschaft verwurzelt war. Ihr folgten die Jahrzehnte der intensiven Verfolgung durch die katholische Kirche. Zunächst versuchte die Kurie die Katharer mit dem Albigenserkreuzzug (1209–1229) auszurotten. Die Ergebnisse waren verheerend, aber nicht so sehr für die Ketzer selbst, sondern für die südfranzösische Bevölkerung, die unter den kriegerischen Ereignissen schwer zu leiden hatte. Nutznießer dieser Kriegszüge wurde das französische Königtum, das im Ergebnis der Kämpfe im Süden des Landes erstmals eine königliche Domäne aufbauen konnte und damit auf Kosten des südfranzösischen Adels seine Machtbasis entschieden erweiterte.

Nach der Veränderung der politischen Machtverhältnisse begann die Zeit der systematischen Inquisition. Zwischen 1229 und 1244, dem Ende von Montségur, wurden in einer Reihe gezielter Aktionen die Ketzerzentren liquidiert und die Widerstandskraft des Adels gegen die französische Zentralgewalt gebrochen. In den folgenden Jahrzehnten existierte die einstmals starke katharische Kirche in Südfrankreich nur noch in kleinen häretischen Gruppen. Seit 1209 verband sich die Geschichte des Katharertums eng mit den Ereignissen, die der Albigenserkreuzzug und die Inquisition auslösten. Um den Gesamtzusammenhang zu wahren, erfolgt die Darstellung über die Entwicklung der Häresie seit diesem Zeitpunkt im folgenden Kapitel.

Im Vergleich zu Südfrankreich verlief die Entwicklung in Italien, dem zweiten Ketzerzentrum, etwas anders. Die Unterschiede betreffen insbesondere die soziale Basis der Anhänger und die Struktur der Organisation. Der Aufschwung zur Massenbewegung erfolgte etwa parallel zu den Ereignissen in der Grafschaft Toulouse, aber die Zentren der Häresie blieben nahezu ausschließlich in den Städten. Katharer lassen sich im ausgehenden 12. und beginnenden 13. Jh. in fast allen größeren Kommunen nachweisen. Genannt seien hier nur Mailand, Piacenza, Cremona, Brescia, Bergamo, Vicenza, Verona, Ferrara, Rimini und Orvieto. Auffällig ist dabei, daß die Katharer in den großen Seestädten Venedig, Genua und Pisa offensichtlich zunächst nicht Fuß fassen konnten. Erst in der zweiten Hälfte des 13. Jh. wurden in Venedig und Genua größere Katharergruppen verfolgt. Bei ihren Missionserfolgen profitierten die Häretiker ebenfalls von antiklerikalen Stimmungen, die durch die ständigen Konflikte zwischen den Städten und den Bischöfen zusätzlich verschärft wurden. Insbesondere ließen die häufig ausgesprochenen Interdikte den Katharern in den Kommunen breiten Spielraum. In Mailand ist das erstmalig Anfang der sechziger Jahre zu beobachten, und bis in das 13. Jh. konnten die Katharer hier gerade durch diese von Rom und den Erzbischöfen praktizierte Konfrontation immer wieder Nutzen ziehen. In Orvieto versuchte Papst Innozenz III. die Häresie durch ein Interdikt zu stoppen. Er erreichte aber das Gegenteil. Die katharischen perfecti erhöhten die Zahl ihrer Anhänger beträchtlich. Weitere Beispiele ließen sich anfügen. Aus diesem Zusammenhang erwuchs jedoch keine grundsätzliche Hinwendung der Gesamtkommune zur Häresie, vergleichbar mit den Ambitionen des südfranzösischen Adels. Das Katharertum besaß in den italienischen Städten eine profilierte soziale Basis.

Die Mehrheit der Katharer, sowohl der perfecti als auch der credentes, kam aus den mittleren Volksschichten. Handwerker und kleine Händler fühlten sich von der Häresie in besonderem

Maße angezogen, so etwa Weber, Angehörige anderer tuchverarbeitender Gewerbe, des Lederhandwerks, Müller, Gastwirte, aber auch fluktuierende Elemente. Diese soziale Basis wirkte außerordentlich stark auf die Struktur der Häresie. Die Zentren lagen in den Vorstädten, außerhalb der engeren Stadtmauern, wo diese Schichten vor allem wohnten. Die Parallelentwicklung mit den Humiliaten ist unverkennbar und die Aufforderung von Innozenz III. an die rekonzilierten Humiliaten, gegen die Ketzer zu predigen, unter diesem Aspekt nur allzu verständlich.

Eigene Konvente richteten die Katharer kaum ein. Dafür fehlte schon die materielle Basis. Darüber hinaus entsprach das aber offensichtlich auch nicht dem sozialen Milieu. Die Masse der perfecti lebte für sich allein und verdiente sich auch den Unterhalt in einem beträchtlichen Maße selbst, wie das auch bei den katharischen Handwerkern Südfrankreichs nicht ungewöhnlich war. Die gemeinsamen religiösen Veranstaltungen wie Predigt und fractio panis fanden in Werkstätten der Handwerker, Wirtshäusern, Mühlen oder Wohnungen statt. Mit der Ausbreitung der Häresie war dieses Netz ziemlich dicht geworden und nicht nur den perfecti, sondern auch den credentes relativ gut bekannt. Wanderpredigt war bei den italienischen Katharern sehr gebräuchlich, wobei man öffentlich auftrat, aber auch individuell warb. Als Anlässe für Missionen boten sich vor allem die Märkte an. Darüber hinaus nutzten die perfecti den Wanderhandel sowie das Zusammentreffen mit Berufsgenossen. Die Art und Weise, neue Anhänger zu gewinnen, verband sich mit der Tätigkeit als Wanderhändler oder Handwerker. Für die Handwerker und städtischen Mittelschichten war die katharische Häresie mit ihrer Forderung nach einer armen Kirche und der Ablehnung der reichen feudalen Kirche attraktiv.

Interesse fand das Katharertum aber auch bei den Oberschichten. Nachweisbar sind in zahlreichen Städten Kaufleute, Notare, Richter und verschiedentlich auch Adelsgeschlechter als Anhänger der Häresie. Ihr Anteil blieb jedoch in der Regel relativ gering und verband sich oft mit vorübergehenden politischen Auseinandersetzungen. In Brescia kam es 1224 zu heftigen Kämpfen zwischen den Adelsgeschlechtern und der Stadt. Dabei stützte sich der Adel auf die ärmeren Schichten und förderte die Katharer. Von den Burgen aus wurden Kirchen in Brand gesteckt. Papst Honorius III. klagte die Adelsgeschlechter als Ketzer an und forderte deren Vernichtung. Die Familien wehrten sich mit dem Argument, die Stadt wäre bereits seit langem in zwei Lager geteilt und sie hätten sich nur aus politischen Gründen auf die Ketzer gestützt. Ihre Häresie würden sie nicht teilen. Bei diesem Ereignis handelte es sich nicht um einen Einzelfall. Die äußerst komplizierten politischen und sozialen Auseinandersetzungen in den italienischen Städten zwangen die Häretiker immer wieder dazu, Partei zu ergreifen gegen die Front, auf der die Bischöfe und später die Befürworter der Inquisition standen.

Über die zahlenmäßige Stärke der italienischen Katharer wissen wir genausowenig wie über die der südfranzösischen. Einen gewissen Anhaltspunkt geben die Informationen Rainer Sacconis, der zunächst selbst perfectus war, danach um 1245 die Häresie verriet und als Dominikanermönch und Inquisitor in der Lombardei wütete. Er spricht für die Mitte des 13. Jh. von etwa 2500 perfecti, wobei er die Bistümer Concorezzo mit 1500 und Desenzano mit 500 als die größten bezeichnet. Diese Ziffern drücken nur teilweise die geographische Verteilung der Häretiker aus. Konnten wir für Südfrankreich beobachten, daß die Grenzen der Bistümer einigermaßen fest abgesteckt waren, so gilt das für Italien nicht. Die Bischofssitze bildeten das Zentrum jeweils einer Kirche, die über weite Gebiete missionierte. Grenzen existierten dabei nicht, dafür waren die Rivalitäten um so größer. Sie erhielten ihren religiösen Gehalt durch den Streit zwischen den gemäßigten und radikalen Gruppen, der die Führungsgruppen dezimierte und zur Feindschaft zwischen den Bistümern führte. Unabhängig von den ideologischen Auseinandersetzungen standen hinter diesen Streitigkeiten noch andere Probleme. Die positiven Ansätze gemeinsamen Handelns, wie sie noch das Katharertum von 1167 zum Ausdruck brachte, fanden keine Fortsetzung. Die perfecti beschränkten sich mehr und mehr auf die konkreten Aufgaben. So waren fast bis in die Mitte des 13. Jh. die Verbindungen zwischen den südfranzösischen und den italienischen Bistümern sehr zufällig und locker. Etwas zugespitzt, aber durchaus nicht abwegig ist, von einzelnen Katharerkirchen zu sprechen. Erst die Verfolgungen führten dazu, daß man wieder näher aneinanderrückte. Aber das soll bei den Auswirkungen der Inquisition näher dargestellt werden.

Wir haben die katharische Häresie dargestellt und dabei das Schwergewicht auf Südfrankreich gelegt, weil hier alle Faktoren, die die Entwicklung der Gegenkirche ermöglichten, am besten exemplifiziert werden konnten. Damit sollte aber keineswegs negiert werden, daß das Katharertum insgesamt ein europäisches Problem war, ja die Hauptlinien dadurch sogar etwas verwischt wurden. In der Gesamtbilanz stellt die Bewegung in noch viel stärkerem Maße eine städtische Bewegung dar. Die Frage, warum gerade der religiöse Dualismus eine solche Resonanz finden konnte, hat in der Forschung zu vielen Erklärungsversuchen geführt, die bei der Vielschichtigkeit des gesellschaftlichen Lebens auch immer eine Berechtigung haben. Dazu gehören etwa Belege darüber, daß der Gegensatz zwischen gut und böse während des hohen Mittelalters im ethischen Bereich sehr stark betont wurde und die dualistische Lehre damit rasch Anklang finden konnte. Ähnlich werden vorhandene Auffassungen über die Verachtung der Welt (contemptus mundi) als geistige Vorbereitung angesehen. Vor allem aber ist in Rechnung zu stellen, daß im Volk der Aberglauben sehr stark verbreitet war. Angst vor bösen Geistern, dem Teufel und den verschiedensten Dämonen bestimmte vielfach das Denken der einfachen Menschen. Die katharische Lehre über die Herrschaft des Satans in der irdischen Welt konnte an diese Auffassungen anknüpfen. Trotz dieser Hinweise auf eine geistige Aufnahmebereitschaft für die katharische Häresie darf nicht außer acht gelassen werden, daß es während dieses Zeitraums einfach nichts Überzeugenderes gab, was der katholischen Kirche entgegengesetzt werden konnte. Das Katharertum mit seiner geschlossenen Ideologie und der Zielstrebigkeit, eine Gegenkirche aufzubauen, führte alles, was in den bisherigen sozial-religiösen Bewegungen nur ansatzweise und regional gebunden anklang, zu einer neuen Qualität. In der Verwirklichung des Anliegens nach einer armen, auf Gewalt und Macht verzichtenden Kirche brachte es die Wünsche der breiten Volksmassen, vor allem aber der Stadtbürger, relativ adäquat zum Ausdruck. Es war deswegen dem Wesen nach eine städtische Religion, unabhängig davon, welche städtischen Schichten in den Kommunen zur Häresie fanden. Darüber hinaus zeigt die Entwicklung in Südfrankreich, daß die Häresie nicht nur den wirklichen Aufstieg zur Gegenkirche, sondern auch bereits die innere ideologische Stabilität offensichtlich dem Engagement des niederen Adels zu verdanken hatte. Das spricht nicht gegen die Wertung »städtische Häresie«, sondern macht vielmehr deutlich, daß in einer formierten Gesellschaft der Aufstieg von der Häresie zur Kirche nur unter Teilnahme zumindest von Teilen der herrschenden Klasse möglich war. Das Katharertum wirkte historisch progressiv. Es trug auf ideologischem Gebiet dazu bei, daß der Gegensatz zwischen der feudalen Kirche und den Interessen des Stadtbürgertums schärfer profiliert wurde. Diese Zuspitzung des Konfliktes trieb die Kirche voran und zwang sie, auf die Bedrohung zu reagieren. Noch während der Blütezeit des Katharertums entstanden die ersten von der Kurie geleiteten und kontrollierten Institutionen städtischer Religiosität, die in den Anfängen des Franziskanerordens am konsequentesten zur Entfaltung kommen sollten. Gegen die katharische Gegenkirche indessen baute die Kurie mit der Inquisition ein System von Verfolgungen auf.

Die Gegenoffensive des Papsttums –
Kreuzzug und Inquisition

Bis zum ausgehenden 12. Jh. fand die katholische Kirche keine Wege, um sich offensiv mit den Häresien auseinanderzusetzen. Allgemein resultierte das aus dem tiefen Unverständnis der führenden Kirchenmänner für das soziale Anliegen, das die Massen zu den häretischen Lehren zog. Erst um 1200 begann Rom, sich zaghaft den Armutsbewegungen zu öffnen und damit wenigstens teilweise den Häresien den sozialen Boden zu entziehen. Aber diese Lösung stellte nicht die Hauptmethode der Auseinandersetzung mit den Ketzern dar. Nahezu parallel dazu und mit entschieden größerem Gewicht griff die Kirche zum Mittel der Gewalt und organisierte die systematische Ketzerverfolgung mit Feuer und Schwert. Bis zum ausgehenden 12. Jh. hatte es aber auch in dieser Hinsicht kein ausgearbeitetes Programm gegeben.

Die Pflicht zum Aufspüren und Verurteilen von Ketzern gebührte ursprünglich den Bischöfen. Aber das reichte nicht aus. Die Prälaten widmeten sich dieser Verpflichtung nur nebenbei und suchten nicht systematisch nach Ketzern, sondern überließen es dem Zufall, wenn gerade Häretiker sehr auffällig agierten oder prominente Persönlichkeiten betroffen waren. Hinzu kam, daß Bischöfe und Pfarrklerus von den häretischen Lehren selbst wenig Ahnung hatten und es ihnen daher beträchtliche Schwierigkeiten bereitete, die Verdächtigen zu überführen. Zu den großen Prozessen zog man verstärkt Theologen heran, bat die Kurie um Hilfe bei der Entscheidungsfindung oder wandte sich an Amtsbrüder. Als erstes allgemeines Kriterium in den bischöflichen Verhören dürfte sich die Frage durchgesetzt haben, ob der Beschuldigte bereit wäre, den Eid zu leisten. Von einer fundierten Auseinandersetzung mit einzelnen Lehren war man in der Mitte des 12. Jh. noch weit entfernt. Ähnliche Unsicherheiten gab es bei der Festlegung des Strafmaßes. Bekannt sind sehr unterschiedliche Urteile. Neben Exkommunikation und Tod auf dem Scheiterhaufen verurteilte man zu Kerkerhaft, Güterkonfiskation, Ausweisung aus der Stadt oder der Diözese, beließ es aber auch bei Ermahnungen. Hinter dieser Differenzierung stand weniger System als vielmehr Unsicherheit. Immer wieder stellten sich Kleriker auf den Standpunkt, man solle nicht voreilig Strafen aussprechen und eventuell Unschuldige treffen. Außerdem wäre es nicht Aufgabe der Kirche zu richten. Mancher Geistliche sah das Lodern von Scheiterhaufen mit größtem Unbehagen und hielt es als nicht vereinbar mit dem Evangelium. Für viele waren die Häretiker harmlos und ungefährlich. Das scheint vor allem verständlich, wenn man bedenkt, daß zur gleichen Zeit die Kirche heftige Fehden um den Erhalt ihrer Besitzungen und Privilegien führte. Der Adel und die Städte mußten als viel gefährlicher erscheinen als die demütigen Ketzer. Nicht zufällig steht auch noch in späterer Zeit in vielen Synodalbeschlüssen die Verurteilung von Kirchenräubern und Häretikern unmittelbar nebeneinander. Im 12. Jh hielten viele die erste Aufgabe für wichtiger.

1184 bemühte sich das Konzil von Verona, die Kirche in die Offensive gegen die Häresien zu bringen. Im Hintergrund stand der Aufschwung der Katharer in Südfrankreich und Italien sowie die Ausbreitung der Armutsbewegungen in den gleichen Regionen. Zunächst verurteilte man alle einigermaßen bekannten Bewegungen, voran die Katharer, Waldenser und Arnoldisten. Die Richtlinien waren sehr allgemein gehalten. Verfolgt werden sollte, wer ohne bischöflichen Auftrag predigte und Irrlehren über die Sakramente verbreitete. Das war wenig, entsprach aber wohl dem Verständigungsgrad innerhalb des Klerus. Immerhin hatte vier Jahre zuvor der hochgelehrte Zisterzienser und päpstliche Legat Heinrich von Marcy Waldes noch auf ein katholisches Glaubensbekenntnis festgelegt, ohne die Frage der Predigt in den Vordergrund zu rücken. Das Konzil beauflagte die Bischöfe, die Pfarren, in denen Häretiker aufgetaucht waren, ein- bis zweimal jährlich zu visitieren. Denunzianten sollten dabei Hilfe geben und die Untersuchungen vorbereiten. Alle weltlichen Gewalten wurden zur Unterstützung der Ketzerverfolgung und der Bestrafung durch den weltlichen Arm verpflichtet. Mit Kaiser Friedrich I. Barbarossa vereinbarte Papst Lucius III., daß die überführten Häretiker mit dem kaiserlichen Bann belegt werden sollten, der Verbannung, Güterkonfiskation, Zerstörung der Häuser und andere weltliche Strafen einschloß. Im Hintergrund standen dabei für den Kaiser die Erfahrungen, die er mit den lombardischen Städten gemacht hatte, die sich, allen voran Mailand, einer Herrschaft der deutschen Zentralgewalt nicht unterwerfen wollten. Ein gemeinsames Vorgehen schien beiden angebracht. Obwohl nach dem Konzil, genauso wie bereits zuvor, an zahlreichen Orten Häretiker gefaßt und verurteilt worden waren, blieben die Erfolge minimal. In den Zentren Südfrankreichs und Italiens breiteten sich die Ketzereien nahezu ungehindert weiter aus.

Die eigentliche Wende in der Auseinandersetzung mit den Häresien leitete die Kurie unter dem Pontifikat Innonzenz' III. (1198–1215) ein. Während dieses Zeitraumes wurden die entscheidenden ideologischen, politischen und organisatorischen Grundlagen für eine systematische Ketzerverfolgung geschaffen, die es dem Papst Gregor IX. seit 1233 ermöglichten, die Ketzerinquisition als Institution einzuführen.

Das Hauptanliegen von Innozenz III. galt der Ausrottung der Ketzer. Die dafür entwickelte Konzeption ruhte auf drei Säulen. Einmal suchte er den Häresien den sozialen Boden zu entziehen, indem er die Kirche großzügig für orthodoxe Armutsbewegungen öffnete. Zweitens bemühte er sich darum, den Klerus moralisch und theologisch zu einer intensiven Ketzerverfolgung zu befähigen und besonders militante Geistliche mit Sonderaufgaben zu betrauen. Drittens engagierte er sich, um die weltlichen Gewalten zur Unterstützung der Inqusition zu zwingen. Die Wertigkeit der einzelnen Teile innerhalb der Gesamtkonzeption ist umstritten. Verschiedentlich, so von Chr. Thouzellier und M. H. Vicaire, wird der Förderung von Armutsbewegungen, zumindest für die Anfangszeit, die größere Bedeutung zugemessen. Dafür sprechen einige Maßnahmen. Gleich zu Beginn seiner Amtszeit ließ Innozenz III. die Humiliaten rekonzilieren, die die Kontrolle durch den Klerus akzeptierten, und verpflichtete sie zur Ketzerbekämpfung. Wenig später erfolgte zu den gleichen Bedingungen die Aufnahme der waldensischen Gruppen um Durandus von Osca und Bernard Prim in den Schoß der Kirche. 1206 begann Dominikus, von Innozenz III. ermuntert, als Wanderprediger gegen die Katharer aufzutreten. 1209 erhielt Franz von Assisi, wenn auch unter großen Bedenken, die mündliche Bestätigung für seine Armutsregeln. Innozenz III. nahm auch diese Gruppe wiederholt gegen mißtrauische Prälaten in Schutz. Dennoch lag der Schwerpunkt kurialer Politik nicht in dieser Richtung. Der Papst war viel zu sehr Macht- und Realpolitiker, als daß er in der Ketzerpredigt und der legitimierten Armutsbewegung das Heilmittel gesehen hätte.

Recht unterschiedlich reagierte der Klerus auf die ihm zugewiesene Aufgabe. Während des gesamten 12. Jh. gab es Geistliche, die mit fanatischer Leidenschaft gegen die Häretiker auftraten. Genannt sei hier nur der Erzbischof von Mailand, Galdinus, der 1167 in der Stadt unermüdlich predigte, aber nur geringe Erfolge verbuchen konnte. Die Mehrheit der Geistlichen war indessen hilflos. Das dürfte vor allem in Südfrankreich eine Rolle gespielt haben, wo insbesondere der niedere Klerus in den Katharern harmlose Schwärmer sah, deren Familien er kannte. In einigen Fällen läßt sich sogar nachweisen, daß Häretiker zum Verwandtenkreis von Geistlichen gehörten. Mehr noch fürchtete man allerdings die Auseinandersetzung mit dem Adel und den städtischen Kommunen. Innozenz III. setzte angesichts dieser Situation auf die theologisch hochgebildeten Kleriker vor allem aus dem Zisterzienserorden. Damit führte er die Tradition fort, die bereits von seinen Vorgängern begonnen worden war. Seit etwa 1200 wurden regelmäßig päpstliche Legaten nach Südfrankreich gesandt, deren Aufgabe darin bestand, gegen die Ketzer zu predigen, den südfranzösischen Klerus zu mobilisieren und die Grafen zur Bekämpfung der Häretiker zu veranlassen. Besonders engagierten sich dabei die Zisterzienser Peter von Castelnau und Arnald-Amalrich, Abt von Citeaux. Die hochgespannten Erwartungen erfüllten sich nicht. Die Predigten blieben erfolglos, und die Grafen und Vizegrafen zeigten keine Initiative und schritten nicht gegen Ketzer ein.

Am meisten machte den Zisterziensern offensichtlich der Fatalismus einiger südfranzösischer Prälaten zu schaffen. Der Erzbischof von Narbonne hatte es abgelehnt, die Legaten auf ihrem Weg zum Grafen von Toulouse zu begleiten. Der Bischof von Béziers weigerte sich, gegen die häretischen Konsuln der Stadt aufzutreten. 1205/06 wurden daraufhin einige Erzbischöfe und Bischöfe suspendiert, teils aus Altersgründen, teils wegen ihrer Laschheit bei der Auseinandersetzung mit den Katharern, aber auch wegen ganz konkreter Vergehen. So lebte der Bischof von Vence ungestört im Konkubinat. Für die Legaten war das ein Skandal sondergleichen. An ihre Stelle traten militante Kleriker, etwa der Bischof Fulco von Toulouse.

Parallel zur Aktivierung des Klerus erfolgte die ideologische Offensive. Seit dem ausgehenden 12. Jh. wurden Traktate gegen die Katharer und Waldenser verfaßt, die dem Klerus das geistige Rüstzeug zur Polemik vermitteln sollten. Auch hier standen die Zisterzienser in vorderster Reihe. Alanus von Lille schrieb die substantiellste Polemik der Frühzeit gegen die beiden wichtigsten Häresien, auf der dann viele andere Autoren aufbauten und die den Predigern gegen die Ketzerei die inhaltliche Orientierung gab.

Mit gleichem Eifer bemühte sich der Papst darum, die weltlichen Gewalten in die Ketzerbekämpfung einzubeziehen. Bestimmend für die folgenden Jahrzehnte wurde dabei der Inhalt der 1199 erlassenen Bulle »vergentis in senium«, in der Innozenz III. alle bisherigen Anordnungen und Praktiken über die

Konfiskation des Eigentums und der Rechte von Ketzern sowie deren Beschützer aufarbeiten und erweitern ließ. Danach drohte der Verlust des Besitzes, der Ämter und Pfründen sowie des Anteils an Handelsprivilegien. Das galt nicht nur für die Häretiker selbst, sondern auch für deren Söhne. Auch diejenigen, die die Ketzer nicht bekämpften, konnten von dieser Strafe betroffen werden. Mit der Wiederbelebung der aus der Antike stammenden Gesetze sollte auch ein Alibi für das Eingreifen der weltlichen Gewalten geschaffen werden. Die Kalamitäten für die Kurie bestanden darin, daß sich die lokalen Mächte in den Ketzerzentren hartnäckig sperrten.

In Italien ging der Widerstand von den Kommunen aus. Im Zusammenhang mit der Entwicklung des Katharertums konnten wir beobachten, daß die städtischen Oberschichten keineswegs ketzerfreundlich gesonnen waren, aber in der Inquisition einen Eingriff in die städtische Souveränität sahen und außerdem die bischöflichen Rechte einschränken wollten. Das Papsttum reagierte heftig und konsequent. Wegen Behinderung der Ketzerverfolgung sowie Angriffen auf kirchliche Immunität wurden im ausgehenden 12. und beginnenden 13. Jh. zahlreiche Städte mit dem Interdikt belegt, Novara, Cremona, Modena, Parma, Piacenza. Dabei beließ man es aber nicht, sondern verband das Interdikt mit ökonomischen Repressivmaßnahmen. So forderte die Kurie alle Handelspartner Piacenzas und Parmas auf, die Handelsgüter der Fernkaufleute dieser Städte zu konfiszieren. Bologna wurde mit der Verlegung der Universität gedroht. Besonders intensiv setzte sich Rom mit der Ketzerhochburg Mailand auseinander. Neben Interdikt, Handelsboykott und diplomatischer Isolierung erwog Innozenz III. 1212 sogar, einen allgemeinen Kreuzzug gegen die Stadt zu unternehmen, um sie in die Knie zu zwingen. Bis in die Mitte des 13. Jh. scheiterten alle Versuche der Kurie, die Ketzerverfolgung in den italienischen Städten durchzusetzen, von wenigen Ausnahmen abgesehen.

Mit anderen, aber nicht weniger komplizierten Problemen

sah sich Innozenz III. in Südfrankreich konfrontiert. Sein strategisches Ziel, von dem er nie abließ, bestand darin, die französische Krone zum Eingreifen zu bewegen. König Philipp II. (1180–1223) unterstützte zwar die bischöfliche Inquisition, besaß aber nicht die Macht, andersdenkende Territorialherren zu einer gleichen Politik zu zwingen. Außerdem war er nicht gewillt, die Forderungen der Kurie zum Hauptanliegen seiner Politik zu machen. Als wichtiger galt ihm die Einnahme der englischen Besitzungen in Westfrankreich, um die er lange und heftige Kriege führte. In den nord- und mittelfranzösischen Regionen funktionierte das Zusammenspiel von Bischöfen und Lokalgewalten. Immer wieder fanden Ketzerprozesse statt. Aber Innozenz III. war vor allem an den Verhältnissen in dem Ketzerzentrum Südfrankreich interessiert. Da die Ketzerpredigten der zisterziensischen Legaten 1206/07 scheiterten, forderte der Papst in Briefen an den französischen König und feudale Große des Landes 1207 zur Ausrottung der Katharer auf. Es sei an der Zeit, die Ketzer mit dem Schwert zur Vernunft zu bringen oder zu vernichten. Das Schwert werde diejenigen besiegen, die sich von der Predigt nicht überzeugen lassen.[1] Die Ausrottung der Katharer setzte er dem Kreuzzug gegen die Heiden gleich. An sich hätte diese Orientierung Empörung auslösen müssen. Mit der ursprünglichen Kreuzzugsideologie hatte das überhaupt nichts zu tun. Aber inzwischen hatten die Ritter des vierten Kreuzzuges das christliche Byzanz zerschlagen und geplündert. Die ursprüngliche Kreuzzugsideologie war völlig deformiert.

Ausgelöst wurde der Albigenserkreuzzug durch den Mord an Peter von Castelnau (14.1.1208), den ein Ritter aus dem Gefolge des Grafen von Toulouse verübte. Der päpstliche Legat war wegen seines arroganten Auftretens in Südfrankreich besonders verhaßt und bereits mehrmals verfolgt worden. Graf Raimund VI. wurde der Anstiftung zum Mord bezichtigt und exkommuniziert. Energisch forderte der Papst weltliche Sanktionen. In Briefen an die französische Krone und die Grafen des

Landes verlangte er erneut die Konfiskation des Eigentums und der Privilegien der Häretiker und ihrer Beschützer, die den Eroberern zufallen sollten. Der König reagierte reserviert. Abgesehen davon, daß er nach wie vor durch Kriege mit den Engländern in Westfrankreich gebunden war, empfand er die Konfiskationsforderungen als Eingriff in das Lehensrecht. Innozenz III. ließ sich nicht beirren und propagierte einen allgemeinen Kreuzzug gegen die Albigenser.

Es war verhältnismäßig leicht, Kreuzritter zu gewinnen. In allen Teilen Frankreichs, später auch im deutschen Reich, warben die Legaten. Sie zeichneten ein schreckliches Bild von der Gefahr, die von den Katharern drohte, und Adlige, Bürger, Söldner, aber auch zahlreiche entwurzelte Existenzen unterschiedlicher sozialer Herkunft folgten dem Aufruf. Eine klare Motivation fehlte. Über die Ketzer wußten die Kreuzritter fast nichts. Vielen mochte es bequemer erscheinen, ein bereits abgelegtes oder versprochenes Kreuzzugsgelübde auf solche Art einlösen zu können und den beschwerlichen Weg nach dem Orient gegen einen kürzeren einzutauschen. Zudem nahm die Mehrheit das Kreuz nur für eine Kriegspflicht von vierzig Tagen. Die Teilnehmer erhielten Sündenablaß, standen unter päpstlichem Schutz und konnten mit den im 13. Jh. üblich werdenden materiellen Zuwendungen rechnen. Vor allem aber wußte man, daß die Ketzer und ihre Beschützer für vogelfrei erklärt worden waren. Damit winkte Beute und die Möglichkeit, eine neue feudale Herrschaft aufzubauen. Repräsentant dieser Adelsgruppe war Simon von Montfort, ein niederer französischer Adliger aus der Ile-de-France, der bereits an einem Kreuzzug teilgenommen hatte und von Anfang an entschlossen um einen feudalen Besitz kämpfte.

Die kriegerischen Ereignisse begannen im Sommer 1209. Die Kreuzritter, militärisch von mehreren französischen Feudalherren geführt, standen unter der Leitung des Zisterzienserabtes und päpstlichen Legaten Arnald-Amalrich. Zunächst wandte man sich dem Herrschaftsbereich des Vizegrafen Raimund-Roger von Béziers und Carcassonne zu. Spezielle Vorstellungen darüber, wie man die Ketzer vernichten sollte, existierten nicht. Es herrschte Kriegsrecht, und damit galten alle als Feind. Als erstes fiel nach kurzer Belagerung Béziers in die Hände der Invasoren. Nach der Überlieferung soll der Legat auf die Frage, wie man die Ketzer erkenne, geantwortet haben: Tötet sie alle, Gott wird die Seinen schon erkennen.[2] Obwohl es sich bei diesem Ausspruch wahrscheinlich um eine Legende handelt, charakterisiert er treffend die Atmosphäre. Wahllos erschlug man die Bürger der Städte. Selbst eine größere Menschenmenge, die in ein Kloster geflüchtet war, wurde nicht verschont. Weder Kreuz noch Altar und Kruzifix konnten sie retten.[3] Der Chronist spricht von 20 000 Opfern, darunter viele Frauen, Kinder und auch Priester und Mönche. Danach wandten sich die Heere Carcassonne zu. Die Stadt galt wegen ihrer massiven Befestigung als uneinnehmbar, mußte aber mangels Trinkwasser kapitulieren. Unter der Stadtbevölkerung richteten die fanatisierten Kreuzritter ein ähnliches Blutbad an wie in Béziers. Raimund-Roger wurde gefangengenommen. Die Vizegrafschaft fiel an Simon von Montfort. Einige andere Orte wurden ohne Widerstand besetzt. Danach zog die Mehrheit der Ritter wieder ab. Simon blieb mit einem kleinen Gefolge allein zurück.

Mit dem Albigenserkreuzzug hatte sich der selbstbewußte Innozenz III. auf ein in jeder Hinsicht riskantes Abenteuer eingelassen, das dann auch die Kurie aus eigenen Kräften nicht zum erhofften Ende führen konnte. Die Mehrheit der Bevölkerung Südfrankreichs empfand die Invasion als Fremdherrschaft. Von einer gezielten Auseinandersetzung der Kreuzritter mit den Katharern konnte auch in den folgenden Jahren keine Rede sein. Ketzer wie Katholiken fühlten sich angegriffen und bedroht. Der Krieg erreichte das Gegenteil der beabsichtigten Wirkung. Die Bürger und Adligen stellten sich hinter die Katharer. Sie standen ihnen als Landsleute näher als die nordfranzösischen Eindringlinge. Zudem fürchtete der Adel jetzt, nach-

dem sich Simon den Besitz des Vizegrafen von Béziers angeeignet hatte, ebenfalls um seine Positionen. Kompliziert wurde
die Situation zusätzlich durch äußere machtpolitische Einflüsse. Die Könige von Aragon beherrschten als Lehensherren
oder aufgrund anderer Verträge weite Teile Südfrankreichs, so
die Vizegrafschaften von Béarn, Béziers und Narbonne und die
Grafschaften von Carcassès, Razès, Bigorre, Rousillon und
Foix. Der König von Aragon, Peter II., an sich ein eifriger Katholik, war nicht bereit, die Zerschlagung seiner Lehensgebiete
kampflos hinzunehmen. Auf der anderen Seite hatte die französische Krone schon großes Interesse, in Südfrankreich Fuß zu
fassen, da ihr das einen Zugang zum Mittelmeer eröffnete. Zunächst sah sie aber mit großem Mißtrauen, daß sich in der
Herrschaft Simons von Montfort ein neuer Machtfaktor in dieser Region herauszubilden begann. Diese Interessengegensätze
bestimmten den Hintergrund der Ereignisse des Albigenserkreuzzuges, der mit Unterbrechungen in verschiedenen Phasen
bis 1129 dauerte und das Land schwer verwüstete.

Simon von Montfort konnte sich in dem ihm feindlich geson-
nenen Umfeld ohne äußere Hilfe nicht behaupten. Nicht einmal
zu einer systematischen Ketzerverfolgung innerhalb seiner Herrschaft reichten die Kräfte. Jährlich mußten die Legaten neue
Kreuzritterheere anwerben. Die andere Partei vermochte jedoch auch keine geschlossene Front zu bilden. Der König von
Aragon befand sich auf dem Kreuzzug, und Graf Raimund von
Toulouse war ein Musterbeispiel von Unentschlossenheit. 1209
hatte Innozenz III. die gegen Raimund ausgesprochene Exkommunikation aufgehoben. Dafür mußte sich der Graf verpflichten, selbst das Kreuz gegen seine Landsleute zu nehmen. 1210
verließ er das Heer, wurde wieder exkommuniziert und verlor
überdies sieben als Garantie übergebene Festungen an die
Kreuzritter. In den folgenden Jahren kämpften die Heere mit
wechselndem Erfolg.

Historische Bedeutung erlangten die Kämpfe des Jahres
1213. Die Kreuzritter hatten die Herrschaft der Grafen von

Foix und Commings sowie des Vizegrafen von Béarn vernichtet und das Land weitgehend besetzt. König Peter II. von Aragon kam seinen Vasallen zu Hilfe. In der Schlacht von Muret wurde er jedoch vernichtend geschlagen und verlor sein Leben. Damit waren machtpolitisch alle Pläne der Krone von Aragon, ein einheitliches nordspanisch-südfranzösisches Staatensystem aufzubauen, gestoppt. 1215 mußte der Graf von Toulouse die Konfiskation des größten Teiles seiner Besitzungen zugunsten Simons von Montfort hinnehmen. Sie wurden sehr geschickt dem französischen König unterstellt, womit die Krone in einem ersten Schritt im Süden des Landes festere Herrschaft gewann. Simon von Montfort besaß jetzt umfangreiche Ländereien der südfranzösischen Grafen und Vizegrafen. Der Machtwechsel, wie ihn Innozenz III. beabsichtigt hatte, war geglückt. Die geschäftstüchtige Kurie beanspruchte eine jährliche Steuer von drei Denaren pro Herd. Aber tatsächlich besaßen weder das Papsttum noch seine Helfer die Kraft, diese bedeutenden Besitzveränderungen zu behaupten. In den folgenden Jahren konnten die südfranzösischen Grafen Simon von Montfort ein Gebiet nach dem anderen wieder entreißen. Eigentlicher Sieger war das französische Königtum. 1226 griffen königliche Heere ein und besetzten ohne große Gegenwehr die strittigen Gebiete. Der Friedensvertrag von Meaux (1229), abgeschlossen zwischen der französischen Krone und Graf Raimund VII., setzte neue Akzente. Ein Teil der Besitzungen, die Gebiete um Carcassonne, Narbonne, Albi und Beaucaire, wurde königliche Domäne. Die einzige Tochter des Grafen wurde mit dem Bruder König Ludwigs IX. verheiratet. Ein Abkommen legte fest, daß die Grafschaft bei Kinderlosigkeit der Ehe als königliche Domäne eingezogen würde. Damit war Südfrankreich in den Zentralisierungsprozeß einbezogen. Für Selbständigkeit und eventuelle Bindung an Spanien bestand real kein Spielraum mehr. Die französischen Könige gingen als Sieger aus einem Krieg hervor, den das Papsttum angezettelt hatte, ohne sich vor den Karren der Kurie spannen zu lassen. Die Konzeption Innozenz' III. war nur insofern aufgegangen, als Raimund VII. sich zur Ketzerbekämpfung verpflichten mußte. Die königlichen Beamten garantierten diese Auflage.

Während der Kriegsjahre machte die von der Kurie und den päpstlichen Legaten so sehr gewünschte Ketzerverfolgung nur geringe Fortschritte. Die Aburteilung von Katharern blieb fast ausschließlich den Kreuzritterheeren vorbehalten. Wo sie nach errungenen Siegen auftauchten, begannen die Scheiterhaufen zu brennen. Zwar vermied man nach Möglichkeit solche Massenmassaker wie in Béziers und Carcassonne, aber von zielgerichteten Untersuchungen und Festlegung individueller Strafen konnte keine Rede sein. Als nach der Eroberung von Minerve (1210) Legat Arnald-Amalrich nur versuchte, die gefangenen Katharer zum Abschwören zu veranlassen, begannen die Ritter zu murren, da sie befürchteten, die Ketzer würden freikommen und später erneut die Häresie verbreiten. Der erfahrene Abt beruhigte sie mit den Worten »Keine Angst, ich glaube, die wenigsten werden sich bekehren lassen«[4]. Er behielt recht. 140 Katharer wählten den Scheiterhaufen. In Cassès wurden 1211 60 perfecti verbrannt. Die Beispiele ließen sich fortsetzen. Besondere Empörung erregte unter der Bevölkerung, den chronikalischen Berichten zufolge, das Wüten der Heere in Lavaur, einem Zentrum der Häresie. Hier wurden 400 Menschen verbrannt. Die Herrin des Schlosses, die weithin verehrte und nicht nur unter den Katharern populäre Guiraude von Lavaur, warf man lebendig in eine Grube und deckte sie mit Steinen zu.

Die Bemühungen der Kurie, die Aktivitäten der südfranzösischen Kirche bei der Ketzerverfolgung noch zu erhöhen, blieben ohne nennenswerten Erfolg. 1211/12 ließ Innozenz III. noch einmal Bischöfe durch militante Kräfte ersetzen, die teilweise aus den Reihen der Kreuzzugsprediger kamen. Der Legat Arnald-Amalrich avancierte zum Erzbischof von Narbonne und erhielt zudem den Titel eines Herzogs. Mit diesen Personalveränderungen wurde nichts erreicht. Die Prälaten waren vollauf mit der Unterstützung der Kreuzritter beschäftigt. Für den Ausbau der Diözesen und die regelmäßige Predigt verwandte man kaum Zeit.

Wichtiger wurde jedoch, daß im Bewußtsein eines großen Teiles der Bevölkerung, des Adels und der Bürger, Antiklerikalismus, Kampf gegen die Kreuzritter und gegen die nordfranzösischen Eroberer relativ rasch zu einer Einheit verschmolzen. Man entzog zwar der Geistlichkeit nie ihre religiösen Privilegien und behinderte sie nur in Ausnahmefällen in ihrer seelsorgerischen Tätigkeit; verschiedentlich wandten sich Adlige, etwa der Graf von Toulouse, oder Kommunen an die Kurie mit der Bitte um Gerechtigkeit, aber insgesamt wuchs die Feindschaft gegenüber der Kurie beträchtlich an. Katholiken und Katharer rückten näher zusammen. Andererseits wurden mit dem Krieg politische und soziale Konflikte ausgetragen. Die Vielschichtigkeit der Auseinandersetzung wird am Verteidigungskampf der Bürger von Toulouse deutlich. In der Kommune bestanden zu Beginn des 13. Jh. heftige soziale Spannungen. Innerhalb der städtischen Oberschicht überrundete eine Gruppe neureicher Bürger, Kaufleute und Wucherer, die alteingesessenen und herrschenden Geschlechter ökonomisch und suchte sie auch von der politischen Macht zu verdrängen. Unter den Handwerkern gab es Unzufriedenheit über die eigene gesellschaftliche Position in der Kommune, die sich vor allem im heftigen Haß gegen den Wucher Luft zu machen suchte. Die katharische Häresie läßt sich in dieser Konfliktsituation keiner dieser Gruppen zuordnen. G. Koch sieht die Basis vor allem bei dem Patriziat und den Handwerkern, Ph. Wolff bei den Neureichen. Wir hatten die Ketzer allgemein als städtische Bewegung ohne spezifischen sozialen Trend definiert. Aufschlußreich ist jedoch, daß die Kirche die sozialen Spannungen nutzte, um ihren Einfluß in der Stadt zu erweitern. Bischof Fulco organisierte 1205 eine »weiße Bruderschaft«, die im Zeichen des Kreuzes den Kampf gegen den Wucher aufnahm. Ihr schlossen sich rasch Handwerker und Angehörige der alten Geschlechter an, die die Häuser der Wucherer und neureicher Kaufleute stürmten. Ein bischöfliches Tribunal goß Öl ins Feuer und verdammte einige Wucherer. Das Ziel Fulcos bestand darin, die weiße Bruderschaft zum Kampf gegen die Katharer weiterzuführen. Die Grenze dieses Unterfangens sollte bald deutlich werden. 1209 übergab der Legat Arnald-Amalrich den Konsuln eine Liste mit den Namen von Katharern, die die Kommune ausliefern sollte. Die Konsuln weigerten sich und nahmen lieber ein Interdikt in Kauf. Als 1211 Toulouse zum erstenmal von Kreuzrittern belagert wurde, waren die Anhänger des Bischofs isoliert. Die Mehrheit der Stadtbevölkerung bereitete sich auf die Verteidigung vor. Nur die weiße Bruderschaft zog zur Unterstützung der Belagerer aus. Die Stimmung in der Stadt drückte Graf Raimund VI. aus, als er die Dissidenten beschwor, ihren Arm nicht den Feinden des Vaterlands zu leihen. Die Konsuln schrieben an den König von Aragon, daß angesichts der drohenden Gefahr alle Zwistigkeiten innerhalb der Kommune beigelegt worden wären. Das war zwar übertrieben, aber einen Einigungsfaktor im Kampf um die Bewahrung und den Ausbau städtischer Autonomie und gegen feudale Bedrohung stellte die Auseinandersetzung mit den Kreuzritterheeren und später den königlichen Truppen auch in der Folgezeit dar. Der Albigenserkreuzzug hinderte indessen die Bürger von Toulouse nicht daran, sich vom Grafen wichtige Privilegien verleihen zu lassen, die dessen finanzielle Basis und damit militärische Potenz schmälern mußten. 1219 befreite Raimund VI. die Kaufleute von jeder Taxe und jedem Brückenzoll in seiner Domäne. 1220 übernahm er die Kosten für den Unterhalt der Befestigungsanlagen der Stadt. Sein Sohn Raimund VII. bestätigte und erweiterte diese Privilegien 1226.

Ähnlich wie die Bürger von Toulouse handelten auch die anderen Städte, wenn es um die Verfolgung der Katharer ging. Man versuchte sie mit Erfolg zu schützen, wehrte sich entsprechend den Möglichkeiten gegen Terrorurteile und half ihnen bei der Flucht. Die katharische Kirche erlitt durch die Kreuzritter vor allem in den ersten Kriegsjahren beträchtliche

Verluste, blieb aber trotzdem funktionsfähig. Bald hatten sich die Häretiker auf die neue Situation eingestellt. Den heranziehenden Heeren wichen sie aus und zogen sich in unzugängliche Bergregionen zurück oder gingen in den Untergrund. Nach Abzug der Feinde agierten sie nahezu auf die gleiche Weise wie zuvor.

Eine im Hinblick auf die spätere systematische Ketzerverfolgung bedeutungsvolle Entwicklung bahnte sich mit der Initiative des Dominikus Guzman von Caleruega an. Als Begleiter des Bischofs Diego von Osma war der aus Nordspanien stammende Kleriker 1206 von zisterziensischen Predigern in Südfrankreich zur Mitwirkung aufgefordert worden. Dominikus stand unter dem geistigen Einfluß Diegos, der nach den ersten Mißerfolgen im Disput mit Katharern die Überlegung anstellte: »Wenn die Menschen den Verkündiger des Evangeliums danach beurteilen, ob er der Botschaft des Evangeliums entsprechend lebt, dann muß man sich auf den Verkündigungsstil der neuen apostolischen Gruppen einstellen.«[5] Diese Erkenntnis stand im krassen Gegensatz zu den bisherigen Vorstellungen der an Reichtum und feudale Macht gewöhnten Zisterzienser über die Ketzerbekämpfung. In den folgenden Jahren zog Dominikus, zunächst gemeinsam mit Diego, als Wanderprediger barfuß und einfach gekleidet durch die Ketzergebiete. In Städten und Dörfern sowie auf den castra versuchte er durch die Predigt und in Einzelgesprächen gegen die Katharer zu wirken. Erfolge waren zunächst minimal.

Etwa 1207 gelang es ihm, im Gebiet von Fanjeaux einige adlige Katharerinnen, die vor allem von seiner einfachen apostolischen Lebensweise beeindruckt waren, in die katholische Kirche zurückzuführen. Dominikus gründete im Fanjeaux benachbarten Prouille eine regulierte Frauengemeinschaft. Die Regeln sind nicht überliefert, dürften aber denen der Beginen- und Katharerkonvente ähnlich gewesen sein. Die Prälaten ergriffen die Chance und dotierten die Gemeinschaft, die damit materiell sichergestellt war und von einem Mitstreiter des Dominikus betreut wurde. Mit Prouille war der Grundstein für den späteren weiblichen Zweig des Dominikanerordens gelegt. Die Konvente wurden in der Folgezeit vor allem in den Städten und deren näherer Umgebung gegründet und nahmen vor allem Frauen aus dem niederen Adel und dem vermögenden Bürgertum auf. Der katholischen Kirche entstand damit eine neue religiöse Institution, die speziell auf die Bedürfnisse der Stadt zugeschnitten war. Sie diente dem Anliegen, den Ketzern sozial den Boden zu entziehen. Allerdings wurde das erst sehr viel später relevant. In Südfrankreich fand Prouille zunächst wenig Resonanz und wurde von Adel und Bevölkerung feindselig betrachtet. 1211 gehörten dem Konvent elf Nonnen an und 1234 zwanzig. Der Einfluß der Katharer auf die Frauen des niederen Adels blieb trotz oder gerade wegen der Albigenserkriege erhalten.

1215 wurde Dominikus von Bischof Fulco zur Ketzerpredigt nach Toulouse gerufen. Rasch gewann er – die weiße Bruderschaft diente wahrscheinlich als Basis – einige Mitstreiter aus Bürgerkreisen und den Reihen der Kreuzritter. Bürger stellten ihm das erste Domizil für seine Gruppe zur Verfügung. Bereits 1216 wurde die etwa 20 Prediger zählende Gemeinschaft vom Papst Honorius als Orden anerkannt. Nicht Klausur und Meditationen bestimmten den Charakter der Regeln, sondern Predigt und Beichte. Die Mönche sollten für die Reinhaltung des Glaubens sorgen und vor allem gegen die Ketzer predigen. Erst später, unter dem Einfluß des Franziskanerordens, bekannten sich auch die Dominikaner stärker zur Armut und zum Bettel. In der Praxis wurden diese Bestimmungen nicht konsequent eingehalten. Sie bezogen sich vor allem auf ländlichen Grundbesitz. Das Wirkungsfeld der Orden lag in den Städten. Hier erhielten sie vom Säkularklerus Kirchen und Häuser geschenkt. Sehr rasch breiteten sich die Dominikaner über ganz Europa aus. Bereits in der zweiten Hälfte des 13. Jh. gab es in nahezu allen Städten einen Konvent.

Der Orden wurde zur wirkungsvollsten kirchlichen Institution einer Kontrolle des geistigen Lebens in den Städten. Die

Mönche besetzten die wichtigsten Positionen an den Universitäten und bestimmten die Entwicklung von Hochscholastik und Theologie im späten Mittelalter. Mit den Dominikanern war zudem ein Orden entstanden, der speziell für die Ketzerinquisition verantwortlich gemacht wurde. Sie nannten sich selbst canes Domini, Hunde des Herrn, die die Wölfe, die Ketzer, jagten. Die Anfänge der Bestrafung von Häretikern gingen auf Dominikus selbst zurück. Die Predigt bildete nur einen Teil seines Auftrages. Spätestens seit seiner Tätigkeit in Toulouse besaß er das Privileg, über die Ketzer selbst zu richten, das ihm wahrscheinlich vom päpstlichen Legaten erteilt worden war. Für eine Reihe reuiger Katharer bestimmte er die Bußformen und bestätigte auch die Rückführung in die Kirche. Er beauflagte die Ketzer mit dem Tragen von Bußkreuzen. Dazu wurden farbige Stoffkreuze deutlich sichtbar an die Vorder- und Rückseite der Kleidung geheftet, die für eine bestimmte Zeitdauer öffentlich getragen werden mußte. Als weitere Bußen wurden Pilgerreisen angeordnet sowie die Flagellation vor den Kirchentoren während der Messe. Nicht bekannt ist, ob Dominikus weitergehende Strafen verhängte. Über sein Wirken zwischen 1216 und seinem Tod 1221 schweigen die Quellen weitgehend. Wahrscheinlich scheiterten schärfere Bußen und Konfiskationen vor allem daran, daß die politische Situation dies nicht gestattete. Dominikus hat als Inquisitor im eigentlichen Sinn des Wortes gewirkt. Er erzog seine Mitstreiter in dem militanten Sinne der späteren Inquisition. Seine ersten Schüler gehörten nach 1233 zu den eifrigsten Ketzerrichtern.

Unter dem Pontifikat Gregors IX. (1227–1241) begann innerhalb der katholischen Kirche eine neue Etappe in der Ketzerverfolgung. Das wichtigste Kennzeichen dieser Zäsur ist die Einführung und Durchsetzung des Systems päpstlicher Inquisition. Wenn der Anfang dieser brutalen Terrormethoden in der Amtszeit Gregors IX. liegt, so heißt das nicht, daß es sich um das Produkt von Gedankengängen einer einzelnen fanatischen Person handelte. Die Inquisition stellte vielmehr die logische

Konsequenz der Offensive dar, die die Kurie seit Innozenz III. immer wieder neu in Gang gebracht hatte und deren Hauptmomente das Zusammenspiel zwischen weltlicher und geistlicher Gewalt sowie der Ausbau eines Systems des Aufspürens, Verhörens und Verurteilens der Häretiker bildeten. Die bischöfliche Ketzerverfolgung der zwanziger Jahre des 13. Jh. führte unter diesem Aspekt an das System der Inquisition heran.

Kaiser Friedrich II. hatte für seinen Herrschaftsbereich nördlich und südlich der Alpen Häresie zum Staats- und Majestätsverbrechen erklärt und entsprechende Gesetze 1224 für die Lombardei, 1232 für Süditalien und im gleichen Jahr für Deutschland erlassen. Ihrem Inhalt nach folgten die Gesetze den Vorstellungen der Kurie. Die weltlichen Richter sollten die Verdächtigen bis zur Vernehmung durch den Bischof gefangenhalten. Für hartnäckige Ketzer wurde der Tod durch Verbrennen als verbindliche weltliche Strafe festgelegt. Hinzu kam die Beschlagnahme ihres Eigentums einschließlich der Enterbung der Söhne. Friedrich II. war alles andere als ein religiöser Fanatiker. Für ihn galt die aus der Spätantike rezipierte Vorstellung, daß Häresie mit Ungehorsam gegenüber dem Staat gleichzusetzen sei. Angesichts des Widerstandes lombardischer Städte gegen eine Unterordnung unter die kaiserliche Macht besaß diese Auffassung auch einen konkreten Hintergrund. Die Durchsetzung der Gesetze bereitete jedoch in den entscheidenden Regionen große Schwierigkeiten. Während in Süditalien die Häretiker systematisch verfolgt wurden und auch nördlich der Alpen die Anordnungen relativ rasch für die Territorialfürsten geltendes Recht wurden, weigerten sich die ober- und mittelitalienischen Städte energisch, die Gesetze in den städtischen Statuten zu verankern. An der politischen Situation hatte sich seit Kaiser Friedrich Barbarossas Ketzergesetzen nichts geändert. In der Folgezeit machten zudem die ständigen Konflikte zwischen Kaiser und Papst ein Zusammenwirken bei der Verfolgung von Häretikern unmöglich.

Günstige Voraussetzungen für den Aufbau eines bischöflichen Systems der Ketzerverfolgungen boten sich der Kurie in Südfrankreich. Rom zeigte sich entschlossen, die Bestimmungen des Friedens von Meaux zu nutzen, und baute zudem auf die Gemeinsamkeit der Interessen mit der französischen Krone. Prägend für die weitere Entwicklung wurden die Beschlüsse des Provinzialkonzils von Toulouse 1229, und zwar nicht so sehr durch neue Festlegungen, sondern mehr wegen der Systematisierung der bisherigen Orientierungen und Maßnahmen. Anwesend waren ein päpstlicher Legat, die Erzbischöfe von Bordeaux, Auch und Narbonne, zahlreiche Bischöfe sowie der Graf von Toulouse und der königliche Seneschall von Carcassonne. Die Teilnahme von Repräsentanten der Staatsgewalt entsprach dem Charakter der vorgesehenen Ketzerverfolgung. In allen Diözesen und Pfarreien sollte ein ständiges Spitzelsystem die Katharer und Waldenser aufspüren. Jeweils ein Kleriker und zwei bis drei zuverlässige Laien wurden eingesetzt. Ihre Aufgabe bestand darin, Ketzer ausfindig zu machen. Dazu besaßen sie das Recht, alle verdächtigen Häuser, Scheunen und andere Schlupfwinkel zu durchsuchen. Vermutliche Ketzer oder deren Beschützer meldeten sie dem Bischof oder dem örtlichen Richter. Die Richter nahmen die Denunzierten fest und führten sie dem Bischof zum Verhör vor. Die Inquisition erfolgte auf der Grundlage von Verdächtigungen und von Zeugenaussagen. Der Bischof sprach anschließend das Urteil. Der Strafenkatalog beruhte auf der bisher geübten Praxis, wobei Anfänge einer Differenzierung deutlich werden. Bei Reue und Abkehr von der Häresie konnte sich das Urteil auf das Tragen von Bußkreuzen auf der Kleidung oder auf Pilgerreisen beschränken. Aber auch Ausweisung in eine andere Stadt war vorgesehen, desgleichen die zeitlich begrenzte oder lebenslängliche Kerkerhaft. Hartnäckige Ketzer wurden exkommuniziert und damit, da Häresie als kriminelles Verbrechen galt, der weltlichen Gewalt zum Urteil, dem Verbrennen auf dem Scheiterhaufen, überlassen. Hinsichtlich der Besitzkonfiskation ging das Konzil auf die entsprechende Bulle Innozenz' III. zurück.

Ketzer, aber auch zu lebenslanger Haft Verurteilte sowie die Beschützer von Häretikern verloren ihr Eigentum und ihre Ämter. Anfangs wurden die Häuser, in denen sich Ketzer aufgehalten hatten, zerstört, später zugunsten der weltlichen Macht, aber auch der Kirche enteignet. Die harten Beschlüsse gegen die Beschützer dienten vermutlich nicht so sehr der Absicht, den Adel des Landes einzuschüchtern, sondern resultierten daraus, daß Konfiskation seit den Albigenserkriegen eine »normale« Angelegenheit geworden war und der Staatsmacht damit ein besonderer Anreiz gegeben werden sollte. Unabhängig von Einzelbestimmungen sind die Festlegungen des Konzils von Toulouse deswegen von Bedeutung, weil sie das einheitliche Vorgehen von Kirche und Staat demonstrieren. Neu war die Orientierung auf ein ständiges Spitzelsystem, das, wie in der Literatur hervorgehoben wird, den Charakter einer politischen Polizei besaß. Deutlich erkennbar ist aber auch die betonte Einbeziehung der weltlichen Gewalten in die Gesamtverfolgung. Ohne den bailli, der für die Verhaftung und den Strafvollzug von der Ausweisung über die Kerkerhaft und die Konfiskation bis zur Todesstrafe verantwortlich war, konnte die Ketzerverfolgung nicht funktionieren. Die Konzilsväter waren sich offensichtlich der Tragweite dieser Beschlüsse bewußt. Person und Amt des bailli wurden besonders geschützt. Kein Richter durfte jemals Beziehungen zu Häretikern gehabt haben.

Nach den Festlegungen des Konzils begann in den folgenden Jahren die bischöfliche Ketzerverfolgung. Über die Ergebnisse ist wenig bekannt. Bischof Fulco ließ in der Stadt Toulouse Katharer gefangennehmen und verurteilte sie zu Bußstrafen beziehungsweise exkommunizierte sie. Es wurden die ersten Prozesse gegen Adlige eröffnet, so gegen die Familie Niort und den Herrn von Labécède. Die Aktivitäten der bischöflichen Gerichte dürften insgesamt gesehen gering gewesen sein. Das war weniger der zögernden Haltung der Kleriker und ihrer weltlichen Büttel zuzuschreiben, sondern dem Widerstand der Bevölkerung.

Auf der Grundlage des Erreichten führte Gregor IX. nach 1231 das Amt des päpstlichen Inquisitors ein. Es stand neben den bischöflichen Gerichten und grundsätzlich auch außerhalb der Diözesangerichtsbarkeit, obwohl die Kurie in der Anfangszeit immer wieder die Zusammenarbeit zwischen Inquisitoren und Bischöfen verlangte. In der formaljuristischen Definition dieser Funktion gibt es in der Literatur verschiedene Auffassungen. L. Kolmer hat es als spezifisches Amt bezeichnet, mit dem »ein päpstlich oder später bischöflich ausschließlich zur Ketzerbekämpfung delegierter Richter sich zeitlich nicht begrenzt mit Ketzerverfolgung beschäftigt. Er führt dabei das Ermittlungs- wie das Hauptverfahren bis zum Endurteil selbst und selbständig durch« (S. 111). So richtig diese Definition im formalen Sinne sein mag, über den Charakter dieses Amtes sagt sie naturgemäß wenig aus. Der Papst erhielt damit ein Instrument, das nach dem Willen Roms ein Terrorregime in Bewegung setzen konnte und auch setzte. Mit der Einrichtung dieses Machtapparates begann die Zeit zielgerichteter und grausamer Verfolgungen, denen allein während des Mittelalters Zehntausende von Menschen im Zeichen des Kreuzes zum Opfer fielen. Die Inquisitoren wurden in den folgenden Jahrzehnten die gefürchtetsten und meistgehaßten Kleriker. Selbst viele Geistliche begegneten ihnen mit großem Vorbehalt und lehnten die Inquisition immer wieder ab. Die Ketzerrichter wurden aus den fanatischsten Kreisen der Bettelorden ausgewählt, zunächst der Dominikaner, aber kurze Zeit später auch der Franziskaner. Etwa zwanzig Jahre benötigten Kurie und Inquisition, um das System zu perfektionieren. Maßstäbe setzten dabei die Tribunale in Südfrankreich. Die ersten Schritte machte die Inquisition jedoch im deutschen Reich und in Nordfrankreich mit dem Wirken Konrads von Marburg und des Robert le Bougre.

Konrad war, nach neuesten Untersuchungen, vermutlich Säkularkleriker. Als Beichtvater der heiligen Elisabeth, der Landgräfin von Thüringen, hatte er sich innerhalb der Kirche einen Namen gemacht. Etwa seit 1227 war er mit der Aufgabe betraut, in der Erzdiözese Mainz Ketzer aufzuspüren und dem Erzbischof zu übergeben. 1231 erhielt er vom Papst die vollen Rechte eines Inquisitors. Gemeinsam mit zwei Helfern zog er durch die Lande und entfaltete ein derartiges Schreckensregiment, daß selbst die Erzbischöfe von Köln und Mainz entsetzt waren und bei der Kurie Einwände erhoben. Auf haltlose Verdächtigungen hin zerrte er Bürger, Bauern und Adlige vor sein Tribunal. Sein Verhör baute er auf Suggestivfragen auf. Bei den geringsten Verdächtigungen gab es nur die Alternative, abzuschwören und damit als reuiger Ketzer zu erscheinen oder als verstockter Häretiker zu gelten. Dabei war Konrad von dem Wahn besessen, eine neue Häresie entdeckt zu haben, die Luziferianer (Teufelsanbeter). Stolz berichtete er dem Papst von seinen Erkenntnissen. Die Ketzer würden Kröten küssen, Orgien in unterirdischen Gewölben feiern, den Teufel anbeten und so weiter. Bei der im Aberglauben verhafteten mittelalterlichen Gesellschaft, die an die Macht von Dämonen glaubte, waren derartige Anschuldigungen sehr leicht zu konstruieren. Tatsächlich hat es eine solche Häresie nie gegeben. Zahlreiche Menschen wurden verurteilt. Trotz vieler Proteste beließ Gregor IX. Konrad in seinem Amt. Als der Inquisitor den mächtigen Grafen Heinrich von Sayn ebenfalls vor sein Tribunal ziehen wollte, stieß er an die Grenzen seiner Macht. Der Graf wandte sich an das Königsgericht, wo die Belastungszeugen ihre Beschuldigung widerriefen oder als persönliche Feinde des Grafen abgelehnt wurden. Von Leidtragenden seiner Verhöre wurde Konrad mit seinen Helfern 1233 erschlagen. In der Historiographie schreibt man Konrad wegen seines Wütens einen psychischen Defekt zu. Das mag nicht unberechtigt sein. Dennoch ist bemerkenswert, daß die grundsätzliche Willkür, wie Suggestivfragen, erpreßte Antworten, anonyme Zeugen, falsche Aussagen, auch in dem späteren ausgefeilten Inquisitionssystem zum Bestandteil des gesamten Prozesses gehörte, der Inquisition immanent verhaftet war. Sehr viel spätere Inquisitoren handelten ähnlich.

Auf andere Weise demonstrierte Robert le Bougre das Grauen der Inquisition. Er war ursprünglich Katharer gewesen (Bougre-Bulgare – also Bogomile) und nach seiner reuigen Rückkehr in den Schoß der Kirche dem Dominikanerorden beigetreten. 1233 beauftragte ihn Gregor IX. mit der Ketzerverfolgung in Nordfrankreich und Flandern. Ausgestattet mit der Sachkenntnis eines ehemaligen Häretikers und dem Fanatismus eines Renegaten, begann er seine richterliche Tätigkeit. Zahlreiche Ketzer wurden verurteilt und verbrannt. Robert scheiterte nach einigen Jahren am Protest der Bischöfe, die trotz päpstlicher Weisung nicht zum Gericht hinzugezogen wurden und sich übergangen fühlten. Robert verurteilte Verdächtige, die von den Bischöfen bereits als unschuldig freigesprochen worden waren, verhängte hohe Strafen für geringe Vergehen. Damit bot er den Bischöfen immer wieder die Gelegenheit, die Absetzung des Inquisitors beim Papst zu fordern. Gregor IX. soll – der Wahrheitsgehalt der Überlieferung ist fraglich – Robert wegen Übertretens seiner Befugnisse in ein Kloster geschickt haben. Unabhängig von den konkreten Ereignissen hat der Widerstand der weltlichen Gewalten und der Bischöfe auch einen grundsätzlichen Akzent. Man sah darin einen Eingriff in die eigene Jurisdiktion. Streitigkeiten in dieser Richtung flammten immer wieder auf und zwangen die Kurie noch lange Zeit zu ständig neuen Kompromißlösungen.

Im Katharerzentrum Südfrankreich begannen die ersten Inquisitoren 1234 mit ihrer Arbeit, nachdem Gregor IX. 1233 den Dominikanerorden generell mit der Besetzung dieses Amtes beauftragt hatte, darunter Peter Seila und Guillelmus Arnaldi. Peter Seila gehörte zu den ersten Mitstreitern des Dominikus in Toulouse. Er stammt aus einer angesehenen toulousanischen Familie, die Dominikus 1216 das erste Haus für seinen Konvent geschenkt hatte. Diese geringe Zahl von Ketzerrichtern angesichts der katharischen Massenbewegung ist kein Zeichen von Schwäche. Auch in späterer Zeit wurden die Inquisitoren für größere Gebiete bestellt. Über die ersten

Jahre der Inquisitorentätigkeit ist die Überlieferung nur lük-
kenhaft. Feste Normen der Prozeßführung, wie Protokolle, Register über die Verurteilten, gab es noch nicht, oder sie waren
unvollständig. Die Inquisitionstribunale waren Wanderge-
richte. Sie tagten zumeist am Bischofssitz, in den Dominikaner-
konventen oder in den Pfarreien. Die Tätigkeit der Ketzerrichter war auf die Massenwirksamkeit orientiert. Nach der Ankunft
hielt der Inquisitor eine öffentliche Predigt vor dem dazu ver-
sammelten Volk. In ihr setzte er sich mit den häretischen Lehren auseinander und forderte alle Anwesenden auf, ihnen bekannte Häretiker zu melden. Reuige Ketzer konnten sich innerhalb einer Gnadenfrist (tempus gratiae) selbst anzeigen und
mit einer milden Strafe rechnen. Die Zeugenaussagen hielt man
in der Regel geheim. Auf der Basis der Beschuldigungen begannen die Verhöre, wobei die Inquisitoren bestrebt waren, weitere Namen zu erfahren, so daß ein Schneeballeffekt erzielt
wurde.

Schwierigkeiten mit den Bischöfen hatten die südfranzösischen Inquisitoren nicht. In vielen Fällen arbeiteten beide Gerichte nebeneinander und ergänzten sich. Örtliche Kleriker
wirkten oft in den Inquisitionstribunalen mit. Das Hauptproblem bestand darin, daß beide Gerichte gegen den erbitterten
Widerstand der Bevölkerung auftreten mußten. Dabei entwik-
kelte sich eine Vielfalt von Kampfformen, die bis in die vierziger Jahre des 13. Jh. eine effektive Ketzerverfolgung nahezu
unmöglich machte. Zunächst versuchte man die Methode der
Denunziation zu durchkreuzen. Es gab Absprachen, die Aussagen zu verweigern, oder es wurden nur Katharer genannt, die
bereits geflüchtet oder verstorben waren. In einigen Orten
setzte man die öffentliche Anklage durch, ließ Entlastungszeu-
gen auftreten oder deklarierte die Belastung als persönlichen
Racheakt. Damit gelang es in Toulouse, einige Prozesse gegen
Angehörige der städtischen Oberschicht zu verhindern. Denunzianten wurden von der Bevölkerung geächtet und verfolgt.
1235 bedrohte ein Inquisitionsgericht einen Katharer mit der

Exkommunikation, falls er bei seiner Aussageverweigerung bliebe. Er verriet daraufhin sieben Glaubensgenossen. Später wurde er dafür von Katharern erschlagen. Darüber hinaus wandten sich Bürger, aber auch Kommunen und selbst die Grafen von Toulouse wiederholt an die Kurie, um gegen verhängte Urteile Protest einzulegen.

Angesichts dieses Widerstandes blieben die Erfolge des Inquisitors wie der bischöflichen Gerichte in den ersten Jahren relativ gering. Dem Scheiterhaufen konnten sie – die Belege sind lückenhaft – offensichtlich nur wenige Katharer übergeben. In vielen Fällen wurden Pilgerbußen auferlegt. Die Inquisitoren waren bemüht, das Strafmaß zu fächern. Nach einem erhalten gebliebenen Prozeßprotokoll wurden einem reuigen Ketzer folgende Strafen auferlegt: Er sollte einen Armen lebenslang versorgen, zehn Pfund Geld zahlen und im Zeitraum von zwei Jahren vier Wallfahrten durchführen.[6] Das Strafmaß hing zu einem beträchtlichen Teil von der politischen Situation ab. Die Richter hatten sehr bald herausgefunden, was sie gegen den Willen der Bevölkerung durchzusetzen vermochten. In Toulouse war Johannes Textor, wahrscheinlich ein angesehener Bürger der Stadt, zum Tod auf dem Scheiterhaufen verurteilt worden. Er verteidigte sich öffentlich gegen die Anklage und das Urteil. Er wäre immer ein guter Katholik gewesen, denn er wäre verheiratet, hätte Kinder, esse Fleisch, schwöre und lüge. Die Inquisitoren und ihre Hintermänner wollen die Stadt und ihre rechtschaffenen Bürger nur vernichten und den rechtmäßigen Herren entreißen.[7] In Toulouse setzte daraufhin eine derartige Protestwelle ein, daß die Strafe in Kerkerhaft umgewandelt werden mußte. Hier ließ sich Textor von gefangenen perfecti das consolamentum erteilen und wurde daraufhin von dem Ketzerrichter dem bailli zum Feuertod übergeben. In der gleichen Stadt ließ 1234 der Bischof, um Protesten zu entgehen, eine alte Frau im Schnellverfahren verbrennen. Der Bischof war zu ihr gekommen, als er hörte, daß sie im Sterben liege. Sie erbat von ihm, in der Meinung, er wär ein perfectus, das consolamentum.

Da sie nicht abschwur, wurde sie verurteilt.[8] Alles spielte sich vermutlich innerhalb eines Tages ab, zur gleichen Zeit, als Dominikus in Toulouse heiliggesprochen wurde.

Trotz der genannten Beispiele, die noch erweitert werden könnten, stand die Verurteilung lebender Ketzer in den ersten Jahren für die Inquisitoren nicht im Vordergrund. Vielmehr dominierte die Verurteilung Verstorbener. Gewissenhaft sammelten die Tribunale alle Informationen über diese ehemaligen Häretiker. Die Gräber wurden geöffnet, und die Büttel schafften die halbverwesten Leichen vor die Tore der Stadt, wo die Toten schließlich verbrannt wurden. Nach übereinstimmenden Auffassungen in der Literatur dürfte es sich nicht um Einzel-, sondern um Massenerscheinungen gehandelt haben. Mit diesen makabren Schauspielen wollten die Inquisitoren Angst verbreiten und die Bevölkerung demütigen. So wurde das auch von den Bürgern verstanden. In Albi kam es deswegen zu ersten Unruhen. Der Inquisitor und die mit der Exhumierung beauftragten Büttel wurden vom Friedhof vertrieben und konnten nur unter Mühen ihr Leben in Sicherheit bringen.

In Toulouse mündete der Widerstand 1235 in einen Aufstand gegen den Inquisitor, den Bischof und die Dominikaner. Die Bevölkerung war wegen der Massenexhumierungen äußerst empört und verlangte deren Beendigung. Die Dominikaner lehnten das zwar ab, gaben aber insofern nach, als sie den verhaßten Peter Seila aus der Stadt abzogen. Mehr als ein taktischer Schachzug dürfte das nicht gewesen sein, denn an seiner Stelle wirkte Guillelmus Arnaldi, der gegen die Katharer in der Stadt einen entscheidenden Schlag führen wollte. Zwölf angesehene Bürger der Stadt, darunter fünf Konsuln, lud er vor das Tribunal. Die Absicht, mit der Oberschicht auch die Beschützer der Katharer zu treffen, war unverkennbar. Die Stadtoberhäupter reagierten sofort eindeutig. Sie verboten die Vorladung und jagten den Inquisitor aus der Stadt. Seine Helfer wurden gefangengenommen. Der Bischofssitz und der Dominikanerkonvent wurden von den Bürgern abgeriegelt, so daß Kontakte zu den Anklägern der Inquisition unmöglich wurden. Niemand durfte den Eingeschlossenen Lebensmittel verkaufen. Der Bischof verließ ebenfalls Toulouse. Die Predigermönche erhielten von Arnaldi aus Carcassonne den Auftrag, die Beschuldigten dorthin vorzuladen. Die Vorbereitung der Dominikaner auf diesen Gang ist bezeichnend für die Atmosphäre in der Stadt. Sie betrachteten ihren Auftrag als einen Märtyrergang und rechneten mit dem Tod, wurden aber von den Angehörigen der Angeklagten nur mit blutigen Köpfen wieder in den Konvent geschickt.[9] Die Predigermönche wurden jetzt auch aus der Stadt gewiesen. Gregor IX. mußte sich persönlich dafür verwenden, daß Mönche und Bischöfe nach einigen Monaten wieder nach Toulouse zurückkehren durften. Als wirkungsvolles Druckmittel erwies sich dabei nicht die Drohung des Papstes, sondern die des französischen Königs, der Graf Raimund VII. mit Sanktionen drohte, falls er den Vertrag von Meaux nicht einhalte.

Der Widerstand der südfranzösischen Städte war wirksam, seine Dauerhaftigkeit hing jedoch davon ab, wie sich der Adel gegen die Inquisition zu wehren wußte. Kirche und Krone dürften sich bald bewußt geworden sein, daß die Häretiker, darüber hinaus aber auch antikönigliche Kräfte, in den castra ihren Rückhalt besaßen. Die Durchsetzung der Inquisition war von den Ergebnissen dieser unausweichlichen Konfrontation abhängig. Bereits der erste große Inquisitionsprozeß gegen die Adelsfamilie der Niorts läßt die Probleme und Zusammenhänge zwischen Ketzerverfolgung und Politik deutlich werden.

Das Geschlecht der Niorts gehörte zu den mächtigsten Adelsfamilien des Südens. Es verfügte über umfangreichen Landbesitz, der vor allem im Herrschaftsbereich des Vizegrafen von Carcassonne lag. Über die Mutter Esclarmonde, eine perfecta, waren die Niorts mit dem Katharertum verbunden, und mindestens zwei Söhne dürften credentes gewesen sein. Erst 1218, als ihr eigener Besitz unmittelbar bedroht schien, hatten sie sich am Krieg gegen die Kreuzritter beteiligt. 1226 unterwarfen sie sich dem französischen König. Nach 1229 mußten sie Konfiskatio-

nen durch die Kirche befürchten. Sowohl der Erzbischof von
Narbonne als auch der Bischof von Toulouse erhoben Anspruch
auf Besitzteile der Familie. Da der katharische Einfluß bekannt war, eröffnete der Bischof von Toulouse 1233 das Inquisi-
tionsverfahren, das erst 1236 zum Abschluß kam. Die Familie
wurde für schuldig befunden. Von den zwei Brüdern, die sich in
Gewahrsam befanden, wurde einer als Häretiker verurteilt, der
andere galt als reuig und erhielt eine lebenslängliche Kerkerhaft. Die übrigen Familienmitglieder verurteilte man in Abwesenheit als Ketzer. Die Besitzungen sollten konfisziert werden. Realisiert wurde das Urteil aber nicht. Die Niorts rüsteten
sich zur militärischen Verteidigung gegen die Vollstrecker.
Nordfranzösische Barone befürchteten einen Aufstand des
Adels und rieten von einer Konfrontation ab. Die beiden Brüder waren kurze Zeit später frei, und auch die anderen Familienmitglieder blieben unbehelligt. Konfiskationen wurden nicht
vorgenommen. Das gelang erst kurze Zeit später der französischen Krone. 1242 beteiligten sich die Niorts an einem Aufstand, den Raimund Trencavel gegen den französischen König
führte. Nach dessen Niederschlagung mußten die Niorts umfangreiche Besitzungen an die königliche Domäne abtreten. 1246
wurden auch noch die Restbesitzungen eingezogen. Die bei den
Niorts deutlich erkennbare Einheit von Antiklerikalismus und
Frontstellung gegen die Zentralgewalt bestimmte die Grundhaltung zahlreicher südfranzösischer Adelsfamilien. Sie mußten
daran scheitern, weniger an der Feindschaft zur Inquisition als
an ihrer Opposition gegenüber der französischen Zentralgewalt, zum Nutzen der Inquisition. Die Entscheidung fiel in den
Jahren zwischen 1240 und 1244. Herbeigeführt wurde sie
durch die königlichen Truppen.

1240 organisierte Raimund Trencavel, der Sohn des ehemaligen Vizegrafen von Béziers, des ersten feudalen Verlierers
im Albigenserkreuzzug, eine Rebellion gegen den König. Gestützt auf Freunde und ehemalige Vasallen wollte er der Krone
seine Besitzungen wieder entreißen. Es gelang ihm, Carcas-

sonne zu erobern. Aber sein Erfolg währte nur wenige Wochen. Ein königliches Entsatzheer vertrieb ihn aus der Stadt und anderen Festungen. Raimund flüchtete wieder nach Aragon. Seine Vasallen verloren wichtige Festungen, und die königliche Domäne wurde in den Regionen von Carcassonne, Razès und Minerve erweitert. Bei dem Aufstand handelte es sich um eine feudale Auseinandersetzung. Faktisch wurden aber im Verlauf des Krieges immer wieder Fronten sichtbar: königliche Truppen und Kirche auf der einen und südfranzösischer Adel und Katharer auf der anderen Seite.

Als Raimund Carcassonne belagerte, beschwor der Erzbischof die Bürger, fest zum katholischen Glauben zu stehen. Nach der Eroberung gewährte man den Klerikern und Mönchen freien Abzug. Von den Kriegern und der Volksmenge wurden trotzdem 33 erschlagen. Im Heer Raimunds überwog die katharerfreundliche Stimmung. Zahlreiche credentes beteiligten sich aktiv an den militärischen Auseinandersetzungen und hofften auf die Rückkehr der alten Zustände. Ein Katharerbischof begleitete die Truppe. Die Niederlage Raimunds und die Konfiskationen schwächten die katharischen Positionen in den genannten Territorien beträchtlich und zwangen sie, neue Rückzugsgebiete zu suchen.

1242 führte Graf Raimund VII. einen Aufstand gegen die französische Krone. Raimunds politischer Handlungsspielraum war seit dem Frieden von Meaux durch die Kirche und die Krone beträchtlich eingeschränkt. Der Graf zählte nicht zu den Anhängern der Katharer. Er sorgte verschiedentlich selbst dafür, daß perfecti verbrannt wurden, und die weltlichen Richter in der Grafschaft arbeiteten in seinem Auftrag. Auf der anderen Seite wehrte er sich gegen das brutale Vorgehen der Inquisitoren. Verschiedentlich griff er zugunsten der Verurteilten ein. Wenn die städtischen Oberschichten in der Stadt Toulouse so lange im Amt bleiben durften, hatte er daran seinen Anteil. Trotz aller Wechselhaftigkeit stellte er für viele südfranzösische Adlige und Bürger das Symbol der Unabhängigkeit von der französischen Krone und dem Klerus dar. Seit etwa 1240 hatte Raimund begonnen, die Kräfte für einen Aufstand zu sammeln. Er fand Verbündete in dem Grafen von Foix, dem Vizegrafen von Narbonne sowie dem Grafen von La Marche und zahlreichen anderen Adligen. Das Ziel bestand darin, die königliche Domäne zu besetzen. Die Situation schien günstig, da die königlichen Truppen in Kämpfe mit den Engländern in Westfrankreich verwickelt waren. Nach kurzen Erfolgen erlitten die Aufständischen entscheidende Niederlagen. Raimund unterwarf sich dem König bedingungslos. Der Graf von Foix unterstellte seine Lehen direkt der Krone. Diese Niederlage bedeutete das Ende des Widerstandes der südfranzösischen Territorialherren gegen den Aufbau einer Vormachtstellung der Zentralgewalt. Jetzt setzten königliche Truppen zum Angriff auf die letzte große Bastion des Katharertums, auf die Festung Montségur, an. Es war seit langem bekannt, daß sich die unzugängliche Burg zum Zentrum der Häresie entwickelt hatte. Neben perfecti und perfectae lebten hier zahlreiche Ritter mit ihren Familien, denen die Verteidigung der Anlage oblag. Für die Inquisitoren war dieses Territorium unerreichbar. 1242 zogen von Montségur Ritter nach Avignonet und erschlugen in einem nächtlichen Überfall den Inquisitor Arnaldi und die Mitglieder seines Tribunals, insgesamt zwölf Personen. Damit setzten sie dem unerträglichen Wüten dieses Ketzergerichtes ein Ende. Für die Kirche war das der Anlaß zur Vernichtung der Katharerbastion. Geführt von königlichen Truppen, begann nach längerer Belagerung der Sturm auf Montségur. Mindestens 211 Katharer, die nicht abschwören wollten, wurden verbrannt. Andere verurteilte man zu Kerkerhaft.

Mit dem Fall von Montségur brach der Widerstand der südfranzösischen Bevölkerung gegen die Inquisition zusammen. Die genannten drei militärischen Auseinandersetzungen hatten die staatlichen Positionen des französischen Königtums in dieser Region gestärkt und damit Voraussetzungen für ein ungehindertes Wirken der Gerichte geschaffen. Diese veränderte Kräftekonstellation zermürbte die Widerstandskraft der Katharer und ihrer Anhänger. Das System der katharischen Kirche war zerschlagen. Die Angst vor dem Terror erfaßte mit dem Erkennen der aussichtslosen politischen und militärischen Situation vor allem die credentes. Die Inquisition nutzte die neuen Bedingungen konsequent aus und begann mit Massenverhören die Basis der Katharer endgültig zu zerstören. Die nur teilweise erhaltenen Inquisitionsregister vermitteln einen Eindruck vom Umfang der Verhöre, aber auch von der Ausbreitung der Häresie. Der Inquisitor Peter Seila verurteilte zwischen Mai 1241 und April 1242 in neun Orten des Quercy über 600 Personen, davon allein in Montauban etwa 250. Die Zahl derjenigen, die verhört, aber nicht verurteilt wurden, ist dabei nicht einmal erfaßbar. Die Inquisitoren Bernard de Cautio und Johannes de Sancto Petro verhörten 1245/46 von Toulouse aus 5471 Personen aus dem Lauragais und dem Gebiet um Toulouse. Bereits ein Jahr später setzten sie ihre Tätigkeit in Pamiers fort. Die Beispiele ließen sich fortsetzen.

Organisatorisch waren diese Erfolge in der Ketzerverfolgung möglich geworden, weil die Inquisitoren jetzt über einen erfahrenen Mitarbeiterstab verfügten und sich neue technische Fertigkeiten angeeignet hatten. Der Inquisitor verfügte etwa über zehn Mitarbeiter, zumeist Kleriker, die als Richter, Schreiber oder Büttel fungierten. Die Inquisitionstribunale zogen auch wie bisher von Ort zu Ort, kündigten sich vorher beim Pfarrer und den örtlichen Behörden an, die alle Vorbereitungen zu treffen hatten. Ungestört durch eventuellen Widerstand blieben die Gerichte so lange an einem Ort, bis sie alle Anhänger erfaßt zu haben glaubten. Die Ergebnisse wurden in sogenannten Inquisitionsregistern niedergelegt, in denen die Verurteilten, manchmal aber auch alle Verhörten verzeichnet waren. Damit entfiel bei einer zweiten Inquisition die »tempus gratia«, die Gnadenfrist, in der sich der Ketzer freiwillig stellen konnte.

Die jetzt üblich werdenden Verhörspraktiken sind von außerordentlicher Bedeutung für die historische Beurteilung des Katharertums. Die Inquisitoren hatten Frageschemata entwickelt, die nicht auf die katharischen Lehren orientiert waren, sondern auf das Alltagsleben. Zunächst wollte man wissen, wann und wo der Verdächtige Kontakt mit Katharern gehabt hatte, und ging dabei, wenn notwendig, Jahrzehnte zurück. Besonderes Interesse zeigten die Richter für die Teilnahme an der fractio panis und am consolamentum. Eine Standardfrage bezog sich auf das Verhältnis zu den perfecti: ob der Angeklagte vor ihm auf die Knie gefallen wäre, ihnen den katharischen Gruß entboten hätte, einen Vertrag über das consolamentum auf dem Totenbett abgeschlossen, sie mit Lebensmitteln versorgt hätte und so weiter. Über die katharischen Lehrsätze wollte der Inquisitor wenig wissen. Offensichtlich konnten die credentes darüber keine Auskunft geben. Von dieser Seite bestätigen die Protokolle, daß die credentes vor allem das persönliche Vorbild der perfecti anzog und nicht die katharischen Dogmen. Das ganze Verhör war eingebunden in das Aufdecken weiterer Häretiker. Der Inquisitor fragte jeweils hartnäckig danach, wer an den Zusammenkünften mit perfecti beteiligt war, so daß jeder Verdächtige Angeklagter und Denunziant zugleich war. Da das Urteil offensichtlich nicht zuletzt von der Bereitschaft, weitere Namen zu nennen, abhing, ergab sich damit eine Ausgangsbasis für Massenverhöre, wobei sich im Vergleich der Wahrheitsgehalt der Aussagen überprüfen ließ. Die Inquisition hatte sich um die Mitte des 13. Jh. in Südfrankreich zu einem ausgeklügelten Terrorsystem entwickelt, dem die theologisch ungeschulten Menschen nahezu hilflos ausgeliefert waren. Wer vor dem Inquisitionsgericht stand, hatte in jedem Fall mit einer Bußstrafe zu rechnen.

Die in den Massenverhören Angeklagten waren zumeist credentes, die sich zu einem guten Teil innerhalb der Gnadenfrist dem Inquisitor stellten und auf ein mildes Urteil hofften. Das gilt nachweislich für die 600 von Peter Seila Verurteilten. Hier gab es folglich auch keine Exkommunikation, Gefängnisstrafen

und Güterkonfiskationen. Die Bußpilgerreise war die dominierende Strafe, allerdings auch in einer extrem harten Form
angewandt. 90 Personen wurden nach Konstantinopel geschickt. Für einen Zeitraum von 1 bis 8 Jahren sollten sie die
Kreuzritter im Lateinischen Kaiserreich unterstützen. Auch in
den späteren Massenverhören wurden differenzierte Strafen
ausgesprochen, wobei Pilgerreisen und das Tragen von Bußkreuzen vorherrschten, aber auch die Kerkerhaft kam häufig
zur Anwendung. 1246 beauflagte Bernard de Cautio nach Verhören in 39 Orten 184 Angeklagte mit Pilgerreisen und Bußkreuzen, 23 ließ er in den Kerker werfen. Die Exkommunikation mit anschließendem Tod auf dem Scheiterhaufen wurde relativ selten als Urteil verkündet. Obwohl die Quellen unvollständig sind, wird allgemein angenommen, daß es sich um etwa
1 % der Urteile handelte. Das ist keineswegs als Zeichen der
Milde zu werten. Nach Gesetz und Gewohnheit galt, daß
davon nur Ketzer betroffen werden, die nicht abschworen oder
rückfällig wurden. Vor allem aber suchte man damit die perfecti und perfectae zu strafen. Oft akzeptierte man deren Ab-
schwörung deswegen nicht. Beträchtlichen Umfang nahmen die
Güterkonfiskationen an. Ursprünglich wurde diese Maßnahme
im Zusammenhang mit der Inquisition nur bei nicht reuigen
und flüchtigen Häretikern angewandt. Bald wurde sie aber von
der weltlichen Gewalt auch auf reuige Ketzer ausgedehnt, die
zu Kerkerstrafen verurteilt waren. Zu einem geringen Teil
diente die Einnahme zum Ausbau der Gefängnisse, die Masse
des Vermögens fiel den weltlichen Gerichtsherren zu. Beträchtliche Besitzverschiebungen zugunsten des Königs, aber auch des
Grafen von Toulouse und des von Foix und anderen Seigneurs
waren die Folge. Offensichtlich beunruhigt über das Ausmaß
der Enteignungen und eventueller sozialer Konflikte, verlangte
König Ludwig IX. 1259, daß zukünftig nur noch das Eigentum flüchtiger und exkommunizierter Häretiker sowie derjenigen, die flüchtige Ketzer beherbergten, konfisziert werden
sollte. An der Tatsache, daß zahlreiche Bürgerfamilien und

Familien aus dem Adel im Ergebnis der Inquisition verarmten, änderte diese Anordnung wenig.

Gegen die Tätigkeit der Inquisitionsgerichte leistete die Bevölkerung auch unter den neuen Bedingungen Widerstand. Die »reuigen« Ketzer fühlten sich wohl keineswegs als Sünder, die sich den auferlegten Strafen ohne Widerspruch zu unterziehen hätten. Als besonders verhaßt galt die Kerkerhaft. Viele Ketzer starben nach kurzer Zeit unter den unmenschlichen Bedingungen, die in den Gefängnissen herrschten. Selbst bei den Klerikern häuften sich die Bedenken gegen diese »Bußform«. Zahlreiche Revisionsanträge wurden an die Kurie gestellt, und noch häufiger versuchte man, mit Hilfe von Freunden aus dem Kerker zu entfliehen. Desgleichen protestierte man häufig gegen das Tragen von Bußkreuzen und die Pilgerreisen, die zumeist als kombinierte Strafen auferlegt wurden. Trotz vorgesehener Kontrollmaßnahmen in Form von schriftlicher Bestätigung ist nicht sicher, wie viele sich den Bußreisen, die meist mehrfach zu unternehmen waren, entzogen. Als Wallfahrtsziele werden vorwiegend Orte in den südfranzösischen Landschaften genannt, etwa Le Puy, St. Gilles, Limoges und andere, aber auch St. Denis bei Paris, Canterbury und Santiago de Compostela.

Der Widerstand des Volkes und von Teilen der Geistlichkeit gegen die selbstherrlichen Urteile der Inquisitoren, die jetzt kaum noch Säkularkleriker zur Urteilsfindung heranzogen, führte zu einer Krise des Systems der Inquisition, die von prinzipieller Bedeutung war. Der Anlaß war geringfügig. Als 1248 156 Bürger von Limoux zum Tragen von Bußkreuzen verurteilt worden waren, wandten diese sich empört an den Papst, der das Urteil aufhob und eine neue Untersuchung forderte. Daraufhin sprachen die Inquisitoren alle Angeklagten frei. Das gefiel der Kurie jedoch auch nicht. Gegen eine neue Verhandlung verwahrten sich die Ketzerrichter, indem sie ihr Amt niederlegten. Auch zwei andere Inquisitoren lehnten es ab, das Verfahren erneut aufzunehmen. Die Dominikaner zogen sich generell von ihren Ämtern zurück. Hinter dieser Rebellion stand die Befürchtung der Inquisitoren, durch die ständigen Revisionen der Kurie isoliert zu werden. Sie verlangten nicht nur päpstlichen Schutz, sondern auch absolute Unabhängigkeit. Bis 1255 wurde in Südfrankreich die Ketzerverfolgung nur von Bischöfen durchgeführt. Aber das Inquisitionssystem war zu diesem Zeitpunkt bereits derart etabliert, daß die Kurie nicht mehr darauf verzichten wollte. 1255 wurden die Dominikaner wieder mit dieser Tätigkeit betraut und zudem mit noch mehr Macht ausgestattet. Der Papst bestätigte ihnen ausdrücklich, daß sie ihre Entscheidungen unabhängig von Bischöfen und Provinzialkonzilien treffen dürften. Die päpstlichen Revisionen verringerten sich. Die Inquisitoren erhielten das Recht, sich gegenseitig von Sünden zu absolvieren. Das bedeutete u. a. für sie freie Hand für die Anwendung der Folter, die in der Folgezeit immer häufiger zum Erpressen von Geständnissen üblich wurde.

Für das Katharertum im Languedoc begann unter diesem ständigen physischen und psychischen Druck die Zeit des Niedergangs. Die Gemeinschaft war zahlenmäßig beträchtlich zusammengeschmolzen. Trotzdem gab es noch eine ansehnliche Anhängerzahl, die sich in der zweiten Hälfte des 13. Jh. sozial verlagerte. Der Anteil des Adels und der vermögenden Bürgerschaft schwand rascher als der der Handwerker. Daneben werden auch öfter Bauern und Hirten erwähnt. Mit großer Umsicht suchten die credentes die wenigen perfecti zu schützen. Nach Rainer Sacconi soll es 1250 in ganz Südfrankreich noch 200 perfecti gegeben haben, die unter den jetzt völlig anderen Bedingungen in ihrer Gemeinde zusammenhielten. Sie waren zu Wanderpredigern geworden. Nicht mehr in ihrer auffälligen Kleidung, sondern gut getarnt, zogen sie von Ort zu Ort und trafen sich heimlich mit den credentes in Wäldern oder abgelegenen Häusern. Sie selbst lebten in Gebirgshöhlen. Die Pyrenäen galten als ein besonders geeignetes Rückzugsgebiet. Die Struktur der katharischen Kirche existierte nicht mehr. Wie in den Anfangszeiten leiteten die ältesten Katharer die klein gewordene Gemeinde von Wanderpredigern.

Seit der Mitte des 13. Jh. organisierten die Katharer die Massenflucht aus Südfrankreich. Ziel waren die Regionen, wo die katharischen Gemeinden noch recht ungehindert von systematischen Verfolgungen existieren konnten: Katalonien, Sizilien, Korsika, Dalmatien, vor allem aber die Lombardei. Nach Italien gab es sogar genau fixierte Fluchtwege, die nicht den häufig benutzten Handelsstraßen folgten. Für sicheres Geleit sorgte eine Gruppe von Führern (ductores), einheimische credentes, die die Flüchtigen sicher von einer vorbereiteten Herberge zur anderen brachten. In fast allen oberitalienischen Städten ließen sich die südfranzösischen Katharer nieder, wobei Pavia, Cremona, Mantua und Piacenza sich wahrscheinlich besonderer Beliebtheit erfreuten. Zu eigentlichen Zentren wurden kleine Städte südlich von Turin. In der neuen Heimat hatten die Südfranzosen sehr gute Kontakte zu den einheimischen Katharern. Zu einer organisierten Verschmelzung kam es jedoch nur in Ausnahmefällen. Die Flüchtigen blieben vielmehr selbständige Gemeinschaften, die von eigenen perfecti seelsorgerisch betreut wurden. Sogar Bischöfe waren mit nach Italien gezogen, so der Katharerbischof von Toulouse, Bernard Oliba. Die soziale Struktur der credentes hatte sich entscheidend verändert. Bei der Mehrheit der Flüchtlinge handelte es sich um Handwerker und kleine Händler. Nachweisbar sind zum Beispiel Weber, Bäcker, Siebemacher und Gürtler, die sich erfolgreich neue Existenzen aufbauten, eigene Werkstätten gründeten und damit zum Anlaufpunkt für nachfolgende Katharer wurden. Demgegenüber blieb die Zahl der Kaufleute und der Adligen äußerst gering. Als Motivation für die Flucht nennen einige Belege den Wunsch von credentes, wieder regelmäßige Kontakte zu einem perfectus zu haben. Die Erklärung ist insofern nicht bedeutungslos, weil daraus hervorgeht, daß die Bindungen an die katharische Kirche doch bei vielen enger waren, als aus den zahlreichen Abschwörungen geschlußfolgert werden könnte.

Es ist nicht bekannt, wie viele Katharer emigrierten. In der

Literatur herrscht übereinstimmend die Meinung, daß es sich um eine Massenbewegung gehandelt hat und vor allem der Stamm der katharischen Hierarchie, soweit er nicht dem Scheiterhaufen zum Opfer gefallen war, hier Zuflucht gesucht hatte. In Südfrankreich versiegte die Lebenskraft des Katharertums zu Beginn des 14. Jh., nicht zuletzt deshalb, weil es der Bewegung an leidenschaftlichen perfecti fehlte. Vor 1311 hatte der perfectus Peter Autier, ein ehemaliger Notar aus der kleinen Stadt Ax (Ariège) noch einmal versucht, die Häresie zu einer Massenbewegung zu entwickeln. In der Lombardei war ihm das consolamentum erteilt worden. Bei seinen Predigerreisen im Gebiet von Toulouse gelang es ihm innerhalb kürzester Zeit, in 125 Ortschaften über 1000 Anhänger zu gewinnen. Das Interesse am Katharertum war insbesondere bei den Handwerkern und anderen Schichten des Volkes nach wie vor lebendig. In Toulouse wurde er gefaßt und 1311 auf dem Scheiterhaufen verbrannt. Damit war das Schicksal der katharischen Häresie endgültig besiegelt. In kleinen Restgruppen vegetierte sie dahin. Dem äußeren Druck entsprach der innere Verfall. In dieser Zeit wurde die endura als neue Form des Martyriums üblich. Dieser religiöse Selbstmord durch Verhungern oder physische Schädigung des eigenen Körpers sollte das Leben in der Welt des Satans abkürzen, ein drastisches Bild für die Perspektivlosigkeit der Häresie.

Im Vergleich zu Südfrankreich setzte sich die Inquisition in Italien vor einem wesentlich anderen gesellschaftlichen Hintergrund durch. Äußerlich erscheinen die Konflikte nicht so kompakt – es gab weder einen Ketzerkreuzzug noch tiefgreifende staatliche Veränderungen –, aber die Schwierigkeiten waren nicht weniger groß. Das Hauptproblem bestand für die Kurie darin, daß sie über keine staatliche Gewalt verfügte, auf die sich die Ketzerrichter stützen konnten. Die Kommunen weigerten sich nach wie vor, die Ketzergesetze Kaiser Friedrichs II. anzuerkennen. Damit standen Rom nicht wie in Südfrankreich einige wenige Kräfte gegenüber, es mußte sich vielmehr mit allen Kommunen politisch auseinandersetzen. Hinzu kam, daß sich die seit langem gespannten Beziehungen zwischen dem Kaiser und dem Papsttum seit den dreißiger Jahren zu unversöhnlicher Feindschaft auswuchsen. Die Kurie wehrte sich energisch gegen den Ausbau kaiserlicher Positionen in Ober- und Mittelitalien. Die italienischen Städte widersetzten sich diesen Entwicklungsbestrebungen genauso grundsätzlich wie den Eingriffen der Kurie und lavierten je nach der Kräftekonstellation zwischen beiden Mächten. In der Herausbildung zweier politischer Gruppierungen, den kaisertreuen Ghibellinen (nach dem staufischen Stammsitz Weiblingen) und den päpstlich orientierten Guelfen (Welfen), denen sich aus den verschiedensten Erwägungen Bürger, auch ganze Kommunen und Adelssippen anschlossen, fand dieser Konflikt einen sichtbaren Ausdruck. Tatsächlich waren diese Parteigruppierungen aber genauso mit sozialen Gegensätzen innerhalb der Kommunen verbunden. In den italienischen Städten des 13. Jh. bestimmten tiefgehende soziale und politische Kontraste das Bild der inneren gesellschaftlichen Entwicklung. Die Volksmassen, Handwerker, kleine Kaufleute und die städtischen Unterschichten, opponierten heftig gegen die ökonomisch und politisch starke städtische Aristokratie. Sie fanden dabei teilweise Unterstützung beim Landadel. Jede dieser Gruppen nutzte für ihre sozialen und politischen Ziele den Konflikt zwischen Kaiser und Papst aus. Auf der Basis dieser vielschichtigen Gegensätze hatte sich die Inquisition durchzusetzen. Ketzerrichter und Ketzer fanden gleichermaßen Verbündete und Hilfe bei Kräften, die ideologisch mit der Häresie nur wenig oder gar nichts gemein hatten. Angesichts dieser labilen politischen Situation konnten die Inquisitoren lange nur zeitweilige Erfolge ihrer grausamen Tätigkeit verbuchen. Charakteristisch ist jedoch vor allem, daß sie die Gegensätze entschlossen für ihr Anliegen ausnutzten.

Als Hauptstütze der Inquisition sind neben dem Säkularklerus die Bettelorden anzusehen. Dominikaner und Franziskaner verfügten in allen Städten über Konvente und nahmen zunehmend Einfluß auf das geistige und religiöse Leben. Aus ihren Reihen kamen die leidenschaftlichsten Prediger, die mit Überzeugungskraft die Ketzer zu isolieren suchten. Ähnliches gilt für die Inquisitoren. Das Bild, das die Quellen von ihnen zeichnen, unterscheidet sich von dem der südfranzösischen Ketzerrichter insofern, als hier aggressives Auftreten, Mobilisieren von Anhängern, politisches Engagement zur Stärkung der päpstlichen Partei eine viel größere Rolle spielten als im Languedoc. Bis in die zweite Hälfte des 13. Jh. waren die Inquisitoren bei allem persönlichen Engagement von den Zufällen der sozialen und politischen Kräftekonstellation in den einzelnen Städten abhängig und zudem selbst heftigen Angriffen ihrer Gegner ausgesetzt. Einige Beispiele sollen für die Gesamtentwicklung stehen.

In Mailand wurden 1233 zahlreiche Ketzer durch städtische Gerichte verbrannt. Der podestà hatte dem Drängen der Dominikaner nachgegeben, da er nach dem Frieden zwischen Kaiser Friedrich II. und Gregor IX. (1230) politischen Druck auf die Stadt befürchtete. Der Erfolg war für die Inquisitoren aber nur vorübergehend. Nachdem für Mailand keine unmittelbare Gefahr mehr bestand, konnten die Häretiker wieder ungehindert in der Stadt wirken. In Verona nutzten zur gleichen Zeit die Inquisitoren Fraktionskämpfe aus und setzten die Verbrennung von sechzig Katharern durch. Nach Beendigung der innerstädtischen Auseinandersetzungen waren die Ketzer auch hinter den Mauern dieser Stadt wieder vor Verfolgungen sicher. In Florenz, wo das Katharertum weit verbreitet war und Beschützer in einigen Adelsfamilien des contado fand, scheiterten lange alle Bemühungen der Inquisitoren. 1244/45 nutzte der Inquisitor Peter von Verona die soziale Spannung aus, brachte Teile der Oberschicht und der Volksmassen hinter sich. Leidenschaftlich predigte er gegen den podestà, der das Inquisitionstribunal nicht unterstützte. Als die Truppen des Landadels in die Stadt eindrangen, zog Peter von Verona ihnen mit einer bewaffneten Anhängerschar entgegen und schlug sie. Auf seinem Sieg baute der Inquisitor sein Gerichtswesen auf, und zahlreiche Ketzer wurden verbrannt. Mit den genannten und ähnlichen Ereignissen konnte jedoch kein Durchbruch erzielt werden. Hartnäckig wehrte sich die Bevölkerung. Peter von Verona wurde 1252 erschlagen und bereits 1253 vom Papst heiliggesprochen (Peter Martyr). In Piacenza wurde der Dominikaner Roland von Cremona während seiner Predigt gegen die Ketzer von der erregten Masse attackiert und einer seiner Mitstreiter erschlagen. Auch auf andere Inquisitoren wurden wiederholt Anschläge verübt. Darüber hinaus fanden sich immer wieder Bürger, die die Konvente der Dominikaner angriffen, um sie zu zerstören, wie 1239 in Orvieto. Die Mehrzahl der Städte befolgte auch in der Mitte des 13. Jh. noch nicht die päpstlichen Inquisitionsgesetze. 1252 wurde Genua deswegen mit dem Interdikt belegt.

Ein wirklicher Durchbruch gelang der Inquisition erst in der zweiten Hälfte des 13. Jh. Nach dem Tode Kaiser Friedrichs II. war für das Papsttum die Gefahr einer Umklammerung von Süditalien und dem deutschen Reich beendet. Auch die italienischen Stadtrepubliken konnten sich ungehindert durch übermächtige ausländische Bedrohung entwickeln. Das vereinfachte die politischen Fronten. Unter Regie der Kurie und unterstützt von den Bischöfen gingen die Inquisitoren systematisch daran, die städtische Oberschicht für den Kampf gegen die Ketzer zu gewinnen. Ein entscheidender Schlag gelang auf diese Weise der Inquisition in Verona 1278. Der podestà der Stadtrepublik gehörte der Partei der Ghibellinen an, aber ihren ursprünglichen politischen Inhalt hatte diese Bezeichnung verloren. Er unterstützte die Inquisition in der Stadt, nahm die Ketzergesetze Kaiser Friedrichs II. in die Stadtverfassung auf und organisierte gemeinsam mit dem Bischof und dem Inquisitor den Sturm auf die Festung Simione am Gardasee. Hier war das Zentrum der Katharerkirche von Desenzano. 166 Ketzer, darunter auch eine Kolonie aus Südfrankreich, wurden gefangengenommen und im Amphitheater von Verona verbrannt. In der

Literatur wird diese grauenhafte Vernichtungswelle, der gleichzeitig auch noch viele Häretiker in der Stadt zum Opfer fielen,
in der Wirkung mit dem Fall von Montségur gleichgesetzt, von
dem sich die italienischen Katharer nie wieder erholt hatten.
Die Einheit des Handelns von Kirche und Stadt war natürlich
nicht allein von religiösem Fanatismus bestimmt. Für die weltliche Gewalt zählte das gleichzeitig als Kampf gegen den Landadel, der die Stadt politisch und militärisch in ihrer Selbständigkeit bedrohte.

Wenn auch zögernd und nicht mit so großem Erfolg begannen die Inquisitionsgerichte auch in anderen Städten mit ihrer
Tätigkeit, so 1282 in Florenz, in Bologna zwischen 1291 und
1309, in Mailand zur gleichen Zeit.

Unabhängig vom Wirken der Tribunale war die Zeit der un-
gehinderten Aktivität der Katharer in fast allen Städten vorbei.
In kleineren Gruppen konnten sie sich in zahlreichen Städten
noch bis zum Beginn des 14. Jh. halten, aber sie besaßen keine
Ausstrahlungskraft mehr. Viele waren nach Bosnien, Sizilien
und in die Alpentäler geflüchtet.

Mit dem Aufbau einer systematischen Ketzerverfolgung
hatte die katholische Kirche das Katharertum zerschlagen. Diesen Erfolg konnte die Kurie, getreu den Zielen Innozenz' III.,
verbuchen. Tatsächlich war es jedoch ein Zeugnis innerer
Schwäche der Machtkirche. Der Klerus hatte sich als unfähig
erwiesen, evangelisches Christentum vorzuleben und auf die
sozialen und geistigen Fragen, die Häresien aufwarfen, zu antworten. Das Terrorinstrument war keineswegs ein Ausweg aus
der Krisensituation. Es diente vielmehr zur Stabilisierung feudaler Herrschaftsformen. Seit etwa der Mitte des 13. Jh. durch-
suchten die Ketzerrichter immer wieder in ganz Europa die Diözesen nach Waldensern, häretischen Beginen und Begarden,
franziskanischen Spiritualen. Auf den Untergang der Katharer
waren neue Bewegungen gefolgt, die mit anderen Lehren der
reichen feudalen Kirche den Kampf ansagten und Alternativen
suchten.

Zu Beginn des 13. Jh. schien es für kurze Zeit, als ob sich die feudale Kirche dem Armutsideal voll öffnen würde. Diese Periode ist untrennbar mit dem Wirken des Franz von Assisi verbunden.

Franz von Assisi
und die Anfänge des Minoritenordens

Auf neue Weise griff Franz von Assisi das populäre Armutsideal auf, indem er es mit dem irdischen Leben Christi verband
und damit die materielle Armut zu einem für das Volk nacher-
lebbaren Teil der direkten Christusnachfolge machte. Keine gelehrten Spekulationen und keine abstrakten Begriffe bestimmten das Wesen seiner vita religiosa, sondern Emotionen und
Lebenshaltungen. Franz stand ganz in der Volksreligiosität. Er
war von einer Frömmigkeit durchdrungen, die das einfache
Volk verstand, weil es in dem von ihm praktizierten Christus-
verständnis sein eigenes Dasein widergespiegelt sah. Mit dieser
vita religiosa befand er sich sowohl im Gegensatz zur gelehrten
Theologie der katholischen Hochkirche wie auch zu den esoterischen und hyperasketischen Lehren der Katharer. In der konkreten gesellschaftlichen Situation Italiens zu Beginn des
13. Jh. bedeutete seine vita religiosa jedoch vor allem eine Unterstützung der katholischen Kirche. Der von ihm als untrenn-
barer Bestandteil seiner Religiosität verkündete und ständig
praktizierte Gehorsam gegenüber dem Klerus und der katholischen Kirche richtete sich direkt gegen den verbreiteten Antiklerikalismus und gegen die Häresien. Trotz dieser Stoßrichtung war die Entwicklung der franziskanischen Volksreligiosität auch für die Kurie und die Prälaten nicht unproblematisch.
Die Frühgeschichte der franziskanischen Bewegung ist in unserem Zusammenhang unter diesem Blickwinkel gleichermaßen
von Interesse. Das Papsttum hatte inzwischen Erfahrungen im
Umgang mit Armutsbewegungen gesammelt. Es suchte nicht
mehr die Konfrontation, sondern griff die sehr rasch populär

werdenden franziskanischen Ideale auf und führte die Bewegung mit großem Geschick und außerordentlichem Fingerspitzengefühl in die Bahnen eines Ordens mit Regeln, die einerseits die Volkstümlichkeit wahrten, zum anderen aber das Ausufern der Religiosität aus kirchlicher Kontrolle verhinderten. Im folgenden soll nur auf einige Probleme der Frühgeschichte der franziskanischen Gemeinschaft, soweit sie für unser Thema von Interesse sind, in gebührender Kürze eingegangen werden. Spezifische Fragen und die reichlich vorhandenen kontroversen Auffassungen können nicht behandelt werden. Hierüber informiert die leicht zugängliche Monographie von G. Wendelborn.

Im Verlauf unserer Darstellungen hatten wir wiederholt beobachten können, daß sozial-religiöse Bewegungen zumindest in der Anfangsphase von den Ideen und der Überzeugungskraft ihrer Begründer lebten. Es waren Einzelpersönlichkeiten, die gesellschaftliche Widersprüche erkannten, in einer religiös geprägten Lehre verarbeiteten und damit bei den Massen Anklang fanden. Eigenständige Auslegungen der Anhänger machten sich meist erst in einer späteren Phase der Entwicklung bemerkbar. Die dominierende Rolle des Stifters gilt insonderheit für die franziskanische vita religiosa. Es waren keine theologischen Überlegungen, sondern persönliche Erfahrungen, die Franz zu seiner Religiosität führten. Die relativ günstige Quellensituation ermöglicht es, den Prozeß des Sammelns von Erfahrungen und Erkenntnissen aus den in dieser Zeit existierenden sozialen und politischen Konflikten, die sich dann in seiner vita religiosa reflektierten, zumindest im Ansatz zu erkennen.

Franz wurde 1182 in Assisi geboren. Sein eigentlicher Name war Giovanni Bernardone; den Beinamen Francesco, kleiner Franzose, gaben ihm seine Eltern. Sein Vater war ein erfolgreicher und angesehener Kaufmann und besaß weitreichende Handelsbeziehungen, die ihn bis nach Südfrankreich führten. Das Denken des jungen Franz wurde zunächst vor allem vom Kampf der Bürger um die Unabhängigkeit ihrer Stadt beeinflußt.

Das in Umbrien gelegene Assisi gehörte zum Herzogtum Spoleto. Seit 1177 hatte Kaiser Friedrich Barbarossa beträchtliche Anstrengungen unternommen, um seine politische Macht in Mittelitalien auszubauen. Im Herzogtum Spoleto, das von dem Schwaben Konrad von Ursslingen regiert wurde, herrschten deutsche Ministeriale. Als nach dem Tod Kaiser Heinrichs VI. (1197) die staufischen Positionen in Mittelitalien zusammenbrachen, gliederte Papst Innozenz III. das Herzogtum in den Kirchenstaat ein. Die Bürger von Assisi beteiligten sich an diesen Kämpfen und zerstörten die kaiserliche Zwingburg in der Nähe der Stadt. Franz hat diese Ereignisse miterlebt und sich wahrscheinlich an den Auseinandersetzungen beteiligt. Hier könnten Anfänge seiner propäpstlichen Haltung liegen, die unter politischem Aspekt 1204 noch einmal sichtbar wurden, als er an einem Kriegszug gegen antikuriale deutsche Ritter in Süditalien teilnehmen wollte.

Nach 1198 hatte die Stadt Assisi heftige Kämpfe mit dem Adel der Umgebung und dem benachbarten Perugia zu bestehen. Franz kämpfte in den Reihen der Bürger Assisis aktiv mit. Für ein Jahr geriet er in die Gefangenschaft Perugias. Später hat er sich zu diesen Ereignissen nie geäußert. Aber indirekt spiegelte die vita religiosa seine Haltung sehr deutlich wider. Franz lehnte Gewalt und Krieg rigoros ab. Von seinen früheren kriegerischen Ambitionen blieb nicht einmal ein Ansatz, auch nicht vom Kampf der Bürger um die Unabhängigkeit. In Italien betätigte er sich wiederholt als Friedensstifter zwischen Bischöfen und Kommunen. Bei seiner Reise nach dem Vorderen Orient (1219/20) suchte er zwischen Sultan al-Kamil und den Kreuzrittern zu vermitteln. Als die Kreuzfahrerheere Damiette eroberten, war Franz über das Gemetzel, den Blutrausch der Kreuzfahrerheere und deren Raubgier entsetzt. Diese radikale Abkehr von Krieg und Gewalt legt die Vermutung nahe, daß die Ereignisse zwischen 1198 und 1204 bei ihm zu ausgesprochen pazifistischen Regungen geführt hatten. Die Legende weiß zu berichten, daß Franz in der Berufswahl zwischen Krieger und Kleriker geschwankt hat. Seit 1206 wandte er sich mit der ihm eigenen Entschlossenheit geistlich-karitativer Tätigkeit zu.

Zwischen 1206 und 1208 entstanden die Grundgedanken seiner vita religiosa. Geprägt wurden sie durch seine intensive Auseinandersetzung mit den sozialen Problemen und Konflikten seiner Heimat. Franz soll während dieses Zeitraumes mit dem Gedanken gespielt haben, einem Kloster beizutreten, er half bei Gottesdiensten und versuchte sich auch als Eremit. Aber alles das war in das Streben eingebettet, unter den zahlenmäßig sehr beträchtlichen städtischen und ländlichen Unterschichten Umbriens zu wirken. Mit großem Engagement bemühte er sich darum, die verwahrlosten und verfallenen Landkirchen und Kapellen auszustatten und zu restaurieren. Er legte selbst Hand an, um sie zu säubern, eine Tätigkeit, die sich in seinem Bewußtsein so verankerte, daß er sie bis zu seinem Lebensende von seinen Mitstreitern immer wieder forderte. Reichlich spendete er Geld zum Anschaffen liturgischer Geräte und sorgte für deren sorgfältige Aufbewahrung. Persönlich setzte er sich für die Restaurierung verfallener Kirchengemäuer ein. Nachdem er von seinem Vater enterbt worden war, beteiligte er sich selbst mit erbetteltem Material am Ausbau von drei Kirchen beziehungsweise Kapellen, darunter San Damiano und die nahe Assisi gelegene Portiuncula, das spätere Zentrum der franziskanischen Gemeinschaft. Die Motivation dieser Aktivitäten ist nicht direkt überliefert.

Sicher besaß Franz ein ausgesprochenes Gespür für soziale Fragen und erkannte auch die Grenzen des kirchlichen Einflusses auf die Volksmassen. Es ist bekannt, daß die für die unteren Schichten bestimmten Kirchen sich in einem argen Zustand befanden und es an der einfachsten Ausstattung fehlte. Dennoch ist es, obwohl direkte Hinweise fehlen, wahrscheinlich, daß Franz damit auch den Kampf gegen die Katharer führen wollte. Die Häresie besaß im »Tal von Spoleto« ein eigenes Bistum und eine feste organisatorische Basis. 1203 war die Stadt Assisi mit dem Interdikt belegt worden, weil ein der Häresie verdächtigter Bürger zum Konsul gewählt worden war. Kurze Zeit später wiederholte sich ähnliches im nahe gelegenen Orvieto. In den Städten Mittelitaliens konnten sich die katharischen perfecti nahezu ungehindert bewegen. Zweifellos hat Franz von den Katharern gewußt. Es ist sogar wahrscheinlich, daß er ihre Lehren und Praktiken zumindest in den Grundzügen kannte, denn immerhin besaß er gute Kontakte zu den katholischen Priestern und zu dem Bischof von Assisi, Guido II., der seine Entwicklung aufmerksam lenkte. Von dieser Seite dürfte er manches über die Schwierigkeiten des Klerus in der Auseinandersetzung mit den Häretikern erfahren haben. Wenn sich Franz, wie die Legende glaubhaft überliefert, bei der Restauration von San Damiano vor allem des Kruzifixes sorgfältig annahm, spricht das für eine gezielte antikatharische Aktion. Kirchengebäude, Liturgie und Kruzifixe galten den Häretikern als Teufelswerk. Franz pflegte sie.

Der Schritt vom Almosenspenden zur praktischen einfachen Arbeit, wie er sich bei der Sorge um die Kirchen äußerte, läßt eine Entwicklungslinie erkennen, die Franz überall bis zur letzten Konsequenz vollzog und in seiner vita religiosa verarbeitete. Er identifizierte sich auf diese Weise mit Leben und Tätigkeit der einfachen Menschen. Zunächst gab er Bettlern und Leprakranken Almosen. Danach bettelte er selbst in ärmlicher Kleidung und pflegte die Aussätzigen.

Auch die Art und Weise des Bruches mit dem Elternhaus dürfte beträchtlichen Einfluß auf seine vita religiosa gehabt haben. Pietro Bernardone war darüber empört, mit welcher Großzügigkeit sein Sohn Almosen für Kirchenbau und Bettler gab. Heftige Auseinandersetzungen, von denen die ganze Stadt erfuhr, waren die Folge. In Gegenwart des Bischofs enterbte der Vater seinen Sohn, und Franz sagte sich erbittert vom Elternhaus los. Etwa von diesem Zeitpunkt an begann Franz Geld als Teufelswerk abzulehnen und gab diesen schroffen Standpunkt auch nie wieder auf. Er nahm selbst kein Geld als Almosen an und verlangte das auch mit aller Strenge von seinen

Mitbrüdern. Später erklärte er, wer Geld für wertvoller hält als Feldsteine, ist vom Teufel verblendet.[1] Einen seiner Gefährten, der eine Münze besaß, zwang er, sie auf den Mist zu werfen. Diese rigorose Auslegung des Missionsbefehls ist aus dem persönlichen Erleben verständlich. Besitzgier hatte er nicht nur bei seinem Vater, sondern allgemein bei seinen Handelspartnern kennengelernt.

Wahrscheinlich Anfang des Jahres 1208 (oder 1209) nahm die vita religiosa Gestalt an. Franz entschloß sich, Wanderprediger zu werden. Die Überlieferung überläßt den Impuls hierfür dem Klerus. Eine Predigt über die Aussendung der Jünger nach Matthäus 10,5 ff. hatte ihm den Anlaß gegeben, wobei ihn vor allem der Satz »Ihr sollt weder Gold noch Silber noch Kupfer in eueren Gürteln haben, auch keine Reisetasche, auch nicht zwei Hemden, keine Schuhe, auch keinen Wanderstock« beeindruckte. Franz befolgte diese Forderung bis an sein Lebensende wörtlich.

Die Gemeinschaft des Franz von Assisi etablierte sich als sozal-religiöse Laienbewegung und wurde bereits 1209 von der Kurie in ihrem Status anerkannt. Die hierbei vorgelegte Regel ist nicht erhalten geblieben, aber von der Forschung in ihren Grundzügen rekonstruiert worden. Nach diesen Ergebnissen enthielt die Regel keine Summe von Normen und konkreten Verhaltensweisen, sondern lediglich solche Bibelzitate, die den Auftrag Christi an seine Jünger beschreiben. Dem Inhalt nach waren das neben dem Missionsbefehl vor allem das Bekenntnis zur apostolischen Armut und die Aufforderung zum Bruch mit den familiären Bindungen, stellvertretend für die Absage an die materielle Welt. Von der Begründung her stand die Gemeinschaft in der Tradition der Wanderpredigerbewegung. In der neueren Literatur, so bei K. Eßer, wird sehr stark betont, daß Franz von Anfang an einen neuen Orden gründen wollte und sich intensiv mit Problemen einer effektiven Struktur für diese regulierte Gemeinschaft auseinandersetzte. In der Anfangszeit unterschied sich die Bruderschaft allerdings sehr wenig von anderen Laienbewegungen. Das Neue wurde nicht in dieser Problematik deutlich, sondern in der Ausprägung einer speziellen Laienfrömmigkeit.

Franz wollte für sich und seine Gefährten das wandernde Dasein. Bis zuletzt hat er energisch gegen die stabilitas loci gekämpft. Aber die Motivation resultierte nicht aus dem Wunsch apostolischer Nachfolge, sondern aus der Absicht, den irdischen Christus, so wie er in den Evangelien beschrieben wurde, nachzuleben. Das Bild, das Franz vorschwebte, war das des armen und gedemütigten Christus. Mit kaum zu überbietender Konsequenz imitierte er alle in den Evangelien skizzierten Episoden, und zwar in der gleichen Konkretheit, wie sie geschildert wurden. In seinen Predigten und Gesprächen konzentrierte er sich unermüdlich auf die Darstellung der einzelnen Begebenheiten und versuchte damit unter den Zuhörern Emotionen zu wecken. Dabei standen naturgemäß Geburt und Kreuzigung im Vordergrund. So feierte er Weihnachten mit seinen Gefährten bis in die Einzelheiten genauso, wie das in den Evangelien überliefert wurde. Zentrale Bedeutung für die franziskanische vita religiosa erlangte die Kreuzigung. Sie stand als Zeichen für Armut, Demut und Machtlosigkeit. Der nackte Christus in seiner völligen materiellen Armut wurde zum Symbol franziskanischer Frömmigkeit.

Diese Religiosität war für die einfachen Menschen konkret, anschaulich und nachvollziehbar. Franz erschloß mit der emotionalen Darstellung Christus dem Volk, das sich gleichsam in diesem Christusbild wiederfand und sich mit dem »Brudersein« identifizierte. Die franziskanische vita religiosa gewann damit direkten Einfluß auf die Volksfrömmigkeit und verband sie auf spezielle Weise mit dem katholischen Kult und den Sakramenten. Die Marienverehrung nahm unter den gegebenen Auffassungen einen neuen Aufschwung. Das Kruzifix rückte in den Vordergrund der franziskanischen Religiosität. Vor allem aber sorgte Franz dafür, daß das Volk neuen Zugang zu den Sakramenten fand. Das gilt für die Taufe, insbesondere aber für die

Eucharistie. Das Altarsakrament war für ihn die einzige Verbindung der Menschen zu Christus, und er drängte sogar bis zu seinem Lebensende den Klerus immer wieder, diese Feier in allen Würden zu begehen. Scharf wandte er sich gegen alle Nachlässigkeiten örtlicher Priester. Daß sich diese »Entdeckung« des irdischen Christus mit allen Folgeerscheinungen gegen die katharische Häresie richtete, wird noch dargelegt werden. Hier ist zunächst hervorzuheben, daß Franz mit seiner Grundauffassung und der Konkretheit beziehungsweise Nacherlebbarkeit des Lebens Jesu wichtige Voraussetzungen für die Intensivierung und Verwirklichung der Volksfrömmigkeit schuf.

Im Vordergrund der Nachfolge Christi stand bei Franz die Hinwendung zur materiellen Armut. Franz verwarf für sich und seine Mitstreiter jedes persönliche und gemeinsame Eigentum. Äußerlich wurde die Armut bereits durch die Kleidung manifestiert. Jakob von Vitry beschrieb sie 1216. »Sie haben keine Pelze und kein Leinenzeug, nur Tuniken aus Wolle, die mit Kapuzen versehen sind. Sie haben keine Kappen oder Mäntel oder ein anderes Kleidungsstück.«[2] Das Gewand war aus grobem bräunlichem Sacktuch gefertigt und wurde mit einem Strick zusammengehalten. Gürtel, Reisetasche, Pilgerstab sowie andere Bekleidungsstücke waren verboten. Niemand durfte zwei Kleidungsstücke besitzen. Die Brüder liefen barfuß. Erst mit der Ausbreitung in nördliche Regionen wurde das Tragen von Sandalen erlaubt. Diese Kleidung entsprach wörtlich Matthäus 10,9 f. Für die damalige Zeit war das jedoch keineswegs außergewöhnlich. Sie ähnelte der der umbrischen Bauern und häretischer Prediger. Den Minderbrüdern sicherte die Kleidung, die später Ordenstracht wurde, daß sie bereits äußerlich den Schichten glichen, die sie ansprechen wollten. Spartanisch nahm sich auch ihre Lebensweise aus. Feste Wohnsitze, die an Eigentum und Besitz erinnern, lehnte Franz ab. Die Brüder wohnten in Holz-, Gras- und Schilfhütten oder in Höhlen und wurden deshalb anfangs von der Bevölkerung

Waldmenschen genannt, benutzten aber auch Scheunen und ähnliche Behausungen zur Übernachtung. Zumeist schliefen sie auf dem Boden, aßen nur einfache Speisen. Jeder Luxus war streng verpönt. Das Anlegen von Vorräten für den einzelnen, aber auch für die Gemeinschaft galt als unvereinbar mit der Nachfolge Christi.

Der Erwerb des Unterhaltes stellt sich in der frühen franziskanischen Gemeinschaft als komplexes Problem dar. Die Grundlage bildete die eigene körperliche Arbeit. Sie sollte jedoch nicht dem Gewinnstreben dienen, sondern für ein geringes Entgelt geleistet werden, das dem Charakter eines Almosens entsprach. Keinesfalls durfte Geld angenommen werden. Vorräte sollten davon auch nicht angelegt werden. Am klarsten schildert Jakob von Vitry dieses Problem, wonach die Minoriten tagsüber in die Städte und Dörfer kamen, für ein Almosen arbeiteten und sich abends in ihre Behausungen zurückzogen.[3] Körperliche Arbeit dominierte. Dabei handelte es sich nicht nur um Krankenpflege in den Leprosenheimen, sondern auch um Lohnarbeit in der Stadt und bei Bauern auf den Feldern. Das entsprach auch der Absicht, auf diese Weise den einfachen Menschen das Leben Christi nach den Evangelien nahezubringen. Das Bitten um Almosen war einerseits mit der Entlohnung für die geleistete Arbeit identisch. Andererseits lehnte Franz den Bettel nicht grundsätzlich ab, etwa wenn keine Arbeit zu bekommen war, aber er wandte sich energisch gegen Müßiggang. In seinem Testament umriß er seine Auffassung noch einmal eindeutig: »Und ich arbeitete mit meinen Händen und will arbeiten, und es ist mein fester Wille, daß alle anderen Brüder eine Handarbeit verrichten, die ehrbar ist. Die es nicht können, sollen es lernen, nicht aus Sucht, den Arbeitslohn zu empfangen, sondern des Beispiels wegen und um den Müßiggang zu vermeiden.«[4] Andererseits beobachtete Jakob von Vitry bereits eine gewisse Arbeitsteilung. Nicht alle Minoriten arbeiteten körperlich oder baten um Almosen. Einige taten dies für die ganze Gruppe, während andere predigten.

Franz ging in seinen asketischen Forderungen entschieden weiter als jede bisherige hochmittelalterliche Armutsbewegung. Das gilt nicht für Einzelheiten, sondern für die Gesamtheit seiner Ideale. Die Armut mußte den ganzen Menschen erfassen, materiell und geistig. Erst wenn diese Gesamtheit erreicht ist, erschloß sich nach seiner Auffassung die wirkliche religiöse Freiheit, Freiheit von Habsucht und Begierden. Armut wurde damit vom Fluch zum Segen. Für Franz erlangte der Dienst an der Herrin Armut zentrale Bedeutung. Immer wieder stellte er ihn seinen Gefährten gegenüber heraus als die entschiedenste Voraussetzung, um Christus nachfolgen zu können. Schroff wandte er sich gegen die Brüder, die diesen Dienst nur einseitig fassen wollten, etwa niedrigen Arbeiten auswichen. Aber genauso wies er diejenigen zurecht, die sich dieser Armut nur notgedrungen unterwarfen. Franz wollte die Selbstüberwindung am Beispiel der niedrigsten Arbeit und gefahrvollsten Beschäftigungen. Aus diesem Grund widmete er sich der Pflege der Leprakranken und verlangte es auch von seinen Brüdern. Diese Krankheit war zu Beginn des 13. Jh. in Europa weit verbreitet. Vermutlich durch die Kreuzzüge eingeschleppt, hatte sie sich wegen ungenügender Hygiene rasch ausgebreitet. Es gab wahrscheinlich Zehntausende von Kranken, die vor allem in den Städten vegetierten. Sie lebten hier in eigens für sie eingerichteten Stationen streng von der Bevölkerung isoliert. Wenn Franz sich den Aussätzigen zuwandte, dann um sich selbst zu überwinden und zu demonstrieren, daß ihm keine Arbeit zu gering und gefahrvoll erschien.

Franzens Askese war nicht weltfremd. Er wollte keine gesicherten und genau vorgeschriebenen Armutsregeln. Das Risiko, das er forderte, entsprach der materiellen Unsicherheit, mit der sich die unteren Schichten der Bevölkerung tagtäglich auseinanderzusetzen hatten. Was darüber hinausging, spielte in seiner vita religiosa keine Rolle. Wiederholt forderte er kranke Brüder auf, während der normalen Fastentage Fleisch zu essen. Lange Fastenzeiten, die den Körper schwächten, lehnte er ab.

Später gestand er auch in Ausnahmefällen die Annahme von Geld für die Krankenpflege zu. In der Auffassung der Askese unterschied sich Franz damit trotz aller Religiosität grundsätzlich von den katharischen perfecti, die mit ihren Fastenübungen den raschen eigenen Tod herbeiführen wollten.

Mit dieser Frömmigkeit befand sich Franz im Gegensatz zur katholischen Hochkirche, die von völlig anderen Voraussetzungen ausging. Der populären häretischen Forderung nach der armen Kirche als der wahren Kirche kam die franziskanische vita religiosa sehr nahe. Im historischen Zusammenhang sind die Akzente allerdings etwas anders zu setzen. Den Zeitgenossen waren die katharischen Lehren in der antiklerikalen Stoßrichtung hinreichend bekannt. Hier bedurfte es keiner Ergänzung mehr. Franz suchte diesen Trend gerade dadurch zu überwinden, daß er sein Armutsideal untrennbar mit der Lehre von Demut und Gehorsam verband.

Stolz, Herrschsucht und Ungehorsam galten Franz im gleichen Maße als Teufelswerk wie Besitzgier. Er erzog seine Mitstreiter dazu, ohne Murren jede Arbeit zu verrichten. In der Anfangszeit wandte er sich gegen die Einführung von Ämtern in seiner Gemeinschaft, die einem Macht über den anderen gaben. Vor allem trat er aber von Anbeginn für den Gehorsam gegenüber dem Klerus ein. Die Geistlichkeit galt ihm als von Gott gesetzt. Für ihn gab es keine guten und keine schlechten Priester. Wiederholt trat er gerade für solche Kleriker ein, die wegen Simonie oder anderer Vergehen angefeindet wurden. Diese im Gegensatz zu seinen sonstigen Auffassungen stehende Haltung ergab sich daraus, daß Franz zutiefst von der Schlüsselgewalt der Priester überzeugt war. Immer wieder betonte er, daß der Glauben durch die Kirche vermittelt werde, daß Glaube an Christus und Bekenntnis zur Kirche eine Einheit bildeten.

Die Konfrontation zur katholischen Kirche war nur denkbare Möglichkeit. De facto entwickelte sich eine Koexistenz, wie sie zwischen offizieller Theologie und Volksreligiosität immer bestand. Bei Franz und seinen Gefährten schwang die Überzeugung mit, daß sie, die Geringen, den rechten Weg gingen. Bewußt nannten sie sich fratres minores, Minderbrüder. Diese Bezeichnung geht auf Matthäus 25,40 zurück, erhielt aber einen konkreten sozialen Bezug. Minores, das waren Stadtbürger, die gegen die Mächtigen, die majores, kämpften. Die Minoriten wußten sich dem Volk und nicht den Reichen verbunden. Sie waren davon überzeugt, daß ihre Religiosität richtig sei. Man kommt schneller aus einem Stall in den Himmel als aus einem Palast, hat Franz einmal geäußert und damit ein zentrales Problem seiner Religiosität mit einem Satz umrissen. Seinen Mitstreitern machte er bewußt, daß eine Vernachlässigung des Dienstes an der Herrin Armut auch einen Verlust an Religiosität bedeutete.[5] Die Volksmassen, vor allem die städtischen Mittel- und Unterschichten, verstanden diese vita religiosa sehr bald und strömten zu den Minoriten. Ehe diese Entwicklung dargestellt wird, soll das Verhältnis der Kirche zur minoritischen Bruderschaft umrissen werden.

Als Franz 1209 bei der Kurie um Anerkennung seiner Gemeinschaft vorsprach, wurde er brüsk abgewiesen. Erst die nochmalige Vorstellung, bei der der Bischof von Assisi, Guido II., als Fürsprecher wirkte, führte zu einer vorläufigen mündlichen Anerkennung der Laienbruderschaft durch den Papst Innozenz III. Die für die weitere Entwicklung der franziskanischen Gemeinschaft so bedeutungsvolle Begegnung ist in der Legende außerordentlich stark ausgeschmückt. Innozenz soll über den Auftritt der ärmlich gekleideten Bittsteller entsetzt gewesen sein und ihnen zunächst empfohlen haben, den Schweinen zu predigen. Tatsächlich war man an der Kurie sehr verunsichert.

K. V. Selge hat versucht, die Ereignisse zu analysieren. Den reformfreudigen Kräften standen aristokratische Prälaten entgegen, die nach wie vor jede Armutsbewegung ablehnten. W. Nigg hat in der Person des Matthäus von Paris, der nicht nur hier, sondern auch in der Folgezeit die Franziskaner sehr

abwertend behandelte, den Kontrast skizziert. Den Ausschlag
für die vorläufige mündliche Genehmigung zur Laienpredigt
gab vermutlich die politische Situation. Die Kurie war gerade
dabei, den Kreuzzug gegen die Albigenser vorzubereiten. In Italien weigerten sich zahlreiche Städte, die Ketzerverfolgung zu
organisieren, und befanden sich zudem in ständiger Auseinandersetzung mit den Bischöfen. Innozenz III. hatte bereits seit
mehreren Jahren die Prälaten aufgefordert, die Volksmassen
gegen die Ketzer zu mobilisieren. Die Erfolge waren bis zu diesem Zeitpunkt fast völlig ausgeblieben. Dieser Hintergrund
dürfte ausschlaggebend für die vorläufige Zusage des Papstes
an die kleine, wenig Vertrauen erweckende Gruppe gewesen
sein. Immerhin fand Franz bei einer Bevölkerung Resonanz, auf
die die Prälaten wenig Einfluß hatten. Hinzu kam, daß sich in
der hohen Geistlichkeit eine Gruppe herausbildete, die in der
Förderung der vita apostolica unter klerikaler Ägide ein Mittel
zur Überwindung der Ketzerei sah. Auf die Approbierung hu-
miliatischer Gruppen, konvertierter Waldenser und neuer Pre-
digtmethoden durch Diego von Osma und Dominikus wurde
bereits verwiesen. Franz besaß aus diesem Grund auch immer
klerikale Förderer und Beschützer. Hierzu gehörte zunächst der
Bischof von Assisi, der ihn nicht nur in der Anfangszeit lenkte,
sondern auch in den folgenden Jahren häufig in seiner Kirche
predigen ließ. Auch einige Kardinäle unterstützten zielstrebig
Armutsbewegungen und befürworteten deshalb die neue Gemeinschaft.

Vermutlich hatten die klerikalen Gönner des Franz von Assisi den Wert seiner vita religiosa im Kampf gegen die Katharer
schon frühzeitig erkannt. Sie war in ihren Intentionen der dualistischen Häresie direkt entgegengesetzt. Franz rezipierte das
evangelische Armutsideal für den katholischen Glauben und
entzog mit seiner Zuspitzung den Katharern den sozialen
Boden und die Vorbildwirkung. Dabei wirkte sich als Vorteil
aus, daß er nicht auf Traditionen Rücksicht zu nehmen
brauchte, sondern direkt an den Alltag seiner Anhänger und

Zuhörer anknüpfen konnte, etwa in der Orientierung auf niedrige Arbeiten oder die Pflege von Aussätzigen. Gegen die katharische Häresie stand aber vor allem seine Christusnachfolge. Für die Dualisten spielte Christus keine Rolle. Sie sahen in ihm bestenfalls einen Engel oder einen frommen Pilger. Den irdischen menschgewordenen Christus lehnten sie grundsätzlich ab, desleichen die Wundergeschichten. Krippe, Altar, Kreuz, Eucharistie, all das, worauf Franz seine Religiosität festgeschrieben hatte, galten den Katharern als Teufelswerk. Die unterschiedlichen Positionen zu Kruzifix und Kirchen hatten wir bereits erwähnt. Die Häretiker stützten sich vor allem auf das Johannesevangelium und auf Paulus. Franz zitierte vorwiegend die Synoptiker Matthäus, Lukas und Markus.

Die emotional angelegte vita religiosa des Franz unterschied sich prinzipiell von den abstrakten transzendentalen Lehren der Katharer. Die gesamte Natur bezeichnete er ausdrücklich als Schöpfung Gottes. Er schrieb selbst Gedichte, in denen diese Schöpfung verherrlicht wurde. Die Legende berichtet darüber, daß er sich ausführlich mit seinen Gefährten über die Schönheit der Pflanzen und Tiere als Werk der Schöpfung unterhalten konnte. Für die Katharer war die gesamte materielle Welt ein Werk des Satans. Sicher war die franziskanische Religiosität breiter angelegt und keineswegs lediglich eine Reaktion auf die dualistische Lehre. Aber im historischen Kontext wirkte sie zunächst einmal in dieser Hinsicht und begünstigte die von der Kurie so dringend geforderte ideologische Offensive gegen die Ketzer. Hinzu kam, daß Franz mit der Betonung des Gehorsams gegenüber dem Klerus bei seinen Brüdern, aber auch den Zuhörern die Autorität der Geistlichkeit stärkte. Niemals hat er gegen den Willen eines Bischofs gepredigt und immer, auch wenn es ihm schwerfiel, Geistliche gegen oppositionelle Stimmungen in Schutz genommen. Aus all diesen Gründen tolerierte die katholische Kirche die franziskanische Bruderschaft.

Entwicklung und Ausdehnung der franziskanischen Bruderschaft sind für die frühe Zeit zwischen 1209 und 1217 nur sehr

lückenhaft überliefert. Zunächst wirkten die Minoriten vor
allem regional im Gebiet von Assisi, suchten auch auf andere
Regionen Mittelitaliens auszustrahlen, aber Verlauf und Ausmaß dieser Mission sind nicht zuverlässig zu rekonstruieren.
Sehr früh sollen die Brüder unter anderem in Perugia, Cortona
und der Mark Ancona aufgetaucht sein. Mehr als Streifzüge
waren das indessen nicht, denn regelmäßig kehrten die Minoriten nach Assisi zurück, und eine zeitgenössische Chronik bezeichnete sie direkt als Büßer von Assisi.

Auch die Zahl der Minoriten und ihre soziale Zusammensetzung ist nicht exakt zu bestimmen. 1209 sollen es zwölf gewesen
sein. In den Jahren bis 1212 wuchs die Gemeinschaft zwar an,
aber eine Massenbewegung dürfte es noch nicht gewesen sein.
Unter den Mitstreitern dieser Jahre gab es Söhne von Kaufleuten, niedere Kleriker, Angehörige aus den Bildungsschichten
der Städte, in der Mehrheit kamen die Brüder jedoch aus dem
einfachen Volk, den städtischen und ländlichen Mittel- und Unterschichten. Franz nahm jeden persönlich in die Bruderschaft
auf, leitete ihn an und führte ihn in die vita religiosa ein. Diese
Anfangszeit hatte für die Entwicklung der franziskanischen Religiosität außerordentliche Bedeutung. Franz verwandte sehr
viel Zeit, um seine Gefährten im Sinne seiner vita religiosa zu
erziehen. Es gab kein System der Ausbildung, keine Schulen im
waldensischen Sinn und keine Probezeit. Franz nahm jeden auf,
der sich zu seiner Religiosität bekannte, und erzog durch sein
eigenes Vorbild. Die Legenden nennen zahlreiche Beispiele
dafür, mit welcher Intensität sich der Begründer der Bruderschaft um jeden Mitstreiter bemühte. Franz wirkte durch seine
persönliche Ausstrahlungskraft. Er besaß ein ausgeprägtes
Selbstbewußtsein, das sich als religiöses Sendungsbewußtsein
niederschlug. Überall sah er Hinweise und Botschaften, die
Gott an ihn direkt gerichtet hatte. Das betraf nicht nur Zitate
aus dem Evangelium, sondern auch Begegnungen im Leben,
etwa mit Aussätzigen. Im Verlauf der Zeit steigerte sich dieses
Sendungsbewußtsein. Die von ihm verfaßten Regeln, seine

Briefe, sein Testament sollten Zeugnisse dafür sein, daß Gott aus ihm sprach. Dieser Ausstrahlungs- und Überzeugungskraft ist es zu verdanken, daß in den ersten Jahren ein Stamm von Brüdern herangezogen wurde, der bedingungslos auf Franz eingeschworen war. Erst von diesen Voraussetzungen her gelang eine Ausbreitung der franziskanischen vita religiosa über den regionalen Rahmen hinaus. Dabei muß jedoch in Rechnung gestellt werden, daß es sich bei diesem Stamm nur um einen elitären Kern handelte. Es gilt als sicher, daß die Fluktuation zu allen Zeiten der Gemeinschaft bis zur Ordensgründung außerordentlich groß war. Sehr viele kamen nur, um sich in einer Organisation besser versorgen zu können, als das als Einzelperson möglich gewesen wäre. Andere kehrten der Bruderschaft wieder den Rücken, weil sie sich der rigorosen Armut auf die Dauer nicht unterwerfen wollten.

Widersprüchlich sind auch die Informationen über ihre Resonanz bei der Bevölkerung. Anfangs überwog wohl die Ablehnung beziehungsweise die Zurückhaltung. Die Brüder wurden verspottet. Das geschah weniger wegen ihrer Predigt, sondern wegen ihres Äußeren, das die Bürger zur Auseinandersetzung mit dem Problem der materiellen Armut zwang. Angst trat auf, wenn die Minoriten in ihrer zerlumpten Kleidung auftauchten und durch die Straßen zogen. Man sah in ihnen Landstreicher, auch Ketzer, verschloß die Türen, wies sie aus der Stadt. Bei weitem nicht alle Kleriker gestatteten, wie der Bischof von Assisi, Franz die Predigt. Aber das war nur eine Reaktion. Offensichtlich bezogen zuerst die Unterschichten eine positive Position. Es beeindruckte, wenn die Brüder sich als Krankenpfleger betätigten, die Kirchen pflegten oder sich gegen ein Almosen als Lohnarbeiter verdingten. Mit dieser Lebensweise setzten sich die Minoriten durch und gewannen immer neue Anhänger.

Etwa 1212 gelang der Bruderschaft der Durchbruch über Mittelitalien hinaus. Das läßt sich zumindest daraus schlußfolgern, daß damals die jährlichen oder halbjährlichen Generalkapitel eingeführt wurden, auf denen sich alle Minoriten trafen.

Kürzere Abstände waren offensichtlich wegen der zu bewältigenden Entfernungen nicht möglich. 1216 waren sie in der Lombardei, in Mittelitalien und im Süden des Landes in eigenen Gruppen aktiv. Allgemeiner Tagungsort war die Portiuncula bei Assisi. Franz versuchte auch noch nach 1212 seine Gemeinschaft fest im Griff zu behalten. Er besuchte die einzelnen Regionen, nahm nach Möglichkeit die neuen Brüder selbst auf und nutzte vor allem die Generalkapitel zur Einflußnahme. Eine Aufgliederung der Bruderschaft war aber unübersehbar. Einzelne Brüder leiteten die wandernden Gruppen in den verschiedenen Gebieten relativ selbständig. Ihre Aufgabe bestand ebenfalls darin, durch das persönliche Vorbild zu erziehen, aber Sonderentwicklungen, laxere Auslegung des Armutsideals, rückten auf die Tagesordnung.

Etwa 1217 strebte die ursprüngliche franziskanische Gemeinschaft dem Höhepunkt ihrer Entwicklung zu. In großen Teilen Italiens wirkte eine nach den strengen Grundsätzen der vita religiosa erzogene Elite mit ständig zunehmender Ausstrahlungskraft auf das Volk. 1221 kamen auf dem Generalkapitel 3000, nach einer anderen Quelle 5000 Brüder zusammen. Der Zulauf zu den Minoriten äußerte sich auch in wachsender Zustimmung der Bevölkerung. In zahlreichen Städten empfing man die Gefährten des Bußpredigers mit großer Begeisterung. Die Glokken wurden geläutet, und man gab reichlich Almosen, zuweilen so viel, daß gar nicht alles verzehrt werden konnte. Obwohl Teile der kirchlichen Hierarchie den Minoriten noch skeptisch gegenüberstanden, mehrte sich die Zahl der Bischöfe, die ihnen bereitwillig die Predigterlaubnis erteilten. In einigen Kirchen predigten die Brüder bereits regelmäßig. Die franziskanische vita religiosa wurde als das erkannt und empfunden, was sie sein wollte: Volksfrömmigkeit. Im Bewußtsein ihrer politischen Ohnmächtigkeit suchten die städtischen Mittel- und Unterschichten religiöse Emanzipation. Sie stand neben der Kirche und der Welt der Reichen und Mächtigen. Sie transponierte den Alltag der Volksmassen in das religiöse Denken und festigte die Überzeugung, daß wahre Christusnachfolge nur hier praktizierbar war.

Beflügelt durch diese Erfolge, beschloß das Generalkapitel 1217 die zielstrebige »weltweite« Mission. Das vorgesehene Missionsgebiet wurde in zwölf Provinzen aufgeteilt, davon sechs in Italien, die bereits existierten. Neugründungen wurden für den Vorderen Orient und Nordafrika, für Frankreich, Spanien, Deutschland, England und Ungarn geplant. Damit strebte Franz endgültig nach dem Aufbau einer umfassenden elitären Gemeinschaft, die durch ihr Beispiel der Nachfolge Christi für den katholischen Glauben werben sollte, und zwar gleichermaßen unter Christen und Muslimen.

Die Organisation der Gemeinschaft blieb locker. An der Spitze der Provinzen standen Provinzialminister, die die Mission zu leiten hatten, aber keine administrativen Vollmachten besaßen. Während seiner Abwesenheit von Italien anläßlich einer Missionsreise nach Ägypten und Palästina (1219/20) richtete Franz für die gesamte Bruderschaft das Amt des Vikars ein, aber auch in diesem Fall nur zur Visitation und mit keinerlei Rechtsbefugnis ausgestattet. Im Zusammenhang mit dieser ungenügenden Aufmerksamkeit für strukturelle Fragen ist Franz in der Literatur mangelnder Realismus vorgeworfen worden, da er die Schwierigkeiten, die sich aus einer weitverzweigten Organisation ergaben, nicht übersehen hätte. Das ist sicher richtig, trifft aber nicht den Kern. Franz hatte Widerstände gegen seine vita religiosa wohl bemerkt, wie die Überlieferung an zahlreichen Beispielen belegt. Er wußte auch um die Fluktuation in seiner Gemeinschaft. Aber er wollte keinen Orden im herkömmlichen Sinn mit festen Normen und Reglementierungen, sondern eine religiöse Eliteorganisation. Wer diesen Ansprüchen nicht genügte, hatte die Bruderschaft wieder zu verlassen. Wenn er sich mit einem Minimum an Organisation begnügte, so hatte er zweifellos die Erfahrungen aus der Gründerzeit vor Augen, wo er die Bruderschaft in ihrem Kern durch harte Erziehung und eigenes Vorbild geformt hatte. Das sollte sich jetzt in den Provinzen unter Leitung der Provinzialminister wiederholen. Von der Entscheidung, welches Ausmaß Organisation, Strukturen und feste Regeln einzunehmen hatten, hing das Wesen der vita religiosa ab. Die weiteren Ereignisse sollten das deutlich werden lassen.

Zwischen 1219 und 1223 erfolgte die Umgruppierung der franziskanischen Gemeinschaft in einen regulierten Orden. Sie war das Werk der Kurie und einflußreicher gemäßigter Minoriten, die zielstrebig, dabei äußerst geschickt Franz zwangen, seine vita religiosa auszuhöhlen und schließlich eine Regel auszuarbeiten, die mit dem ursprünglichen Grundanliegen nur noch wenig Gemeinsames hatte. Rom hatte die Entwicklung der Minoriten sehr aufmerksam verfolgt. Mit deren Ausbreitung über ganz Italien war dem Papsttum bewußt geworden, daß hier eine Bewegung entstanden war, die sich zur Intensivierung der Volksreligiosität und zur ideologischen Überwindung der häretischen Lehren eignete. Nach allerdings nicht abgesicherten Überlieferungen versuchte die Kurie sogar, zunächst die Minoriten mit den dominikanischen Predigern zu einem Orden gegen die Ketzerbekämpfung zu vereinen. Wichtiger wurde für Rom jedoch ein anderes Problem. Während Teile der Geistlichkeit den Minoriten volle Sympathie entgegenbrachten und in deren Wirken eine effektive Unterstützung ihrer eigenen Tätigkeit sahen, verstärkten sich bei anderen Klerikern die Aversionen. Man sah in den wandernden Brüdern verkappte Ketzer und asoziale Elemente, verbot ihre Auftritte und diffamierte sie. Es ist nach einigen Belegen sicher, daß Ketzer in der neuen Bewegung Unterschlupf fanden und auch antiklerikale Auffassungen Resonanz fanden. Franz predigte in diesen Jahren wiederholt den unbedingten Gehorsam gegenüber dem Klerus und wies verdächtige Ketzer konsequent aus der Gemeinschaft. Aber diese Beispiele dürften für die antifranziskanische Haltung von Geistlichen nicht ausschlaggebend gewesen sein. Vielmehr fürchtete man die gepredigte und praktizierte Armut. In ihrer unkontrollierten Ausbreitung schien sie eine

Gefahr für die Kirche zu werden. Franz erkannte das. Er hatte
selbst mehrfach erfahren müssen, daß ihm Bischöfe die Genehmigung zur Predigt nicht erteilten. Es entsprach seiner Grundhaltung, wenn er gerade deswegen den Schutz des Papsttums
suchte. Seit etwa 1214 stützte sich Franz dabei vor allem auf
Kardinal Ugolino, Bischof von Ostia, den späteren Papst Gregor IX. Ugolino war damit beauftragt, die Entwicklung der Minoriten zu beobachten und zu lenken, vor allem aber auf Franz
Einfluß zu nehmen. Er tat das mit außerordentlichem Fingerspitzengefühl, erlangte dessen volles Vertrauen und wurde
1220 auf dessen Wunsch als Kardinalprotektor für die Minoriten eingesetzt. Mit dieser Schutzfunktion erhielt die Kurie auch
formell das Einspruchsrecht bei allen Entscheidungen der Bruderschaft. Die Voraussetzungen für direkte Eingriffe waren
geschaffen.

Auch innerhalb der Bruderschaft erstarkten die Kräfte, die
das Gemeinschaftsleben zu regulieren suchten. Das war nicht
allein von der Sorge um den Aufbau einer Organisation getragen. Vielmehr ging es um den Zusammenhalt unterschiedlich
motivierter minoritischer Gruppen. Bereits 1216 hatte Jakob
von Vitry festgestellt, daß sich sowohl Reiche als auch Arme,
Kleriker wie Laien gleichermaßen zur Bruderschaft bekannten.[6] Das Verständnis über die Handhabung der vita religiosa
ging weit auseinander. Kleriker und Gelehrte, deren Anteil an
der Bruderschaft sehr rasch wuchs, sahen das Ideal durchaus
nicht in der Verrichtung niedriger Arbeit, sondern in der Predigt und geistiger Beschäftigung. Viele dieser Minoriten wohnten in festen Domizilen, ehemaligen Eremitorien, und beschäftigten sich teilweise intensiv mit religiösen Studien. Franz hatte
für diese Art der Arbeit keinerlei Verständnis. Er hatte sich für
die Emotion entschieden und nicht für die Gelehrsamkeit. Die
Schriften der Kirchenväter bedeuteten ihm nichts. Mit seiner
vita religiosa waren sie unvereinbar. 1220 ließ Franz in Bologna eine minoritische Klause, in der sich die Brüder theologischen Studien widmeten, räumen, einmal wegen der stabilitas

loci, zum anderen aber, weil das seinen Intentionen der Christusnachfolge widersprach. Noch die endgültige Regel des Minoritenordens legte fest: »Die keine wissenschaftlichen Kenntnisse besitzen, dürfen nicht danach streben, sich eine wissen-
schaftliche Bildung zu verschaffen.«[7] Diese grundsätzliche Position des Stifters ist deswegen anmerkenswert, weil sie im Widerspruch zu den objektiven Erfordernissen stand und von
Franz faktisch nicht durchgehalten werden konnte. K. Eßer hat
darauf verwiesen, daß die Minoriten in Oberitalien in einer
Auseinandersetzung mit den Katharern theologische Kenntnisse benötigten und schon aus diesem Grund sehr zeitig zur
geistlichen Ausbildung von Brüdern übergingen. Franz hat das
offensichtlich toleriert und die Laien unter seinen Gefährten
von der Predigt abgehalten.

Ähnlich behielt Franz die von ihm geforderte Verbindung
zwischen rigoroser Armut und Predigt nicht in der Hand. Von
der Sympathie der Bürger getragen, erhielten zahlreiche Minoriten nicht nur vom Klerus das Recht, regelmäßig öffentlich zu
predigen, verschiedene Bischöfe stellten ihnen dazu auch ihre
Kirchen und Kapellen zur Verfügung. Es waren vor allem Kleriker, die sich dieser Tätigkeit widmeten und seßhaft wurden,
welche das Wanderpredigen mit seinen Entbehrungen selbst gar
nicht oder nur für kurze Zeit erlebt hatten. Von reichen bürgerlichen Gönnern wurden diese Brüder reichlich mit Spenden unterstützt, so daß das rigorose Armutsideal zunehmend seinen
Inhalt verlor. Die Diskrepanz zwischen den armen Brüdern und
den minoritischen Klerikern beziehungsweise den Führungsschichten in der Bruderschaft vergrößerte sich ständig.

1219/20, während der Orientreise des Franziskus, kam es zu
ersten Reformversuchen. Die für die Leitung der Bruderschaft
verantwortlichen Vikare versuchten eine innere Struktur aufzubauen. Ein Seniorenkapitel wurde eingeführt, das ohne die
Mitwirkung der Brüder Beschlüsse faßte. Die Pflege in den
Leprosenheimen sollte ausschließlich die Angelegenheit einer
speziellen Gruppe von Minoriten werden. Für die Brüder erließ

man verschärfte Fastenbestimmungen, und zwar an drei Tagen in der Woche. An den übrigen Tagen durften sie nur Fleisch essen, wenn sie es geschenkt erhielten, ohne darum gebeten zu haben. Diese an sich unbedeutenden Festlegungen stellten insofern einen Angriff auf die franziskanische vita religiosa dar, weil die spezifische Betonung der Askese auf einigen Gebieten die Möglichkeit der Vernachlässigung in anderen Bereichen einschloß. Die Herausnahme der Krankenpflege aus den allgemeinen Forderungen deutete diese Tendenz bereits an. Zudem waren die Fastenbestimmungen für wandernde und körperlich arbeitende Brüder in jeder Hinsicht denkbar ungeeignet. Franz gelang es mit Hilfe des Kardinals Ugolino, diese Festlegungen rückgängig zu machen, aber aufzuhalten vermochte er die Entwicklung nicht mehr.

1220 gab Franz die Leitung der Bruderschaft ab. Generalminister wurde Peter Catanii und nach dessen Tod 1221 Elias von Cortona. Beide gehörten zu den Gebildeten der Bruderschaft. Elias war vor seinem Beitritt Notar in Bologna gewesen. Die Motivation für den Schritt von Franz ist nicht eindeutig ersichtlich, und es gibt in der Literatur zahlreiche Argumente: so Krankheit, Konzentration auf die Ausarbeitung einer neuen Regel, dringende Empfehlung des Kardinals Ugolino wegen der vorgesehenen Maßnahmen zur Umbildung der Bruderschaft in einen regulierten Orden und Differenzen mit dem Provinzialminister. Verfolgt man die Entwicklung der Minoriten in den folgenden Jahren, so ist eine tiefe Resignation die wahrscheinliche Begründung. Franz war zu sehr auf das Papsttum und die Kirche eingeschworen, als daß er der Aushöhlung seiner vita religiosa Widerstand entgegengesetzt hätte. Aber eine verantwortliche Leitung der Bruderschaft mit ihren widerstrebenden Fraktionen war ihm wohl nicht möglich. Er soll sogar mit dem Gedanken gespielt haben, eine neue Bruderschaft zu gründen. Von seinem Gefolge und vor allem von Kardinal Ugolino wurde er in langen Diskussionen zur systematischen Preisgabe der wichtigsten Bestandteile seiner vita religiosa veranlaßt. 1221 legte er die erste reformierte Regel vor. Nach deren Ablehnung durch die Kurie erarbeitete er gemeinsam mit dem Kardinal die endgültige Fassung, die 1223 von dem Papst offiziell als Regel des Minoritenordens sanktioniert wurde. Schon in den grundlegenden Bestimmungen wird deutlich, daß die Lebensweise der gemäßigten Fraktion dominierte und von den strengen Grundsätzen der Urregel und der ersten Büßer von Assisi wenig übriggeblieben war.

In ihrer allgemeinen Form blieben die Grundsätze des Armutsideals erhalten. Das gilt insbesondere für den Verzicht auf persönliches und kollektives Eigentum. Die Minoriten sollten arbeiten und von Almosen leben. Die Annahme von Geld blieb ihnen streng untersagt. Unter den neuen Bedingungen erhielten diese Gedanken jedoch einen völlig neuen Inhalt und besaßen nicht mehr die Funktion, die ihnen Franz ursprünglich zugedacht hatte. Die entscheidende Veränderung ging vom Übergang zur stabilitas loci aus. Franz hatte sich bis zuletzt, wenn auch erfolglos, gegen den Übergang zur Seßhaftigkeit gewehrt. Für die zukünftige Lebensweise hatte die stabilitas loci weitreichende Folgen. Die Minoriten durften den Konvent nur mit Genehmigung des Oberen verlassen. Lohnarbeit war zudem streng verboten. Damit erfuhr der Grundsatz der Arbeit eine neue Akzentuierung. Geistige Tätigkeiten und Predigten wurden aufgewertet. Die Bildungsschichten im Orden sahen sich bestätigt. Für die ungebildeten Minoriten gab es innerhalb der engen Klostermauern nicht genügend einfache Tätigkeiten. Von der ursprünglichen Absicht des Franziskus, mit den niederen Arbeiten die Bußbrüder zur Nachfolge Christi zu erziehen, konnte keine Rede mehr sein. Hinzu kam, daß nicht mehr jeder Minorit predigen durfte. Das war praktisch bereits vor 1223 eingeführt worden und hatte berechtigte Gründe. Franz befürchtete selbst, daß häretische Lehren verkündet werden könnten. Jetzt wurden die Prediger in einem eingehenden Examen ausgewählt. Damit gliederte sich der Orden in Kleriker und Laienbrüder. Das war eine zusätzliche Arbeitsteilung, die mit der Lebensweise der Büßer von Assisi nichts gemein hatte. Für Franz galt in der Anfangszeit der Grundsatz, daß sich jeder Minorit den gleichen Bedingungen zu unterwerfen hatte.

Das ursprüngliche franziskanische Armutsideal wurde aber noch von einer ganz anderen Seite her ausgehöhlt. Ihren Unterhalt erwarben sich die Minoriten durch das »Erbitten von Almosen«. Im Verhältnis zur bisherigen Praxis verstärkte die Regel von 1223 diesen Grundsatz. Es ging jedoch nicht mehr um einen Ausweg in Notzeiten, sondern um den organisierten Bettel. Zu diesem Zweck wurden Minoriten regelmäßig ausgesandt, um für die gesamte klösterliche Gemeinschaft zu sorgen. G. Wendelborn hat darauf aufmerksam gemacht, daß organisierter Bettel keine wirkliche Armut mehr bedeutet. Darüber hinaus wäre es falsch, anzunehmen, daß die Minoriten von Speiseresten und ähnlichen kleinen Gaben ihr Leben fristeten. Reiche bürgerliche Gönner spendeten sehr großzügig. Sie ermöglichten nicht nur die Ernährung der Mönche, sondern auch den erwähnten Ausbau der Klöster und deren Ausstattung, einschließlich der Voraussetzungen für die theologische Bildungsarbeit. Vom Hunger, wie die Büßer von Assisi, waren die Minoriten nicht mehr geplagt.

In den strukturell-organisatorischen Fragen paßte die Regel die Minoriten den bisherigen Orden an. Der Beitritt wurde, wie das 1220 Papst Honorius III. bereits festgelegt hatte, zu einem förmlichen Akt mit Novizenjahr, Einkleidung, Gelübde und Zugehörigkeit auf Lebenszeit. Damit gab man die Freiwilligkeit des Bekenntnisses insofern auf, als die bisher übliche Trennung von der Bruderschaft nicht mehr möglich war. An die Stelle der Gleichberechtigung der Brüder trat die Disziplinargewalt der Ordenshierarchie. Die Klöster wurden von Vorstehern, Guardianen, geleitet. Kustoden standen an der Spitze einzelner Bezirke, Provinzialminister verantworteten die Entwicklung der Minoriten in den Ordensprovinzen. Geleitet wurde der gesamte Orden vom Generalminister. Im Ansatz waren diese Funktionen bereits früher vorhanden gewesen. Aber jetzt hatten sie sich zu Ämtern umgebildet, deren Inhaber kraft der damit verbundenen Vollmachten leiteten. Das Vorbild besaß nur noch sekundäre Bedeutung. Die Hierarchie verfügte über die Disziplinargewalt. Innerhalb des Ordens setzte sich jetzt die Bildungsschicht durch. Über das General- und die Provinzialkapitel bestimmten sie die Politik.

Franz hatte die Entfremdung des Ordens von der ursprünglichen vita religiosa erkannt. Kurz vor seinem Tode (1226) versuchte er in einem Testament, den Sinn seiner Religiosität zu erhalten. Er ermahnte darin die Minoriten neben dem Gehorsam zum Klerus vor allem zum Befolgen des Armutsideals. Die Herrin Armut sei zu lieben. Der körperlichen Arbeit sollte von allen die gebührende Aufmerksamkeit geschenkt werden, vor allem der Pflege von Aussätzigen und der niederen Arbeit. Die Minoriten dürften niemals Besitz und Privilegien beanspruchen oder annehmen. Weiterhin verlangte er, jede abschwächende Interpretation der Regel zu unterlassen und sie wörtlich zu befolgen. Um den Grundgedanken seiner vita religiosa zu erhalten, sollte das Testament immer gemeinsam mit der Regel verlesen werden. Bereits 1230 hob Papst Gregor IX. diese Praxis auf.

Der Minoritenorden entwickelte sich außerordentlich schnell. Bereits in der Mitte des 13. Jh. gab es 30 000–40 000 Mönche, die in etwa 1 400 Konventen zusammengeschlossen waren. In nahezu jeder europäischen Stadt hatte sich der Orden niedergelassen. Diese Prosperität in den Kommunen beruhte nicht auf Zufälligkeit und war auch nicht einem besonderen Missionseifer zuzuschreiben. Der neue Orden entsprach in seinem Grundanliegen stadtbürgerlicher Lebensweise. Der Verzicht auf gemeinsames Eigentum bedeutete im historischen Zusammenhang vor allem eine Absage an klösterlichen Großgrundbesitz und feudale Herrschaft. Das einfache materielle Leben in den Konventen ähnelte dem des Stadtbürgertums, insbesondere der einfachen Warenproduzenten. Ähnlich entsprach die Verpflichtung zur Arbeit stadtbürgerlichen Grundsätzen und Vorstellungen.

Die Minoriten suchten nicht die Weltabgeschlossenheit. Kontemplation spielte bei ihnen nur eine geringe Rolle. Für die Almosen, die sie beanspruchten, leisteten sie »religiöse Arbeit«. Die Kritik an Mendikanten wegen Müßiggang und lästiger Bettelei stammt im wesentlichen aus einer späteren Zeit. An Ziel und Inhalt ihrer Predigten hatte sich im Vergleich zu den Auffassungen des Franz von Assisi grundsätzlich nichts geändert. Die Konkretheit ihrer Darstellung, der Bezug zum Alltag und die einfache und eindringliche Sprache machten ihre Predigten populär. Im Verlauf der Zeit brachte der Orden immer wieder Kleriker hervor, die in dieser Hinsicht gewaltige Ausstrahlungskraft besaßen. Die Minoriten hinterließen bei den Stadtbürgern einen viel tieferen Eindruck als die Pfarrgeistlichkeit, die in ihrer Mehrheit nach wie vor ungenügend ausgebildet war.

Aus der Notwendigkeit heraus, Geistliche auszubilden, verstärkte sich in den Orden der Trend zur geistigen Tätigkeit. Sehr schnell wurden die Konvente Zentren religiöser Bildung. Intensive Beschäftigung mit theoretischen Fragen führte dazu, daß gelehrte Minoriten zu den verschiedensten Funktionen innerhalb der katholischen Hierarchie herangezogen wurden.

Die Geschichte des Ordens ist bis zur Mitte des 13. Jh. nicht nur von einem rasanten Aufschwung, sondern auch von heftigen Machtkämpfen bestimmt, in deren Ergebnis sich die Fraktion der Kleriker durchsetzte, die die entscheidenden Positionen in der Ordenskirche besetzten und die Politik bestimmten. Parallel dazu kam es im Orden zu einem Streit um die Bewahrung des franziskanischen Armutsideals, der zur faktischen Spaltung führte. Er entzündete sich an der Auslegung der Regeln über den Verzicht auf kollektives Eigentum. Die Minoriten gingen daran, ihre Konvente auszubauen, ließen Kirchen errichten und legten auch eigene Friedhöfe an. Abgesehen davon, daß das Differenzen mit der Parochialgeistlichkeit hervorrief, verstieß diese Politik gegen die Eigentumsregel. Der Generalminister Elias von Cortone ging sogar noch einen Schritt weiter und forderte dazu auf, Geldspenden für den Bau von Kirchen und deren Ausstattung anzunehmen. Die Kurie sanktionierte diese Entwicklung. Papst Gregor IX. erlaubte, daß das Eigentum in die Hände von Freunden, später dem Papsttum selbst, überging und die Konvente nur als Nutzer in Erscheinung treten sollten. Diese laxe Interpretation des Armutsgebotes rief die heftige Opposition einer radikalen Fraktion, der Observanten, hervor, die sich dem Buchstaben getreu an die Weisungen des Franziskus halten wollten.

In diesem Streit entlud sich die Opposition gegen die Ordensgründung auch in anderer Richtung. Zahlreiche Observanten wollten sich dem Gehorsam gegenüber den Oberen nicht unterwerfen. Sie lehnten die stabilitas loci ab. Vagierendes Mönchtum und eremitisches Dasein schien ihnen die wahre Franziskusnachfolge. Hinzu kam, daß sie Auffassungen des Abtes Joachim von Fiore über den Anbruch eines neuen Zeitalters, in dem eine Mönchskirche herrschen würde, übernahmen und umformten. Danach würde bei diesem Übergang die reiche Kirche vernichtet werden. Als Hauptvertreter dieser Ideologie wirkte im ausgehenden 13. Jh. der radikale Minorit Johannes Olivi. Die Lehre mündete bereits in spätmittelalterliche häretische Enderwartungsvorstellungen und kann daher hier nicht weiter verfolgt werden.

Die Armutsfanatiker blieben innerhalb des Ordens eine kleine Gruppe. Sie wurden verfolgt und der Inquisition ausgeliefert. Ihre Entstehung und ihr Schicksal waren jedoch symptomatisch für die Entwicklung der franziskanischen vita religiosa, deren Verkirchlichung durch die Ordensbildung zugleich deren Entartung bedeutete. Ein dritter Weg neben Hochkirche und Häresie war nicht möglich. Die Kluft zwischen offizieller Theologie und Volksreligiosität, die sich mit dem Armutsstreit ankündigte, brach im 14. Jh. voll auf. Der Minoritenorden konnte zwar über die seelsorgerischen Betätigungen unter Laienbruderschaften der verschiedensten Art direkte Einflüsse auf das Volk erhalten. Dazu gehörte auch die Herausbildung eines eigenen Ordens, der Tertiarier, Laienbruderschaften, die

zum Minoritenorden gehörten. Aber gerade aus diesen Bruderschaften kamen während des Spätmittelalters immer wieder
aufs neue häretische Auffassungen. Insgesamt wurde der Minoritenorden jedoch zu einer der wichtigsten Stützen der feudalen Kirche. Das äußerte sich nicht allein in der erwähnten Hinwendung zur katholischen Theologie und der Übernahme von
hohen kirchlichen Ämtern, sondern, nahezu charakteristisch für
die Veränderung im Orden, in der Verfolgung der Ketzer. Ge-
fürchtete Inquisitoren kamen aus dem Minoritenorden und trugen nicht unwesentlich dazu bei, daß die Popularität der Mendikanten im Volk bald wieder abgebaut wurde.

Die Geschichte der franziskanischen vita religiosa hatte gezeigt, daß eine ständige Volksreligiosität neben der feudalen
Kirche nicht möglich war. Im Spätmittelalter suchten und fanden volksverbundene Theologen mit der Reformierung der Kirche einen neuen Ansatz.

Epilog

In rascher Abfolge tauchten während des Hochmittelalters neue sozial-religiöse Bewegungen und neue religiöse Auffassungen auf. Dahinter standen jeweils recht unterschiedliche soziale Kräfte. Resümiert man die Vielfalt der Auffassungen, so läßt sich unschwer eine Konstante erkennen. In jedem Fall stand die Auseinandersetzung mit dem religiösen Armutsbegriff im Mittelpunkt. Mit dem Entstehen der Städte und der Ausdehnung der Warenproduktion auf den Feudalismus als Ganzes war die Verarbeitung des neuen ökonomischen Trends im religiösen Überbau insgesamt relevant geworden. Die katholische Kirche war gefordert. Sie reagierte hinsichtlich der Nutzung der neuen Möglichkeiten zum Ausbau ihres Machtapparates sehr rasch, sah sich allerdings im Aufbau eines religiösen Instrumentariums für die Stadtbürger und die Laien lange überfordert. Es waren die Volksmassen in den ökonomisch entwickelten westeuropäischen Territorien, die nach neuen Lösungen suchten und ihre Positionen unabhängig von der feudalen Machtkirche formulierten und propagierten.

Innerhalb der katholischen Kirche war der christliche Armutsbegriff traditionell mit dem Mönchtum verbunden. Die Mönche des 11. Jh. betrachteten sich als Arme in der Bedeutung von machtlos. Das Paradoxon bestand im ökonomischen Reichtum und der adligen Zusammensetzung der Konvente auf der einen und dem Armutsverständnis auf der anderen Seite. Der entscheidende Einbruch in diese feudalstrukturierte Adelswelt Armer in Christo erfolgte mit dem Aufstieg der Städte und des Stadtbürgertums seit der Mitte des 11. Jh. Damit wurde auch auf dem Lande ein Strukturwandel in Gang gebracht, der sich in der Extensivierung und Intensivierung der Landwirtschaft niederschlug. Die Anbauflächen wurden erweitert, und Spezialkulturen erlangten Verbreitung. Die Bauern konnten mit bestätigten »Freiheiten« und fixierten Gewohnheiten ihre politische und soziale Situation verbessern. Als Reaktion auf diese Entwicklung entstand der Zisterzienserorden. Ursprünglich hatten die Gründer von Citeaux als Wanderprediger Armut und Flucht vor den Städten auf ihre Fahnen geschrieben. Mit dem Übergang zur stabilitas loci widmeten sich die weißen Brüder mit Eifer der Geldwirtschaft und dem Streben nach Gewinn und Reichtum. Die Zisterzienser rechneten, planten, investierten und produzierten für den Markt. Der Armutsanspruch degradierte zum Schibboleth. Mit dem Zisterzienserorden reagierte das benediktinische Mönchtum auf die Entwicklung der Warenproduktion. Der neue Orden integrierte die Ware-Geld-Beziehung. Damit war er den alten Klöstern, etwa den Cluniazensern, überlegen. Das Amt des cellarius, des Finanzverwalters, wurde die entscheidende Funktion und löste die Heiligen und Schriftgelehrten, die in den alten Klöstern die Integrationsfiguren waren, ab. Die Entwicklung dieses Ordens steht als Beispiel dafür, wie die katholische Kirche nicht nur Anschluß an die neuen ökonomischen Trends fand, sondern in vielen Territorien sogar zu deren Wegbereiter wurde. Innerhalb kürzester Zeit stärkten die weißen Mönche die kirchliche Machtbasis auf dem Land beträchtlich. Gegen die Aufnahme kaufmännischen Kalkulierens und Profitstrebens in die Klostergemeinschaft protestierten zunächst nur Eremiten und Eremitenkongregationen, wie die Kartäuser, die nicht nur gegen die reichen Monasterien, sondern auch gegen die verführerischen Städte wetterten, da das mit wahrer Religiosität unvereinbar wäre. Wenige Jahrzehnte nach der Gründung von Citeaux bildeten die aristokratischen Zisterzienser für die Kurie und den Episkopalklerus zudem eine wichtige Stütze in der Ausprägung der hochmittelalterlichen Theologie.

Für die neuen Fragen der Volksreligiosität des christlichen Armutsideals besaßen sie kein Verständnis mehr, obwohl die Initiatoren einmal als arme Wanderprediger angetreten waren.

Die Initiative zur Entdeckung des hochmittelalterlichen christlichen Armutsideals ging von den Städten aus und griff von hier auf das Land über. Es waren Laien, die die Evangelien mit der Wirklichkeit, mit dem Reichtum und der Macht der katholischen Kirche verglichen und die Widersprüche erkannten. Die Lösung, die sie im Neuen Testament fanden, war Nachfolge Christi in Armut. Individuelle Armut war jetzt mit materieller Bedürfnislosigkeit gepaart. Alle sozial-religiösen Bewegungen, von den Waldensern über die Humiliaten bis zu den Katharern und der frühen Bruderschaft des Franz von Assisi gruppierten ihre vita religiosa um diesen Leitgedanken.

Die orthodoxen wie die häretischen sozial-religiösen Bewegungen bildeten neue elitäre Gruppen von Predigern. Diese »Klerikalisierung« darf nicht auf kirchlichen Einfluß reduziert werden, sondern ist unter dem Blickpunkt der Elitebildung zu werten. Religiöse Leistung führte zu Privilegierung und Standesbildung. Aber während in der Kirche das Sakrament den Priester schuf, wies sich der häretische Seelenhüter durch seinen Lebenswandel aus. Vor Verfehlungen schützte auch kein consolamentum. Der Vollkommene mußte sich täglich bewähren, sonst verfiel er dem Satan. Nur tägliche Entsagung garantierte Führung. Entsakralisiertes Priestertum mußte sich durch Askese vor den Gläubigen immer und überall ausweisen. Die Laien wollten Heilssicherheit durch Vermittlung heilsgesicherter Elekten. Dazu gehörte Armut ebenso wie Keuschheit. Distanz zum Materiellen machte für sie Heilsgewißheit aus. Das neue Ideal, das den materiellen und sozialen Lebensbedingungen des Volkes besser entsprach, drohte der katholischen Kirche die Basis zu entziehen. Diese Laienreligiosität war nicht schichtspezifisch. Sie ging von den Städten aus und wirkte auch auf den Adel und die Bauern. Angesichts des Nebeneinanders verschiedener sozial-religiöser Bewegungen erhielt der Kontext, in den das Armutsideal gestellt wurde, besondere Bedeutung.

Die dualistische Häresie setzte ihr eigenes Armutsideal bewußt und aggressiv der katholischen Kirche entgegen. Darauf beruhte ihr Erfolg. Zugleich resultierte daraus aber auch die innere Schwäche. Es war vor allem der Lebenswandel der perfecti, der die Laien anzog. Vorbildliches Leben und Antiklerikalismus öffneten den Katharern gleichermaßen den Zugang zu den zahlreichen Anhängern. Auf die Dauer war das zu wenig. Der häretische Dualismus stand nicht nur im Gegensatz zur Sakramentsreligion. Es gab auch einen ideologischen Abstand zur Volksmentalität, die an Kult, Sakrament, Zauber und Visionen hing und damit im täglichen Leben für die katholische Liturgie ansprechbar blieb. Die abstrakten Lehren und weltfremden irrationalen Spekulationen erschlossen sich dem Volk nicht. Der weltverneinende Dualismus fand keinen Weg zum weltbejahenden Humanismus des Stadtbürgertums. Stadtbürger und Adel genossen die Früchte der Erde und erkauften sich mit Gaben den Himmel. Aussagen über die Verehrung der Vollkommenen hinaus machte das Katharertum für die Anhänger nicht. Die wohlfeile Gegenkirche blieb auf ideologischer Distanz. Die dualistischen Lehren hatten eine latente Entchristianisierung zur Folge, die aber nicht zum Atheismus führte, sondern zu Aberglauben, Neuheidentum und Hexenwahn, wie sich das in der Endphase der Häresie um 1300 in Bergregionen und peripheren Landstrichen besonders deutlich äußerte. Die katharische Gegenkirche ging nicht nur unter den harten Vernichtungsaktionen der Inquisition zugrunde, sondern auch an der Tatsache, daß sie im 13. Jh. von anderen sozial-religiösen Bewegungen und Ideen überrundet wurde. Wenn sich der Besitz einer ausgebildeten Lehre und einer fertigen Struktur zu Beginn positiv ausgewirkt hatte, weil es nichts Besseres gab, so wurde das weltfremde System auch zuerst zum entscheidenden Hemmnis.

Als dauerhafter, weil mit der Volksreligiosität enger verbunden, erwies sich das waldensische Armutsideal. Der von

Waldes in Anlehnung an das Neue Testament entwickelte Typ des armen Predigers demonstrierte vorbildliche Religiosität, allein auf die Evangelien bezogen, neben der katholischen Hochreligion. Die Prediger zeichneten ein Christusbild, das ohne Kult und theologische Gelehrsamkeit auskam und allein auf eine volksverbundene und konkrete Predigt vertraute. Die Häresie verstand sich immer als neben der katholischen Kirche existierend und lebte von der Volksverbundenheit. Darauf beruhte ihre Stärke. Die Zuhörer verehrten ihre Prediger nicht nur, sie verstanden auch ihre Worte und konkreten Inhalte der Predigten. Im Waldensertum des späten Mittelalters entstand die breite Bewegung einer organisierten Volksreligiosität neben der Hochreligion, wenn auch nicht in deutlich ausgesprochenem Gegensatz zu ihr. Die hochmittelalterliche Stadt hatte mit dem Waldensertum eine Religiosität hervorgebracht, die den Weg zur reformierten Kirche absteckte. Protestanten, wie Flacius Illyicus (1520–1575), honorierten das. In seinem »Catalogus testium veritatis« feierte er die Waldenser als die eigentlichen Wahrheitszeugen, die genauso mit der Papstkirche brachen wie Martin Luther im Ablaßstreit. Sie verdammten genauso wie er kanonisches Recht, Schultheologie und Bettelmönche als Satanswerk, dem es galt, die Stirn zu bieten.

Das von Franz von Assisi entwickelte religiöse Armutsideal erwies sich für die hochmittelalterliche Kirche als attraktiv, weil es gleichermaßen Gehorsam gegenüber der Kirche und Verständnis des Stadtbürgertums für Religiosität vereinte. Der Kurie bot sich damit die Möglichkeit, die Laienbewegung in regulierte Bahnen zu lenken und die pastorale Lücke in den Städten zu schließen. Minoriten und Dominikaner kannten im Unterschied zu den alten Orden die soziale und ideologische Situation in den Städten. Sie konfrontierten ihre materielle Bettelarmut mit dem Reichtum ihrer Sympathisanten, den Kaufleuten und Unternehmern, und erzielten damit Wirkung. Das ermöglichte den Bettelorden, im 13. Jh. die Dominanz auf intellektuellem, pastoralem und kulturellem Gebiet in den urbanen

Zentren zu erlangen. L. Little wies nach, daß sie den neuen stadtbürgerlichen Geist assimilierten und in ihren Predigten und in ihrem Habitus kanalisierten. Letztlich demonstrierten sie damit die entscheidende Rolle der Städte im letzten Viertel des 13. Jh. im Rahmen des Feudalismus. Wenn Franz von Assisi den Dienst an der Madonna Povertà in den Vordergrund rückte, so symbolisierte er damit eigentlich nur den Wunsch der städtischen Gesellschaft nach einer wohlfeilen Kirche. In dem Bettelorden brach diese Entwicklung des Armutsideals insofern bald ab, als sich die Mönche der Theologie zuwandten, Akteure des Ausbaus der Hochreligion wurden und zudem selbst als Inquisitoren einen erbitterten Kampf gegen volkstümliche Religiosität und Häresien führten. Der Dienst an der Herrin Armut setzte sich in zahlreichen spätmittelalterlichen Ketzereien gedanklich fort. Er wurde zunächst im Franziskanerorden in Form des Armutsstreits sichtbar, dann bei den franziskanischen Spiritualen am Ende des 13. und zu Beginn des 14. Jh. Schließlich schrieben auch andere Häresien, wie die Freigeister und Teile der Waldenser, materielle Armut als Voraussetzung für die Erlangung des Heils auf ihre Fahnen.

Von der hochmittelalterlichen Stadt kamen die ökonomischen, sozialen und ideologischen Impulse, die die feudale Gesellschaft zur Auseinandersetzung mit der Kirche und der Religiosität veranlaßten. Die Kirche wurde damit durch eine breite Volksbewegung in der Vervollkommnung ihres ideologischen und strukturellen Instrumentariums vorangetrieben. Ketzerverfolgung und Inquisition sowie die teilweise Vereinnahmung des Armutsideals über die Bettelorden stellten einen Teil kurialer Reaktion dar. Im Hochmittelalter konstituierte sich die Machtkirche zur Rechtskirche. Die päpstlichen Ansprüche wurden durch die Kanonistik legalisiert, präzisiert und modifiziert.

Die Kanonisten verstanden die päpstliche Herrschaft, wie sie Innozenz III. und Bonifaz VIII. repräsentierten, nicht als Despotie, sondern als Erneuerung christlichen Lebens und als wahre Freiheit. Die Parole von der Freiheit der Kirche (libertas ecclesiae) aus den Zeiten Gregors VII. wurde im 13. Jh. zum Postulat echter Herrschaftsausübung, nämlich der Befreiung von alten Gewohnheiten und Gesetzen aus der Zeit vor der Kirchenreform. Ein neues Kirchenrecht habe die christliche Gemeinschaft dem göttlichen Gesetz nähergebracht. Bezog man noch im 12. Jh. die Unfehlbarkeitsformel auf die Kirche, so wurde sie in der Mitte des 13. Jh. auf den Papst selbst übertragen. Der Papst wurde irrtumslos. Die Kurialisten machten den Papst dann folgerichtig zu einer Art Gott-König auf Erden, der machen könne, was ihm beliebe, wenn er nur nicht vom Dogma abweiche. Von irgendeiner Mitwirkung der Laien in der Kirche war überhaupt keine Rede mehr. Den Kurialisten erschienen sie geradezu nur noch als notwendiges Übel, als prädestinierte Feinde des Klerus und der Theologie. Gegen die monarchischen Auffassungen über das Papsttum erhoben sich in der kirchlichen Hierarchie selbst Widerstände. Man forderte die Eingrenzung päpstlicher Machtbefugnisse und den Abbau des kirchlichen Zentralismus und plädierte für eine oligarchische Kirchenherrschaft. Auswirkungen zeigten sich indessen noch nicht.

Die Neufassung des offiziellen Kirchenbegriffs und der Ausbau absolutistischer Herrschaftsstrukturen in der Kirche standen in unversöhnlichem Gegensatz zum Kirchenbegriff der hochmittelalterlichen sozial-religiösen Bewegungen und deren Erben. Die Kluft zwischen Hochreligion und Volksreligiosität wuchs wiederum auf allen Gebieten rasch an. Breite Volksschichten wandten sich von Rom ab. Sie suchten Zuflucht bei den Ketzern, aber vielleicht noch stärker in Prophezeiungen und Visionen vom Ende der Welt, vom Erscheinen des Antichrist und eines Engelpapstes. Zunehmend sah man, als Reaktion auf die kirchliche Entwicklung, im Papst den leiblichen Antichristen, den ein Strafgericht Gottes hinwegfegen würde. Für die franziskanischen Spiritualen war das Bonifaz VIII. Von einem Engelspapst erwartete man eine Wendung in der Gesamtkirche.

Um 1300 deutete sich bereits eine neue Kirchenkrise an, die das Ende des päpstlichen Universalismus einleitete. Der Kampf wurde unter neuen ökonomischen, sozialen und politischen Bedingungen geführt, aber Teile des geistigen Erbes der hochmittelalterlichen sozial-religiösen Bewegungen fanden, in neuer Form und mit neuen Inhalten versehen, darin ihren Platz. Gegen den päpstlichen Machtanspruch opponierten innerhalb der Kirche die Theologen (Wilhelm von Occam, Marsilius von Padua und andere), die die Macht und Entscheidungsbefugnisse der Kirche einem ständigen Konzil übertragen wollten. Gegen die päpstliche Vorherrschaft wandten sich die europäischen Monarchen. Zuerst entstand der Konflikt in Frankreich mit der Begründung für eine besondere gallikanische Kirche. Schließlich aber mündete die Kritik an der Machtkirche in die Frühreformation, die mit Wyclif und Jan Hus die Erneuerung der Kirche als arme Kirche auf die Tagesordnung setzte und hierzu Lösungen anbot, die wiederum auf dem Armutsbegriff in den Evangelien fußten.

Anmerkungen

Prolog

[1] F. Graus, Herrschaft und Treue. Historica XII. Prag 1966, S. 5–10

[2] F. Graus, Deutsche und slawische Verfassungsgeschichte? In: Historische Zschr. 197, 1963, S. 266 f.

[3] W. Durant, Das Zeitalter des Glaubens. Eine Kulturgeschichte des christlichen, islamischen und jüdischen Mittelalters, von Konstantin bis Dante (325–1300). Bern 1952

[4] A. S. Atiya, The crusades: Old ideas and new conceptions. In: Cahiers d'histoire mondiale II/2. Paris 1954, S. 470

[5] P. Riché, Der Mythos von den Schrecken des Jahres 1000. In: Die Schrekken des Jahres 2000. Hrsg. von H. Cavanne. Stuttgart 1977, S. 11

[6] L. Moulin, La vie quotidienne des religieux au moyen âge X^e–XVe siècles. Paris 1978, S. 22

[7] R. Manselli, La religion populaire au moyen âge. Problemes de méthode et d'histoire. Montréal – Paris 1975, S. 16–24; A. Vauchez, La spiritualité du moyen âge occidental. Paris 1975, S. 147–149

[8] Grundlegend A. Vauchez, La sainteté en Occident aux derniers siècles du moyen âge. Rom 1981, S. 519, 536

[9] Guibert von Nogent, De pignoribus sanctorum. In: J.-P. Migne, Patrologia Latina, Bd. 156. Paris 1853, lib. I, 2, col. 621

[10] J. Gonnet/A. Molnár, Les Vaudois au moyen âge. Torino 1974, S. 3 f.; K. Rudolph, Einige grundsätzliche Bemerkungen zum Thema »Schisma und Häresie« unter religionsvergleichendem Gesichtspunkt. In: Ex orbe religionum. Studia G. Widengren oblata. Bd. II. Leiden 1972, S. 334 f.

[11] Das Evangelium nach Thomas. Koptisch und deutsch von J. Leipoldt. Berlin 1967, Spruch 114, S. 53 (Texte und Untersuchungen zur Gesch. der altchristlichen Literatur, Bd. 101)

[12] K. Rudolph, Zur Soziologie, sozialen »Verortung« und Rolle der Gnosis in der Spätantike. In: Studien zum Menschenbild in Gnosis und Manichäismus. Hrsg. von P. Nagel. Halle (S.) 1979, S. 19–27 (Martin-Luther-Univ. Halle – Wittenberg, Wiss. Beitr. 1979/39 [K 5])

[13] Ders., Stand und Aufgaben in der Erforschung des Gnostizismus. In: Sonderheft der Wiss. Zschr. der Friedrich-Schiller-Univ. Jena 1963, S. 97; ders., Die Gnosis. Wesen und Geschichte einer spätantiken Religion. Leipzig 1977, S. 293–305

434

[14] R. Bultmann, Theologie des Neuen Testaments. Tübingen [2]1954, S. 353

[15-18] Ders., Das Evangelium des Johannes. Göttingen [14]1956, S. 10 f., 34, 43, 422–437

[19] Grundriß der deutschen Geschichte. Berlin [2]1979, S. 92

[20] Fr. Engels, Zur Geschichte des Urchristentums. In: MEW, Über Religion. Berlin [2]1976, S. 133

[21] Ebd., S. 160 f.

[22] A. Schulz, Jünger des Herrn. Nachfolge Christi nach dem Neuen Testament. München 1964, S. 75 f.; W. Stegmann, Das Evangelium der Armen. Über den Ursprung der Theologie der Armen im Neuen Testament. München 1981, S. 8, 25, 39, 48

[23] H. J. Schoeps, Aus frühchristlicher Zeit. Religionsgeschichtliche Untersuchungen. Tübingen 1950, S. 301; H. D. Betz, Nachfolge und Nachahmung Jesu Christi im Neuen Testament. Tübingen 1967, S. 34–36, 137

[24] K. Barth, Kirchliche Dogmatik. Ausgewählt und eingeleitet von H. Gollwitzer. Frankfurt/M./Hamburg 1957, S. 70 (Fischer Bücherei Nr. 190)

[25] Quellen zur Geschichte der Waldenser. Hrsg. v. A. Patschovsky und K.-V. Selge. Gütersloh 1973, 25, S. 42 (Texte zur Kirchen- und Theologiegeschichte, H. 18)

[26] A. Borst, Lebensformen im Mittelalter. Frankfurt/M./Berlin (West) 1973, S. 14

[27] M. Robbe, Philosophische Probleme der Religionswissenschaft. In: Deutsche Zschr. f. Philosophie 11/11, 1963, S. 1374–1388

[28] K.-V. Selge, Einführung in das Studium der Kirchengeschichte. Darmstadt 1982, S. 153 f.

[29] Ebd., S. 173

[30] J. Leclercq, Die Bibel in der gregorianischen Reform. In: Concilium 7, 1966, S. 507–514

[31] Petrus Cantor, Summa de sacramentis et animae consiliis. Ed. J.-A. Dugauquier. In: Annales Namurcensis 16. Louvain/Lille 1963, III, 50, Nr. 342, S. 423 f.

[32] K.-V. Selge, a.a.O., S. 148

[33] Th. F. Hoult, The Sociology of Religion, New York 1958, S. 11, 15

[34] E. V. Gutnova, Srednevekovoe krest'janstvo i eresi. In: Srednie veka 38. Moskau 1975, S. 37

[35] J. Le Goff, Les mentalités. Une histoire ambigue. In: Faire de l'histoire. Ouvrage collectif. Paris 1974, S. 76–94; L. Hüttl, Das Verhältnis von Ereignis-, Gesellschafts- und Strukturgeschichte dargestellt am Modell der französischen Historikergruppe der Annales. In: Zschr. f. Bayrische Landesgesch. 41, 1978, S. 1064–1067; O. G. Oexle, Soziale Gruppen und Deutungsschemata der sozialen Wirklichkeit in der Memorialüberlieferung. In: Prosoprographie als Sozialgeschichte? Methoden personengeschichtlicher Erforschung des Mittelalters. München 1978, S. 33

[36] A. J. Gurjewitsch, Geschichte und Sozialpsychologie. In: Sowjetwiss., gesellschaftswissenschaftl. Reihe 3, 1965, S. 323–336; ders., Das Weltbild des mittelalterlichen Menschen. Dresden 1978, S. 390 (Fundus Bücher 55–57)

[37] Zur Ideologiebildung: Marxistisch-leninistische Philosophie. Lehrbuch. Dietz-Verlag Berlin 1979, S. 640 f.

[38] K. Marx/Fr. Engels, Die deutsche Ideologie. In: MEW, Bd. 3. Berlin 1978, S. 34

[39] F. W. Müller, Der Rosenroman und der lateinische Averroismus des 13. Jahrhunderts. Frankfurt/M. 1947, S. 11

[40] H. Rosenfeld, Der mittelalterliche Totentanz. Köln/Wien ³1974, S. 51, 305 (Beihefte zum Archiv f. Kulturgesch., H. 3)

[41] W. Eichhorn J./A. Bauer, Zur Dialektik des Geschichtsprozesses. Studien über die materiellen Grundlagen der historischen Entwicklung. Berlin 1983, S. 105 (Akademie der Wiss., Zentralinstitut für Philosophie, Schriften zur Philosophie und ihrer Geschichte 33)

Anbruch einer neuen Zeit
Religion und Gesellschaft im 11. Jahrhundert

[1] Recueil des Historiens de Gaule et de la France. Bd. XI. Paris 1860, S. 553

[2] Les miracles de Saint Benoît. Ed. E. de Certain. Paris 1858, lib. VI, cap. 11, S. 234–236

[3] Raul Glaber, Les cinq livres de ses histoires. Ed. M. Prou. Paris 1886, lib. III, cap. 5, S. 63. Deutsche Übersetzung von M. Heurtaux in G. Duby, Der heilige Bernhard und die Kunst der Zisterzienser. Stuttgart 1981, S. 31, A. 23

[4] Raul Glaber, lib. III, cap. 4, S. 62

[5] Vita Adalberonis II Mettensis ep. In: MGHSS 4, cap. 27, S. 669

[6] Adalbéron de Laon, Poeme au roi Robert. Introduction, édition et traduction par Cl. Carozzi. Paris 1979, S. 22 (Les classiques de l'histoire de France au moyen âge)

Neue Wege zu Gott und den Menschen – Cluny

[1] Raul Glaber, a.a.O., lib. V, cap. 1, S. 125. Übersetzung von M. Heurtaux, a.a.O., S. 38, A. 31

[2] Recueil des Historiens de Gaule et de la France. Bd. 15. Paris 1862, S. 48

[3] Nota quomodo Cluniacensi occuparint locum s. Martialis. In: St. Baluze, Miscellanae, t. I. Paris 1678, S. 123

[4] Orderici Vitalis, Historia ecclesiastica. In: MGHSS 20, lib. XII, S. 73

[5] Abbo von Fleury, Epistola IV. In: Migne, PL 139, col. 449

[6] Odonis abbatis Cluniacensis collationum. In: Migne, PL 133, lib. II, col. 553

[7] Ebd., col. 575

[8] Liber tramitis aevi Odilonis abbatis. Ed. P. Dinter. Siegburg 1980, lib. I, V, 40, S. 53 (Corpus consuetudinum monasticarum moderante K. Hallinger OSB, t. X)

[9] Epistola II. In: Migne, PL 142, col. 941; ep. III, col. 942

[10] Epitaphium Adelheide Imperatricis. Ebd., col. 968 f.

[11] De purificatione s. Dei genetricis Mariae. Ebd., col. 1000 f.

[12] Odonis collationum, a.a.O., III, col. 608 f.

[13] Liber tramitis, a.a.O., lib. II, 174, S. 245 f.

[14] Sancti Odonis abbatis Cluniacensis De vita sancti Geraldi Auriliacensis comitis libri quatuor. In: Migne, PL 133, lib. I, col. 647

[15] Udalrici Consuetudines Cluniacensis. In: Migne, PL 149, lib. III, cap. 13, col. 757 f.

[16] Liber tramitis, a.a.O., lib. II, XXI, S. 223

[17] Udalricus von Cluny, Consuetudines Cluniacensis, a.a.O., lib. I, 13, col. 662

[18] Liber tramitis, a.a.O., lib. II, 188, S. 260

[19] Rupert von Deutz, De vita vere apostolica. In: Migne, PL 170, col. 644

[20] Liber tramitis, a.a.O., lib. I, X, 58, 3, S. 91

[21] Exordium magnum cisterciense sive narratio de initio cisterciensis ordinis. Ed. B. Grießer. Rom 1961, cap. IX, S. 59

Auf der Suche nach dem verborgenen Gott

[1] Raul Glaber, a.a.O., lib. II, cap. 11, S. 49 f.

[2] Vie de Gauzlin, abbé de Fleury. Vita Gauzlini, abbatis Floriacensis monasterii. Ed. R.-H. Bautier et G. Labory. Paris 1969, lib. II, S. 96, 98

[3] Ebd., appendix III, S. 180, 182

[4] Acta Synodi Atrebatensis in Manihaeos. In: Migne, PL 142, col. 1272

[5] Landulfi Mediolanensis historiae libri IV. Ed. L. Bethmann und W. Wattenbach. MGHSS 8, lib. II, cap. 27, S. 65

[6] J. Leipoldt/H.-M. Schenke, Koptisch-gnostische Schriften aus den Papyrus-Codices von Nag-Hamadi. Hamburg-Burgstedt 1960, 23, S. 14 f.

[7] Ebd., Spr. 78, S. 52 f.

[8] De virginitate. Migne, PG 48, cap. XIV, col. 543 f.

[9] Landulfi . . . historiae, lib. II, S. 36; lib. III, 29, S. 95; 31, S. 98

[10] Arnulfi gesta archiepiscoporum Mediolanensium usque ad a. 1077. Ed. L. Bethmann und W. Wattenbach. MGHSS 8, lib. IV, 11, S. 28

[11] Petrus Crassus, Defensio Heinrici IV. regis. Ed. L. de Heinemann. MG Libelli de lite, t. I, S. 434

[12] Decretum Wiberti in ebd., S. 626

[13] Brief bei J. D. Mansi, Sacrorum conciliorum nova et amplissima collectio, t. XIX. Venedig 1774, S. 887. Übersetzung nach A. Krüger, Die Pataria in Mailand. Jahresbericht des königl. Friedrichs-Gymnasium zu Breslau 1873, S. 18

[14] Andreas abbatis Strumensi Vita sancti Arialdi. Ed. F. Baethgen. MGHSS 30/2, cap. 10, S. 1057

Das Kirchenverständnis der Reformer

[1] Humberti cardinalis adversus simoniascos libri III. MGH Libelli de lite, t. I., lib. III, cap. 11, S. 212

[2] C. Erdmann, Briefsammlungen der Zeit Heinrichs IV. MGH. Die Briefe der deutschen Kaiserzeit, Bd. 5. Weimar 1950, Nr. 15, S. 34

[3] Zitiert bei E. Kitzinger, The Gregorian Reform and the visual arts: A problem of method. In: Transaction of the Royal Historical Society, 5th s., vol. 22. London 1972, S. 97

[4] Defensio pro filiis presbyterorum. MGH Libelli de lite, t. III, S. 583. Übersetzt von J. Benzinger, Invectiva in Romam. Lübeck–Hamburg 1968, S. 71

[5] E. Caspar, Das Register Gregors VII. MGH. Epistolae selectae, t. II, fasc. 1, 2. Berlin 1920/32, VIII, 21, S. 555

[6] Ebd., VII, 14a, S. 485

[7] Ebd., I, 9, S. 15

[8] Ebd., II, 31, S. 166

[9] Zitat bei K. Jordan, Die Stellung Wiberts von Ravenna in der Publizistik des Investiturstreites. In: Mitteilungen des Instituts für österreichische Geschichtsforschung 72, 1954, S. 161

[10] Petrus Damiani, De communi vita canonicorum. In: Migne, PL 145, col. 509

[11] Zitiert von G. Denzler, Die Kanonikerbewegung und die gregorianische Reform im 11. Jahrhundert. In: Studi gregoriani 9, 1972, S. 236

[12] J. Rivière, Sur l'expression »Papa-Deus« au moyen âge. In: Miscellanea Fr. Ehrle. Rom 1923, Bd. 2, S. 281, 284

[13] Sermo domini Uberti venerabilis abbatis. In: G. Picasso, Il sermone inedito die Uberto abate milanese del sec. XII. Contributi dell'Istituto di storia medioevale I. Università cattolica del Sacro Cuore. Mailand 1968, S. 342, 346

[14] Fr. Engels, Juristen-Sozialismus. MEW, 21, S. 491

Sehnsüchte der Armen – himmlisches Jerusalem

[1] Guillaume de Poitiers, Gesta Wilhelmi ducis Normannorum et regis Anglorum. Ed. R. Foreville. Paris 1952, lib. II, 2, S. 152. Übersetzung nach W. Justus, Die frühe Entwicklung des säkularen Friedensbegriffs in der mittelalterlichen Chronistik. Köln–Wien 1975, S. 85

[2] F. Pluquet, Le Roman de Rou et des Ducs de Normandie par Robert Wace. Rouen 1827, S. 303–307, Vers 5990–6060. Die Übersetzung aus dem Altfranzösischen verdanke ich meiner Assistentin Frl. Dr. S. Tanz.

[3] Ebd., Vers 6061–6063

[4] M. Chibnall, The ecclesiastical history of Orderic Vitalis II–VI., Bd. 2. Oxford 1964, lib. IV, 1

438

5 Irenäus, Adversus haereses. Migne, PG 7, lib. V, 33, 3–4

6 L. Huberti, S. 317 (siehe Literaturhinweise)

7 Guibert de Nogent, Gesta Dei per Francos. Ed. Ch. Thurot. Paris 1879, S. 142 (Recueil des historiens des croisades – Historiens Occidentaux, Bd. 4)

8 Albert von Aachen, Historia Hierosolymitanae expeditionis. Lib. I, cap. 4 (Recueil wie Anm. 7)

9 Zitiert bei J. Prawer, S. 184, A. 15

10 Guibert de Nogent, a.a.O., S. 142

11 Ekkehardi Uraugiensis Chronica. In: MGHSS VI, S. 213

12 Guibert de Nogent, Vita sua sive Monodiarum libri tres. Ed. G. Bourgin – Guibert de Nogent, Histoire de sa vie (1053–1124). Paris 1907, lib. II, cap. 5, S. 118

13 Zitiert von J. Prawer, S. 182

14 Bernoldi Chronicon. MGHSS V, S. 464

15 Zitiert bei W. Seiferth, Synagoge und Kirche im Mittelalter. München 1964, S. 104

16 Guibert von Nogent, Gesta Dei per Francos, S. 143

17 Ibn al-Athir X, S .188. In: Die Kreuzzüge aus arabischer Sicht. Aus den arabischen Quellen ausgewählt und übersetzt von F. Gabieli. München 1975, S. 46 (Deutscher Taschenbuch Verlag 4172)

18 J. Vielliard, Le Guide du Pèlerin de Saint-Jacques de Compostelle. Paris ³1963, S. 32

19 Raymond d'Aguilers, Historia Francorum qui ceperunt Iherusalem. In: Recueil des historiens des croisades – Historiens Occidentaux, Bd. 3, S. 296

20 Anonymi Gesta Francorum et aliorum Hierosolymitanorum. Ed. H. Hagenmeyer. Heidelberg 1889, Nr. 18

Der Traum von der Kirche der Armen
Welterneuerung in der Nachfolge Jesu – die Wanderprediger

1 Liber de doctrina. Ed. J. Becquet. In: Scriptores ordinis Grandimontensis. Turnhout 1968, S. 6 (Corpus Christianorum, continuatio medievalis, t. VIII)

2 Regula venerabilis viri Stephani Muratensis, ebd., S. 66

3 J. de Petigny, Lettre inédite de Robert d'Arbrissel à la comtesse Ermengarde. Paris 1854, S. 227 (Bibliothèque de l'Ecole des Chartes, 3. Seite, t. 5)

4 Vita (B) S. Norberti auctore canonica Praemonstratensi coaevo. In: Migne, PL 170, col. 1272

5 Marbod von Rennes, Epistola ad Robertum. Ed. J. v. Walter. Die ersten Wanderprediger Frankreichs. Bd. 1. Leipzig 1903, 18, S. 186

6 Athanasius, De virginitate. Ed. E. Frh. von der Goltz, Leipzig 1905, VI, S. 39, zitiert nach P. Nagel, S. 60

[7] Apophthegmata Patrum. In: Migne, PG 65, col. 80, zitiert nach Nagel, S. 60

[8] Vita Antonii. In: Migne, PG 26, cap. 3, zitiert bei Nagel, S. 77

[9] Basileios, Opera. Ed. J. Garnier et P. Maran. Paris 1721, Bd. II, sermo 6, S. 49d–50a; sermo 7, 1, S. 52 f. Übersetzt von J. Leipoldt, S. 178

[10] Apophthegmata Patrum, a.a.O., col. 154, 180, Nagel, S. 85

[11] Marbod von Rennes, a.a.O., 15, S. 185

[12] Ebd., 17, S. 185

[13] Ebd., 23, S. 187

[14] Ebd., 24, S. 187

[15] Hildegard von Bingen, Epistolae. In: Migne, PL 197, ep. 116, col. 336, 338

[16] Marbod von Rennes, a.a.O., 27, S. 188

[17] Ebd., 29, S. 188

[18] Petrus Abaelard, Sermones. In: Migne, PL 178, col. 606

[19] Johannes von Salisbury, Metalogicus. In: Migne, PL 199, lib. I, cap. 4, col. 830

[20] Zitiert von K. Schreiner, Sozial- und standesgeschichtliche Untersuchungen zu den Benediktinerkonventen im östlichen Schwarzwald. Stuttgart 1964, S. 37

[21] Balderich von Dol, Vita b. Roberti de Arbrissello (Vita A). In: Migne, PL 162, 23, col. 1055

[22] Marbod von Rennes, a.a.O., 30, S. 188

[23] Ebd., 31, S. 189

[24] Ebd., 6, S. 182

[25] Ebd., 7, S. 182

[26] Ebd., 14, S. 184

[27] Zitat bei E. Werner, Pauperes Christi, S. 63 f.

[28] Casus monasterii Petrishusensis: Die Chronik des Klosters Petershausen. Neu hrsg. und übersetzt von O. Feger. Sigmaringen 1978, 20, S. 34

[29] Ebd., 21, S. 34

[30] Ebd., S. 34

[31] J. Szövérffy, The Hymnarius Paraclitensis. Text and Notes. Albany-Brookline, Mass. 1975, 125, 2, S. 258

[32] Herbodi dialogus de Ottone episcopo Bambergensi. Ed. Ph. Jaffé. Bibliotheca rerum Germanicarum, t. V. Monumenta Bambergensia. Neudr. Aalen 1964, lib. I, 18, S. 716 f.

Der Armuts- und Arbeitsmythos des Zisterzienserordens

[1] Benedicti Regula. Rec. R. Hanslick, Wien 1977, 71, 1–2, S. 176 f. (Corpus scriptorum ecclesiasticorum latinorum, vol. LXXV)

[2] Giraldus Cambrensis, Itinerarum Cambriae. Ed. J. F. Dimok. London 1868, S. 45 (Rolls series, Bd. VI)

[3] A. H. Bredero, Le »Dialogus duorum monachorum«. In: Studi medievali 22, 1981, S. 540, A. 169

440

[4] Usus conversorum. Ed. J. Lefèvre. In: Collectanea Ordinis Cisterciensis Ref. 17, 1955, S. 85 f.

[5] Regula conversorum. In: Martène-Durand, Theaurus novus anecdotorum, t. IV. Paris 1717, cap. 11, S. 1650

[6] Humbert de Romans, Sermo XXX ad conversos Cistercienses. In: Maxima bibliotheca veterum patrum. Lyon 1677, t. 25, S. 470

[6a] Wilhelm von St. Thierry, Vita S. Bernardi. Lib. I, cap. VII. Zitiert von H. Svoboda, Die Klosterwirtschaft der Cistercienser in Ostdeutschland. Nürnberg 1930, S. 62

[7] Exordium magnum Cisterciense. Ed. B. Grießer. Rom 1961, lib. V, cap. 10, S. 292

[8] Ebd., S. 297, A. 1.

[9] Gualteri Mapes, De nugis curialium distinctiones quinque. Ed. Th. Wright. London 1850, I, S. 48. Übersetzt von B. Grießer, Walther Map und die Cistercienser. In: Cistercienser Chronik 424, S. 164

[10] Ebd., S. 164

[11] Gerald of Wales, Speculum ecclesiae. Ed. J. Brew. In: »Giraldi Cambrensis opera«, t. IV. London 1873, S. 207 (Rolls series, t. XXI)

[12] Ebd., S. 243

[12a] Casus monasterii Petrishusensis, a.a.O., VI, 8, S. 248; VI, 9, S. 248

[13] E. Weber in einer Rezension in der Zschr. f. Kirchengesch. 92, 1981, S. 110

[14] Gottfried von Auxerre, Vita monastica. Ed. J. Leclercq, Le témoignage de Geoffrey d'Auxerre sur la vie cistercienne. In: Analecta monastica II. Rom 1953, S. 185 (Studia Anselmiana, philosophica theologica, fasc. 31)

[14a] Casus monasterii Petrushusensis. Die Chronik des Klosters Petershausen. Neu hrsg. und übersetzt von O. Feger. Sigmaringen 1978, 11, S. 26 (Schwäbische Chroniken der Stauferzeit, Bd. 3)

[15] Bernhard von Clairvaux, Super Cantica canticorum. In: Sancti Bernardi opera. Ed. J. Leclercq, H. M. Rochais u. a., Bd. I. Rom 1965, S. 134

[16] Ders., De laude novae militiae. Ebd., Bd. III, 1963, I, 1, S. 215

[17] Ebd., IV, 8, S. 221

[18] Ders., De consideratione ad Eugenium Papam. Ebd., Bd. III, lib. II, III, 7, S. 454

[19] Ders., Enzyklika nach der Edition von J. Leclercq, L'encyclique de saint Bernard en faveur de la croisade. In: Revue bénédictine 81, 1971, S. 297

[20] Ebd., S. 298

[21] Ders., De consideratione, a.a.O., lib. II, I, 4, S. 413

[22] Ders., Epistola 288. Migne, PL 182, col. 493

[23] Ders., De consideratione, a.a.O., lib. IV, VII, 23, S. 465 f.

[24] Ebd., lib. II, V, 12, S. 419

[25] Ebd., lib. IV, III, 6, S. 453

Abschied von der Machtkirche – die Armutsapostel

[1] Bernhard von Clairvaux, Epistolae, ep. 242. Migne, PL 182, col. 437

[2] Actus pontificum Cenomannis in urbe degentium. Ed. G. Busson et A. Ledru. Le Mans 1901, S. 392 (Archives historiques du Maine, t. II)

[3] Ebd., S. 413

[4] Der Traktat ist ediert von R. Manselli, Il monaco Enrico e la sua eresia. In: Bullettino dell'Istituto storico italiano per il Medio Evo No. 65, 1953, S. 44–63; Zitat S. 55

[5] Ebd., S. 60

[6] Ebd., S. 58

[7] Ebd., S. 61

[8] Actus pontificum, a.a.O., S. 437 f.

[9] Petrus Venerabilis, Contra Petrobrusianos hereticos. Cura et studio J. Fearns. Turnhout 1968, 149, S. 86 (Corpus christianorum. Continuatio mediaevalis X)

[10] P. Fredericq, Corpus documentorum inquisitionis haereticae pravitatis Neerlandicae. T. I. Gent 1889, S. 17

[11] Vie de Sainte Douceline (1315). Ed. et trad. J. H. Albanès. Marseille 1879, S. 155

[11a] Johannes von Salisbury, Historia Pontificalis quae supersunt. Ed. R. L. Poole. Oxford 1927, cap. 13, S. 65

[12] Wibaldi epistolae. Ed. Ph. Jaffé. In: Bibliotheca rerum Germanicarum, Bd. I. Berlin 1864, ep. 403, S. 538

[13] Evervini praepositi ad s. Bernardum. Ed. J. Mabillon, Vetera analecta sive collectio veterum aliquot operum. N. e. Paris 1723, S. 473

[14] Ebd., S. 473 f.

[15] Zitiert von K.-W. Tröger, Moral in der Gnosis. In: Studien zum Menschenbild in Gnosis und Manichäismus. Hrsg. von P. Nagel. Halle (S.) 1979, S. 102 (Martin-Luther-Universität Halle–Wittenberg, wissenschaftl. Beitr. 39 [K 5])

[16] Heribert monachus, Epistola de haeretici Petragoricis. In: Migne, PL 181, col. 1721

[17] Bernhard von Clairvaux, Sermones in Cantica Canticorum. In: San Bernardi Opera, vol. II. Ed. J. Leclercq/G. H. Talbot/H. M. Rochais. Rom 1958, sermo 65, 5, S. 176

[18] Ebd., 3, S. 174

[19] Ebd., 13, S. 187

[20] Ebd., S. 187

[21] Hildegard von Bingen, Epistolae. In: Migne, PL 197, col. 251

[22] Ebd., col. 235

[23] Ebd., col. 338

442

[1] Stephan von Bourbon, De septem donis Spiritus sancti. Ed. Patschovsky, A./
Selge, K. V., Quellen zur Geschichte der Waldenser. Texte zur Kirchen-
und Theologiegeschichte. H. 18, S. 16

[2] Ebd., S. 17

[3] Ed. von Selge, K. V., Die ersten Waldenser. Bd. 2: Der Liber antiheresis
des Durandus von Osca. Berlin (W.) 1967 (LA)

[4] Chronicon universale Anonymi Laudunensis. MGHSS, Bd. 26, S. 446

[5] Ebd., S. 448

[6] Walter, Map, De secta Valdensiorum. In: Enchiridion Fontium Walden-
sium, Bd. I, hrsg. G. Gonnet, Torre Pellice, 1958, S. 122 f. (Ench.)

[7] Edition des Glaubensbekenntnisses u. a. Ench., S. 32–36; Thouzellier, Chr.,
Catharisme et Valdéisme en Languedoc. 2. Aufl. Paris/Brüssel 1969, S. 27
bis 30; Selge, K. V., Waldenser. Bd. II, S. 3–6

[8] Bernard von Fontcaude, Adversus Valdensium sectam. Ench., S. 65–90

[9] Alanus von Lille, De fide Catholica haereticos sui temporis. Liber secundus:
Contra Valdenses. Ench., S. 103–119

[10] Joachim von Fiore, De articulis fidei. Ench., S. 98–100

[11] Ench., S. 107

[12] Cäsarius von Heisterbach, Dialogus miracularum. Ed. V. J. Strange. Köln
1851, S. 300

[13] Ardicius, Epistola. Ed. v. A. Dondaine, A. F. P., XXIX, 1959, S. 271

[14] LA, S. 234/35

[15] LA, S. 82, S. 8

[16] Rescriptum heresiarchum Lombardie ad Leonistas in Alamania. Patschovsky, A./Selge, K. V., Nr. 4 (S. 22) u. Nr. 6 (S. 24)

[17] Migne, PL 215, col. 1510–1513. Vgl. auch Ench., S. 130–136

[18] Une somme anticathare. Le Liber contra Manicheos de Durand de Huesca.
Ed. v. Chr. Thouzellier, Löwen 1964

[19] Migne, PL 204, col. 1235–1272

[20] Patschovsky, A./Selge, K. V., a.a.O., S. 17

[21] Das Rescriptum wurde ediert von Preger, W., Beiträge zur Geschichte der
Valdenser im Mittelalter. Abh. der kgl. bayr. Akad. d. Wiss. 13.1. München
1877, S. 234–241; Döllinger, I. v., Beiträge zur Sektengeschichte des Mittelalters. Bd. II. München 1890, S. 42–52; Gonnet, G., Enchiridion, S. 109
bis 183. Die beste Edition, nach der zitiert wird, bei Patschovsky, A./Selge,
K. V., vgl. Anm. 16

[22] Rescr. Nr. 4, S. 22

[23] Ebd., Nr. 6, S. 24

[24] Petrus Martyr, Summa contra Patarenos. Ed. v. Th. Kaeppeli, AFP, 1947,
S. 333

[25] Rescr. Nr. 14

Stadt und Land – Orthodoxie und Häresie
Die katharische Gegenkirche

[1] s. o. S. 261 ff.

[2] Dondaine, A., Les actes du concile albigeois de Saint-Felix-de-Caraman. In: Miscellanea Giov Mercati. Rom 1946, S. 324–355

[3] Dondaine, A., Un traité néo-manichéen du XIIIe siècle, le »Liber de duobus principiis«, suivi d'un fragment de rituel cathare. Rom 1939

[4] Thouzellier, Chr., Un traité cathare inedit du début du XIIIe siècle, d'après le »Liber contra Manicheos« de Durand de Huesca. Löwen/Paris 1961

[5] Dondaine, A., Un Traité, S. 151–165

[6] Compayre, M., Etudes historiques et documents inedits sur l'Albigeois, la Castrais et l'ancien diocèse de Lavaur. Albi 1841, S. 441

[7] Wilhelm von Puylaurens, Chronicon. Ed. v. J. Beyssier (Univ. Paris. Bibl. de la Fac. des Lettres XVIII). Paris 1904, S. 119

[8] Bouquet, M., Recueil des historiens des Gaules et de la France. Bd. 24. Paris 1738–1904

[9] Wilhelm von Puylaurens, a.a.O., S. 127

Die Gegenoffensive des Papsttums – Kreuzzug und Inquisition

[1] Potthast, A., Regesta Pontificum Romanorum. Bd. 1. Berlin 1974

[2] Caesarius Heisterbaciensis, Dialogus miraculorum. Hrsg. von J. Strange. 2 Bde. Köln 1851, Bd. 1, S. 302

[3] La chanson de la croisade albigeoise. T. I. Hrsg. von E. Martin-Chabot. Paris 1931, S. 71

[4] Pierre des Vaux-de-Cernay, Historia Albigensis. Hrsg. von P. Guébin/ E. Lyon. 3 Bde. Paris 1926–39, Bd. 1, S. 158 ff.

[5] Ebd., Bd. 1, S. 21 ff.

[6] Collection Doat. Bibliothèque Nationale Paris. Bd. 22 f., 39 v. Zitiert nach L. Kolmer, Ad capiendas vulpes. Die Ketzerbekämpfung in Südfrankreich in der ersten Hälfte des 13. Jh. und die Ausbildung des Inquisitionsverfahrens. Bonn 1982, S. 141

[7] Guillelmus Pelhisso, Chronicon. Hrsg. von Ch. Molinier. Paris 1880, S. 17

[8] Ebd. – [9] Ebd., S. 27 f.

Franz von Assisi und die Anfänge des Minoritenordens

[1] Regula non bullata Kap. 8. Analekten zur Geschichte des Franciscus von Assisi. Hrsg. von H. Boehmer. Tübingen ³1961, S. 6 (Sammlung ausgewählter kirchen- und dogmengeschichtlicher Quellenschriften NF, Bd. 4)

[2] Jakob von Vitry, Historia orientalis. Buch 1, Kap. 32. Ebd., S. 70

[3] Jakob von Vitry, Brief aus dem Jahr 1216. Ebd., S. 67

[4] Testament, Ebd., S. 24 f.

[5] Regula non bullata. Kap. 8. Ebd., S. 6

[6] Jakob von Vitry, Brief aus dem Jahre 1216. Ebd., S. 67

[7] Regula bullata Kap. 10. Ebd., S. 23

Literaturhinweise

Anbruch einer neuen Zeit
Religion und Gesellschaft im 11. Jahrhundert

Allgemeine Geschichte des Mittelalters. Hrsg. von B. Töpfer. 2. Aufl. Berlin 1991

Duby, G., La société aux XIe et XIIe siècles dans la région maconnaise. Paris 1953

Fossier, R., Enfance de l'Europe. Aspects économiques et sociaux. 2 Bde. Paris 1982

Fumagalli, V., Coloni e signori nell'Italia superiore dall' VIII al X secolo. In: Studi medievali 10, 1969, S. 423–446

Le Goff, J., Das Hochmittelalter. Fischer Weltgeschichte Bd. 11. Frankfurt/M. 1965

Köller, H., Töpfer, B., Frankreich. Ein histor. Abriß. Bd. 1. Berlin ³1976

Lohmann, D., Energieproblem im Mittelalter: Zur Verknappung von Wasserkraft und Holz in West-Europa bis zum Ende des 12. Jahrhunderts. In: Vierteljahrsschr. f. Wirtschaftsgesch. 66, 1979, S. 297–316

Mâle, E., L'art religieux du XIIe siècle en France. Paris 1924

Rousset, P., Raul Glaber, Interprète de la pensé commune au XIe siècle. In: Revue d'histoire de l'église de France 36, 1950, S. 5–24

Sackur, E., Sibyllinische Texte und Forschungen. Halle (S.) 1898

Toubert, P., Les structures du Latium médiéval. Le Latium méridional et la Sabine du IXe siècle à la fin du XIIe siècle. 2 Bde. Rom 1973

Werner, E., Ökonomische und soziale Strukturen im 10. und 11. Jahrhundert. In: Zschr. f. Geschichtswiss. 28, 1980, S. 455–468

Neue Wege zu Gott und den Menschen – Cluny

Bligny, B., L'église et les ordres religieux dans le royaume de Bourgogne aux XIe et XIIe siècles. Grenoble 1960

Bosl, K., Potens und Pauper. Begriffsgeschichtliche Studien zur gesellschaftlichen Differenzierung im frühen Mittelalter und zum Pauperismus des Hochmittelalters. In: Alteuropa und die moderne Gesellschaft. Festschr. für O. Brunner. Göttingen 1963, S. 60–87

Ders., Gesellschaftswandel, Religion und Kunst im hohen Mittelalter. München 1976 (Sitzungsber. der Bayr. Akad. d. Wiss., phil.-hist. Kl., H. 2)

Fechter, J., Cluny, Adel und Volk. Studien über das Verhältnis des Klosters zu den Ständen (910–1156). Stuttgart 1966

Hallinger, K., Überlieferung und Steigerung im Mönchtum des 8.–12. Jh. In: Eulogia. Rom 1979, S. 125–187

Jakobi, F. J., Früh- und hochmittelalterliche Sozialstruktur im Spiegel liturgischer Quellen. In: Geschichte in Wissenschaft und Unterricht 31, 1980, S. 1ff.

Leclercq, J., Le monachisme clunisien. In: Théologie 49. Lyon 1961, S. 447 bis 457

Mollat, M., Les pauvres au Moyen Age. Étude sociale. Paris 1978

Oexle, O. G., Die funktionale Dreiteilung der Gesellschaft bei Adalbero von Laon. In: Frühmittelalterl. Studien, Bd. 12, 1978, S. 1–54

Sackur, E., Die Cluniacenser in ihrer kirchlichen und allgemeingeschichtlichen Wirksamkeit bis zur Mitte des elften Jahrhunderts. 2 Bde. Halle (S.) 1892–1894

Schieffer, Th., Cluny et la querelle des investitures. In: Revue historique 225, 1961, S. 47–72

Schreiber, G., Gregor VII., Cluny, Citeaux, Prémontré zur Eigenkirche, Parochie, Seelsorge. In: Zschr. f. Rechtsgesch., Kan. Abt. 65, 1947, S. 31–171

Schreiner, K., Mönchsein in der Adelsgesellschaft des hohen und späten Mittelalters. München 1989 (Schriften des hist. Kollegs, Vorträge 20)

Stutz, U., Gratian und die Eigenkirche. In: Ebd., 1, 1911, S. 1–33

Teske, W., Laien, Laienmönche und Laienbrüder in der Abtei Cluny. In: Frühmittelalterliche Studien 10/11, 1976/77, S. 248–322

Valous, G. de, Le monachisme clunisien des origines au XVᵉ siècle. 2 Bde. Paris 1935

Werner, E., Die gesellschaftlichen Grundlagen der Klosterreform im 11. Jahrhundert. Berlin 1953

Ders., Ideologie und Gesellschaft im 11. Jahrhundert. In: Jb. f. Gesch. des Feudalismus, Bd. 6. Berlin 1982, S. 11–55

Willmes, P., Der Herrscher-adventus im Kloster des Frühmittelalters. München 1976

Wollasch, J., Mönchtum des Mittelalters zwischen Kirche und Welt. München 1973

Ders., Les obituaires, témoins de la vie clunisienne. In: Cahiers de civilisation médiévale Xᵉ–XIIᵉ s. 22, 1979, S. 139–171

Ders., Parenté noble et monachisme réformateur. In: Revue historique 535, 1980, S. 3–24

Ders. und Mager, H.-E./Diener, H., Neue Forschungen über Cluny und die Cluniacenser. Freiburg i. Br. 1959

Zimmermann, G., Ordensleben und Lebensstandard. Die cura corporis in den Ordensvorschriften des abendländischen Hochmittelalters. Münster i. W. 1971 (Beitr. zur Gesch. des alten Mönchtums und des Benediktinerordens, H. 32)

Auf der Suche nach dem verborgenen Gott

Angelov, D., Bogomilstvoto v Bolgarija. Sofia [3]1969

Bautier, R.-H., L'hérésie d'Orléans et le mouvement intellectuel au début du XIe siècle. In: Actes du 95e Congrès national des sociétés savantes, t. I. Paris 1975, S. 63–88

Blöcker, M., Zur Häresie im 11. Jahrhundert. In: Zschr. f. Schweizer Kirchengesch. 73, 1979, S. 193–234

Borst, A., Die Katharer. Stuttgart 1953 (Schriften der Monumenta Germaniae historica, Bd. 12)

Bosl, K., Europa im Aufbruch. München 1980

Bugge, J., Virginitas. The Hague 1975

Cracco, C., Riforma ed eresia in momenti della cultura europea tra X e XI secolo. In: Rivista die storia e letteratura religiosa 7, 1971, S. 411–477

Duby, G., Les trois ordres ou l'imaginaire du féodalisme. Paris 1978

Golinelli, P., La Pataria. Mailand 1984

Ilarino da Milano, Le eresie popolari del secolo XI nell'Europa occidentale. In: Studi gregoriani II. Rom 1947, S. 43–89

Istorija Italii. Bd. 1. Moskau 1970

Jonas, H., Gnosis und spätantiker Geist. Bd. 1. Göttingen [2]1954

Keller, H., Die soziale und politische Verfassung Mailands in den Anfängen des kommunalen Lebens. In: Hist. Zschr. 211, 1970, S. 34–64

Ders., Adelsherrschaft und städtische Gesellschaft in Oberitalien (9. bis 12. Jh.). Tübingen 1979

Kotel'nikova, N. A., Die italienische Stadt des frühen Mittelalters (VIII. bis X. Jh.) und ihre Rolle im Prozeß der Genesis des Feudalismus. In: Stadtgemeinde und Stadtbürgertum im Feudalismus. Magdeburg 1976. S. 27–43

Lambert, M., Ketzerei im Mittelalter, Freiburg i. B. 1991

Loos, M., Dualist Heresy in the Middle Ages. Prag 1974

Manselli, R., L'eresia del male. Neapel 1963

Merlo, G. G., Eretici ed eresie medievali. Bologna 1989

Miccoli, G., Chiesa gregoriana. Ricerche sulla riforma del secolo XI. Florenz 1966 (Storici antichi e moderni N. S. 17)

van Mingroot, E., Acta synodi Atrebatensis (1025). In: Studia Gratiana 20. 1976, S. 201–229

Morghen, R., Problèmes sur l'origine de l'hérésie au Moyen Age. In: Revue historique 236, 1966, S. 1–16

Pokorny, P., Der Ursprung der Gnosis. In: Kairos 9, 1967, S. 94–105

Quispel, G., Gnosis als Weltreligion. Zürich 1951

Rudolph, K., Die Gnosis. Leipzig [2]1980

Siegwart, J., Die Pataria des 11. Jahrhundert und der heilige Nikolaus von Patara. In: Zschr. f. Schweizer Kirchengesch. 71, 1977, S. 30–92

Taviani, H., Naissance d'une hérésie en Italie du Nord au XIe siècle. In: Annales ÉSC 29, 1974, S. 1224–1252

Ders., Le mariage dans l'hérésie de l'an mil. In: Ebd., 32, 1977, S. 1074 bis 1089

Violante, C., Studi sulla cristianità medioevale. Società, istituzioni, spiritualità. Mailand 1972 (Cultura e storia, t. 8)

Ders., La società milanese nell' età precomunale. Bari 1974

Werner, E., Häresie und Gesellschaft im 11. Jahrhundert. Sitzungsber. der Sächs'schen Akademie d. Wissenschaften, phil.-hist. Kl. Bd. 117, H. 5. Berlin 1975

Das Kirchenverständnis der Reformer

Beck, H.-G., Das byzantinische Jahrtausend. München 1978

Bosl, K., Regularkanoniker (Augustinerchorherren) und Seelsorge in Kirche und Gesellschaft des europäischen 12. Jahrhunderts. In: Bayrische Akad. der Wissenschaften, phil.-hist. Kl., Abhandlungen NF. H. 86, München 1979

Bynum, C. W., Docere verbo et exemplo. Missoula/Montana 1979

Congar, Y. M.-J., Der Platz des Papsttums in der Kirchenfrömmigkeit der Reformer des 11. Jahrhunderts. In: Sentire ecclesiam. Freiburg – Basel – Wien 1960, S. 196–217

Erdmann, C., Kaiserliche und päpstliche Fahnen im hohen Mittelalter. In: Quellen und Forschungen aus italienischen Archiven und Bibliotheken 25, 1933/34, S. 1–48

Fuhrmann, H., Einfluß und Verbreitung der pseudoisidorischen Fälschungen. 2 Bde. Stuttgart 1972 (Schriften der Monumenta Germaniae Hist., Bd. 24, I/II)

Ders., Papst Gregor VII. und das Kirchenrecht. In: Studi Gregoriani 13, 1989, S. 123–149

Herrmann, K.-J., Das Tuskulanerpapsttum (1012–1046). Stuttgart 1973 (Päpste und Papsttum, Bd. 4)

Laudage, J., Priesterbild und Reformpapsttum im 11. Jahrhundert. Köln – Wien 1984 (Beih. zum Archiv f. Kulturgesch. H. 22)

Michel, A., Die Sentenzen des Kardinals Humbert, das erste Rechtsbuch der päpstlichen Reform. Stuttgart 1952 (Schriften der MGH, Bd. 7)

Nitschke, A., Die Wirksamkeit Gottes in der Welt Gregors VII. In: Studi gregoriani 5. Rom 1956, S. 115–219

Santifaller, L., Zur Geschichte des ottonisch-salischen Reichskirchensystems. Sitzungsber. der Österr. Akad. d. Wissensch., phil.-hist. Kl., 229. Graz – Köln – Wien ²1964

Schieffer, R., Gregor VII. und die Könige Europas. In: Studi Gregoriani 13, 1989, S. 189–211

Wattenbach, W./Holtzmann, R., Deutschlands Geschichtsquellen im Mittelalter. 3. Teil. Weimar 1971

Weinfurter, St., Neuere Forschungen zu den Regularkanonikern im deutschen Reich des 11. und 12. Jh. In: Hist. Zschr. 224, 1977, S. 379 bis 397

Werner, E., Konstantinopel und Canossa. Sitzungsberichte der Akad. der Wissensch. der DDR. Gesellschaftswiss. 4 G. Berlin 1977

Zimmermann, H., Die gregorianische Reform in deutschen Landen. In: Studi Gregoriani 13, 1989, S. 263–270

Sehnsüchte der Armen – himmlisches Jerusalem

Benz, O., Jesu heiliger Krieg. In: Novum Testamentum II, 1957, S. 116 bis 137

Cowdrey, H. E. J., Popes, Monks and Crusader. London 1984

Dasberg, L., Untersuchungen über die Entwertung des Judenstatus im 11. Jahrhundert. Paris 1965

Duby, G., Hommes et structures de moyen âge. Paris – La Haye 1973

Elm, K., Predigt oder Heidenmission? In: Espansione del Francescanesimo fra Occidente e Oriente nel XIII secolo. Assisi 1979, S. 71–103

Engels, O., Vorstufen der Staatwerdung im Hochmittelalter. Zum Kontext der Gottesfriedensbewegung. In: Hist. Jb. 97/98, 1978, S. 71–86

Elbogen, I., Geschichte der Juden in Deutschland. Berlin 1935

Erbstößer, M., Die Kreuzzüge. Eine Kulturgeschichte. Edition Leipzig 1976

Erdmann, C., Die Entstehung des Kreuzzugsgedankens. Stuttgart 1935

Fossier, R., Les mouvements populaires en Occident au XIe siècle. In: Académie des Inscriptions et Belles-Lettres, comptes rendus 1971. Paris 1971, S. 257–269

France, J., The first crusade and Islam. In: The Muslime World 67, 1977, S. 247–257

Huberti, L., Studien zur Rechtsgeschichte der Gottesfrieden und Landfrieden. Bd. 1. Ansbach 1892

Kerk en vreede in oudheid en middeleuwen onder redactie von L. de Blois en A. H. Bredero. Kampen 1980

Magnou-Nortier, E., La place du concile du Puy (v. 994) dans l'évolution de l'idée de paix. In: Mélanges offerts au Prof. J. Dauvillier. Toulouse 1979, S. 489–506

Mayer, H.-E., Geschichte der Kreuzzüge. Urban Bücher 86. Stuttgart 1965

Noth, A., Heiliger Krieg und heiliger Kampf in Islam und Christentum. Bonn 1966

Oexle, O. G., Die mittelalterliche Gilde: ihre Selbstdeutung und ihr Beitrag zur Formung sozialer Strukturen. Berlin (W.) – New York 1979, S. 203 bis 226 (Miscellanea medievalia, Bd. 12/1)

Prawer, J., Histoire de royaume latin de Jérusalem. Bd. I. Paris 1969

Schmugge, L., Pilgerfahrt macht frei. In: Römische Quartalschrift für christliche Altertumskunde und Kirchengeschichte 74, 1979, S. 24–31

Scholem, G., Die jüdische Mystik in ihren Hauptströmungen. Frankfurt/M. 1957

Stemberg, B., Zu den Judenverfolgungen in Deutschland zur Zeit der ersten beiden Kreuzzüge. In: Kairos NF. 20, 1978, S. 53–72, 151–157

Töpfer, B., Volk und Kirche zur Zeit der beginnenden Gottesfriedensbewegung in Frankreich. Berlin 1957

Wolff, Th., Die Bauernkreuzzüge des Jahres 1096. Tübingen 1891

Zöllner, W., Geschichte der Kreuzzüge. Berlin 1977

Der Traum von der Kirche der Armen
Welterneuerung in der Nachfolge Jesu – die Wanderprediger

Becquet, J., L'érémitisme clérical et laic dans l'Ouest de la France. In. L'eremitismo in Occidente nei secoli XI e XII. Pubbl. dell'Università Cattolica del Sacro Cuore. Miscellanea del centro di studi medioevali IV. Mailand 1965, S. 182–211

Bienvenu, J. M., Pauvreté, misères et charité en Anjou aux XIᵉ et XIIᵉ siècles. In: Le Moyen Age 72, 1966, S. 389–424; 72, 1976, S. 5–34, 189–216

Ders., Robert d'Arbrissel et la fondation de Fontevraud (1101). In: La littérature angevine médiévale. Université d'Angers 1981, S. 227–251

Bousset, W., Das Mönchtum der sketischen Wüste. In: Zschr. f. Kirchengesch. 52, 1923, S. 1–41

Dalaruelle, J., Erotik und Enthaltsamkeit. Das Kloster des Robert von Arbrissel. Frankfurt/M. 1987

Delaruelle, E., Les ermites et la spiritualité populaire. In: L'eremitismo in Occidente, a.a.O., S. 212–241

Elm, K. (Hrsg.), Norbert von Xanten. Köln 1984

Fossier, R., Enfance de l'Europe. Bd. 1. Paris 1982

Friedman, Y., Armenkultur und Literatur. In: Kairos 26, 1984, S. 80–88

Genicot, L., L'érémitisme du XIᵉ siècle dans son context économique et sociale. In: L'eremitismo in Occidente, a.a.O., S. 45–69

Gnädinger, L., Eremitica. Studien zur altfranzösischen Heiligenvita des 12. und 13. Jahrhunderts. Tübingen 1972

Gougaud, L., Ermites et reclus. Études sur l'anciennes formes de vie religieuse. Vienne 1928

Iogna-Prat, D., La femme dans la perspective pénitentielle des ermites du Bas-Maine. In: Revue d'histoire de la spiritualité 53, 1977, S. 47–64

Keller, H., Adelsheiliger und pauper Christi in Ekberts Vita sancti Haimeradi. In: Adel und Kirche. Festschr. f. G. Tellenbach. Freiburg–Basel–Wien 1968, S. 307–324

Leipoldt, J., Der soziale Gedanke in der altchristlichen Kirche. Leipzig 1952

Ders., Die Frau in der antiken Welt und im Urchristentum. Leipzig 1954

Leyser, H., Hermits and the New Monasticism. London 1984

Moolenbroek, J. J. van, Vrijwillige armen als vredesrichters. In: Kerk en vrede in outheid en middeleeuwen. Kampen 1980, S. 123–140

Nagel, P., Die Motivierung der Askese in der alten Kirche und der Ursprung des Mönchtums. Berlin 1966

Oury, G.-M., L'érémitisme dans l'ancien diocèse de Tours au XIIᵉ siècle. In: Revue Mabillon 58, 1970/71, S. 43–91

Petit, F., La spiritualité des Prémontrés aux XIIᵉ et XIIIᵉ siècles. Paris 1947

Dal Pino, F. A., I frati servi di S. Maria dalla origini all'approvazione. Bd. I: Storiografia-fonti-storia 2. Louvain 1972

Schreiber, G., Christlicher Orient und mittelalterliches Abendland. In: Oriens Christianus 38, 1954, S. 96–112

Smith, J., Robert of Arbrissel's relations with women. In: Medieval women. Ed. D. Baker. Oxford 1978, S. 175–184

Trout, J. M., Preaching by the Laity in the twelfth century. In: Studies in Medieval Culture 4/1, 1973, S. 92–108

Walter, J. v., Die ersten Wanderprediger Frankreichs. Studien zur Geschichte des Mönchtums. 2 Bde. Leipzig 1903/06

Weisweiler, J., Die Stellung der Frau bei den Kelten und das Problem des »keltischen Mutterrechts«. In: Zschr. f. celtische Philologie 21/2, 1939, S. 205 bis 279

Weinfurter, St., Norbert von Xanten – Ordensstifter und »Eigenkirchenherr«. In: Archiv f. Kulturgeschichte 59, 1977, S. 66–98

Werner, E., Pauperes Christi. Leipzig 1956

Zerfaß, R., Der Streit um die Laienpredigt. Freiburg – Basel – Wien 1974

Der Armuts- und Arbeitsmythos des Zisterzienserordens

Bligny, B., Monachisme et pauvreté au XIIᵉ siècle. In: La povertà del secolo XII e Francesco d'Assisi. Società internazionale di studi francescani. Assisi 1975, S. 99–147

Bredero, A. H., Comment les institutions de l'ordre de Cluny se sont rapprochées de Cîteaux. In: Istituzioni monastiche e istituzioni canonicali in Occidente (1123–1215). Milano 1980, S. 164–202

Bynum, C. W., Docere verbo et exemplo. An aspect of twelfth-century spirituality. Missoula, Montana 1979 (Harvard Theological Studies 31)

Despy, G., Les richesses de la terre: Cîteaux et Prémontré devant l'économie de profit aux XIIᵉ et XIIIᵉ siècles. In: Revue de l'Université de Bruxelles 27, 1975, S. 400–422

Donkin, R. A., Cattle on the Estates of Medieval Cistercian Monasteries in England and Wales. In: The Economic History Review 15, 1962, S. 31–53

Ders., The growth and distribution of the Cistercian Order in medieval Europe. In: Studia monastica 9, 1967, S. 275–286

Donnelly, J. S., The decline of the medieval Cistercian laybrotherhood.

Fordham University Studies, hist. ser. No. 3. New York 1949, S. 71–80

Dubois, J., Eléments d'une histoire du monachisme urbaine. In: Lettre de Ligué, Nr. 143, 1970, S. 10–29

Duby, G., Der heilige Bernhard und die Kunst der Zisterzienser. Stuttgart 1981

Eckenrode, T. R., The English Cistercians and their sheeps during the Middle Ages. In: Cîteaux 24, 1973, S. 250–266

Epperlein, S., Gründungsmythos der Zisterzienserklöster westlich und östlich der Elbe im hohen Mittelalter und der Bericht des Leubuser Mönches im 14. Jahrhundert. In: Jb. f. Wirtschaftsgesch. 1967, T. 3, S. 303–335

Fassetta, R., Le mariage spirituel dans les Sermons de saint Bernhard sur le Cantique des Cantiques. In: Collectanea Cisterciensia 48, 1986, S. 155 bis 180; 251–265

Gerards, A., Wirtschaftliche Hintergründe zur Zeit der Gründung des Cistercienserordens. In: Cistercienser Chronik 58, 1951, S. 65–79

Graves, C. V., The economic activities of the Cistercians in Medieval England (1128–1307). Analecta Sacri Ordinis Cistercienses 13, 1957, S. 3–60

Grill, L., Saint Bernard et la question sociale. In: Mélanges Saint Bernard. XXIV Congrès de l'Association bourgoignonne des sociétés savantes. Dijon 1953, S. 194–211

Hallinger, K., Woher kommen die Laienbrüder? In: Analecta Sacri Ordinis Cistercienses 12, 1956, S. 1–104

Hardick, L., Cluny und Cîteaux. Diss. Münster 1949

Hehl, E.-D., Kirche und Krieg im 12. Jahrhundert. Studien zu kanonischem Recht und politischer Wirklichkeit. Stuttgart 1980 (Monographien zur Geschichte des Mittelalters, Bd. 19)

Hoffmann, E., Das Konverseninstitut des Cistercienserordens. Freiburg i. Br. 1905

Hourlier, J., Le chapitre général jusqu'au moment du grand schisme. Origine-développement-étude juridique. Diss. Paris 1936

Kahl, H. D., Christianisierungsvorstellungen im Kreuzzugsprogramm Bernhards von Clairvaux. In: Przeglad historyczny 75, 1984, S. 453–461

Kleineidam, E., Wissen, Wissenschaft, Theologie bei Bernhard von Clairvaux. Leipzig 1955

Koller, H., Die Besiedlung des Raumes Zwettl (Niederösterreich). In: Blätter f. deutsche Landesgesch. 110, 1974, S. 43–82

Köpf, U., Religiöse Erfahrung in der Theologie Bernhards von Clairvaux. Tübingen 1980 (Beitr. zur historischen Theologie 61)

Leclercq, J., Comment vivaient les frères convers. In: Analecta cisterciensia 21, 1965, S. 239–258

Ders., Les intentions des fondateurs de l'ordre cistercien. In: Collectanea cisterciensia 30, 1968, S. 233–271

Ders., L'attitude spirituelle de S. Bernard devant la guerre. In: Collectanea Cisterciensia 3, 1974, S. 195–225

Lekai, J., Geschichte und Wirken der Weißen Mönche. Der Orden der Cistercienser. Deutsche Ausg. hrsg. von A. Schneider. Köln 1958

Mohn, J.-B., L'ordre cistercien et son gouvernement des origines au milieu du XIIIe siècle (1098–1265). Paris ²1951

Molitor, R., Aus der Rechtsgeschichte benediktinischer Verbände. Bd. 1. Münster 1928

Moßig, Ch., Grundbesitz und Güterbewirtschaftung des Klosters Eberbach im Rheingau 1136–1250. Untersuchungen zur frühen Wirtschaftsverfassung der Zisterzienser. Darmstadt und Marburg 1978

Pfurtscheller, F., Die Privilegierung des Zisterzienserordens im Rahmen der allgemeinen Schutz- und Exemtionsgeschichte von Anfang bis zur Bulle »Parvus Fons« (1265). Bern–Frankfurt/M. 1972 (Europäische Hochschulschriften, Reihe XXIII – Theologie, Bd. 13)

Piazzoni, A. M., Un falso problema storiografico. Note a proposito della »amicizia« tra Pietro il Venerabile di Cluny e Bernardo di Clairvaux. In: Bullettino dell'Istituto storico italiano per il Medio Evo 89, 1980/81, S. 443–487

Roehl, R., Plan and reality in a medieval monastic economy: the Cistercians. Lincoln 1972. In: Studies in medieval and renaissance history, 9, S. 83 bis 113

Rösener, W., Bauernlegen durch klösterliche Grundherren im Hochmittelalter. In: Zschr. f. Agrargesch. u. Agrarsoziologie 27, 1979, S. 60–93

Schneider, A., Die Geschichte der Cistercienser. In: Die Cistercienser. Köln 1974, S. 11–56

Schneider, R., Güter- und Gelddepositen in Zisterzienserklöstern. In: Zisterzienser-Studien I. Studien zur europäischen Gesch., Bd. XI. Berlin 1975, S. 97–126

Ders., Zur Wirtschaftstätigkeit der Zisterzienser im Hochmittelalter. In: Ebd., XXX, 1982, S. 117–148

Sidorova, N. A., Očerki istorii rannej gorodskoj kul'tury vo Francii. Moskva 1953

Toepfer, M., Die Konversen der Zisterzienser. Berlin 1983 (Ordensstudien IV. Bd. 10)

Werner, E., Bemerkungen zu einer neuen These über die Herkunft der Laienbrüder. In: ZfG. 6, 1958, S. 353–361

Die Zisterzienser. Ordensleben zwischen Ideal und Wirklichkeit. Bonn 1980 (Schriften des rheinischen Museumsamtes Nr. 10). Ergänzungsband. Hrsg. von K. Elm und P. Joerißen. Köln 1982 (Schriften des rhein. Museumsamtes Nr. 18)

Zimmermann, G., Frühes Zisterziensertum als »alternative« Lebenshaltung. In: Geschichte am Obermain. Bd. 14, 1983/84, S. 38–52)

Abschied von der Machtkirche – die Armutsapostel

Angelov, D., Der Bogomilismus auf dem Gebiete des byzantinischen Reiches – Ursprung, Wesen, Geschichte. I. Teil. Sofia 1947/48 (Annuaire de l'Université de Sofia, Fac. hist.-phil., t. 44)

Bortnik, N. A., Mirovozzrenie Arnal'da Brešianskogo. In: Srednie veka V. Moskau 1954, S. 250–268

Brenon, A., Les cathares: bons chrétiens et hérétiques. In: Heresis 13/14. 1990, S. 118–170

Ennen, E., Gesammelte Abhandlungen zum europäischen Städtewesen und zur rheinischen Geschichte. Bonn 1977

Fearns, J., Peter von Bruis und die religiöse Bewegung des 12. Jh. In: Archiv f. Kulturgesch. 48, 1966, S. 311–335

Frugoni, A., Arnaldo da Brescia nelle fonti del secoli XII. Rom 1954

Del Grosso, A. L., Armut und Reichtum im Denken Gerhohs von Reichersberg. München 1973

Gutnova, E. V., Srednevekovoe krest'janstvo i eres. In: Srednie veka XXXVIII, Moskau 1975, S. 28–38

Hauck, A., Kirchengeschichte Deutschlands. Bd. 4. Berlin [9]1958

Koch, G., Auf dem Wege zum Sacrum Imperium. Berlin 1972 (Forschungen zur mittelalterl. Gesch., Bd. 20)

Lambert, M., Ketzerei im Mittelalter, Freiburg i. B. 1991

Lohse, E., Das Evangelium für die Armen. In: Zschr. f. neutestamentl. Wissensch. u. Kunde der älteren Kirche 72, 1981, S. 51–64

Manselli, R., Studi sulle eresie del secolo XII. Rom [2]1975

Ders., Evangelisme et mythe dans la foi cathare. In: Heresis 5, 1985, S. 9 bis 17

Merlo, G. G., Eretici ed eresie medievali. Bolgna 1989

Mohr, W., Tanchelm von Antwerpen. Saarbrücken 1954 (Annales Universitatis Saraviensis, phil.-lett. 3/4, S. 234–247)

Mollat, M., Die Armen im Mittelalter. München 1984

Rottenwöhrer, G., Der Katharismus. Bd. I/1.2. Bd. II/1.2. Bad Honnef 1982

Segl, P., Die religiöse Frauenbewegung in Südfrankreich im 12. und 13. Jh. zwischen Häresie und Orthodoxie. In: P. Dinzelbacher / D. R. Bauer (Hrsg.), Religiöse Frauenbewegung und mystische Frömmigkeit im Mittelalter. Köln – Wien 1988, S. 99–116

Werner, E., Pauperes Christi. Leipzig 1956

Ders., Stadt- und Geistesleben im Hochmittelalter. Berlin 1980 (Forsch. zur mittelalterl. Gesch., Bd. 30)

Ders., Johannesevangelium und mittelalterlicher Dualismus. In: Heresis 12, 1989, S. 20–26

Zerfaß, R., Der Streit um die Laienpredigt. Freiburg – Basel – Wien 1974

Aufbruch der Laien – die Waldenser

Bitsch, H., Das Erzstift Lyon zwischen Frankreich und dem Reich im hohen Mittelalter. Göttinger Bausteine zur Geschichtswiss. Bd. 42. Göttingen 1971

Dondaine, A., Durand de Huesca controversiste, X. Congresso internaz. di Scienze Storiche, Rom 1955, t. VII. Florenz 1956, S. 218–222

Erbstößer, M., Sozial-religiöse Bewegungen im späten Mittelalter. Forschungen zur mittelalterlichen Geschichte. Bd. 16., Berlin 1970

Gonnet, G./Molnar, A., Les Vaudois au Moyen Age. Turin 1974

Higounet, Ch.-M., Le milieu social et économique languedocien vers 1200. Cahiers de Fanjeaux, Bd. 2, 1967, S. 15–22

Koch, G., Frauenfrage und Ketzertum im Mittelalter. Forschungen zur mittelalterlichen Geschichte. Bd. 9. Berlin 1962

Lambert, M. D., Ketzerei im Mittelalter, Freiburg i. B. 1991

Manselli, R., Il monaco Enrico e la sua eresia. Bullettino del'Istituto storico italiano per il medio evo. T. 65. Rom 1953, S. 1–63

Merlo, G., Valdesi e valdismi medievali. Turin 1984

Mollat, M., Le problème de la pauvreté au XIIᵉ s. Cahiers de Fanjeaux 2, 1967, S. 23–47

Molnár, A., Storia dei Valdesi I: Dalle origini alla Riforma (1176–1532). Turin 1974

Ders., Die Waldenser. Geschichte und europäisches Ausmaß einer Ketzerbewegung. Berlin 1980

Selge, K. V., Die ersten Waldenser. Bd. I, Untersuchung und Darstellung; Bd. II, Der Liber antiheresis des Durandus von Osca. Berlin, 1967

Thouzellier, Chr., Catharisme et valdéisme en Languedoc à la fin du XIIᵉ et au début du XIIIᵉ siècle. 2. Aufl. Löwen/Paris 1969

Vicaire, M. H., Rencontre à Pamiers de courants vaudois et dominicains (1207). Cahiers de Fanjeaux 2 (1967), S. 163–193

Ders., Les Vaudois et Pauvres Catholiques contre les Cathares (1190–1223). Ebd., S. 244–272

Stadt und Land – Orthodoxie und Häresie
Die katharische Gegenkirche

Becamel, M., Le catharisme dans le diocèse d'Albi. Cahiers de Fanjeaux, Bd. 3 (Cathares en Languedoc). Paris 1968, S. 237–249

Borst, A., Die Katharer (Schriften der Monumenta Germaniae historica, B. 12). Stuttgart 1953

Brenon, A., Le vrai visage du catharisme. Portet-sur-Garonne 1988

Delaruelle, G., La ville de Toulouse vers 1200 d'après quelques travaux recents. Cahiers de Fanjeaux, Bd. 1, S. 107–132

Dossat, J., Les cathares dans les documents de l'inquisition. Cahiers de Fanjeaux, Bd. 3. Paris 1968, S. 71–105

Griffe, E., Les débuts de l'aventure cathare en Languedoc (1140–1190). Paris 1969

Ders., Le Languedoc cathare de 1190 à 1210. Paris 1971

Historiographie du catharisme. Cahiers de Fanjeaux, Bd. 14. Toulouse 1979

Koch, G., Frauenfrage und Ketzertum im Mittelalter. Die Frauenbewegung im Rahmen des Katharismus und des Waldensertums und ihre sozialen Wurzeln (13.–14. Jahrhundert). Forschungen zur mittelalterlichen Geschichte. Bd. 9. Berlin 1962

Lambert, M. D., Ketzerei im Mittelalter, Freiburg i. B. 1991

Manselli, R., Eglises et theologies cathares. Cahiers de Fanjeaux, Bd. 3, S. 129–152

Ders., La morale et le culte cathares. Ebd., S. 153–178

Nelli, R., La philosophie du catharisme. Paris 1978

Ders., La vie quotidienne des cathares du Languedoc au XIIIᵉ siècle. Paris 1969

Rottenwöhrer, G., Der Katharismus, Bd. I, 1, Quellen zum Katharismus, Bd. I, 2, Quellen zum Katharismus, Anmerkungen, Bd. II, 1, Der Kult, Bd. II, 2, Die religiöse Praxis. Die Kritik an Kult und Sakramenten der Katholischen Kirche. Bad Honnef 1982

Thouzellier, Chr., Catharisme et valdéisme en Languedoc à la fin du XIIᵉ et au début XIIIᵉ siècle. 2. Aufl. Löwen/Paris 1969

Wolff, Ph., Histoire de Toulouse. Toulouse 1958

Die Gegenoffensive des Papsttums – Kreuzzug und Inquisition

Baier, L., Die große Ketzerei. Verfolgung und Ausrottung der Katharer durch Kirche und Wissenschaft. Berlin 1991

Cahiers de Fanjeaux. Bd. 20. Toulouse 1985

Dupré-Theseider, E., Le catharisme Languedocien et l'Italie. Cahiers de Fanjeaux, Bd. 3, 1968, S. 299–316

Effacement du Catharisme? (XIIIᵉ – XIVᵉs)

Griffe, E., Le Languedoc cathare au temps de la croisade. (1209–1229). Paris 1973

Ders., Le Languedoc cathare et l'inquisition (1229–1329). Paris 1980

Guiraud, J., Histoire de l'inquisition au moyen âge. 2 Bde. Paris 1935

Koch, G., Frauenfrage und Ketzertum im Mittelalter. (Forschungen zur mittelalterlichen Geschichte, Bd. 9). Berlin 1962

Kolmer, L., Ad capiendas vulpes. Die Ketzerbekämpfung in Südfrankreich in der ersten Hälfte des 13. Jahrhunderts und die Herausbildung des Inquisitionsverfahrens. Pariser historische Studien. Bd. 19. Rom 1982

Le credo, la morale et l'inquisition. Cahiers de Fanjeaux, Bd. 6. Paris/Toulouse 1970

Maisonneuve, H., Études sur les origines de l'inquisition. 2. Aufl. Paris 1960

Maudale, J., Le drame albigeoise et l'unité francaise. Paris 1973

Oldenburg, Z., Le bûcher de Montségu. Paris 1959

Patschovsky, A., Konrad von Marburg und die Ketzer seiner Zeit. In: Sankt Elisabeth. Fürstin, Dienerin, Heilige. Sigmaringen 1981, S. 70–77

Roquebert, M., Montségur, les cendres de la liberté. Toulouse 1981

Ders., L'Epopée cathare. Bd. I, L'Invasion, Toulouse 1979, Bd. II, La Depossession, Toulouse 1977, Bd. III, Les Lys et la croix. Toulouse 1986.

Thouzellier, Chr., Catharisme et valdéisme en Languedoc à la fin du XIIe et au début du XIIIe siècle. Löwen/Paris 1969

Vicaire, M.-H., L'élargissement universel de la prédication de Saint Dominique en Languedoc (1206–1217). Cahiers de Fanjeaux, Bd. 1, 1966, S. 133 bis 158

Ders., Saint Dominique à Prouille, Montréal et Fanjeaux. Ebd., S. 15–33

Ders., Rencontre à Pamiers des courants vaudois et dominicains. Cathiers de Fanjeaux, Bd. 2, 1967, S. 163–194

Wakefield, W. L., Heresy, crusade and Inquisition in southern France 1100 bis 1250. London 1974

Franz von Assisi und die Anfänge des Minoritenordens

Dachsel, J., Franziskus von Assisi. Ein Bild seines Lebens und Wirkens. Berlin 1962

Eßer, K., Anfänge und ursprüngliche Zielsetzung des Ordens der Minderbrüder. Leiden 1966

Ders., Der Orden des hl. Franziskus. Werl [2]1952

Felder, H., Die Ideale des hl. Franziskus von Assisi. Paderborn [6]1951

Lambert, M. D., The Doctrine of the Absolute Poverty of Christ and the Apostels in the Franciscan Order. London 1961

Manselli, R., San Francesco. Rom [2]1981

Ders., Nos qui cum eo fuimus. Contributo alla questione francescana. Rom 1980

Merlo, G., Tra eremo e città. Studi su Francesco d'Assisi e sul francescanisimo medievale. Assisi 1991

Nigg, W., Große Heilige. Zürich/Stuttgart 1958

Selge, K. V., Franz von Assisi und die römische Kurie. Zeitschrift für Theologie und Kirche 67, 1970, S. 129–161

Töpfer, B., Das kommende Reich des Friedens. Zur Entwicklung chiliastischer Zukunftshoffnungen im Hochmittelalter. Forschungen zur Mittelalterlichen Geschichte Bd. 11. Berlin 1964

Wendelborn, G., Franziskus von Assisi. Eine historische Darstellung. Leipzig 1977

Zarncke, L., Der Anteil des Kardinals Ugolino an der Ausbildung der drei Orden des heiligen Franz. Leipzig/Berlin 1930

Personenregister

A = Abt, Äbtissin, B = Bischof, E = Erzbischof, H = Häretiker, Ketzer,
I = Inquisitor, K = König, Ka = Kaiser, M = Mönch, P = Patriarch

Die einzelnen Päpste sind unter dem Stichwort Päpste in alphabetischer Reihenfolge aufgeführt. – Die in den Anmerkungen vorkommenden Personennamen wurden in das Register aufgenommen.